DICTIONNAIRE

UNIVERSEL

DES CONTEMPORAINS

L'Auteur et les Éditeurs du *Dictionnaire des Contemporains* recevront toujours avec empressement les communications tendant à rendre cet ouvrage de plus en plus exact et complet.

30940. — Paris. Imprimerie LAHURE, rue de Fleurus, 9

DICTIONNAIRE

UNIVERSEL

DES CONTEMPORAINS

CONTENANT

TOUTES LES PERSONNES NOTABLES

DE LA FRANCE ET DES PAYS ÉTRANGERS

AVEC LEURS NOMS, PRÉNOMS, SURNOMS ET PSEUDONYMES
LE LIEU ET LA DATE DE LEUR NAISSANCE, LEUR FAMILLE, LEURS DÉBUTS
LEUR PROFESSION, LEURS FONCTIONS SUCCESSIVES, LEURS GRADES ET TITRES, LEURS ACTES PUBLICS
LEURS ŒUVRES, LEURS ÉCRITS ET LES INDICATIONS BIBLIOGRAPHIQUES QUI S'Y RAPPORTENT
LES TRAITS CARACTÉRISTIQUES DE LEUR TALENT, ETC.

OUVRAGE RÉDIGÉ ET TENU A JOUR

AVEC LE CONCOURS D'ÉCRIVAINS DE TOUS LES PAYS

PAR G. VAPEREAU

AGRÉGÉ DE PHILOSOPHIE
ANCIEN PRÉFET, INSPECTEUR GÉNÉRAL HONORAIRE DE L'INSTRUCTION PUBLIQUE

———

SUPPLÉMENT A LA SIXIÈME ÉDITION

———

PARIS

LIBRAIRIE HACHETTE ET Cⁱᵉ

79, BOULEVARD SAINT-GERMAIN, 79
LONDRES, 18, KING WILLIAM STREET STRAND

—

1895

AVERTISSEMENT

Ce supplément est destiné à mettre, dans une certaine mesure, la sixième édition du *Dictionnaire des Contemporains* au courant des événements qui modifient incessamment l'histoire contemporaine dans toutes ses directions et renouvellent le personnel de ses acteurs.

A cet effet, il comprend, en première ligne, plus de cinq cents notices nouvelles consacrées à des personnages français ou étrangers sur lesquels nous n'avions avant ce jour que des renseignements insuffisants, ou dont les circonstances plus récentes ont mis la vie et les actes en lumière. Plus de la moitié de ces notices se rapportent aux nouveaux élus du suffrage universel, que les élections générales législatives du 20 août 1893 et le renouvellement triennal du Sénat du 7 janvier 1894, sans compter toute une suite d'élections partielles, ont envoyés siéger pour la première fois dans les deux Assemblées de notre Parlement. Quels que soient les titres de ces nouveaux venus de la vie publique, il a semblé que le fait seul d'être investis d'une portion de la souveraineté nationale les désignait à la curiosité de leurs contemporains, sinon aux recherches futures de l'histoire, et que nous devions leur donner place dans ce *Supplément*, comme nous l'avions fait à leurs devanciers dans le *Dictionnaire* lui-même.

En dehors de ces recrues politiques de l'heure présente, il s'est rencontré, soit en France, soit à l'étranger, encore un certain nombre de noms signalés dans les diverses carrières par des titres personnels, l'éclat des services, la notoriété des œuvres, l'importance des découvertes, par tout ce qui peut fournir la matière d'esquisses intéressantes. C'est ainsi que nous avons pu recueillir, parmi les hommes d'État — pour ne parler, sur ce point, que des étrangers : le ministre belge *Beernaert*, le député italien *Giolitti*, le prince *Lobanoff-Rostovsky*, le mikado du Japon *Mutsu-Hito*, l'empereur de Russie *Nicolas II*, le général *Peixoto*, la reine de Madagascar *Ranavolo-Manjaka III*, etc.; parmi les généraux, marins et explorateurs : *Archinard*, *Besnard*, *Robert Brown*, *Borgnis-Desbordes*, *Dodds*, *Duchesne*, *Jamont*, *Lefèvre*, *Mercier*, *Metzinger*, *Monteil*, *Zurlinden*, etc.; parmi les magistrats, avocats ou jurisconsultes : *Barboux*, *Cresson*, *Falateuf*, *Martini*, *Pouillet*, etc.; parmi les savants, ingénieurs et inventeurs : le constructeur *J.-W. Barry*, l'électricien *Latimer Clark*, l'ingénieur administrateur *Alfred Picard*, le bactériologiste *Roux*, etc.; parmi les gens de lettres et journalistes : *Paul Alexis*, *R. Bazin*, *J.-G. Bennett*, *P. Bourget*, *Josué Carducci*, *Ch. Chincholle*, *C. Dulocle*, *Benito Perez Galdos*, *Giuseppe-Giacosa*, *Gerhardt Hauptmann*, *José Maria de Heredia*, *J.-K.*

Huysmans, H.-A. Jones, Hugues Le Roux, Stéphane. Mallarmé, Jean. Moréas, Max O'Rell, Mme *Emilia Pardo-Bazan, Aug. Strindberg,* etc.; parmi les artistes, peintres, sculpteurs ou architectes : *Charles Barry, Hippolyte Bellangé, Joseph Chéret, Barthélemy Menn, D. Puech, J.-P. Roulleau, Ferd. Roybet,* la duchesse *d'Uzès,* etc.; parmi les musiciens : *A. Bruneau, Chabrié,* le général *César Cui, Pietro Mascagni, Ph. Pedrell;* parmi les artistes dramatiques : *L. Barré, W. Barrett,* Mme *Dudlay, Fugère, V. Maurel, Saleza, Truffier,* etc.

Un contingent beaucoup trop considérable, non pas de notices, mais de simples notes, a été apporté, dans ces dernières années, par la mort à ce répertoire de personnes notables prises dans la plénitude de la vie; nous n'avons pas eu moins de sept cents décès à enregistrer depuis l'achèvement de notre dernière édition. On trouvera la mention de toutes ces morts, avec le lieu et la date, dans le présent *Supplément,* au bas du texte et dans le même ordre alphabétique, suivant la disposition, si favorable aux recherches, appliquée à la sixième édition du *Dictionnaire;* mais ici nous ne rappelons pas la date des naissances et nous n'indiquons pas les éditions où l'on trouvera les notices correspondantes, puisque ces notices sont toutes dans le corps même de l'ouvrage.

Pour un certain nombre de nos morts, nous avons cru devoir consigner le souvenir de circonstances qui ont marqué les dernières années de la vie et parfois en ont déterminé la fin. Le plus souvent quelques lignes ajoutées, dans les notes, à l'indication nécrologique, suffisaient; mais pour les morts les plus célèbres, nous avons placé ces additions, quelquefois importantes, dans le texte même : la mention de la mort de personnages comme le tsar *Alexandre III,* le président de la Chambre *Burdeau,* le président de la République *Carnot,* l'illustre et malheureux *Ferdinand de Lesseps,* le *Comte de Paris,* etc., ne pouvait aller sans le résumé des actes couronnant leur vie. Nous n'avons pas entrepris de compléter les notices des personnages vivants figurant dans notre dernière édition; c'eût été une tâche dépassant le cadre d'un supplément; c'eût été vouloir refaire, à tous les points de vue, le *Dictionnaire* lui-même, image mobile de la mobilité de la vie.

. Un dernier soin, en rédigeant ce *Supplément* pour lequel j'ai été activement secondé par un de mes fils, a été de rectifier plusieurs inexactitudes qui nous étaient signalées, et de refondre, en les complétant au besoin, les quelques colonnes d'additions ou de rectifications de l'*Appendice* publié à la fin de l'ouvrage. Nous avons, en outre, pour faciliter les recherches, multiplié les renvois[1] dans le cas des doubles noms, et relevé un assez grand nombre de pseudonymes, afin de laisser le moins d'incertitude possible au public, trop souvent enclin à reprocher à un dictionnaire l'omission de noms qu'il n'a pas su chercher à leur vraie place.

(1ᵉʳ juin 1895).   G. V.

---

1. Les renvois marqués d'un astérique * se rapportent seuls aux noms compris dans le *Supplément,* les autres aux notices du corps de l'ouvrage.

DICTIONNAIRE

DES CONTEMPORAINS

SUPPLÉMENT A LA VIᵉ ÉDITION

A

ABBAS-pacha, Khédive d'Egypte, fils de Mehemed **Tewfick**. Voy. ce nom au *Dictionnaire*.

ABEL (Jean-Baptiste-Eugène), député français, né à Toulon, le 12 janvier 1863. Avocat au barreau de sa ville natale, suppléant de la justice de paix, et conseiller général du Var pour le canton est de Toulon, il se présenta comme républicain socialiste, dans la première circonscription de Toulon, aux élections législatives du 20 août 1893 ; il obtint, au premier tour, 2546 voix contre 2302 données à M. Janet, socialiste, et 3746 à quatre autres candidats également socialistes, et fut élu, au scrutin de ballottage, le 3 septembre, par 3666 voix contre 3643 obtenues par M. Janet.

ADVIELLE (Victor) ; au lieu de : né en 1823, lisez : en 1833.

ALASSEUR (Alexandre-Augustin, dit Gustave), député français, né à Autry-le-Châtel (Loiret), le 18 septembre 1843. Ancien élève de l'Ecole des Arts et Métiers et conducteur des Ponts et Chaussées, il fut associé à l'un de ses oncles, entrepreneur de travaux publics qui avait été déporté à Lambessa après le 2 décembre, et exécuta avec lui, en Auvergne, des travaux considérables. Devenu ensuite gendre et associé d'un des grands entrepreneurs de Paris, il exécuta dans cette ville le percement de l'avenue de l'Opéra et du boulevard Saint-Germain, les aménagements du Champ-de-Mars et du Trocadéro, etc. Conseiller municipal et maire de sa ville natale, conseiller général du Loiret pour le canton de Châtillon-sur-Loire, il se présenta, comme républicain progressiste, aux élections législatives du 20 août 1893 dans l'arrondissement de Gien, eut à soutenir une lutte des plus vives contre M. Portalis, directeur du *XIXᵉ Siècle* ; candidat radical, signalé déjà par la violence de ses polémiques contre le député sortant, M. Loreau, il fut élu, au premier tour, par 7866 voix contre 7296 obtenues par son concurrent. M. Alasseur a été décoré de la Légion d'honneur.

ALBANI (Mme Emma), Madame **Gye**. Voy. ce nom.

ALEXANDRE III-**Alexandrovitch**, empereur de Russie, mort à Livadia (Crimée), le 1ᵉʳ novembre 1894. — Les deux dernières années de son règne, sans offrir des événements considérables, sont marquées par des tendances de plus en plus manifestes de rapprochement et d'entente entre la Russie et la France. La réception enthousiaste faite, en août 1891, à la flotte française en rade de Cronstadt par le gouvernement et par la nation russes eut pour pendant celle faite par la France, en octobre

ABBADIE (Michel-Arnaud d'), explorateur français, mort le 13 novembre 1893.

ABERDARE (H.-A. **Bruce**, baron), homme politique anglais, mort le 25 février 1895.

ABRIA (J.-J.-B.), physicien français, mort à Bordeaux, le 14 avril 1892.

ABRIAL (J.-P.-L.), député français, mort à Montech (Tarn-et-Garonne), le 3 février 1894.

ABY ou **Aeby** (Chr.-Th.), anatomiste suisse, mort à Bilin (Bohême), le 7 juillet 1885.

ACLOQUE (P.), littérateur français, mort à Paris, le 24 mars 1893.

ADAM (J.-C.), astronome anglais, mort à Londres, le 27 janvier 1892.

ADAMS (W.), homme de lettres anglais, mort à Wimbledom (Angleterre), le 1ᵉʳ janvier 1892.

AHMED-VEFIK pacha, homme d'État ottoman, mort à Roumélie-Kissar (Bosphore), le 12 août 1891.

AHNFELD (A.-W.-N.), littérateur suédois, mort à Copenhague, le 17 février 1890.

AIRY (sir G.-B.), astronome anglais, mort à Londres, le 4 janvier 1892.

ALBERMARLE (W.-Coutts **Keppel** comte d'), pair d'Angleterre, mort à Londres, le 28 août 1894.

ALBERT (A.-M.), ouvrier et homme politique français, mort, non à Paris, le 15 décembre 1892, mais à Creil (Oise) le 28 mai 1895.

ALBERT (Fr.-R.-D.), archiduc d'Autriche, général, mort à Arco (Tyrol), le 18 février 1895.

ALBONI (Marietta), cantatrice italienne. Retirée dans une villa de Ville-d'Avray (S.-et-O.), elle y est morte le 22 juin 1894. Ses funérailles furent célébrées à Paris. Elle avait fait des legs importants à l'Assistance publique.

ALCESTER (Fréd. **Beauchamp Paget Seymour**, 1ᵉʳ baron), marin anglais, mort à Londres, le 30 mars 1895.

1

1893, aux officiers et marins de l'escadre de Russie envoyés par ordre exprès de l'empereur dans la rade de Toulon. Pendant près de deux semaines (13-28 octobre), l'amiral Avelane, son Etat-major, ses marins furent l'objet d'ovations continues. Des manifestations populaires alternèrent avec les fêtes officielles à Toulon, à Marseille, à Lyon, à Paris. Les unes et les autres, suspendues à peine pendant vingt-quatre heures par les funérailles solennelles du maréchal de Mac-Mahon (26 octobre 1893), prirent dans la capitale des proportions inouïes. On eût dit que les deux nations avaient voulu sceller tour à tour, sans en connaître la teneur, un pacte d'alliance. Ces éclatants témoignages de sympathie réciproque n'empêchaient pas le gouvernement de l'empereur Alexandre III de suivre et de mener à bonne fin, avec le chancelier de l'empereur Guillaume II, les négociations d'un traité de commerce paraissant inspiré par la politique autant que par les intérêts, et marquant, sinon un rapprochement, au moins une détente dans les rapports de la Triple-Alliance avec la Russie (6 février 1894). Quelques mois plus tard, les bruits les plus graves se répandaient sur l'état de santé du Tsar, forcé d'aller chercher au château de Livadia en Crimée un climat plus doux. Au milieu de l'anxiété que sa maladie causait dans toute l'Europe, elle donnait lieu particulièrement en France à de sympathiques manifestations. Le dernier acte de l'empereur Alexandre III fut la célébration des fiançailles du Tzarévitch avec la princesse Alice de Hesse (Voy. NICOLAS II*). Après sa mort (1er novembre), il fut transporté à Moscou, puis à Saint-Pétersbourg, où les funérailles furent célébrées au milieu d'une émotion profonde, le 19 novembre. La Chambre des députés de France, le 5 précédent, avait levé la séance en signe de deuil.

ALEXANDRE Ier, roi actuel de Serbie. Voy. SERBIE.

ALEXIS (Paul), littérateur français, né à Aix (Bouches-du-Rhône), le 16 juin 1847, fit ses études au collège de cette ville et vint faire son droit à Paris. Il se jeta dans la carrière littéraire sous les auspices de M. E. Zola, se montra l'un des adeptes les plus ardents du naturalisme et le fidèle défenseur du maître. Il fournit au recueil des Soirées de Médan une nouvelle, Après la bataille, écrivit une longue étude apologétique : Emile Zola, Notes d'un ami, avec des vers inédits du maître, et publia dans le Henri IV une suite d'articles qui lui attirèrent un duel avec M. Albert Delpit (1881). On cite de lui un certain nombre de volumes et quelques pièces de théâtre : Celle qu'on n'épouse pas, comédie en un acte (1879, in-18) ; la Fin de Lucie Pellegrin, recueil de nouvelles (1880, in-18), d'où il a tiré une pièce en un acte sous le même titre (1888, in-18) ; le Besoin d'aimer (1885, in-18), recueil de fantaisies et de nouvelles aux titres caractéristiques, dont quelques-unes, comme le Collage, avaient paru antérieurement (Bruxelles, 1882, in-18) ; Madame Meuriot, mœurs parisiennes (1890, in-18) ; les Frères Zemganno, pièce en trois actes, tirée du roman d'Edmond de Goncourt, avec M. Oscar Méténier, Monsieur Betsy, comédie en quatre actes, avec le même (1890) ; sans compter plusieurs nouvelles publiées à part par la librairie des publications à cinq centimes. M. Paul Alexis a en outre écrit dans divers journaux : le Réveil, le Gil Blas, le Cri du peuple, soit sous son nom, soit sous le pseudonyme de Trublot, emprunté au roman de Pot-Bouille, de M. Zola.

ALLEN (Charles-Grant-Blairfindie), naturaliste et romancier anglais, né à Kingston (Canada), le 24 février 1848, fit ses études au Merton College d'Oxford, où il prit ses grades. Il se fit connaître par ses premiers travaux scientifiques comme un des partisans les plus ardents des théories de Darwin, et son ardeur à les répandre lui valut le surnom de « Saint Paul du Darwinisme ». Parmi ses nombreux écrits de naturaliste nous citerons : Esthétique physiologique (1877) ; le Sens des couleurs (The Colour Sense, 1879) ; les Evolutionnistes en général (The Evolutionist at large, 1881) ; Vignettes d'après nature (1881) ; Couleurs des fleurs (1882) ; le Calendrier de Colin Clout (1883), les Fleurs et leur généalogie (Flowers and their pedigree, 1884) ; Charles Darwin (1885), traduit en français par M. P.-L. Le Monnier (1886, in-12). M. Grant Allen s'exerça aussi dans le roman, et, après avoir donné un premier volume d'Histoires étranges (Strange stories), il publia successivement : Philistia (1884) ; Babylone (1885) ; Pour l'amour de Maimie (for M.'s Sake, 1886) ; Dans toutes les Nuances (In all Shades, 1887) ; le Dé du Diable (The Devil's Die, 1888) ; Ce Repli mortel (This Mortal coil, 1888) ; enfin, en février 1895, un roman qui a causé quelque scandale : la Femme : Qui l'a faite? où l'héroïne qui considère le mariage comme une « institution maudite », met en pratique sa théorie pendant son existence entière et meurt écrasée sous la malédiction de sa propre fille.

ALPY (Henri-Marie), avocat français, ancien magistrat, né à Mantes (Seine-et-Oise) le 15 janvier 1840, fit ses études aux lycées Charlemagne et Saint-Louis, puis suivit les cours de l'Ecole de droit, fut reçu licencié en 1869, comme lauréat du concours de ce grade, s'inscrivit au barreau de Paris au mois de novembre de la même année, et fut nommé secrétaire de la Conférence des avocats en août 1873. Il s'était fait recevoir docteur en droit à la fin de l'année précédente. En 1875, il quitta le barreau pour entrer dans la magistrature, comme substitut du procureur de la République à Bar-sur-Aube (11 septembre), d'où il passa à Provins, avec le même titre, le 5 décembre 1876. Au mois de novembre 1880, il donna sa démission, avec un certain éclat, pour ne pas exécuter les décrets contre les congrégations religieuses, et rentra au barreau de la Cour d'appel. Elu conseiller municipal de Paris, pour le quartier de l'Odéon (VIe arrondissement), en 1890 et réélu en 1893, il devint un des principaux membres de la minorité conservatrice de l'assemblée parisienne.

M. Alpy, collaborateur du Bulletin de la Société de législation comparée, du Journal du Palais et du Recueil de Sirey, a publié, outre un Guide pratique des syndicats professionnels, les deux études suivantes : De la Collation des grades universitaires dans les principaux pays de l'Europe (1879, gr. in-8), et la Loi du 28 mars 1882 sur l'enseignement primaire obligatoire devant la Cour de cassation (1884, in-8).

ALSACE (Thierry, prince HÉNIN COMTE D'), député français, né le 5 août 1853. Ancien officier de cavalerie, propriétaire du château de Bourlémont dans la commune de Frébécourt (Vosges), dont il est maire, conseiller général pour le canton de Neufchâteau, il se présenta dans l'arrondissement comme candidat républicain aux élections générales du 22 septembre 1889, mais échoua avec 6571 voix contre 6590 données à M. Poulevoy, républicain

ALEXANDRE Ier (Al.-J.), prince DE BATTENBERG, comte DE HARTENAU, ex-prince de Bulgarie, mort à Gratz, le 18 novembre 1893.

ALEXANDRY (F.-O., baron D'), ancien sénateur français mort à Chambéry, le 27 octobre 1894.

ALIS (H. PERCHER, dit Harry), journaliste et romancier

français, mort en duel à l'île de la Grande-Jatte (Seine), le 1er mars 1895.

ALPHAND (J.-Ch.-Ad.), ingénieur français, mort à Paris, le 6 décembre 1891.

ALVENSLEBEN (C. D'), général prussien, mort à Berlin le 27 mars 1892.

progressiste; à celles du 20 août 1893, il échoua encore avec 5641 voix, contre 7225 obtenues par le même concurrent. M. Frogier de Ponlevoy ayant été nommé sénateur, le 24 février 1894, le comte d'Alsace se présenta pour le remplacer à l'élection partielle du 3 juin suivant et fut élu au scrutin de ballottage par 7356 voix contre 6009 données à M. Bossu, candidat républicain.

ALYPE (Pierre). Voy. Pierre-Alype.

AMODRU (Laurent) député français, né à Saint-Vallier (Drôme), le 9 octobre 1849. Docteur-médecin, ancien interne des hôpitaux de Paris, lauréat de la Faculté, il se consacra particulièrement à l'étude des questions de législation médicale concernant l'assistance publique. Propriétaire du château de Chamarande, maire de cette commune et membre du Conseil général de Seine-et-Oise pour le canton de la Ferté-Alais, il proposa et fit adopter par ce conseil un projet d'hospitalisation des malades et des blessés nécessiteux des communes dépourvues d'hôpitaux. Il se présenta, comme candidat républicain, aux élections législatives du 20 août 1893, obtint, au premier tour, 5744 voix contre 4182, données à M. Amédée Dufaure, député sortant, conservateur, et 1553 à M. de Jouvencel, ancien député, radical, et fut élu, au scrutin de ballottage, le 3 septembre, par 5085 voix contre 4437 à M. Amédée Dufaure.

ANGLES (Eugène-Félix), sénateur français, né à Draguignan le 25 octobre 1838, avocat du barreau de Draguignan et bâtonnier de l'ordre, fut élu maire de Draguignan après le 4 septembre 1870 et fut révoqué, sous le ministère de Broglie, en vertu de la loi conférant au gouvernement la nomination des maires des chefs-lieux de cantons. Conseiller général du Var depuis 1871, il fut président de la Commission départementale. Depuis 1885, il était directeur et rédacteur en chef de *La Justice du Var*. Aux élections sénatoriales du 4 janvier 1891, il fut porté comme candidat républicain contre M. Ferrouillat, sénateur sortant, et fut élu, au premier tour, par 274 voix contre 214 données à son adversaire. Il donna alors sa démission de conseiller général.

AOSTE (prince Emmanuel, duc d'), d'abord duc des Pouilles, fils aîné de l'ex-roi d'Espagne, Amédée Ier (voy. ce nom).

ARCHINARD (Louis), officier et explorateur français, né le 11 février 1850, entra à l'Ecole polytechnique d'où il sortit, en 1870, sous-lieutenant dans l'artillerie de marine, fut promu lieutenant en second le 10 août 1872, en premier le 11 juin 1873, capitaine le 11 décembre 1875, capitaine en premier le 4 décembre 1877 et chef d'escadron le 15 mai 1884. Il comptait, à cette époque, des services distingués aux colonies, lorsqu'il fut rappelé à Paris, comme attaché au ministère de la marine, et il fut chargé du *Mémorial*. En 1888, il fut envoyé au Soudan, en remplacement du colonel Gallieni. Il y poursuivit l'exécution du réseau de routes projetées et acheva le chemin de fer entre Damiou et Bafoulabé. Au cours de ces travaux, il se trouva aux prises avec le souverain Ahmadou, qui, maître de la route du Soudan et des accès de Tombouctou et du lac de Tchad, soulevait les populations contre nous. Amené à le combattre ouvertement, le commandant Archinard s'empara de la capitale Ségou-Sikoro, le 6 fév. 1890, rasa la citadelle Douasébougou, prit l'importante ville de Kouniakary et relégua le roi dans sa province septentrionale de Kaarta. A la suite de ces brillants faits d'armes, il fut promu lieutenant-colonel (1er mai 1890).

Un congé permit au colonel Archinard de revenir en France au mois d'août suivant, mais avant la fin de l'année, il était de retour au Soudan et reprenait la campagne avec plus de vigueur. Après de brillants engagements contre Ahmadou, il lui enlevait, le 1er janvier 1891, la ville de Nioro, capitale du Kaarta, à 400 kilomètres environ de Ségou, et par une victoire près de Youri le réduisait à l'impuissance. Se tournant alors contre un second ennemi, non moins redouté, le roi Samory, il délivrait de ses mains notre allié, le roi du Thiéba, placé sous le protectorat français, s'emparait, le 9 avril, de Bessandougou, l'une des principales résidences de Samory, et établissait à Kankan un poste qui devenait le chef-lieu d'un cercle comprenant tout le nord des Etats soudanais. Epuisé de fatigue et abattu par la fièvre, il rentrait au fort de Siguiri. Cette seconde expédition, l'une des plus brillantes dont l'Afrique eût été le théâtre, lui avait fait traverser victorieusement, du mois de décembre au mois de mai, environ 2000 kilomètres, repoussant ou attaquant sans cesse des troupes supérieures en nombre et non sans bravoure, engageant parfois avec les Toucouleurs de vraies batailles rangées. Elle se couronnait par l'occupation momentanée de tout le pays de deux puissants souverains, sur l'une et l'autre rive du Niger.

Cette conquête devait être en partie reprise et complétée par le colonel Archinard lui-même, promu alors à ce grade (1er septembre 1892), avec le titre de commandant supérieur du Soudan français. A la tête de deux compagnies de tirailleurs soudanais, de quatre compagnies auxiliaires, d'une section d'artillerie et d'un peloton de spahis irréguliers, il entreprit de chasser l'ancien sultan de Ségou de sa nouvelle ville capitale, Bandiagara. Il battit successivement les contingents ennemis à Kentieri et à Mpesoba, prit d'assaut la ville toucouleure de Djenné, poursuivit les fuyards et pénétra dans Bandiagara, au moment où Ahmadou venait de s'enfuir. Il plaça sur le trône le frère du fugitif, Aguibou, le fit reconnaître par les chefs peuhls, comme roi du Massina qui fut désormais tout entier dans notre sphère d'influence. L'établissement de la domination française sur le Massina mettait fin à la résistance des tribus qui nous barraient la route de Tombouctou. Le colonel Archinard se disposait à s'emparer de cette ville sainte, lorsqu'il fut rappelé en France pour des motifs qui n'ont pas été clairement expliqués, et les troupes furent placées sous le commandement du lieutenant-colonel Bonnier, dont le nom allait devenir deux fois célèbre par la prise sans coup férir de Tombouctou et le désastre de Dongoï (15 janvier 1894). Le rappel du colonel Archinard avait pour prétexte la transformation du commandement supérieur militaire du Soudan en une administration civile dont M. Albert Grodet devenait le premier titulaire. La décision lui en avait été notifiée avec des témoignages de « gratitude pour ses brillants et solides services » qui ne parurent satisfaire ni l'opinion publique, ni le chef dépossédé qui en était l'objet (20 novembre 1893). Le colonel Archinard, d'abord placé au 2e d'infanterie de marine à Cherbourg, fut appelé à la fin de mars 1894 à faire partie de l'inspection générale de la marine à Paris. L'ancien commandant supérieur du Soudan à qui le ministère avait offert, comme dédommagement, en lui retirant ses hautes fonctions, la croix de commandeur du Dragon de l'Annam, dédaigneusement refusée, est simplement officier de la Légion d'honneur depuis 1889.

ARMSTEAD (Henry-Hugh), sculpteur anglais, né à Londres le 18 juin 1828, fit ses premières études artistiques dans plusieurs écoles de dessin de cette ville et les compléta à l'Académie royale, sous les professeurs Bailey, Leigh et Carey. Parmi ses nombreux ouvrages, on cite en première ligne les sculptures du monument du prince Albert dans Hyde-Park, représentant les musiciens et les peintres des écoles italienne, française, allemande et anglaise et les plus grands poètes. Il exécuta aussi en bronze pour le même monument, quatre grandes figures allégoriques représentant la Chimie, l'Astronomie, la Médecine et la Rhétorique. On signale ensuite les sculptures extérieures du nouveau ministère des colonies, comprenant, outre des statues de grands personnages, des représentations allégoriques des cinq parties du monde et, sur la façade, la Vérité, le Courage, la Tempérance et l'Obéissance. Il a dessiné les sculptures des panneaux de chêne pour la chambre de la reine au nouveau palais de Westminster, représentant la vie du roi Arthur et l'histoire de sir Galahad. On lui doit encore de nombreuses sculptures pour des monuments publics, des jardins, des églises et des cathédrales. Tour à tour dessinateur, modeleur, ciseleur, M. Armstead a exécuté aussi d'importants travaux artistiques sur des matières d'or et d'argent, notamment *le Vase de Tennyson*, qui lui valut une médaille d'argent à l'Exposition universelle de Paris en 1855. Membre associé de l'Académie royale depuis 1875, il a été reçu académicien le 18 décembre 1879.

ARSONVAL (Arsène d'), savant français, né à La Borie (Haute-Vienne), le 8 juin 1851, d'une famille de médecins distingués, fit ses études au lycée de Limoges et au collège Sainte-Barbe à Paris, puis suivit le cours de l'Ecole de médecine, fut externe des hôpitaux et fut reçu docteur, en 1876, avec une thèse sur *l'Elasticité pulmonaire*, qui fut couronnée par la Faculté. En 1882, il fut mis à la tête du laboratoire de physique biologique créé au Collège de France, et chargé, à titre de suppléant, du cours de médecine expérimentale dans cet établissement. Il en fut nommé professeur titulaire, après la mort de M. Brown-Séquard, le 20 novembre 1894. Ses remarquables travaux sur la chaleur animale et ses ingénieux appareils destinés à en déterminer les divers phénomènes et les lois lui ont valu, en 1882, le prix Montyon pour la physique expérimentale. Il partagea les recherches de

M. Marcel Desprez sur la mesure de l'équivalent mécanique de la chaleur et inventa les « galvanomètres apériodiques de grande sensibilité », dont il a publié la description (1886, grand in-8, avec fig.), ainsi qu'un certain nombre de combinaisons voltaïques tendant à rendre pratique et économique l'emploi de la pile. Ces travaux ont été publiés dans les *Comptes rendus* de l'Académie des sciences, dans les *Bulletins* de la Société biologique, dans divers recueils et journaux scientifiques. Membre du jury de l'exposition internationale d'électricité en 1881, M. d'Arsonval a été, l'année suivante, décoré de la Légion d'honneur.

ASTOR (Joseph), sénateur français, né à Ajaccio le 27 juin 1824 suivit d'abord la carrière militaire, entra à Saint-Cyr en 1843, en sortit, l'année suivante, dans l'infanterie, fut promu capitaine en 1854, donna sa démission un an après, et alla se fixer dans le Finistère à la suite d'un mariage qui lui créait des intérêts dans ce pays. En 1870, il fut nommé maire de Quimper. Membre du Conseil général et vice-président de cette assemblée, il fut porté une première fois sur la liste républicaine aux élections sénatoriales de 1885, et échoua avec la liste qui obtint cependant une très forte minorité. Il se représenta à une élection partielle qui eut lieu dans le Finistère par suite de la mort du sénateur inamovible, M. Grandperret, dont le siège était attribué à ce département. Il passa, au premier tour, avec 654 voix contre 560 données à M. Chevillotte, candidat de la droite. Il fut réélu au renouvellement triennal du 7 janvier 1894, au premier tour, par 683 voix sur 1 228 votants. M. Astor a été promu officier de la Légion d'honneur le 30 décembre 1886.

AUBIGNY (Edouard-Arsène-Henri D'), général français, né à Thionville (Moselle) le 28 janvier 1832, entra à l'Ecole de Saint-Cyr le 19 novembre 1852 et en sortit sous-lieutenant dans l'infanterie le 1er octobre 1854. Promu lieutenant le 29 juin 1855 et capitaine le 23 septembre de la même année, il est devenu chef de bataillon le 12 mars 1866, lieutenant-colonel le 24 août 1870, colonel le 9 août 1873, général de brigade le 30 mars 1881 et général de division le 7 février 1888. La rapidité extraordinaire de son avancement dans les premiers grades fut due à sa brillante et héroïque conduite devant Sébastopol; il faisait partie du 91e régiment de ligne qui prit la principale part aux trois assauts de Malakoff et qui paya si cher la gloire du résultat définitif. Comme capitaine, il fit la campagne d'Italie, combattit à Montebello, à Castiglione, à Solferino où il fut décoré de la Légion d'honneur. Pendant la guerre franco-prussienne, il fit partie, comme chef de bataillon, de la division Metmann, se signala par sa bravoure à la journée de Saint-Privat, et termina la campagne comme lieutenant-colonel. Nommé commandant de corps d'armée le 25 février 1893, il fut mis à la tête du 2e corps dont le quartier-général est à Amiens. Le général d'Aubigny a été promu officier de la Légion d'honneur le 6 août 1870; commandeur le 6 juillet 1889 et grand-officier le 1er janvier 1895.

AUDEBRAND (Philibert), journaliste et romancier. — On a annoncé, par erreur, sa mort dans les premiers jours de novembre 1894. Le 18 décembre suivant, il obtenait un des prix Chauchart décernés par la Société des gens de lettres.

AURÈS (Louis-Auguste), ingénieur français, archéologue, né à Montpellier en 1800, suivit avec distinction la carrière des Ponts et Chaussées dans le

ASTIÉ (J.-F.), historien français, mort à Lausanne, le 20 mai 1892.

AUBARET (L.-G.-G.), marin français, mort à Poitiers, le 19 août 1894.

AUBÉPIN (F.-A.-H.), magistrat français, mort dans le Puy-de-Dôme, où il s'était retiré, le 1er juillet 1894.

AUBER (l'abbé Ch.-A.), archéologue français, mort à Poitiers, le 10 novembre 1892.

département du Gard et prit sa retraite comme ingénieur en chef de 1re classe, avec le grade d'officier de la Légion d'honneur. Correspondant de la Société des antiquaires de France, il se consacra avec ardeur et persévérance aux études d'érudition et d'archéologie, et communiqua à l'Académie du Gard dont il était membre, un nombre considérable de *Mémoires*, dont quelques-uns, tirés à part, sont d'importants ouvrages : les uns portent sur la métrologie ancienne, assyrienne, égyptienne, carthaginoise, gauloise, etc., d'autres sur les monuments d'architecture grecque, romaine ou gallo-romaine ; un certain nombre se rapportent aux antiquités nimoises. Nous citerons parmi les principaux : *Nouvelle théorie du module, déduite du texte même de Vitruve*, avec applications (Nimes, 1862, in-4) ; *Étude des dimensions du grand temple de Pæstum* (1869, in-4) ; *Monographie des bornes milliaires du département du Gard* (Nimes, 1887, 9 pl.) ; *Métrologie égyptienne* (Ibid., 1880, gr. in-8). — M. Auguste Aurès est mort à Nimes le 17 janvier 1894.

AURICOSTE (Noël), député français, né à Ussel le 25 décembre 1844. Ancien élève de l'Ecole normale de Cluny, et professeur de physique de 1868 à 1878, puis chef de division à la préfecture de la Lozère, il a rédigé pendant plus de vingt ans le journal républicain le *Moniteur de la Lozère*. Présenté comme candidat républicain aux élections législatives du 20 août 1893, il fut élu, au premier tour, par 5353 voix contre M. Grousset, député sortant, conservateur rallié. Il a été élu, en 1894, conseiller général pour le canton de Marvéjols.

AVEZ (Alexandre), député français, né à Saint-Quentin (Aisne), le 16 juin 1858. Employé au Comptoir d'Escompte de Paris, il s'était fait connaître dans les réunions de la Bourse du Travail, comme socialiste allemaniste, lorsqu'il se porta, en cette qualité, candidat aux élections législatives du 20 août 1893, dans la 3e circonscription de Saint-Denis (Seine) : il obtint, au premier tour, seulement 2234 voix, contre 5375 données à M. Trébois, conseiller général, radical socialiste, 1669 à M. Gabriel, de Nancy, député sortant, boulangiste, et 2725 partagées entre trois autres candidats socialistes, et fut élu, au scrutin de ballottage, le 3 septembre, par 4805 voix contre 5810 obtenues par M. Trébois.

B

BABAUD-LACROZE (Antoine), député français, né à Confolens (Charente), le 29 novembre 1846. Avocat au barreau de sa ville natale, maire et conseiller général, rédacteur des *Lettres charentaises* et de *la Gironde*, il fut porté candidat républicain dans son arrondissement à l'élection partielle du 19 octobre 1890 pour le remplacement de M. Duclaud décédé, et fut élu par 9764 voix contre environ 4000 données à un candidat bonapartiste. Aux élections générales du 20 août 1893, il fut réélu, au premier tour, par 8583 voix contre 5926 données à M. Corderay, également candidat républicain.

BACHIMONT (Charles), député français, né à Courcelles-sous-Magencourt (Somme), le 11 octobre 1844, fit ses études de pharmacie à l'Ecole supérieure de Paris et alla s'installer comme pharmacien à Nogent-sur-Seine (Aube) en 1870. Elu membre du Conseil municipal de cette ville, comme candidat du groupe radical, il fut nommé adjoint au maire en 1881 et élu maire en 1885. Révoqué de ses fonctions en août 1887, il ne fut de nouveau investi en 1892, après avoir été élu, dans l'intervalle, conseiller d'arrondissement, par protestation contre la mesure qui l'avait frappé. Lorsque M. Casimir-Perier, de Nogent-sur-Seine, devenu président de la République, dut renoncer à son mandat législatif, une élection partielle eut lieu dans cet arrondissement le 9 septembre 1894 : M. Bachimont se porta, comme candidat radical socialiste, contre M. Robert, républicain gouvernemental, présenté officieusement comme agréable à la Présidence. La lutte fut vive : au premier tour, M. Robert obtint la majorité relative de 4081 voix contre 5361 données à M. Bachimont et 1311 partagées entre deux autres candidats. Au scrutin de ballottage, le 23 suivant, M. Bachimont l'emporta par 4986 voix contre 4582 obtenues par M. Robert. Ce succès sur un ami de la Présidence dans la région même où M. Casimir-Perier obtenait encore, l'année précédente, la presque unanimité des suffrages, attira l'attention générale sur M. Bachimont lorsqu'il vint prendre place à l'extrême gauche de la Chambre.

BADUEL (Albert), sénateur français, né à Saint-Flour le 25 avril 1844, exerça comme avocat de 1869 à 1879, fut nommé, en 1885, président du tribunal de Thiers et plus tard conseiller à la cour de Riom. Il avait servi pendant la guerre de 1870, comme engagé volontaire au 4e régiment de cuirassiers. Elu sénateur du Cantal, comme candidat républicain, lors de l'élection partielle du 18 octobre 1891, en remplacement de Joseph Cabanes, décédé, il fut réélu au renouvellement triennal du 7 janvier 1894 par 519 voix sur 561 votants. Il fait partie du comité de direction de la gauche démocratique du Sénat. M. Baduel a obtenu, en 1886, une médaille d'or de première classe pour actes de sauvetage et de dévouement.

BALANDREAU (Marc-François), député français, né à Nevers, le 19 septembre 1843. Ancien commissaire-priseur, conseiller municipal de Melun en 1878, adjoint en 1881 et maire en 1891, il prit une part active aux luttes du parti radical dans les élections législatives ou sénatoriales depuis 1885. Candidat de ce parti aux élections législatives du 20 août 1893, il fut élu, au premier tour, par 8465 voix contre 5217 données à M. Horace de Choiseul, député sortant de la Corse, républicain, et 541 à M. Bouchard, revisionniste.

BACH (Alex. baron de), homme d'État autrichien, mort au château de Schœnberg, près d'Unter-Waltersdorf, le 13 novembre 1892.

BAGET (J.-P.), littérateur français, mort à Paris-Passy, le 29 janvier 1895.

BAILLY (A.-N.), architecte français, mort à Paris, le 1er janvier 1892.

BAKER (sir S.-W.), voyageur anglais, mort à Newton-Abbot, le 29 décembre 1893.

BALL (Ben.), médecin français, mort à Paris, le 23 février 1895.

BALLUE (A.-É.-A.), officier français, ancien député, mort à Paris, le 21 février 1894.

BANKS (N.-P.), général américain, mort à New-York, le 2 septembre 1894.

BARAGNON (L.-Numa), homme politique français, mort à Nimes, le 18 mai 1892.

BARBOUX (*Henri*-*Martin*), avocat français, né le 24 septembre 1834, à Châteauroux, où son père était avoué, fit ses études sous la direction particulière de sa mère, au collège de sa ville natale et alla les compléter au lycée d'Orléans. Il vint ensuite à Paris faire son droit, entra dans une étude d'avoué, s'inscrivit au barreau en 1859, devint un des secrétaires de la conférence du stage et y prononça l'éloge de Bethmont, qui lui valut le prix fondé par cet avocat. Pendant la guerre de 1870-1871, il se rendit à Tours pour se mettre à la disposition du gouvernement de la Défense nationale et, refusant l'offre d'une préfecture, accepta le poste de secrétaire du Conseil des prises maritimes. Il reprit ensuite sa place au barreau de Paris, où une circonstance devait bientôt agrandir sa situation. En 1874, M⁰ Bétolaud, forcé par sa santé d'abandonner quelques-unes de ses plus lourdes affaires, les confia à M. Barboux qui se trouva tout d'un coup aux prises avec les avocats les plus célèbres de Paris, dans plusieurs procès retentissants, tels que celui des bons péruviens et celui des réclamations de MM. Soubeyran et Frémy contre le Crédit foncier. Depuis ce moment il eut, entre autres spécialités, celle des grandes causes financières. Parmi les affaires civiles plaidées par lui avec le plus d'éclat, il faut citer, en 1879, celle de « Un mur mitoyen », où il s'agissait de revendiquer pour la congrégation des pères du Saint-Sacrement le droit de plaider. Rappelons aussi sa plaidoirie pour Mlle Sarah Bernhardt, lors de la brusque sortie de cette artiste de la Comédie-Française, enfin celle pour les victimes de l'incendie de l'Opéra-Comique. Dans l'ordre financier, M. Barboux porta la parole dans les deux grandes crises de l'Union générale et du Comptoir d'Escompte ; il défendit contre les plaintes du gouvernement portugais les détracteurs de son crédit. Mais la grande cause financière plaidée par lui, la plus grosse peut-être du siècle, fut l'affaire de Panama. Il la soutint, dans ses diverses phases et aux divers degrés de juridiction, comme défenseur de MM. Ferdinand et Charles de Lesseps (voy. ce nom*). Les plaidoiries, par l'accumulation des faits et des chiffres, par les développements historiques et les considérations morales, occupèrent à plusieurs reprises des journées entières d'audience. Les discours de M. Barboux signalés, à part les qualités professionnelles ou personnelles, par le soin littéraire de la forme, ont été recueillis en volume sous ce titre : *Discours et Plaidoyers* (1889-1894, t. I-II, gr. in-8). Il a publié séparément : *Affaire de Panama*, plaidoirie pour MM. Ferdinand et Charles de Lesseps (1893, in-18).

BARRÉ (*Léopold*), comédien français, est né à Paris le 14 avril 1819. Fils d'un libraire et destiné à l'état ecclésiastique, il fit ses études au séminaire, qu'il quitta à vingt ans pour se faire comédien. Il joua d'abord sur les scènes de banlieue, puis au petit théâtre du Panthéon, où il réussit dans les comiques et les grimes. En 1841 il entra à l'Odéon, où il fit un premier séjour de cinq ans et excella dans les rôles de paysans et de naïfs. En 1848, il joua au Théâtre-Historique dans les grandes pièces d'Alexandre Dumas. Il fit partie ensuite pendant deux ans du personnel des Folies-Dramatiques. Il passa deux années à la Porte-Saint-Martin, et revint, en 1852, à l'Odéon où il resta jusqu'en 1858. Le 1er juin de cette dernière année, il fut engagé à

la Comédie-Française, où il débuta dans Pierrot de *Don Juan* et Georges Dandin. Pendant plus de trente ans, il tint à ce théâtre les rôles de financiers et de ganaches, avec une rondeur, un naturel et une bonhomie remarqués, notamment ceux d'Argante, de Chrysale, de Chicanneau, dans l'ancien répertoire classique, d'Antoine, dans *le Philosophe sans le savoir*, sans compter, dans le répertoire moderne, Verdelet du *Gendre de M. Poirier*, Blazius de *On ne badine pas avec l'amour*, Chavrier des *Effrontés*, etc. Admis comme sociétaire le 1er juillet 1876, il prit sa retraite le 1er janvier 1889.

BARRETT (*Wilson*), acteur, directeur et auteur dramatique anglais, né dans le comté d'Essex le 18 février 1846, fit ses études dans une école privée, mais se laissa bientôt entraîner par son goût pour le théâtre et fit ses débuts à Halifax. En 1874, il alla prendre à Leeds la direction de l'Amphithéâtre de cette ville. Après l'incendie qui, deux ans plus tard, détruisit cet établissement, il passa à Londres, prit la direction du Court-Theatre, et y donna, outre une adaptation de *Marie Stuart* de Schiller : *Frou-Frou, Roméo et Juliette, le Vieil Amour et le nouveau*, etc. En 1881, il devint directeur du *Princess's* Theatre, où il eut lui-même, comme acteur, d'invraisemblables succès ; il remplit, dans le drame de M. G.-R. Sims, *les Nuits de Londres* (the Nights of London), le rôle de Harold Armytage pendant 286 représentations ; il joua ensuite pendant 300 représentations consécutives, dans *le Roi Argent* (the Silver King), le rôle de Wilfred Denver qu'il avait créé ; enfin, en décembre 1883, il donna la nouvelle pièce poétique, *Claudian*, dont il interpréta le personnage principal pendant 500 autres représentations. En octobre 1884, il parut pour la première fois dans *Hamlet*, où il obtint ses plus grands succès de tragédien. L'année suivante, il commença une série de représentations de pièces composées par lui-même ou en collaboration : nous citerons : *Colin-Maillard* (Hoodman Blind) avec M. Henry A. Jones ; *Sœur Mary* (Sister Mary), drame moderne, avec M. Clement Scott (1886), *Clito*, tragédie classique, avec M. Sydney-Grundy ; *le Bon Vieux Temps* (the Good Old Times), et son propre drame romantique, *A Présent* (Now a Days, 1889). Le 18 mai de la même année, il alla remplir un engagement en Amérique et, à son retour, parut dans une nouvelle tragédie en quatre actes, *Pharaon*, dont il était également l'auteur. A la fin de 1893, il partit de nouveau pour l'Amérique, où il parut avec succès dans ses rôles principaux au Théâtre de Chestnut-Street à Philadelphie.

BARRETTA (B.-R.-M.-H.), madame WORMS-BARRETTA, actrice française, inscrite, par erreur, au *Dictionnaire*, sous le nom de BARETTA (Voy. ce nom).

BARROT (*Jean-André-Georges-Odilon*), ou ODILON-BARROT, député français, né à Manilles (Iles Philippines), le 3 janvier 1841, est le neveu du célèbre chef d'opposition parlementaire sous la monarchie de Juillet, et le petit-fils du conventionnel J.-A. Barrot, député de la Lozère. Ancien secrétaire d'ambassade, avocat de la Cour d'appel de Paris et conseiller général de l'Ardèche pour le canton des Vans, il se présenta aux élections législatives du 20 août 1893 dans l'arrondissement de Largentière, obtint, au premier tour, 6 336 voix sur 13 225 votants, et fut

BARBEDIENNE (Ferd.), industriel français, mort à Paris, le 21 mars 1892.

BARBIERI (F.-A.), compositeur espagnol, mort à Madrid, le 19 février 1894.

. **BARGY** (N.-J., dit *Amédée*), député français, mort à Paris, le 12 novembre 1892.

BARNE (H.-G.-E.), sénateur français, mort le 29 septembre 1893.

BARON (V.-A.), artiste dramatique français, mort à Paris, le 6 mai 1892.

BARRÉ (J.), député français, mort à Carrière-Saint-Denis, le 10 février 1893.

BARTHEZ (A.-C.-E.), médecin français, mort à Excideuil (Dordogne), le 6 décembre 1891.

BARTOLI (Ad.), littérateur italien, mort à Gênes, le 16 mai 1894.

élu au scrutin de ballottage, par 9 804 voix contre 7 635 données à M. Duclaux-Monteil, maire des Vans, candidat libéral. M. Odilon Barrot a été décoré de la Légion d'honneur.

BARRY (Charles), architecte anglais, né en 1823, fils d'un architecte distingué, montra dès son enfance une grande passion pour la profession de son père avec lequel il étudia et dont il partagea bientôt les travaux. Il construisit avec lui les nouvelles Chambres du Parlement. En 1846, sa santé se trouvant altérée, il voyagea dans les principales villes d'Europe dont il étudia l'architecture. De retour en 1848, il s'associa avec son ami Robert Banks jusqu'à la mort de ce dernier en 1872. Pendant cette période le nom de M. Barry fut attaché à de très importants travaux : ses plans pour le palais du Foreign-Office avaient obtenu le second prix, mais ils ne furent pas exécutés, non plus que ceux qui avaient remporté le premier prix : l'entreprise ne fut donnée qu'au troisième lauréat. Ses principaux travaux sont : le nouveau collège à Dulwich, la grande Ecole industrielle de Feltham, la reconstruction entière du «Chumber House» pour le duc de Newcastle, plusieurs églises et résidences particulières. En 1876, M. Ch. Barry fut nommé président de l'Académie royale d'architecture et conserva ces fonctions pendant trois ans. En 1878, il fut l'un des commissaires royaux délégués à l'Exposition universelle de Paris et fut le seul membre anglais du jury international des Beaux-Arts pour la section d'architecture. En récompense de ses services, le gouvernement français le nomma officier de la Légion d'honneur. En 1877, il avait reçu la médaille triennale de la Reine pour l'architecture. Il est membre honoraire des Académies des Beaux-Arts de Vienne et de Milan.

BARRY (John-Wolfe), ingénieur anglais, né en 1836, fit ses études au Trinity College et au King's College de Londres et fut élève ingénieur des frères Lucas, puis de sir John Kawkshaw dont il devint le collaborateur pour les travaux des ponts de la Tamise et des stations de Charing-Cross et de Cannon-Street. Depuis 1867, il entreprit pour son compte la construction de plusieurs chemins de fer et de leurs stations, notamment une branche du métropolitain de Londres et de la station de Saint-Paul, ainsi que le nouveau pont de Blackfriars sur la Tamise. Il construisit aussi de vastes docks avec des chemins de fer les reliant aux mines. Il fut, pour plusieurs de ces travaux, l'associé de l'ingénieur H. M. Brunel. Il a également accompli, sur la désignation du gouvernement ou du parlement, des ouvrages considérables d'ingénieur, en Irlande et en Ecosse. A l'étranger, il a construit la ligne de chemin de fer de Buenos-Ayres à Rosario. Mais une œuvre capitale toute récente de M. Barry est le nouveau pont, dit de la Tour de Londres, destiné à relier les deux quartiers les plus commerçants de la ville sans interrompre la navigation du fleuve. Ce grand ouvrage auquel M. Barry a travaillé plus de huit ans, et qui fut inauguré en grande pompe par le prince de Galles le 30 juin 1894, avait coûté plus de trente millions. A cette occasion, l'ingénieur fut décoré de l'ordre du Bain.

Membre des principaux conseils des ingénieurs de l'Angleterre, M. John Barry est auteur d'un petit volume sur *les Chemins de fer et leurs applications* (Railway Appliances, 1876). Il a fait aussi, avec sir F.-J. Bramwell, *des lectures publiques qui ont été* également publiées sous ce titre : le *Chemin de fer et la locomotive* (1878).

BASCOU (Olivier), député français, né à Aignan (Gers), le 3 février 1865. Licencié de la Faculté de droit de Toulouse, il alla, en 1889, combattre, comme journaliste, le boulangisme dans le Pas-de-Calais. En 1892, il posa sa candidature au Conseil général du Gers, dans le canton d'Aignan, contre le frère de M. Paul de Cassagnac, député bonapartiste de Mirande, M. Georges de Cassagnac, qui ne l'emporta que de 50 voix. Aux élections législatives de 1893, il fut désigné pour combattre, comme candidat républicain, M. Paul de Cassagnac lui-même, qui représentait le département aux diverses chambres depuis dix-sept ans ; il obtint au premier tour 7 414 voix contre 9 119 données à M. de Cassagnac et 2 057 à M. Laudet, républicain libéral, et fut élu au second tour, le 3 septembre, par 9 949, contre 9 301 obtenues par son célèbre concurrent.

BASSOT (Jean-Antoine-Léon), officier et géographe français, né le 6 avril 1841, entra à l'École polytechnique en 1861 et en sortit, en 1863, dans le génie militaire. Il passa ensuite dans l'infanterie et fut attaché au service spécial géographique du ministère de la guerre. Il obtint le grade de chef de bataillon le 20 décembre 1880, et plus tard celui de lieutenant-colonel. Il fut associé aux opérations du général Perrier, si importantes pour la triangulation de la France et l'établissement de ses relations géodésiques avec l'Angleterre, l'Algérie et l'Espagne. Cette collaboration et ses travaux personnels le firent nommer correspondant du Bureau des longitudes, et élire membre de l'Académie des Sciences dans la section de géographie et de navigation, en remplacement de l'amiral Jurien de la Gravière, le 23 janvier 1893. M. Bassot a été promu officier de la Légion d'honneur le 7 juillet 1885.

BATAILLE (Albert), journaliste français, né à Blois le 10 mars 1856, fut d'abord attaché au secrétariat du parquet de Blois, puis vint à Paris où, tout en étudiant le droit, il entra à la rédaction du *Figaro*, pour faire, sous la direction de M. Fernand de Rodays, la chronique judiciaire dont il resta chargé pour son propre compte en 1879. Dès cette époque, il entreprit de réunir en un recueil annuel ses principaux comptes rendus des procès notables sous le titre de *Causes criminelles et mondaines* (1881 et suiv., in-18). A part cette publication, qui compte aujourd'hui une dizaine de volumes et qui a fait une notoriété spéciale à l'auteur, M. Bataille a donné au *Figaro* des nouvelles et des études historiques, et a publié un roman de mœurs, *la Conquête de Lucy* (1884, in-18).

BATIOT (Georges), député français, né à Talmont (Vendée), le 17 août 1845. Avocat au barreau des Sables-d'Olonne de 1869 à 1876, ancien vice-président du conseil de Préfecture de la Vendée de 1876 à 1889, maire de Talmont depuis 1889, grand propriétaire, il s'était toujours beaucoup occupé des questions d'enseignement et de l'amélioration du sort des classes travaillantes. Présenté comme candidat républicain libéral aux élections du 22 septembre 1889, dans la première circonscription des Sables-d'Olonne, il échoua avec 6 060 voix contre 6 780 obtenues par M. de la Bassetière, monarchiste ; à celles du 20 août 1893, il se porta de nouveau et

---

BASCLE DE LAGRÈZE (G.), archéologue français, mort à Pau, en décembre 1891.

BAST (L.-Amédée de), romancier français, mort à Triel (Seine-et-Oise), le 2 août 1892.

BATAILLARD (P.-T.), littérateur français, mort à Paris, le 1er mars 1894.

BATES (H.-W.), voyageur anglais, mort à Londres, le 17 février 1892.

BATIOT (Aristide), député français, mort aux Essarts (Vendée), le 4 février 1893.

BATTAGLINI (Mgr Fr.), prélat italien, mort à Bologne le 8 juillet 1892.

fut élu, au premier tour, par 7128 voix, contre 6167 données à son ancien concurrent.

BATTENBERG (prince de). Voy. Alexandre Ier.

BAUCHERON DE BOISSOUDY (Philippe-Adrien-Armand), marin français, né le 26 février 1830, entra à l'École navale en 1845, fut nommé aspirant le 1er août 1847, enseigne de vaisseau le 3 février 1852, lieutenant de vaisseau le 11 janvier 1860, capitaine de frégate le 1er juin 1870, capitaine de vaisseau le 1er décembre 1877, contre-amiral le 6 février 1885 et vice-amiral le 7 décembre 1890. Atteint par la limite d'âge, il est entré dans le cadre de réserve le 20 février 1895. L'amiral de Boissoudy n'a pas exercé moins de seize commandements dans lesquels il eut surtout à remplir des missions pacifiques. Il a fait la campagne de France pendant la guerre de 1870-71. Comme contre-amiral, il a commandé la division cuirassée du Nord. Il était préfet maritime de Toulon, quand il fut appelé, en 1893, au commandement de l'escadre de réserve de la Méditerranée. Il a pris part, en cette qualité, à la réception de l'escadre russe par la flotte française. Il a fait partie du Conseil supérieur de la marine. Promu officier de la Légion d'honneur le 15 juillet 1873, commandeur le 20 juin 1886, il a été fait grand-officier le 12 juillet 1894.

BAUDENS (Gustave-Paul-Charles), sénateur français, né à Castelnau-Magnoac (Hautes-Pyrénées), le 1er octobre 1843. Licencié en droit, propriétaire-agriculteur, maire de sa ville natale, il fut élu en 1870 membre du Conseil général, dont il devint vice-président en 1883. Porté comme candidat républicain libéral lors d'une élection sénatoriale partielle, le 22 janvier 1893, en remplacement du général Deffis, décédé, il obtint, au premier tour de scrutin, 266 voix sur 686 votants et fut élu, au second tour, par 351 voix contre 330 données à M. Bergès, candidat républicain. M. Baudens s'est fait connaître par la publication de plusieurs travaux d'intérêt historique et local.

BAUDRILLART (le P. Henri-Marie-*Alfred*), historien français, né à Paris, le 6 janvier 1859, est le fils du célèbre économiste Henri Baudrillart, membre de l'Institut, mort le 23 janvier 1892. Après avoir fait ses études au lycée Louis-le-Grand et obtenu un premier prix au concours général, il entra à l'École normale en 1878, et fut reçu agrégé d'histoire et de géographie en 1881. D'abord professeur d'histoire aux lycées de Laval et de Caen, il fut appelé, en 1883, au collège Stanislas, où il resta jusqu'en 1889. Après avoir été reçu docteur ès lettres en 1890, il entra dans l'ordre des Oratoriens. Outre un *Cours d'histoire* à l'usage de l'Enseignement primaire (1884-1886, 3 vol. in-12), et une *Histoire générale*, à l'usage des classes des lycées (1886), M. Alfred Baudrillart a publié : *Une Mission en Espagne* (1889, in-8) et *De Cardinalis Quirini vita et operibus* (1889, in-8), thèses de doctorat; *Philippe V et la Cour de France* (1890, 2 vol. in-8), ouvrage qui a obtenu le second prix Gobert. Il a donné l'édition posthume d'une troisième série des *Populations agricoles de la France*, de son père : *les Populations du Midi* (1893, in-8), et une édition des *Guerres d'Italie* de Montluc, pour la Société de Bibliographie. Il avait collaboré, depuis 1882, à plusieurs revues : *le Contemporain*, *le Bulletin critique*, *la Revue historique*, etc.

Son frère *André* Baudrillart, professeur agrégé de l'Université, a publié sous le titre de *Gentilshommes ruraux de la France*, une série de portraits choisis parmi les nombreuses études inédites laissées par son père.

BAUFFREMONT (*Paul*-Antoine-Jean-Charles de), général français, né à Palerme, le 11 octobre 1827, fils du sénateur de l'Empire mort en 1860, entra à l'École militaire de Saint-Cyr en 1846, en sortit sous-lieutenant en 1848, au 40e de ligne, fut nommé lieutenant en 1850, passa, l'année suivante, dans les spahis en Algérie, fut promu capitaine au 8e lanciers en 1854, devint chef d'escadron au 6e hussards en 1859, lieutenant-colonel en 1865 et colonel du 1er hussards en 1869. Après avoir été attaché à l'ambassade du duc de Morny à Saint-Pétersbourg, il avait été envoyé au Mexique. En 1870, il prit part avec son régiment, le 1er hussards, à cette fameuse charge de Sedan qui excita l'admiration du roi de Prusse. Son rôle dans cette glorieuse affaire, sous les commandements successifs du général Margueritte qui y trouva la mort et du général Galliffet appelé à le remplacer, a donné lieu à de vives discussions entre ce dernier et le colonel de Bauffremont, qui affirmait en avoir eu de fait la direction. Promu général de brigade le 9 novembre 1876, il fut mis en disponibilité, sur sa demande, en 1878 et prit sa retraite l'année suivante.

Le prince de Bauffremont était engagé dès lors, dans des procès domestiques les plus retentissants et les plus féconds en complications judiciaires. Marié, le 18 avril 1861, à la princesse Marie-Henriette-*Valentine* de Riquet, comtesse Caraman-Chimay, née le 15 février 1839, dont il avait deux filles, il se vit intenter, avant la fin de l'Empire, un procès en séparation de corps qui donna lieu à une suite d'enquêtes et aboutit, en 1874, après épuisement des diverses juridictions, à un jugement prononçant la séparation au profit de la princesse et lui laissant la garde des enfants. Mais l'année suivante, celle-ci, voulant épouser en secondes noces le prince Bibesco, se fit naturaliser Saxonne et obtint en Allemagne le divorce qui n'existait pas encore en France. Le prince de Bauffremont réclama alors des tribunaux français la garde des enfants et l'obtint; mais la résidence de sa femme à l'étranger rendait le jugement inexécutable. Un second procès se greffa sur ce dernier : le prince demanda inutilement la nullité du second mariage qui se trouvait en dehors de l'action de la justice française. Il obtint seulement l'envoi en possession des biens que sa femme possédait en France, notamment de l'historique château de Ménars, dans le Loir-et-Cher. Un des premiers effets de la loi sur le rétablissement du divorce fut de permettre à Mme de Bauffremont d'en invoquer et d'en obtenir le bénéfice. Décoré de la Légion d'honneur en 1864, le général de Bauffremont a été promu officier le 1er février 1867. — Il est mort à Paris, le 3 novembre 1893.

BAYET (Charles), archéologue et administrateur français, né à Liège (Belgique), en 1849, fut admis à l'École normale supérieure en 1868, reçu, à sa sortie, agrégé d'histoire et de géographie et envoyé

BAUDRILLART (Henri-J.-L.), économiste français, mort à Paris, le 23 janvier 1892.

BAUER (Edgar), publiciste allemand, mort à Hanovre, le 18 août 1886.

BAUGNIET (Ch.), peintre belge, mort à Sèvres (Seine-et-Oise), le 5 juillet 1886.

BAUMGARTEN (H.), littérateur allemand, mort le 19 juin 1893.

BAUMSTARK (Ed.), économiste allemand, mort à Greifswald, le 8 avril 1889.

BAURY (A.), député et magistrat français, mort à Saint-Yrieix, le 20 janvier 1894.

BAYARD (E.-A.), peintre français, mort au Caire, le 10 décembre 1891.

BAYRHOFFER (Ch.-Th.), philosophe allemand, mort à Town-Jordan (Wisconsin), le 5 février 1888.

aux Ecoles françaises de Rome et d'Athènes. Reçu docteur ès lettres en 1879, il fut nommé professeur à la Faculté des lettres de Lyon et à l'Ecole nationale des beaux-arts de cette ville. Lors du transfert du siège de l'Académie de Douai à Lille, il fut nommé recteur de cette Académie. Il a été décoré de la Légion d'honneur.

Outre ses deux thèses de doctorat (*De Titulis Atticæ christianis antiquissimis*, etc., et *Recherches pour servir à l'histoire de la peinture et de la sculpture chrétienne en Orient avant la querelle des Iconoclastes*, 1879, in-8), M. Charles Bayet a publié un certain nombre de mémoires et de volumes d'histoire, d'archéologie ou d'enseignement esthétique : *l'Art byzantin* (1883, in-8, 105 fig.), faisant partie de la « Bibliothèque de l'Enseignement des Beaux-Arts ». *Précis d'histoire de l'Art* (1886, av. grav.), dans la même bibliothèque, et un *Précis élémentaire* de la même histoire, pour l'enseignement secondaire des jeunes filles (1893, in-8). Ses principaux mémoires ont été insérés dans le *Bulletin de correspondance hellénique* (1877-1878), la *Revue historique* (1881-1882) et les *Annales de la Faculté de Lyon* (1883).

BAZAN (Mme Emilia PARDO-). *V.* PARDO-BAZAN *.

BAZILLE (Léon), député français, né à Poitiers, le 1er mai 1854. Docteur en droit, il s'inscrivit d'abord au barreau de sa ville natale, puis revint à Paris, où il acquit, en 1882, une charge d'avocat au Conseil d'Etat et à la Cour de cassation; il la garda jusqu'en 1891. Il avait été décoré de la Légion d'honneur l'année précédente. Conseiller général pour le canton de Monts depuis 1883, il s'était présenté, comme républicain indépendant, aux élections législatives du 22 septembre 1889, dans la 2e circonscription de Poitiers, mais avait échoué avec 7504 voix contre 8676 données à M. Dupuytrem, conservateur. L'élection de ce dernier ayant été invalidée, il se représenta et obtint encore, sans être élu, 7960 voix contre 8372 données à son concurrent. A l'élection partielle du 25 septembre 1892, M. Bazille fut élu député dans la 1re circonscription de Poitiers, en remplacement de M. de Touchimbert, décédé. Aux élections générales du 20 août 1893, il fut réélu, au premier tour, par 6611 voix, contre 5656 données à M. Mousset, conservateur.

BAZIN (*René*-François-Nicolas-Marie), publiciste et littérateur français, né à Angers, le 26 décembre 1853, étudia le droit à la Faculté de Paris et s'y fit recevoir docteur. Rentré à Angers, il fut nommé professeur à la Faculté libre de droit de cette ville. Collaborateur du *Correspondant*, de la *Revue des Deux Mondes*, de *l'Illustration*, et rédacteur, au *Journal des Débats*, de la chronique intitulée : *En Province*, il a publié les volumes suivants, dont plusieurs ont eu de nombreuses éditions : *Stéphanette* (1884, in-18), sous le pseudonyme de *Bernard Seigny*, *Ma tante Giron* (1886, in-18; 2e éd. 1891); *Une Tache d'encre* (1888, in-18; 10e éd. 1894), couronné par l'Académie française; *les Noëllet* (1890, in-18); *A l'Aventure*, croquis italiens (1891, in-18); *Sicile* (1892, in-18), aussi couronné par l'Académie française; *la Sarcelle bleue* (1892,

in-18); *Madame Corentine* (1893, in-18); *les Italiens d'aujourd'hui* (1894, in-18); *Humble amour* (1894, in-18). M. René Bazin a publié et annoté un abrégé de la traduction française des *Réflexions sur la Révolution française* de l'orateur anglais Edmond Burke (1882, in-18).

BEERNAERT ou **BERNAERT** (Auguste), homme d'Etat belge, né à Ostende en 1824, suivit d'abord la carrière du barreau et devint, en 1859, avocat à la Cour de cassation auprès de laquelle il fut particulièrement chargé de grands procès industriels. Attiré par la politique, il s'était attaché au parti libéral modéré et était membre du conseil d'administration de *l'Etoile belge*, l'un des principaux organes de ce parti. En 1874, il se rangea ouvertement parmi les adhérents de la politique cléricale et accepta du chef du cabinet appelé alors au pouvoir, M. Malou, le portefeuille des travaux publics. Cette conversion subite fit du bruit et donna même lieu, dans la Chambre, à une interpellation de l'ancien ministre, M. Frère-Orban. Dès son premier passage au pouvoir. M. Beernaert se fit remarquer par son habileté d'orateur dans les discussions de la Chambre et par son aptitude d'administrateur dans le maniement des affaires. Candidat aux élections législatives de la même année, dans le district de Soignies, il échoua et ne fut élu que deux ans plus tard, à Thielt, dans les Flandres, grâce à la prépondérance de l'évêque de Bruges. Il quitta son ministère, en 1878, avec tout le cabinet, et le parti libéral, revenu aux affaires, le trouva devant lui, pendant six années, comme chef de l'opposition parfois factieuse des cléricaux belges; il combattit à outrance les nouvelles lois scolaires et fiscales, ainsi que celles relatives à la réforme électorale ou à la défense militaire. Pendant cette période de luttes parlementaires ou extra-parlementaires, dont la Cour de Rome s'efforça elle-même d'atténuer les bruyantes violences, M. Beernaert fut le promoteur d'une alliance étroite entre les conservateurs et les députés radicaux-socialistes.

Le parti libéral ayant été de nouveau battu aux élections du 10 juin 1884, M. Beernaert reçut le portefeuille de l'agriculture, mais il exerça, en dehors de son département, une influence notoire sur les décisions du nouveau cabinet. Celui-ci, pour son début, réforma la loi d'enseignement, donna aux administrations locales la faculté de supprimer les écoles laïques et d'en céder les établissements aux congrégations. Le budget scolaire fut diminué et celui des cultes augmenté; les impôts le plus vivement attaqués jusque-là par l'opposition cléricale furent maintenus. Cette politique excita une grande irritation dans les villes et fut le prétexte de troubles graves sur différents points du pays. Le roi se crut forcé d'éloigner du pouvoir les deux plus impopulaires des ministres, MM. Woeste et Jacobs, que le président du Conseil, M. Malou, crut devoir suivre dans leur retraite. M. Beernaert fut appelé à prendre, avec le ministère des finances, la présidence du cabinet, et se vit, à ce moment, l'objet de l'hostilité des cléricaux, pour avoir contresigné la révocation de ministres qui leur étaient chers; mais la majorité conservatrice le subit et le soutint même, pendant dix ans, par crainte des

---

BAZAINE (P.-D.), ou BAZAINE-VASSEUR, ingénieur français, mort à Paris, le 14 février 1893.

BAZALGETTE (J.-W.), ingénieur anglais, mort le 15 mars 1891.

BAZILLE (J.-F.-G.), sénateur français, mort à Montpellier, le 28 avril 1894.

BEAUCHAMP (L.-E.-R.), ancien député et sénateur français, mort au château de Verrières (Vienne), le 19 février 1894.

BEAUREGARD (P.-G. TOUTANT DE), général américain sé-

cessionniste, mort à la Nouvelle-Orléans, le 21 février 1893.

BECHSTEIN (R.), érudit allemand, mort le 5 octobre 1894.

BECKER (Otto), médecin allemand, mort le 7 février 1890.

BELIN (P.-L.), ancien représentant français, mort à Saint-Mandé, le 25 septembre 1894.

BELIN (Fr.-Ad.), orientaliste français, mort à Constantinople, en 1878.

libéraux dont il paraissait seul capable d'empêcher le retour.

Le long ministère de M. Beernaert fut à plusieurs reprises mis en danger par des troubles sociaux et par des crises politiques. Dès le commencement de l'année 1885, les grèves des ouvriers, dans les districts des charbonnages, amenèrent des révoltes qu'il fallut comprimer; mais, après le rétablissement de l'ordre, le ministère demanda des crédits pour entreprendre de grands travaux publics, et prit un ensemble de mesures tendant à soulager la situation ouvrière. Au cours de ces agitations, se produisit, au mois de mars 1888, le procès des anarchistes de Mons où furent enveloppés, avec le député socialiste, M. Defuisseaux, vingt-sept accusés, que plus tard les tribunaux acquittèrent. Une interpellation eut lieu à cette occasion à la Chambre où le président du Conseil fut accusé d'avoir excité lui-même ce complot, pour justifier les mesures de rigueur proposées contre les socialistes, mais le débat se termina par un vote de confiance (28, 29 mai). Les années suivantes furent signalées par un ensemble de lois en faveur des classes laborieuses, par d'importantes réformes pénitentiaires, par la réorganisation de l'enseignement agricole, par le développement du système de la défense nationale, par la constitution, au profit de la Belgique et sous la suprématie de son roi, du vaste État du Congo, par une participation active à la conférence internationale de Bruxelles pour la suppression de la traite des nègres, etc. Malgré les charges nouvelles résultant de ces diverses œuvres, la situation financière du royaume fut notablement améliorée, l'équilibre du budget qui, en 1884, offrait de graves déficits, fut rétabli dès l'année suivante, et, depuis 1886, tous les budgets se soldèrent par des excédents de recettes.

M. Beernaert devait succomber sur le terrain de la révision constitutionnelle dont les complications semblaient exclure, avec un programme précis, une solution propre à satisfaire les intérêts en présence et en conflit. Favorable, dans une large mesure, aux revendications des partisans du suffrage universel, il fit adopter par les Chambres un nouveau mode de vote pour l'élection du Sénat (1er septembre 1893), et proposa, pour celle des représentants, une répartition nouvelle qui, au moyen de votes supplémentaires, graduait, sans le restreindre, le droit électoral. Son désaccord avec la majorité de la Chambre sur l'application du système de la représentation proportionnelle força le chef du Cabinet à donner sa démission dans les derniers jours de mars 1894. M. Beernaert et un de ses collègues, le ministre de la justice, M. Lejeune, quittèrent seuls le ministère, qui fut reconstitué sous la présidence de M. de Burlet, ministre de l'intérieur. Les élections législatives qui suivirent, le 14 et le 21 octobre de la même année, firent ressortir l'action personnelle de M. Beernaert en groupant autour de son ancien chef toute une majorité cléricale, tandis que le nouveau président du cabinet n'était pas réélu. Aussi, à la Chambre des représentants, conserva-t-il toute son influence; il en fut élu président, et n'en prit pas moins une part active aux plus importantes discussions, restant l'un des orateurs les plus écoutés, soit qu'il soutînt ou qu'il combattît les projets du gouvernement. Son intervention a été particulièrement signalée dans les longs et récents débats sur les droits d'entrée spéciaux pour la protection alimentaire, dont il s'est efforcé, pendant toute une séance (9 mai 1895), de montrer l'inanité et les dangers. Au mois de mai 1895, il est venu présider, à Paris, le 14e congrès de la Société internationale d'économie sociale. M. Beernaert est, avec M. Frère-Orban, l'un des deux hommes d'État belges grand-croix de la Légion d'honneur.

BELLANGÉ (Hippolyte), peintre français, né à Rouen en 1835, est le fils du célèbre peintre d'his-

toire militaire, mort en 1866 (voy. les quatre premières éditions du *Dictionnaire*). Élève de Picot, il s'essaya d'abord dans les grandes pages de bataille où s'était distingué son père et exposa pour ses débuts: *la Garde à Magenta*; *le Drapeau du 91e de ligne à Solferino*; *Une Culbute à Palestro* (1861-1863); puis, ne trouvant pas le succès dans cette voie, il se réduisit de lui-même aux scènes épisodiques de la vie militaire et donna successivement: *Un Écarté au camp de Boulogne*; *la Partie de loto au camp de Châlons*; *Un Épisode de la bataille de Wagram*; *le Déluge du camp de Saint-Maur* (1866-1870). Après la guerre franco-prussienne, la rapidité des changements d'uniforme de nos divers corps de troupes le découragea encore de cette spécialité; il s'essaya dans le paysage, fit, dans ce genre, des envois assez irréguliers au Salon jusqu'en 1889 et obtint une mention honorable à l'Exposition universelle de cette dernière année. L'année suivante, il fut un des artistes dissidents qui passèrent de l'exposition des Champs-Élysées à celle du Champ-de-Mars; il venait d'y donner, avec un paysage: *Matin brumeux*, lac de Genève, une série de *Têtes de morts*, plâtres et mains, lorsqu'il mourut subitement à Paris, le 5 mai 1895.

BENEDEN (VAN). Voy. VAN BENEDEN.

BENNETT (James-Gordon), publiciste américain, né en 1840, est le fils du célèbre fondateur du *New-York Herald*. A la mort de son père en 1872, il prit la direction de ce journal et continua sa publication sur les mêmes principes qui avaient si merveilleusement réussi depuis la fondation: donner le premier toutes les nouvelles scientifiques ou politiques du monde entier, sans jugement et presque sans commentaires, en laissant le lecteur tirer lui-même les conclusions. Ne reculant devant aucune dépense pour arriver à ce but, il établit, avec le richissime Californien, M. Mackay, un câble transatlantique privé, reliant ses agences sur tous les points du globe. Il publia à Paris une édition quotidienne spéciale du *Herald*, et dans ses bureaux de l'avenue de l'Opéra, les Américains trouvèrent les principaux journaux de leur pays. Comme son père, M. Bennett organisa de grandes expéditions scientifiques, notamment celle de la *Jeannette* à la découverte du pôle Nord, dont les résultats furent si désastreux. Une de ses récentes conceptions a été, en février 1895, celle d'un grand concours littéraire international avec des primes de 1 000 à 10 000 dollars. Renommé pour son caractère charitable, il a fondé de nombreuses institutions de bienfaisance à New-York. On a inauguré, dans cette ville, en 1892, le nouvel hôtel du *New-York Herald*, qui passe pour le plus grandiose et le plus complet établissement de ce genre dans le monde entier.

BEPMALE (Jean-Eugène-Omer), député français, né à Saint-Gaudens, le 1er septembre 1852. Avocat au barreau de sa ville natale, il prit une part active à l'organisation du comité républicain de la région et à toute la suite des campagnes électorales. Il rédigea en 1877, sous le régime de l'ordre moral, le journal local *le Réveil des Communes*, fonda, en 1882, *la Montagne*, collabora aux journaux *le Réveil*, *la Marseillaise*, etc. Il se présenta lui-même, comme candidat radical, à diverses élections, fut, à plusieurs reprises, élu conseiller municipal de Saint-Gaudens et trois fois maire depuis 1884. En 1892, il fut élu conseiller général avec une forte majorité, contre M. Camparan, sénateur, qui l'avait emporté sur lui à l'élection précédente. Aux élections législatives du 20 août 1893, il se présenta comme candidat radical socialiste et revisionniste dans la 1re circonscription de Saint-Gaudens, et fut élu, au premier tour, par 6 984 voix, contre 6 168, obtenues par M. Jacques Piou, député légitimiste sortant, chef du nouveau parti des ralliés.

BÉRARD (Alexandre), député français, né à Lyon, le 3 février 1859, fit son droit, fut reçu docteur, entra dans la magistrature, fut substitut du procureur de la République à Lyon et devint substitut du procureur général à Grenoble en 1893. Il était conseiller général de l'Ain, pour le canton d'Ambérieu depuis 1886, lorsqu'il se présenta, comme candidat républicain, aux élections du 20 août 1893 dans l'arrondissement de Trévoux, pour remplacer M. Germain, président du Crédit Lyonnais, qui ne se représentait pas. Il fut élu, au premier tour, par 11 731 voix, sans concurrent.

M. Alexandre Bérard s'est fait connaître comme auteur de plusieurs ouvrages de droit public ou d'histoire locale : *les Deux Chambres, leur histoire, leur théorie*, etc. (Lyon, 1885, in-18); *les Vieilles abbayes du Bugey* : *l'Abbaye d'Ambronay* (Bourg, 1888, in-8, avec pl.); *l'Invasion arabe dans la Bresse, la Dombes et le Bugey* (Lyon, 1889, in-8).

BERDOLY (Martial-Henry), député français, né à Bordeaux, le 29 février 1844. Avocat, sous-préfet de Mauléon de 1881 à 1885, conseiller général des Basses-Pyrénées pour le canton de Saint-Palais, il fut porté aux élections législatives de 1885, faites au scrutin départemental, sur la liste républicaine des Basses-Pyrénées, qui échoua tout entière. Aux élections du 22 septembre 1889, faites de nouveau au scrutin uninominal, il se porta comme candidat républicain dans l'arrondissement de Mauléon et échoua, avec 5 976 voix contre 6 213 obtenues par M. Etcheverry, conservateur. A celles du 20 août 1893, il se représenta contre le même concurrent et fut élu au premier tour par 6 670 voix contre 6 143 données à M. Etcheverry, député sortant.

BERGERET (Jean-Gaston-Adrien), publiciste et romancier français, né à Paris le 30 août 1840, fut nommé, après la guerre, secrétaire rédacteur à l'Assemblée nationale et occupa les mêmes fonctions auprès de la Chambre des députés. Devenu chef adjoint de ce service, il a été décoré de la Légion d'honneur.

M. Bergeret débuta dans les lettres en collaborant avec M. Gery-Legrand à une comédie en deux actes : *les Grâces d'État* (1866); puis il publia plusieurs ouvrages d'administration politique et quelques volumes de nouvelles ou romans. Au premier genre appartiennent : *le Mécanisme du budget de l'État* (1880, in-8); *les Réformes de la législation : l'Impôt des patentes*, loi du 15 juillet 1880 (même année, in-8); *les Ressources fiscales de la France* (1885, in-8); *Principes de politique* : objet, méthode et forme des divers gouvernements, théories de la souveraineté, etc. (1888, in-8). On cite dans le second genre : *Dans le monde officiel* (1884, in-18); *la Famille Blache* (1885, in-18); *Contes modernes*, recueil de nouvelles (1886, in-18); *Provinciale* (1887, in-18); *les Événements de Pontax* (1888, in-18); *le Cousin Babylas*, nouvelles (1889, in-18); puis une saynète en cinq figures, *le Quadrille des lanciers* (1884, in-18).

BERNE-LAGARDE (Marie-Joseph-Auguste DE), député français, né à Albi, le 15 novembre 1850. Notaire dans sa ville natale, maire de cette ville et conseiller général pour le canton, il se présenta, comme candidat républicain modéré, aux élections législatives du 20 août 1893, dans la première circonscription d'Albi, et fut élu, au premier tour, par 5 804 voix contre 4 618 données à M. Andrieu, candidat radical socialiste, et 1 003 à M. Paul Huguenin, également socialiste.

BÉRARD (J.), ancien représentant français, mort à Monbonnot (Isère), le 18 juin 1893.

BERG (Chr.-P.), homme politique danois, mort à Copenhague, le 28 novembre 1891.

BERNOT (Achille-Joseph), sénateur français, né à Ham (Somme) le 10 juin 1842. Agriculteur et propriétaire d'une fabrique de sucre indigène, maire de sa ville natale depuis 1881, il est membre du Conseil général pour le canton de Ham depuis 1877 et vice-président de cette assemblée. Candidat républicain aux élections législatives de 1881 dans la première circonscription de Péronne, il fut élu par 6 116 voix contre 4 982 obtenues par M. Fervet monarchiste, mais ne fut pas réélu aux élections du 4 octobre 1885 qui étaient faites au scrutin de liste. Lors d'une élection sénatoriale partielle, le 21 mai 1893, pour le remplacement de M. Jametel, décédé, il fut élu par 868 voix contre 425 données au comte de Douville-Maillefeu, député républicain. M. Bernot a été décoré de la Légion d'honneur, au 14 juillet 1887.

BERRY (Georges), député français, né à Bellac (Haute-Vienne), le 8 mars 1855. Docteur en droit et inscrit au barreau de la Cour d'appel de Paris, il se consacra spécialement aux études économiques et se fit connaître par des écrits et des conférences sur les questions d'assistance publique et de réformes juridiques et sociales. Pour mieux étudier la misère, ainsi que les abus auxquels l'exploitation de la charité publique donne lieu, il se mêla lui-même à la vie des mendiants de profession. Élu membre du Conseil municipal en 1881, pour le quartier de la Chaussée d'Antin, il s'y fit remarquer par ses travaux et ses rapports sur les questions relatives à ses études familières. Appartenant d'abord à la minorité conservatrice de l'assemblée municipale, il suivit le mouvement de l'opinion publique, et se présenta, comme républicain rallié, aux élections législatives du 20 août 1893 dans la 1re circonscription du IXe arrondissement. Il obtint, au premier tour, 2 622 voix, contre 1 588 données à M. Emile Ferry, député sortant, républicain, et 1 384 à M. L Klotz, républicain progressiste, et fut élu au scrutin de ballottage, le 3 septembre, par 3 545 voix, contre 2 193 à M. Klotz. Ennemi déclaré de la mendicité professionnelle, il déposa à la Chambre un ensemble de propositions de lois tendant à transformer les délits correctionnels de mendicité et de vagabondage en simples contraventions pour lesquels le juge de paix pourrait prononcer l'envoi et l'internement plus ou moins long dans des colonies de travail spécialement créées à cet effet.

On cite de M. Georges Berry les écrits économiques suivants : *les Mendiants, colonies d'indigents*, conférence (1891, in-8); *les Petits martyrs, mendiants et prostituées* (1892, in-18); *Assistance par le travail en Allemagne*, auberges, stations, colonies (1893, in-18).

BERSIER (Marie HOLLARD, Mme Eugène), femme de lettres française, née à Paris en 1831, est la veuve du distingué pasteur et fécond écrivain, Eugène Bersier, mort à Paris le 19 novembre 1889. Associée au zèle de propagande religieuse de son mari et dévouée à l'œuvre de l'éducation de la jeunesse, elle a publié les livres suivants, dont plusieurs ont été réimprimés : *la Bonne guerre* (1871, in-12); *Micheline* (1874, in-18); *Tourlède* (1880, in-18); *l'Hermite de Plouerneau* (1881, in-18); *André Tourel* (1883, in-18); *Histoire d'une petite fille heureuse* (1885, in-18); *Ici et là* (1887, in-18); *le Journal de Marc* (1887, in-18); *Contes pour les enfants* (1891, in-12).

BERTEAUX (Henry-Maurice), député français, né à Saint-Maur-les-Fossés (Seine), le 3 juin 1852. Titulaire d'un office d'agent de change à la Bourse de

BERNIER (M.-F.), député français, mort à Orléans, le 26 mai 1892.

BEST (J.), graveur français, mort à Paris, le 3 octobre 1879.

Paris depuis 1879, membre de la chambre syndicale, décoré de la Légion d'honneur, maire de la commune de Chatou (Seine-et-Oise), il se présenta, comme républicain, aux élections législatives du 20 août 1893, dans la 1ʳᵉ circonscription de Versailles, obtint au premier tour 7104 voix, contre 6407 données à M. Hély-d'Oissel, député sortant, conservateur rallié, et 1625 à M. Le Cointe, radical socialiste, et fut élu, au scrutin de ballottage, le 3 septembre, par 9015 voix contre 4035 obtenues par M. Fautier, radical socialiste.

BERTILLON (Jacques), médecin et statisticien français, né à Paris en 1851, est l'aîné des deux fils du docteur Louis-Adolphe Bertillon, statisticien et botaniste, mort en 1883. Il étudia la médecine à Paris et fut reçu docteur en 1883. Entré au service de la statistique de la Préfecture de la Seine, il est devenu chef de bureau de ce service. Le docteur Jacques Bertillon a épousé la doctoresse Caroline Schultze, qui exerce la médecine et qui a été nommée médecin d'un des lycées de filles de Paris et du théâtre national de l'Odéon.

Collaborateur de plusieurs journaux et directeur des *Annales de démographie*, le docteur Jacques Bertillon a publié : *la Statistique humaine en France* (1880, in-32), dans la « Bibliothèque utile », et *Atlas de statistique graphique de la ville de Paris en 1888* (1890, album in-folio avec pl.).

BERTILLON (Alphonse), anthropologiste français, frère du précédent, né à Paris en 1853, s'est livré particulièrement aux études ethnographiques et s'est fait une notoriété européenne par une heureuse application de l'anthropométrie à la reconnaissance de l'identité des récidivistes. Chef du service d'identification à la Préfecture de police de la Seine, il établit, en 1880, un système de mensuration qui donna des résultats merveilleux de précision et d'exactitude. Sur sept cents reconnaissances anthropométriques transmises, dans les six premières années, aux juges d'instruction par le service de la préfecture, on assure qu'il ne s'en est pas trouvé une seule erronée. Les divers gouvernements étrangers ont adopté les méthodes de mesure et de signalement de M. Bertillon.

On doit à cet ingénieux savant, l'un des membres distingués de la Société d'anthropologie, plusieurs ouvrages : *Ethnographie moderne, les Races sauvages* : Afrique, Amérique, Océanie, Asie et régions boréales (1883, gr. in-8, avec grav. et pl.); *l'Anthropométrie judiciaire à Paris en 1889* (Lyon, 1890, in-8 avec pl.); *la Photographie judiciaire*, avec « appendice sur la classification et l'identification anthropométrique » (1890, in-18, avec fig. et pl.); *De la Reconstitution du signalement anthropométrique au moyen des vêtements*, étude médico-légale des relations de forme et de dimension entre les principales longueurs osseuses et les pièces d'habillement (Lyon, 1892, in-8); *Identification anthropométrique*, instructions signalétiques (1893, in-8, nouv. édit.).

BESNARD (Armand-Louis-Charles-Gustave), officier de marine français, ministre, né à Rambouillet le 11 octobre 1833, entra à l'École navale en 1849,

fut nommé aspirant le 1ᵉʳ août 1852, enseigne de vaisseau le 1ᵉʳ septembre 1855 et lieutenant de vaisseau le 26 août 1861. Il avait, dans ces premiers grades, assisté en Crimée au bombardement de Petropovlovsk et pris part aux campagnes dans l'Adriatique et en Chine. Sa conduite en Cochinchine lui valut, en 1863, la croix de chevalier de la Légion d'honneur. Pendant la guerre franco-prussienne, M. Besnard fut nommé, à titre auxiliaire, lieutenant-colonel, puis colonel, remplit les fonctions de chef d'État-major de l'armée de Bretagne et prit part aux combats de Droué et du Mans, à la suite desquels il fut promu officier de la Légion d'honneur, le 6 janvier 1871. Nommé capitaine de frégate le 19 avril 1873, il fut choisi pour chef d'État-major par l'amiral Jaurès en 1876, puis commanda le *Borda*. Il avait été promu capitaine de vaisseau le 1ᵉʳ octobre 1879, lorsque le commandant Gougeard, devenu ministre de la marine dans le cabinet Gambetta, le prit pour chef de son État-major général. A la chute du « grand ministère », il fut nommé au commandement de la *Surveillante*, puis du *Friedland*, et reprit les fonctions de chef d'État-major de l'amiral Jaurès, mis à la tête de l'escadre d'évolutions. En 1884, il commanda le croiseur-école d'application des aspirants, l'*Iphigénie*, et fut nommé, à la fin de 1886, membre-adjoint du conseil d'amirauté. Il fut, le 29 décembre de la même année, promu contre-amiral. Dans ce nouveau grade, il devint directeur du personnel au ministère de la marine et ne quitta ces fonctions que pour prendre le commandement en chef de la division navale de l'Extrême-Orient et des forces navales stationnées en Indo-Chine. Promu vice-amiral le 14 février 1892, il dirigea le service hydrographique de la marine et fut ensuite nommé membre du comité des inspecteurs généraux, et enfin préfet maritime de Brest. Il occupait ces fonctions lorsque M. Ribot, chef du premier cabinet du Président Félix Faure, lui confia le portefeuille de la marine (26 janvier 1895). L'amiral Besnard a été fait commandeur de la Légion d'honneur le 25 janvier 1882.

BINDER (Maurice), député français, né à Paris le 21 mars 1857. Fils d'un des chefs de l'industrie parisienne de la carrosserie, il fit son droit et s'inscrivit au barreau de la Cour d'appel. Il fut élu, en 1884, membre du Conseil municipal, pour le quartier de St-Philippe-du-Roule, et y fut renvoyé par le même quartier aux trois élections suivantes (1887, 1890, 1893). Il s'y fit remarquer, dans les rangs du parti conservateur, par l'importance de plusieurs rapports sur des questions d'affaires : le chemin de fer métropolitain, l'éclairage électrique, etc. Porté, comme candidat conservateur, aux élections législatives du 20 août 1893 dans la deuxième circonscription du VIIIᵉ arrondissement, il obtint, au premier tour, 1377 voix contre 991 données au général Lewal, républicain, et 777 à M. Marius Martin, candidat revisionniste, et fut élu, au scrutin de ballottage, le 3 septembre, par 1777 voix, contre 29 données au second de ses adversaires.

BLANC (Antoine-Louis), député français, né à Bourdeaux (Drôme) le 14 avril 1838. Propriétaire et entrepreneur de voitures publiques, conseiller

BEZANSON (P.), député français, mort à Paris, le 1ᵉʳ juillet 1895.

BIDA (Alexandre), dessinateur français, mort à Paris, le 2 janvier 1895.

BIDERMANN (H.-J.), jurisconsulte autrichien, mort à Berlin, le 25 avril 1892.

BIGOT (Ch.), publiciste français, mort à Paris, le 10 avril 1893.

BILETTA (Emanuele), compositeur italien, mort en décembre 1890.

BILLROTH (Théodore), chirurgien allemand, mort à Abbazia, le 6 février 1894. — En récompense de ses services, l'empereur d'Autriche a fait à sa veuve, en juillet 1894, une pension de 2000 florins.

BIMBENET (J.-E.), érudit français, mort à Orléans, le 19 septembre 1891.

BISMARCK-BOHLEN (F.-A., comte DE), général allemand, mort le 6 mai 1894.

BLAINE (J.-G.), homme politique américain, mort à Washington, le 27 janvier 1893.

général de la Drôme pour le canton de Bourdeaux en 1883 et maire de cette commune depuis 1887, il fut élu député de l'arrondissement de Die à l'élection partielle du 18 décembre 1892, pour le remplacement de M. Chevandier, nommé sénateur. Il a été réélu, comme candidat républicain radical, aux élections générales du 20 août 1893, au premier tour, par 7 780 voix contre 6 535 données à M. Reynaud, ancien chef de cabinet du ministre de l'intérieur, candidat républicain.

BLANC (Edmond), député français, né à Paris, en 1856. Possesseur d'une grande fortune, très connu dans le monde du sport parisien, éleveur et propriétaire des haras de Villebon et de la Celle Saint-Cloud, il fut décoré de la Légion d'honneur au mois de septembre 1886, par le Président Grévy, dans des conditions qui furent bruyamment rappelées dans l' « Affaire des décorations » soulevée, à la fin de 1887, contre M. Wilson; il avait été un des principaux souscripteurs du journal de ce dernier, *la Petite France*. S'étant présenté, comme candidat républicain, aux élections du 20 août 1893, dans l'arrondissement de Bagnères, il obtint, au premier tour, 6 899 voix, contre 6 201 données à M. Cabardos, avocat, et 3 827 à M. Bouzigues, pharmacien, l'un et l'autre républicains, et fut élu au scrutin de ballottage, le 3 septembre, par 10 479 voix contre 7 879 au premier de ses concurrents. Mais l'élection de M. Edmond Blanc, malgré les conclusions favorables de la commission de vérification, fut annulée, le 17 mars 1894, après une vive et longue discussion où l'orateur socialiste, M. Jaurès, évoqua surtout le souvenir des relations du nouveau député avec l'ancienne présidence. M. Blanc, invalidé, fut renvoyé à la Chambre par ses électeurs, le 20 mai suivant, avec 10 193 voix contre 7 488 données à M. Ozun, républicain, et 358 à M. Dupin, socialiste.

BLANC (Henri), député français, né au Puy, le 7 janvier 1858. Avocat au barreau de sa ville natale et juge suppléant au tribunal, il fut nommé, en 1884, substitut du procureur de la République à Mende, d'où il passa, en la même qualité, à Laval en 1887, et à Grenoble en 1888, et devint procureur à St-Marcellin en 1890, et à Carpentras en 1893. Aux élections législatives du 20 août de cette même année, il se présenta, comme candidat républicain, dans la deuxième circonscription du Puy, et fut élu, au premier tour, par 9 112 voix contre 5 089 données au comte de Kergorlay, député sortant, membre de la droite.

BLOUET (Paul), dit Max O'RELL (voy. ce nom)*.

BOISSOUDY (Ph.-A.-A. BAUCHERON DE). Voy. BAUCHERON DE BOISSOUDY*.

BLANCHE (A.-E.), médecin français, mort à Auteuil-Paris, le 16 août 1893.

BLANCHE (Alfred), administrateur français, mort à Paris, le 29 mars 1893.

BLANCHET (M.-P.-A.), mathématicien, mort à Fontenay-aux-Roses, dont il était maire depuis vingt ans, le 11 mars 1894.

BLOCQUEVILLE (L.-A. DAVOUT, marquise DE), femme de lettres française, mort, à Paris, le 5 octobre 1892.

BLUMENTHAL (L., comte DE), général prussien, mort à Cassel, le 15 mai 1892.

BODENSTEDT (F.-M.), écrivain allemand, mort à Wiesbaden, le 19 avril 1892.

BODIN (J.-B.-A.-V.), député français, né le 23 août 1804 et non 1803, mort à Montrillon (Ain), le 9 février 1893.

BODMER (Karl), peintre, mort à Paris, le 31 octobre 1893.

BOILEAU (P.-P.), mathématicien français, mort à Versailles, le 11 septembre 1891.

BONNIER (Tite-Pierre-Marie-Adolphe-Eugène), officier français, né à Rochefort le 4 janvier 1856, entra à l'École Polytechnique en 1875, en sortit le 1er octobre 1877, comme lieutenant en second dans l'artillerie de marine, fut promu lieutenant en premier le 4 décembre de la même année, capitaine en second le 9 novembre 1880, en premier le 8 mai 1883, chef d'escadron en 1889 et lieutenant-colonel en 1890. Il fit presque toute sa carrière militaire au Sénégal et au Soudan; en 1881 il fut chargé de la triangulation entre Kayes et Bammako. En 1886, il accompagna le général Borgnis-Desbordes, comme aide de camp, dans ses inspections du Sénégal, puis le suivit, au même titre, au Tonkin où il fut blessé dans des engagements contre les pirates, et rentra en France avec lui. Au moment où le colonel Archinard, vainqueur des rois Ahmadou et Samory, et maître du pays qui lui livrait l'accès de Tombouctou, était relevé de ses fonctions de commandant supérieur du Soudan, sous prétexte de la substitution de l'administration civile au gouvernement militaire, le lieutenant-colonel Bonnier fut chargé de le suppléer dans le commandement des troupes, jusqu'à l'arrivée du premier gouverneur civil, M. Grodet. Sans tenir compte de cette transformation des pouvoirs et sans attendre les ordres du nouveau chef, le jeune officier marcha sur Tombouctou et y entra sans résistance (10 janvier 1894). On a expliqué cet acte d'audace par la nécessité de défendre contre les attaques des Touaregs une flottille placée sous la conduite d'un lieutenant de vaisseau français et convoyant, sans en avoir reçu l'ordre, jusqu'aux abords de la ville, les pirogues de marchands de Djenné. Le colonel Bonnier ne jouit pas longtemps de ce triomphe : deux jours après, il partait lui-même avec son État-major et une colonne volante en reconnaissance sur des campements de Touaregs, à trois jours de marche dans la direction de Goundam; le 14 au soir, il arrivait à un campement évacué ou paraissant l'être, et s'y installait pour la nuit, sans qu'aucune reconnaissance des environs eût été faite. Le lendemain matin, à 4 heures, les Touaregs concentrés à une courte distance, tombaient sur nos hommes avec une rapidité foudroyante, les ·surprenaient et les massacraient, avant que les sentinelles eussent crié aux armes; l'État-major, enveloppé subitement par une troupe de cavaliers, subissait le même sort (15 janvier 1894).

BOOTH (Edwin), acteur américain, né à Bel-Air, près de Baltimore (Maryland), le 13 novembre 1833, étudia l'art dramatique avec son père, le célèbre Junius Booth, et fit ses débuts dans *Richard III*, en 1849, à Boston, puis en 1851, à New-York, en remplacement de son père tombé subitement malade.

BOISSELOT (D.-F.-X.), compositeur français, mort à Neuilly, le 10 avril 1893.

BOISSIÉ (Pierre), ancien représentant du peuple, mort à Laugnac (Lot-et-Garonne), le 25 février 1893.

BONDY (comte F.-M. TAILLEPIED DE), homme politique français, mort à Paris, le 28 novembre 1890.

BONHEUR (Juliette), artiste peintre française, morte le 19 juillet 1891.

BONNAFONT (J.-P.), chirurgien français, mort à Alger, le 20 mai 1891.

BONNASSIEUX (Jean), sculpteur français, mort à Paris, le 3 juin 1892.

BONNEMÈRE (J.-E.), littérateur, mort à Louerre (Maine-et-Loire), le 1er novembre 1893.

BONNET (P.-Ossian), mathématicien français, mort à Paris, le 22 juin 1892.

BORREGO (Don Andreas), publiciste espagnol, mort à Madrid, le 11 mars 1891.

Après une tournée en Californie, en Australie et dans les îles du Pacifique, il revint à New-York en 1857, passa en Angleterre et inaugura, à son retour à New-York, une série de représentations shakespeariennes au Winter Garden Theatre. Après avoir joué dans les principales villes de l'Union, il ouvrit à New-York, en 1869, un théâtre nouveau, à la construction duquel il avait employé toute sa fortune. Obligé de renoncer à cette entreprise, il se retira du théâtre jusqu'en 1877, époque à laquelle il reprit les grands rôles de Shakespeare. En 1881, il revint en Angleterre, où il alterna avec M. Irving dans les rôles d'Othello et de Iago. En 1883, il parut dans les pièces de Shakespeare à Berlin et à Hambourg. En 1878, M. Edwin Booth a publié une édition volumineuse dans les principales œuvres dans lesquelles il avait tenu des rôles, avec ses procédés d'adaptation à la scène, une introduction et des notes par M. W. Winter (15 vol.). — Il est mort à New-York le 7 juin 1893.

BORY (Armand), député français, né à Allanche (Cantal) en 1844, était président du tribunal civil de Nimes lorsqu'il fut porté, comme candidat républicain, à l'élection législative partielle de l'arrondissement de St-Flour, pour le remplacement de M. Amagat, décédé ; il fut élu, après une lutte des plus vives avec l'ancien préfet de l'arrondissement, M. Andrieux, par 6353 voix contre 3465 données à son adversaire. Aux élections générales du 20 août 1893, il fut réélu, au premier tour par 7288 voix, sans concurrent. M. Bory, membre du Conseil général du Cantal pour le canton de Pierrefort, en est président depuis 1891.

BORGNIS-DESBORDES (Gustave), général français né à Paris le 22 octobre 1839, entra à l'Ecole polytechnique en 1859 et en sortit en 1861, dans l'artillerie de marine. Il a été promu successivement sous-lieutenant le 1er octobre 1861, lieutenant le 1er octobre 1863, capitaine le 5 janvier 1867, chef d'escadron le 1er mai 1876, lieutenant-colonel le 9 novembre 1880, colonel le 31 mars 1885, général de brigade le 26 juillet 1886, général de division le 24 mars 1890. Après avoir rempli des missions au Tonkin, il se signala par de brillants services en Afrique, et surtout par la façon dont il accomplit la mission qui lui fut confiée par le ministère de la marine, au mois d'octobre 1880, en vue d'étudier les régions du haut Sénégal et d'assurer l'établissement d'un chemin de fer entre Médin et Bammakou, c'est-à-dire entre le point où le Sénégal cesse d'être navigable et la rive du Niger. Du 9 janvier 1881 au 7 février 1883, le colonel Borgnis-Desbordes s'avança dans une région inconnue et hostile, luttant contre les obstacles naturels et les résistances des indigènes, déterminant le tracé de la ligne future, construisant des ouvrages destinés à la protéger, réduisant par les armes à l'impuissance le chef nègre très redoutable, Samory, bombardant et prenant d'assaut le village fortifié et bien défendu de Daba, enfin jetant les fondations du fort de Bammakou, sur le Niger. Inspecteur général d'artillerie de la marine et des colonies, membre titulaire du Conseil d'amirauté, et membre des divers comités consultatifs, le général Borgnis-Desbordes a été promu officier de la Légion d'honneur le 5 juillet 1882, commandeur le 16 mars 1885, et grand officier le 14 juillet 1894.

BOSBOOM (Johannes), peintre hollandais, mort le 14 septembre 1891.

BOUCAU-DARMENTIER (J.-M.-Al.-Albert), ancien député français, mort le 25 juillet 1895.

BOUCHUT (Eug.), médecin français, mort à Paris, le 26 novembre 1891.

BOUDEVILLE (Ch.-Al.), député français, mort à Paris, le 22 février 1895.

BOUCHOR (Maurice), poète français, né à Paris, le 16 décembre 1855, put, grâce à sa fortune personnelle, suivre librement son goût pour la poésie et publia, dès l'âge de dix-neuf ans, un premier volume de vers, *les Chansons joyeuses* (1874, in-18), auquel les groupes lettrés du moment firent bon accueil, et qui est resté, pour plusieurs, son principal ouvrage. Il était alors très lié avec MM. Richepin et Paul Bourget dont il partageait les aspirations littéraires. Il a donné ensuite : *les Poèmes de l'amour et de la mer* (1876, in-18) ; *le Faust moderne*, histoire humoristique en vers et en prose (1878, in-18) ; *Contes parisiens, en vers* (1880, in-18) ; *Dieu le veut*, drame en cinq actes et six tableaux (1888, pet. in-4) ; *les Symboles*, poèmes (1888, in-18 ; nouvelle série 1894) ; *Tobie*, légende biblique en vers, en cinq tableaux (1889, in-18) ; *Noël, ou le Mystère de la Nativité en vers*, en quatre tableaux (1890, in-18) ; *Trois mystères : Tobie, Noël, Sainte Cécile* (1892, in-18), essais dramatiques que l'auteur a représentés au Théâtre des Marionnettes ; *les Mystères d'Eleusis*, pièce en quatre tableaux, en vers (1894, in-18). On lui doit en outre quelques études critiques, notamment : *la Messe en ré de Beethoven*, compte rendu et impressions (1886, in-18) ; *Israël en Egypte*, Etude sur un oratorio de G. F. Hændel (1888, in-18), et une traduction de *la Tempête* de Shakespeare. M. Bouchor a été décoré de la Légion d'honneur.

BOUGÈRE (Laurent), député français, né à Angers, le 14 décembre 1864. Propriétaire et industriel dans l'arrondissement de Segré, il se porta comme conservateur aux élections législatives du 20 août 1893, et fut élu, au premier tour, par 8326 voix contre 3986 données à M. Maurice Picard, républicain.

BOUILLIEZ (Fernand-Achille), sénateur français, né à Izel lez-Hameaux (Pas-de-Calais) le 23 janvier 1839. D'une très ancienne famille de cultivateurs, propriétaire et agriculteur lui même, il se signala, sous l'Empire, par son opposition républicaine et réussit, en 1867, à se faire élire, comme candidat indépendant, conseiller d'arrondissement du canton d'Aubigny. Conseiller général du même canton depuis 1889, il fut élu sénateur du Pas-de-Calais au renouvellement triennal du 4 janvier 1890, au premier tour, par 1250 voix sur 1762 votants.

BOURCY (Pascal-Emile), député français, né à Néré (Charente-Inférieure) le 1er octobre 1829, étudia la médecine à Paris où il fut interne des hôpitaux, fut reçu docteur en 1855, et s'établit à Saint-Jean-d'Angély. Conseiller municipal et, pendant quelque temps, maire de cette ville, il refusa, en cette qualité, après l'acte du 16 mai 1877, de laisser afficher le *Bulletin des Communes*. Elu le 18 août 1889, comme candidat républicain, conseiller général pour le canton de Saint-Jean-d'Angély, il fut porté au même titre, dans l'arrondissement, aux élections législatives du 22 septembre suivant, et échoua avec 10757 voix contre 11384, obtenues par M. Roy de Loulay, candidat de l'appel au peuple. Porté de nouveau aux élections législatives du 20 août 1893, il obtint, au premier tour, 8453 voix sur 20401 votants, et fut élu, le 3 septembre, au scrutin de ballottage, par 11568 voix, contre 9593, données à M. Roy de Loulay, candidat rallié.

BOULARD (A.-H.), député français, mort à Bourges, le 8 janvier 1892.

BOULARD (F.-M.-E.-C.), député français, mort dans les Landes, le 16 novembre 1894.

BOULATIGNIER (S.-B.), administrateur français, mort au château de Pise près Lons-le-Saunier, le 16 mars 1895.

BOULLAY (Et.), député français, mort le 28 mai 1895.

BOURDILLIAT (A.-E.), éditeur français, mort en septembre 1882.

BOURGET (Paul), poète et romancier français, membre de l'Académie, né à Amiens, le 2 septembre 1852, est le fils d'un savant mathématicien devenu recteur des académies d'Aix et de Clermont. Il fit ses études au lycée de cette dernière ville et au collège Sainte-Barbe de Paris, où il obtint un deuxième prix d'honneur de rhétorique au concours général de 1870. Reçu licencié ès lettres en 1872, après un brillant examen, il suivit encore pendant un an les cours de l'Ecole des hautes études. Cependant, intimement lié avec MM. Richepin, Bouchor et quelques autres jeunes littérateurs d'avenir, il s'initia, dans cette société, aux idées et aux sentiments de la nouvelle école et prit un goût de plus en plus prononcé pour la carrière littéraire, à laquelle il allait se consacrer exclusivement. Collaborateur, depuis 1872, du journal *la Renaissance*, il fit accepter, l'année suivante, à la *Revue des Deux Mondes* un article sur *le Roman réaliste et le Roman piétiste* (15 juillet 1873) : ce fut toute sa collaboration à ce recueil. En 1874, il débuta par un premier volume de poésies : *la Vie inquiète* (1874, in-18), où se marquent déjà les tendances psychologiques, graves et plus ou moins pessimistes, qui se développeront dans ses autres ouvrages. Ce début fut suivi d'un poème, *Edel* (1878, in-18) et d'un second recueil de vers, *les Aveux* 1882, in-18). Il délaissa alors la poésie pour le roman, où il porta l'impressionnabilité délicate d'une âme qui veut garder jusque dans la sensualité le sentiment poétique, et se montra, comme il le dit lui-même, « maniaque de psychologie et amoureux passionné de l'analyse ». Il se livrait en même temps à des études plus libres de métaphysique sentimentale et à des essais de critique littéraire sur des écrivains qui, comme Stendhal, lui avaient servi de modèles. M. Paul Bourget qui, dans l'un et l'autre de ces deux genres, est devenu l'un de nos prosateurs les plus goûtés, a été élu membre de l'Académie française, le 31 mai 1894, en remplacement de Maxime Du Camp. Il a été décoré de la Légion d'honneur le 14 juillet 1886. Parmi ses livres de critique philosophique, sociale ou littéraire, il faut citer : *Essais de Psychologie* (1883, in-18); *Nouveaux essais de psychologie* (1885, in-18); *Etudes et portraits* (1888, 2 vol. in-18), comprenant : (tome I) *Portraits d'écrivains, Notes d'esthétique*, et (tom. II), *Etudes anglaises, fantaisies; Pastels*, dix portraits de femmes (1889, in-18); *Physiologie de l'amour moderne*, soi-disant « fragments posthumes d'un ouvrage de *Claude Larcher* » (1890, in-18); *Sensations d'Italie* (1891, in-18); *Nouveaux pastels*, dix portraits d'hommes (1891, in-18); enfin, sous le titre d'*Outre-Mer* (1895, 2 vol. in-18), un recueil de notes et études sur les Etats-Unis d'Amérique, les mœurs, l'état social et politique, etc. Les romans de M. P. Bourget sont, jusqu'à ce jour, les suivants : *l'Irréparable* (1884, in-18) ; *Cruelle énigme*, (1885, in-18) ; *Un Crime d'amour* (1886, in-18); *André Cornélis* (1887, in-18); *Mensonges* (1887, in-18), d'où MM. L. Lacour et P. Decourcelle ont tiré, l'année suivante, une comédie en quatre actes; *le Disciple* (1889, in-18); *la Terre promise* (1892, in-18); *Cosmopolis* (1892, in-18), où l'on trouve une remarquable esquisse du pape Léon XIII, et, sous les traits du principal personnage, qui se flatte « d'intellectualiser les sensations vives », une sorte d'étude autobiographique de l'auteur; *Un Saint* (1893, in-18, illustré); *Steeple-Chase* (1893, in-18, illustré); *Un Scrupule* (1894, in-18, illustré). Aux journaux et revues auxquels M. P. Bourget a collaboré, il faut ajouter : *la République des lettres*

(1877), *la Vie littéraire* (1878), *la Paix*, *le Globe* (1879), *le Parlement* (1880), *la Nouvelle Revue* (1882), *l'Illustration* (1884). Plusieurs des romans ci-dessus ont eu des éditions de luxe, avec illustrations et dessins. Les *Poésies* ont été réunies en deux volumes (1885-1887, tom. I et II, in-16).

BOURLON DE ROUVRE (Ch.). Voy. ROUVRE (Ch. BOURLON DE).

BOURRILLON (Maurice), député français, né à Mende, le 15 septembre 1855. Reçu docteur en médecine en 1879, il exerça dans sa ville natale et fut nommé médecin inspecteur des eaux de Bagnols-les-Bains, Conseiller municipal et d'arrondissement il fut porté comme républicain progressiste aux élections législatives du 20 août 1893 et fut élu, au premier tour, par 6 697 voix, contre 4 022 données à M. de Colombet, député sortant conservateur. Il a été élu en 1894, conseiller général pour le canton de Grandrieu.

BOUSSENARD (Frédéric-Henri-Simon), général français, né à Saint-Cyr (Seine-et-Oise), le 24 octobre 1830, entra à l'Ecole de Saint-Cyr le 6 décembre 1848, y obtint les galons de brigadier et de sous-officier, pendant son séjour, et en sortit sous-lieutenant de cavalerie le 1er octobre 1850. Il a été promu successivement capitaine le 24 janvier 1855, chef d'escadron le 12 mars 1866, lieutenant-colonel le 27 octobre 1870, colonel le 8 mai 1875, général de brigade le 27 décembre 1881 et général de division le 7 février 1888. Il servit, à ses débuts, en Algérie où il fut blessé. Aide de camp du maréchal Canrobert pendant la guerre franco-prussienne, il eut le bras fracassé dans les premières campagnes. Il exerça plus tard avec distinction, auprès du général Saussier, à Paris, les fonctions de chef d'Etat-major. Le 28 septembre 1893, il fut appelé au commandement du 5e corps d'armée, ayant son quartier général à Orléans. Sa participation aux fêtes religieuses du 8 mai en l'honneur de Jeanne d'Arc a donné prétexte à une interpellation à la Chambre de la part d'un député du Loiret, M. Rabier (20 mai 1895). Décoré de la Légion d'honneur le 28 décembre 1854, il a été promu officier le 6 avril 1868, commandeur le 28 décembre 1885 et grand officier le 30 décembre 1892.

BOYER (Georges), homme de lettres et administrateur français, né à Paris, le 21 juillet 1850, fit ses études au lycée Louis-le-Grand et au lycée d'Orléans, débuta dans l'enseignement public comme maître répétiteur au petit lycée de Vanves, puis se tourna vers la littérature et le théâtre. Successivement secrétaire général de l'Odéon, du théâtre Ventadour, de l'Opéra-Comique, de la Porte-Saint-Martin et de la Renaissance, il fut appelé aux mêmes fonctions, en 1891, à l'Académie nationale de musique. Il a été décoré de la Légion d'honneur en 1889.

Outre sa collaboration à divers journaux, M. Georges Boyer a écrit pour le théâtre : *la Famille*, en un acte (Palais-Royal, 1879); *Hérode*, poème lyrique, couronné par l'Institut au concours Rossini, musique de M. William Chaumet (1886); *le Portrait de Manon*, opéra-comique en un acte, musique de M. Massenet (1894), etc. Il a publié en volumes : *Paroles sans musique*, avec préface d'Aug. Vitu (1884, in-18), recueil de poésies dont plusieurs ont été mises en musique par Ch. Gounod, J. Massenet, Lecocq, Saint-Saëns et autres maîtres; *le Trèfle à quatre feuilles* (1889, in-18); *Mon ami Chose*, monologue (1893, in-18), etc.

BOURILLON (X.), député français, mort à Mende, le 22 mai 1895.

BOUTEILLE (J.-B.-M.-A.-O.), sénateur français, mort le 21 juillet 1895.

BOUVIER (Alexis), romancier français, mort à Paris, le 18 mai 1892.

BOWMAN (sir W.), chirurgien anglais, mort à Londres, le 29 mars 1892.

BOZÉRIAN (Gaston), député français, né à Seine-Port (Seine-et-Marne), le 16 juillet 1853, est le fils du sénateur de Loir-et-Cher, l'un des chefs du parti républicain dans ce département, mort le 9 mars 1893. Avocat, signalé de bonne heure par diverses inventions industrielles, ancien chef de bureau au ministère de la justice, décoré de la Légion d'honneur, conseiller général du Loir-et-Cher pour le canton de Morée, il se présenta, comme républicain opportuniste, aux élections législatives du 20 août 1893 et fut élu, au premier tour, par 9 406 voix contre 6 469 données à M. de Possesse, député sortant, membre de la droite, 1 278 à M. Mignard, républicain et 485 à M. Deschiens, socialiste.

BRÉDIF (Léon), professeur et administrateur français, né à Châtellerault (Vienne) en 1835, entra à l'École normale supérieure en 1854, fut reçu agrégé des lettres et prit le diplôme de docteur en 1863. Il passa rapidement de l'enseignement secondaire à l'enseignement supérieur et fut professeur de langue et littérature grecques à la Faculté de Toulouse jusqu'en 1878. Il entra alors dans l'administration comme recteur de l'Académie de Chambéry, d'où il passa, dix ans plus tard, à l'Académie de Besançon. Il a été promu officier de la Légion d'honneur, à l'occasion du centenaire de l'École normale, le 21 avril 1895.

Outre ses thèses de doctorat (*Segrais, sa vie et ses œuvres*, et *De Amina brutorum quid senserint præcipui apud veteres philosophi*, 1863, in-8), on doit à M. Léon Brédif un travail remarqué sur *l'Éloquence politique en Grèce, Démosthène* (1879, in-8; 2ᵉ édit. refondue, 1885, in-18). — Sa femme, Mme Berthe Brédif, a publié, sous le pseudonyme de *Mme Léonie Berlaut, le Livre de nos enfants*, lectures à l'usage des écoles primaires (1885, in-18).

BRICE (Jules), député français, né à Aboncourt (Meurthe-et-Moselle), le 28 octobre 1830. Propriétaire agriculteur, vice-président de la Société centrale d'agriculture de Meurthe-et-Moselle, il est collaborateur de plusieurs journaux d'agronomie et d'économie. Maire de Montauville et, depuis 1889, conseiller général pour le canton de Pont-à-Mousson, il se présenta comme candidat républicain aux élections législatives du 20 août 1893, dans la 1ʳᵉ circonscription de Nancy, obtint au premier tour 6 081 voix, contre 5 292 données à M. Thiry, directeur de l'École d'agriculture, républicain, et 633 à M. Renard, et fut élu, au scrutin de ballottage, le 3 septembre, par 7 420 voix contre 4 959 à M. Cordier, républicain, député sortant de l'arrondissement de Toul, qui ne s'était porté qu'au second tour dans celui de Nancy.

BROGLIE (Louis-Alphonse-*Victor*, Prince de), député français, né à Rome, le 31 octobre 1846, est le fils aîné du duc de Broglie, membre de l'Institut, ancien sénateur et président du Conseil. Lauréat du concours général de 1864 pour le prix de philosophie, licencié ès lettres et ès sciences, avocat, il prit part à la campagne de 1870-1871, comme lieutenant de mobiles, entra dans la carrière diplomatique, comme secrétaire de 3ᵉ classe à Londres, le 8 avril 1871, fut attaché, l'année suivante, à la direction politique du ministère des affaires étrangères et devint sous-chef du cabinet du ministre, le duc Decazes. Après l'acte du 16 mai 1877, il remplit les fonctions de chef du cabinet de son père, président du Conseil et garde des sceaux. Le 17 novembre de la même année, il était nommé secrétaire d'ambassade de 1ʳᵉ classe, hors cadre. Mis en disponibilité, avec ce grade, il donna sa démission après la retraite du maréchal de Mac-Mahon. Aux élections législatives du 20 août 1893, il se présenta comme conservateur monarchiste dans l'arrondissement de Château-Gontier (Mayenne) et fut élu, au premier tour, par 8 352 voix, contre 7 574 données à M. Fouassier, maire de Château-Gontier, candidat républicain.

BROTHIER (Théophile), sénateur français, né à Voulème (Vienne), le 16 mars 1819. Ancien juge de paix, secrétaire général de la Charente en 1870-1871, membre du Conseil général pour le canton de Mansle depuis 1874, vice-président de cette assemblée, il fut élu sénateur au renouvellement triennal du 7 janvier 1894, au premier tour, second sur trois, par 427 voix sur 841 votants. Il a été décoré de la Légion d'honneur en 1878.

BROWN (Robert), voyageur et naturaliste anglais, né à Campster, comté de Caithness (Écosse), le 23 mars 1842, fit ses études à l'Université d'Édimbourg dont il fut plusieurs fois lauréat, et alla suivre les cours scientifiques des universités de Leyde, de Copenhague et de Rostock, où il fut reçu docteur en philosophie. En 1861, il commença ses voyages dans les mers polaires, découvrant, entre autres phénomènes scientifiques, les causes de la décoloration de l'océan Arctique; puis il visita l'Alaska et la côte de la mer de Behring, soit comme botaniste de l'expédition de la Colombie anglaise, soit comme chef de l'exploration de Vancouver, et releva la première carte de l'intérieur de ce dernier pays jusqu'alors inconnu. En 1867, il s'engagea le premier, avec M. E. Whymper, sur les mers de glace du Groenland. Depuis, il a visité les États barbares du nord de l'Afrique et a rapporté de ses différents voyages de nouvelles espèces de plantes ou de minéraux dont quelques-unes ont pris son nom ou celui de son pays natal : le fossile *Aralia Browniana*; la *Verrucaria Campsteriana*, la *Lecidea Campsteriana*, etc. Les géographes lui ont aussi fait l'honneur de donner son nom aux monts Brown, à la rivière Brown dans l'île de Vancouver, au cap Brown, au Spitzberg, à l'île Brown au nord de la Nouvelle-Zemble, etc. En 1876, il revint s'établir à Londres où il écrivit d'innombrables articles pour les revues scientifiques anglaises et étrangères.

Outre sa thèse de doctorat, passée à Rostock (*Species Thujæ et Libocedri quæ in America-*

BOZÉRIAN (J.-F. Jeannotte), sénateur français, mort le 9 mars 1893.

BRATIANO (Démètre), homme politique roumain, mort à Bucharest, le 20 juin 1892.

BRÉMOND D'ARS (G.), général français, sénateur, mort au château de Saint-Brice près Cognac, le 25 janvier 1894.

BRIDOUX (F.-E.-A.), graveur français, mort à Orsay (Seine), en avril 1892.

BRIGHT (sir C.-T.), ingénieur anglais, mort le 3 mai 1888.

BROGLIE (l'abbé Aug.-Th.-P. de), mort, assassiné par une fanatique, à Paris, le 10 mai 1895.

BROGLIO (Emile), publiciste italien, mort le 21 février 1892.

BROHAN (J.-F.-Augustine), actrice française, morte le 15 février 1893.

BRONSART DE SHELLENDORF (Paul), général prussien, mort à Kœnigsberg, le 23 juin 1891.

BROSSARD (Étienne), sénateur français, mort à Pouilly-sous-Charlieu (Loire), le 13 octobre 1894;

BROT (Ch.-A.), romancier français, mort à Paris, le 3 janvier 1895.

BROUCKÈRE (H.-M.-J.-G. de), homme politique belge, mort à Bruxelles, le 24 janvier 1891.

BROWN-SÉQUARD (Ch.-Ed.), physiologiste, mort à Paris, le 2 avril 1894. — Depuis quelque temps ses doctrines et ses pratiques, objet de tant d'opposition et de moquerie, paraissaient être entrées dans le domaine de la thérapeutique.

septentrionale gignuntur), M. Robert Brown a publié plusieurs ouvrages de géographie. d'ethnologie et d'histoire naturelle, entre autres : *les Peuples du Monde* (Peoples of the World, 6 vol.); *les Pays du Monde* (Countries of the W., 6 vol.); *Manuel de botanique*; *Notre Terre* (Our Earth, 3 vol.); *Science pour tous* (Science for All, 5 vol.); *l'Afrique* (Africa, 4 vol.); et, en collaboration avec Sir L. Playfair, *Bibliographie du Maroc*. Les comptes rendus de ses voyages, formant plusieurs volumes, ont été publiés en anglais, en allemand et en danois. En 1894, il a été chargé de publier *Leo Africanus* pour la Hakluyt Society.

BRUN-DURAND (Louis-Adolphe-Joseph-Justin), érudit français, né à Crest (Drôme), le 21 mai 1836, d'une famille de commerçants, exerça lui-même le commerce jusqu'en 1871. Il devint ensuite juge de paix de sa ville natale, mais se démit de cette charge en 1880, pour s'adonner plus librement à son goût pour les études historiques. Il avait publié, dès 1858, des articles appréciés sur l'histoire locale, dans différents journaux ou revues, et contribué à fonder, en 1868, la Société d'archéologie et de statistique de la Drôme, dont il est, depuis 1882, un des vice-présidents. Il fait en outre partie de l'Académie delphinale, de la Société littéraire de Lyon, de la Société d'histoire de la Suisse romande, etc., et compte, depuis plus de vingt ans, parmi les correspondants du ministère de l'instruction publique.
Les principales publications de cet érudit sont : *Essai historique sur la chambre de l'Edit de Grenoble* (1873, in-8); *le Dauphiné en 1698* (187, in-8), sorte de petite encyclopédie dauphinoise; *Notes pour l'histoire du diocèse de Die, à propos du Gallia christiana nova* (1875, in-8); *les Amis de Jean Dragon* (s. d., in-8); *Dictionnaire topographique de la Drôme* (188, in-4), publié aux frais de l'Etat. On lui doit, en outre, la publication, avec notes et éclaircissements, des *Mémoires d'Achille Gamon* (1888, in-8); des *Annales de Michel Forest* (in-8) et surtout une édition des *Mémoires d'Eustache Piémond* (1885, in-4), source indispensable de l'histoire du Dauphiné au temps des guerres de religion, publication faite aux frais de la Société d'archéologie et de statistique de la Drôme.

BRUNE (François-Jean), député français, né à Pleine-Fougères (Ille-et-Vilaine), le 1er avril 1835. Ancien notaire dans sa ville natale, maire depuis 1877, conseiller général de son canton depuis 1870, décoré de la Légion d'honneur en 1892, il se présenta, comme républicain, aux élections législatives du 20 août 1873 pour l'arrondissement de Saint-Malo, et fut élu, au premier tour, par 7 513 voix contre 277 obtenues par M. Léouzon-Leduc, candidat revisionniste.

BRUNEAU (Louis-Charles-Bonaventure-Alfred), compositeur français, né à Paris en 1857, entra au Conservatoire, où il remporta le premier prix de violoncelle et fut élève de M. Massenet pour la composition. En 1881, il obtint, au concours de l'Institut, le second grand prix de Rome. En 1884, il fit jouer aux concerts de l'Union des jeunes compositeurs une grande cantate, *Léda*, poème de M. Henri Lavedan. En 1887, il donna sur la scène éphémère de l'Opéra-Populaire, un opéra en trois actes : *Kérim*, livret de MM. P. Milliet et H. Lavedan (9 juin). Classé, dès cette époque, parmi les jeunes chefs du wagnérisme en France, il était le promoteur d'une rénovation musicale qu'il prétendait rattacher au naturalisme littéraire de M. Zola; il essaya d'en appliquer le programme dans un grand drame lyrique, inspiré d'un roman de ce maître, et il écrivit *le Rêve*, drame lyrique en quatre actes et sept tableaux, d'après le roman de M. Zola, mis en poème par M. Louis Gallet. L'ouvrage, dont on annonça plusieurs fois la représentation prochaine sur des scènes forcées de fermer avant son apparition, fut reçu à l'Opéra-Comique, et inaugura la nouvelle administration de M. Carvalho (18 juin 1891). Cette manifestation d'une nouvelle école musicale qui supprimait résolument tout élément mélodique, fut accueillie froidement par le public, malgré la suppression, après la première soirée, des scènes les plus réalistes, telles que la cérémonie de l'extrême-onction et la mort subite de l'héroïne dans l'église après la célébration du mariage. Elle fut très discutée par la critique musicale : les uns y voyaient la courageuse mise en pratique d'une esthétique lyrique nouvelle, les autres une élucubration anti-dramatique, systématiquement pleine de dissonances orchestrales et de fautes criantes d'harmonie.
M. Bruneau parut abandonner, en grande partie, son système ou du moins ses exagérations dans un autre ouvrage emprunté pourtant au même maître littéraire, *l'Attaque du Moulin*, tiré également par M. Louis Gallet de la nouvelle de M. Zola (Opéra-Comique, 24 novembre 1893) : le sujet, emprunté à la guerre de 1870, avait été reporté à une époque plus éloignée, pour rendre l'impression moins pénible. Dans un cadre favorable à l'action et au mouvement, le drame lyrique de M. Bruneau parut être un retour aux traditions du théâtre ancien, et contraster avec les violences musicales du *Rêve*, par des formes mélodiques et rythmiques d'une inspiration souvent heureuse, auxquelles il dut un réel succès.

BRUNET (Arthur-Denis), sénateur français, né à Charost (Cher), le 18 mai 1845, ancien élève de l'Ecole d'Alfort, s'est fixé comme médecin-vétérinaire à Issoudun. Conseiller municipal de cette ville depuis 1871, adjoint au maire et maire lui-même de 1888 à 1892, ancien membre et président du Conseil d'arrondissement, membre du Conseil général pour le canton sud d'Issoudun depuis 1881, et président de cette assemblée en 1892, il fut porté, comme candidat républicain, à l'élection sénatoriale partielle du 19 juin 1891, par suite de l'attribution au département de l'Indre du siège rendu vacant par la mort du sénateur inamovible M. de Pressensé, et fut élu par 519 voix, contre 292 données à M. Bonneval, ancien député conservateur. M. Brunet, membre de diverses sociétés agricoles, a obtenu une médaille d'argent à l'Exposition universelle de 1889 pour une publication sur l'histoire de l'enseignement à Issoudun.

BRUNET (Louis), député français, né à la Réunion, le 23 juillet 1847. Petit-fils de l'ancien représentant du peuple en 1848, Auguste Brunet, il vint en France pour prendre part à la guerre de 1870-1871. Publiciste et littérateur, membre du Conseil général de la Réunion, il se présenta, comme candidat républicain, dans la 2e circonscription de la colonie, aux élections législatives du 20 août 1893, et fut élu, au premier tour, par 4 976 voix, contre 3 172, données à M. Leroy, député sortant. M. Louis Brunet est auteur d'un certain nombre d'écrits, imprimés à la Réunion et à Paris, notamment de pièces de vers sur *Denfert-Rochereau*, sur *Gambetta*, sur la guerre de 1870-1871 (*A outrance*), d'une étude his-

---

BRUCKE (E.-G.), physiologiste allemand, mort le 7 janvier 1892.
BRUGEILLES (P.-J.-L.), ancien député français, mort à la Guerche (Sarthe), le 8 février 1893.

BRUGSCH-pacha (H.-Ch.), savant égyptologue allemand, mort à Charlottenbourg, le 10 septembre 1894.
BRUNEAU (Vital), député français, mort à Villeneuve (Mayenne), le 21 décembre 1892.

torique et politique, *la France à Madagascar* (1895, 2e édit., in-18).

BRUNON (N.), sénateur français, né à Rive-de-Gier (Loire), le 8 mai 1836. Propriétaire de grands établissements métallurgiques, maire de Rive-de-Gier, conseiller général du canton, il fut élu sénateur au renouvellement triennal du 5 janvier 1888, au premier tour, par 480 voix sur 937 votants. M. Brunon a été décoré de la Légion d'honneur.

BRUSSET (Jean-Baptiste), sénateur français, né à Charcenne (Haute-Saône), le 8 février 1839. Ayant terminé ses études de droit, il se fixa à Besançon comme notaire. La considération qu'il acquit dans l'exercice de ses fonctions le fit porter sur la liste républicaine de la Haute-Saône aux élections du 4 janvier 1891 pour le renouvellement triennal du Sénat : il fut élu au premier tour par 842 voix sur 890 votants.

BULGARIE (Princes de). Voy. ALEXANDRE Ier et FERDINAND Ier.

BURDEAU (Auguste-Laurent), homme politique français, mort à Paris le 12 décembre 1894. — Les deux dernières années furent très remplies pour M. Burdeau. Ses fonctions de rapporteur du budget et surtout de membre de la Commission pour le renouvellement du privilège de la Banque de France, donnèrent lieu aux plus violentes attaques de la presse radicale contre lui et, notamment, de la part du journal *la Libre Parole*, à d'odieuses accusations dont il crut devoir poursuivre l'auteur devant la justice. Il intenta au rédacteur en chef, M. Ed. Drumont, un procès en diffamation et plaida lui-même sa cause dans ce procès, destiné moins à le venger qu'à protéger le nom et l'honneur de ses enfants : il obtint la condamnation du rédacteur en chef du journal à trois mois de prison, 1 000 francs d'amende et insertion du jugement dans 80 journaux (15 juin 1892). Quelques jours plus tard, s'ouvrait devant la Chambre la grande discussion sur le renouvellement du privilège de la Banque, et il prononçait, le 20, l'un de ses plus remarquables discours. Le mois suivant, il était appelé à remplacer au ministère de la marine M. Cavaignac, qui donnait sa démission à la suite d'un ordre du jour relatif aux conflits des deux administrations de la Marine et de la Guerre dans la conduite de l'expédition du Dahomey (12 juillet). Il ne garda ce portefeuille que quelques mois et le céda, le 11 janvier 1893, lors de la reconstitution du ministère Ribot. Le 31 mars suivant, il était nommé président de la Commission du budget. Il quitta ces fonctions pour accepter le ministère des finances dans le cabinet formé, le 3 novembre, par M. Casimir Perier ; il l'occupa jusqu'à la démission de ce cabinet, le 22 mai 1894. Un des principaux actes de son ministère fut le projet de loi de conversion du 4 1/2 en 3 1/2 pour 100, avec garantie de ce taux pour huit années. Lorsque M. Casimir Perier, redevenu président de la Chambre, fut élevé à la Présidence de la République, après la mort tragique de M. Carnot, M. Burdeau fut élu président de la Chambre le 5 juillet, par 250 voix sur 454 votants contre 157 données au candidat radical, M. Brisson. Son état de santé qui l'avait forcé à décliner la mission de former le premier cabinet du nouveau président de la République, ne lui permit de diriger que d'une façon intermittente les débats de la Chambre, et il succomba, épuisé de fatigues et de labeurs, dans le palais de la Présidence, le 12 décembre 1894. Ses obsèques, purement civiles, furent faites aux frais de l'État ; une pension nationale de 12 000 francs fut votée, non sans quelques tiraillements, en faveur de sa mère et de sa veuve, avec réversibilité limitée sur ses enfants (20 décembre). A part des réimpressions de quelques livres pour les écoles, il a été publié, de M. Auguste Burdeau, sous le titre *l'Algérie en 1891*, un recueil de rapports et de discours à la Chambre (1892, in-18).

BURT (Thomas), député ouvrier anglais, né à Morton-Row (Northumberland), le 12 novembre 1837, fils d'un mineur, travailla dès l'âge de dix ans dans les mines avec son père. Entraîné par un vif désir de s'instruire, il fit lui-même sa première éducation, et en 1865, il était nommé secrétaire de l'Association mutuelle des Mineurs de Northumberland, comprenant plus de 16 000 membres. Les services qu'il rendit en cette qualité amenèrent ses compagnons à le choisir comme représentant du comté de Morpeth aux élections générales de février 1874 : il fut élu par 3 332 voix contre 585 données au capitaine Duncan, candidat conservateur. Pour subvenir à ses dépenses et lui permettre de tenir dignement son rang au Parlement, les mineurs de Northumberland lui votèrent un subside annuel de 400 livres sterling (10 000 francs). Président de l'Union nationale des mineurs, il a dirigé différentes réunions importantes de ses anciens compagnons à Birmingham et à Manchester, fut élu en 1890 un des délégués anglais au congrès international du travail de Berlin et, en août 1892, nommé secrétaire de la Chambre du commerce. Constamment réélu depuis 1874, dans le même comté, il a toujours siégé au Parlement avec les radicaux. Il soutint le parti du Home-Rule, et combattit le bill « pour la protection des personnes et de la propriété en Irlande », mais en 1881, il se montra opposé à la limitation par la législature des heures de travail.

C

CABLE (Georges-W.), romancier américain, né à la Nouvelle-Orléans en 1844, avait quatorze ans quand la mort de son père le laissa sans ressources ; il dut alors quitter l'école et entrer comme commis dans un magasin pour soutenir sa mère et ses sœurs. En 1863, il s'engagea dans l'armée confédérée. A la fin de la guerre de Sécession, il revint dans sa ville natale et, après avoir rempli divers petits emplois, entra dans une importante maison de facteurs de coton. En 1879, il résolut de se livrer entièrement à la littérature, quitta sa situation commerciale, et commença à publier dans le *Picayune* de la Nouvelle-Orléans, sous le nom de « Drop Shot », des articles qui furent peu remarqués. Il publia alors

---

BRUNN (Henri), archéologue allemand, mort à Joseph-stadt, le 23 juillet 1894.

BUDENZ (Jos.), philologue allemand, mort à Buda-Pesth, le 15 avril 1892.

BULOW (H.-G. DE), pianiste allemand, mort au Caire, le 13 février 1894.

BUONCOMPAGNI (prince Balthazar), savant italien, mort le 16 avril 1894.

BURMEISTER (Hermann), naturaliste allemand, mort à Buenos-Ayres, le 2 mai 1892.

BUTLER (B.-F.), général américain, mort à Washington, le 11 janvier 1893.

dans le Century Magazine, sous forme de roman, sur les vieilles mœurs créoles qui existaient encore dans une grande partie de la Louisiane, des études qui eurent un grand retentissement dans tous les États-Unis, mais qui excitèrent de violentes protestations et d'ardentes polémiques. Elles furent réunies en volumes et placèrent l'auteur au rang des romanciers les plus populaires de l'Amérique.

La première de ces études, intitulée Jours créoles d'autrefois (Old creole Days), fut bientôt suivie de : les Grandissimes (1880) ; Mme Delphine (1881) ; les Créoles de la Louisiane (1884) ; le Docteur Sevier (1884) ; le Sud silencieux (the Silent South, 1885) ; Bonaventure (1887) ; Étranges histoires véridiques de la Louisiane (Strange true stories of Louisiana, 1889) ; la Question nègre (the Negro question, 1890). M. Cable a aussi obtenu de grands succès dans les villes du nord des États-Unis en faisant des lectures publiques de ses ouvrages.

CALVET (Auguste), sénateur français, né à Lodève (Hérault), le 16 novembre 1843, propriétaire et agriculteur aux Angers, dans la Charente-Inférieure, appartient comme sous-inspecteur à l'administration des forêts, donna sa démission en 1881, et fut préfet pendant le court ministère de Gambetta. Il a été élu sénateur de la Charente-Inférieure, comme candidat républicain, au premier tour, le quatrième sur trois, par 559 voix sur 999 votants. Auteur de plusieurs études d'économie politique et agricole, M. Calvet a été décoré de la Légion d'honneur.

CARDUCCI (Josué), poète et critique italien, né à Val-di-Castello, près de Pietra Santa, le 27 juillet 1836, fit ses classes au collège des Scolopii de Florence et y montra de précoces dispositions pour la poésie. A sa sortie du collège en 1858, il fonda, avec quelques jeunes gens, une revue littéraire, Il Poliziano, où il se proposait de rendre à la langue italienne la force et la virilité des formes classiques, tout en les adaptant aux idées et aux sentiments modernes. En même temps, il publiait un premier recueil de vers sous le titre de Juvenilia (1858), et plusieurs essais critiques sur les anciens poètes de l'Italie : ces écrits le firent nommer, en 1860, professeur de littérature italienne à l'Université de Bologne.

Outre le recueil déjà mentionné, M. Josué Carducci a publié les volumes de poésie suivants : l'Hymne à Satan, paru d'abord sous le pseudonyme d'Enotrio Romano et qui contribua beaucoup à la popularité du poète ; Levia gravia (1875) ; Iambes et épodes (1877) ; Nouvelles poésies (1878) ; Odes barbares (1880) ; Garibaldi (1882) ; Ça ira (1883) ; Septembre 1792 (1883) ; Odes barbares, en trois séries qui ont été traduites en français par M. Julien Lugol, avec trois lettres de l'auteur (1888, in-16). Parmi ses études de critique, nous citerons : Études littéraires (1874, 2 vol. in-8) ; Esquisses de critique et Discours littéraires (1876) ; Études sur les œuvres latines de l'Arioste (1878) ; Commentaires sur les rimes de Pétrarque (1879) ; Pétrarque et Boccace (1884) ; Conversations critiques ; Vies et portraits (1884).

CARNAUD (Maximilien), député français, né à Paris le 6 juillet 1863, était devenu instituteur à Marseille lorsqu'il se porta comme candidat socialiste aux élections législatives du 20 août 1893 en concurrence avec le ministre des finances M. Peytral dans la 1re circonscription du chef-lieu ; les doctrines exposées dans ses professions de foi furent incriminées devant le conseil départemental de l'instruction publique et firent prononcer sa révocation. Une élection partielle ayant lieu, dans la même circonscription, le 4 mars 1894, pour le remplacement de M. Peytral, devenu sénateur, il fut de nouveau porté par le comité socialiste, obtint au premier tour 4925 voix sur 9856 votants et fut élu au scrutin de ballottage par 6158 voix contre 5736 données à M. Chanot, républicain radical.

M. Carnaud s'est fait remarquer par une interpellation sur les mesures de rigueur du ministère contre les fonctionnaires ayant voté, comme conseillers généraux, des vœux tenus pour injurieux pour le gouvernement et annulés comme illégaux. Cette interpellation, liée à la discussion de la loi contre les menées anarchistes, fut repoussée par l'ordre du jour (18 novembre 1894).

CARNEGIE (André), manufacturier et économiste américain, né à Dumferline (Écosse), le 25 novembre 1837, passa en 1848 en Amérique avec sa famille qui alla s'établir à Pittsburg (Pennsylvanie). Tour à tour mécanicien, porteur de dépêches, télégraphiste, employé de chemin de fer, il devint administrateur d'une branche du chemin de fer de Pennsylvanie. Après s'être intéressé à l'établissement de puits de pétrole, il créa une fonderie et un laminoir qui devinrent bientôt, entre ses mains, la plus vaste entreprise de ce genre dirigée par un seul homme, et lui valurent le surnom de Roi du Fer (Iron King). Prodigieusement enrichi, il a dépensé de grandes sommes pour les sciences, les arts et les lettres, et pour des actes de bienfaisance. En 1879, il subventionna plusieurs établissements dans sa ville natale et lui donna 200 000 francs pour la création d'une bibliothèque publique. Il offrit, en 1884, au collège médical de New-York, 250 000 francs pour la fondation d'un laboratoire d'histologie. Depuis 1885, il a dépensé près de dix millions de francs pour sa création, à Pittsburg, d'une académie de musique, d'une bibliothèque et d'un salon d'art. Il a fait construire à New-York une salle de concert qui coûta plus de douze cent mille francs, et a fait de nombreux dons à plusieurs autres villes pour l'établissement de bibliothèques.

CABAT (N.-L.), peintre-paysagiste français, mort le 13 mars 1893.

CADET (P.-Ernest), publiciste français, mort à Chaville (Seine-et-Oise), le 17 février 1892.

CAIN (A.-N.), sculpteur français, mort à Paris, le 6 août 1894.

CAIRD (sir James), agronome anglais, mort le 9 février 1892.

CALFA (Corène), prélat arménien, mort à Constantinople, le 25 novembre 1892.

CALLAC (Alph.-C.-A.), sénateur français, mort le 13 avril 1893.

CALLEN (Jean), sénateur français, mort à Bajus, le 21 mars 1892.

CALMEIL (J.-L.-F.), médecin français, mort à Fontenay-sous-Bois, le 15 mars 1895.

CALONNE (Ernest DE), auteur dramatique, mort en septembre 1887.

CALVO (Carlos), jurisconsulte argentin, mort à Paris, le 4 mai 1893.

CAMERON (V.-L.), explorateur anglais, mort à Soulbury (Angleterre) d'une chute de cheval, dans une partie de chasse, le 26 mars 1894.

CAMPBELL (sir George), administrateur anglais, mort au Caire, le 18 février 1892.

CAMPHAUSEN (Lud.), homme politique allemand, mort le 15 décembre 1890.

CANETTE (don Manuel), poète espagnol, mort le 5 novembre 1891.

CANROBERT (François CERTAIN), maréchal de France, mort à Paris, le 28 janvier 1895.

CANTANI (Arnaud), médecin italien, mort le 2 mai 1893.

CANTÙ (Cesare), historien italien, mort à Milan, le 11 mars 1895.

CARLEN (Émilie SCHMIDT, dame), romancière suédoise, morte à Stockholm, le 5 février 1892.

M. Carnegie a souvent traité dans les journaux et dans les revues les questions relatives au travail et à l'économie sociale. Outre plusieurs brochures, il a publié : *Un Américain à grandes-guides en Angleterre* (an American four-in-hand in Britain, 1883) ; *Autour du Monde* (Round the World, 1884) ; *la Démocratie triomphante* (Triumphant Democracy, 1886, nouvelle édition, 1893).

CARNOT (M.-Fr.-Sadi), quatrième président de la République française, mort assassiné à Lyon le 24 juin 1894. — Nous n'avons pas à retracer ici les événements intérieurs ou extérieurs qui ont signalé les deux dernières années de sa présidence et dans lesquelles il s'est abstenu de toute intervention directe, tant par déférence pour les limites constitutionnelles de son mandat que par un sentiment de discrétion auquel les divers partis ont rendu hommage. Rappelons toutefois cette longue série de scandales occasionnés par l'affaire du Panama, et où ont été si gravement compromis des hommes politiques appelés par M. Carnot, comme par ses prédécesseurs, à la tête des affaires, sans qu'aucun soupçon l'ait lui-même effleuré. Un journal prussien s'étant fait l'écho d'un prétendu bruit qui attribuait, non pas au président, mais à des membres de sa famille le bénéfice anonyme de chèques trop fameux, cette insinuation, hautement démentie, ne rencontra qu'une incrédulité indignée (Voy. les articles suivants). Le rôle de M. Carnot, volontairement effacé dans les conflits politiques des partis, ne cessa d'être actif et efficace dans les manifestations de la vie publique où les intérêts du pays, l'industrie, le commerce, les arts, les sciences, l'influence extérieure pouvaient être servis par le prestige du pouvoir. Le Président, sans jamais être suspect de rechercher la popularité, a continué jusqu'au bout à rehausser par sa présence les solennités et les concours où était en cause l'honneur de la France, et c'est même son empressement à prendre part aux grandes fêtes de l'industrie nationale qui devait, dans l'éclat de l'exposition lyonnaise, le livrer sans défense au poignard d'un fanatique. Le domaine où l'action personnelle de M. Sadi Carnot, ne cessa d'être utile à la France, est encore celui de la politique étrangère. Dans toutes nos relations avec les chefs des autres gouvernements, le bon renom du Président servait au bon renom de la République et il était en train de lui gagner la déférence respectueuse des monarchies. On en vit surtout la preuve dans l'envoi de l'escadre russe à Toulon, en réponse à celui de l'escadre française dans les eaux de Cronstadt, ainsi que dans l'échange des télégrammes sympathiques dont la visite de M. Carnot à la flotte russe fut l'occasion. Dans le banquet qui eut lieu, à cette occasion à la Préfecture maritime, le Président porta un toast « à l'amitié des deux grandes nations et, par elle, à la paix du monde. » (27 octobre 1893.)

La parfaite correction du Président de la République dans son rôle constitutionnel ne le mettait pas toujours à l'abri des attaques violentes des partis extrêmes. Peu de mois avant l'attentat de Lyon, il était l'objet, dans un journal, *le Parti socialiste*, de provocations qui semblaient prendre un caractère de sinistre prophétie : à propos de la condamnation de l'anarchiste Vaillant, confirmée par la Cour de cassation, le journal le sommait de gracier l'assassin et ajoutait : « S'il se prononce pour la mort, il n'y aura plus en France un seul homme pour le plaindre s'il lui arrive un jour le petit désagrément de voir sa carcasse de bois disloquée par une bombe. » Le journal fut poursuivi en cour d'assises, et, le 10 février 1894, le gérant était acquitté, mais l'auteur de l'article était condamné au maximum de la peine ; deux ans de prison et 2000 francs d'amende. Le 24 juin suivant, M. Carnot tombait, non pas sous la bombe prédite, mais sous le couteau de l'Italien Santo Caserio. Cet attentat frappa toute l'Europe de stupeur, et provoqua à l'égard de la République

française un concert de témoignages de sympathies tel que n'en ont peut-être jamais recueilli les chefs des monarchies héréditaires. Les funérailles du président se firent à Paris, le 1er juillet, au milieu d'un concours extraordinaire, et son corps fut déposé solennellement au Panthéon.

Pour clore ce complément de la vie publique de M. Carnot, nous croyons intéressant de rappeler, avec leurs dates précises, la suite des cabinets ministériels qu'il a formés et que les crises parlementaires ont successivement emportés et parfois ramenés au cours de sa présidence. La plupart sont nés sous l'influence de la politique dite de concentration et sont tombés, sur des questions secondaires, sous le coup d'inévitables coalitions. Un seul, le second, appartenait presque exclusivement à la minorité de l'extrême gauche, assez forte pour faire tomber le pouvoir des mains des autres, mais non pour le garder dans les siennes. Plusieurs des présidents du conseil étaient les amis personnels du Président de la République. Voici la liste de ces cabinets qui sont au nombre de dix : 1° premier cabinet, Tirard (12 décembre 1887) ; 2° cabinet Floquet (3 avril 1888) ; 3° deuxième cabinet Tirard (23 février 1889) ; 4° quatrième cabinet de Freycinet (17 mars 1890) ; 5° cabinet Loubet (27 février 1892) ; 6° premier cabinet Ribot (7 décembre 1892) ; 7° deuxième cabinet Ribot (1er janvier 1893) ; 8° premier cabinet Dupuy (5 avril 1893) ; 9° cabinet Casimir Perier (3 décembre 1893) ; 10° deuxième cabinet Dupuy (31 mai 1894).

CARNOT (Marie-Adolphe), ingénieur français, membre de l'Institut, frère de l'ex-président de la République, né le 27 janvier 1839, fut reçu en 1858 à l'École polytechnique où son frère était entré l'année précédente, et passa, en 1860, à celle des Mines. Sorti ingénieur ordinaire des mines de troisième classe, il parcourut toute la hiérarchie de ce service. Il remplit les fonctions d'ingénieur à Limoges de 1864 à 1869. Devenu ingénieur en chef de première classe en 1881, il fut nommé inspecteur général. Voué aux études scientifiques et à l'enseignement, il est professeur d'analyse minérale à l'École des mines et de minéralogie et de géologie à l'Institut national agronomique. Il a été élu membre libre de l'Académie des sciences en remplacement de Ferdinand de Lesseps, le 18 mars 1895. Au moment où éclatèrent les scandales du Panama, des journaux insinuèrent que le bénéficiaire X, d'un des principaux chèques Reinach, resté mystérieux, était un des membres de la famille du Président de la République, son père, son frère ou son fils. Le père, Hippolyte Carnot, était mort plusieurs mois avant l'émission des chèques ; M. Adolphe Carnot opposa, pour son compte, « le démenti le plus formel, à cette calomnie », en ajoutant qu'il n'avait eu, à aucune époque, avec l'administration du Panama aucune espèce de rapports. M. Carnot fils devait aussi protester contre la reproduction de cette imputation (Voyez l'article suivant). M. Adolphe Carnot a été promu officier de la Légion d'honneur le 13 juillet 1891.

CARNOT (Ernest), ingénieur français, député, fils et neveu des précédents, né en 1867, suivit la même carrière que son père et son oncle et passa, en 1888, de l'École polytechnique à l'École des mines. Ingénieur ordinaire de ce service, il fut porté candidat à l'élection législative partielle du 6 janvier 1895, dans l'arrondissement de Beaune (Côte-d'Or), représenté par son père avant son élévation à la présidence de la République, et fut élu par 8894 voix, sans concurrent. Un mois plus tard (3 février), il était élu conseiller général du département, pour le canton de Nolay, également sans concurrent. A la fin du mois de mars 1895, un journal de Berlin, le *Tagblatt*, ayant repris le bruit qui imputait à un membre de la famille du Président de la République le bénéfice du fameux chèque anonyme de 500000 francs sur la Cⁱᵉ de Panama, pour l'attribuer à M. Ernest Carnot, celui-ci adressa à son tour aux journaux français qui s'en étaient faits les échos, une protestation personnelle, en rappelant qu'en 1888, il était encore sur les bancs de l'Ecole et en ajoutant : « A aucun âge, quand on porte le nom de Carnot, on ne se salit les mains. »

CARO (A.), président actuel des Etats-Unis de Colombie. Voy. Nuñez (Raphaël) *.

CAROLUS-DURAN. Voy. Durand (Carolus).

CARPENTIER-RISBOURG (Isidore), député français, né à Pommereuil (Nord), le 12 septembre 1842. Propriétaire-cultivateur et négociant en vins dans sa commune natale, maire de cette commune depuis 1884, conseiller d'arrondissement depuis 1892, fondateur et président du Syndicat agricole du canton, il se présenta, dans la 2ᵉ circonscription de Cambrai, comme républicain de gouvernement aux élections législatives du 20 août 1893, et obtint au premier tour 6 803 voix seulement contre 7 766 données à M. Déjardin-Verkinder, député sortant, conservateur rallié, et 6 921 à M. Marliot, socialiste: il fut élu au scrutin de ballottage, le 3 septembre, par 10 209 voix contre 8 729 obtenues par M. Marliot.

CARRABY (Pierre-Etienne), avocat français, né à Paris, le 4 mai 1831, reçu licencié en droit à l'âge de vingt ans, se fit inscrire au barreau de la Cour d'appel, le 28 avril 1851. Il débuta comme secrétaire du célèbre avocat d'assises, Mᵉ Lachaud, et, sous ses auspices, plaida de bonne heure de nombreuses causes criminelles, avant de se faire une place non moins importante dans les affaires civiles. Il devint l'avocat de plusieurs grandes compagnies, de beaucoup de journaux, entre autres du Gaulois, du Moniteur, du Paris-Journal, et de théâtres, notamment de l'Opéra et de la Comédie-Française. Il a été membre du Conseil de l'ordre de 1880 à 1884.
M. Caraby a plaidé pour de nombreuses célébrités des lettres et des arts : pour L. Veuillot, Ch. Monselet, Daudet, pour Offenbach, Colonne, Ambroise Thomas, pour Clésinger, Pierre Petit, pour Faure, Capoul, Mmes Brohan, Arnould-Plessis, pour les éditeurs Plon, Hachette, Hetzel, Dentu, etc. Parmi ses affaires les plus retentissantes, il faut rappeler celles de Leroy du Bourg-Précorbin, d'Aucher, des congrégations, de Stourdza-Gortschakow, etc. Collaborateur de journaux politiques ou littéraires, sous les pseudonymes de Stéphen, Gérome, M. Guérin et Pastel, il a publié, sous ce dernier, une importante étude sur Lacordaire dans le Figaro. On lui doit aussi, entre autres articles juridiques, une étude sur la Contrainte par corps, publiée à part, et qui paraît avoir contribué à faire supprimer cette institution.

CARTIER (Ernest), avocat français, né à Paris, le 16 novembre 1850, s'inscrivit au barreau de la Cour d'appel le 4 février 1854, fut membre de l'Ordre en 1875 à 1879 et depuis 1888 jusqu'à ce jour. Il a été élu bâtonnier pour les années judiciaires 1893-1894 et 1894-1895. Parmi ses plaidoiries, plusieurs se rapportent à des questions d'intérêts littéraires : affaire Olympe Audouard, Le Sénecal contre Chénier à propos de l'Histoire du maréchal Davout, Louis Blanc contre de Panaïeff, etc. ; il a plaidé aux assises dans le procès de la Revanche, en police correctionnelle dans l'affaire des mines d'or de l'Uruguay; plus récemment, il est allé défendre devant la chambre des appels correctionnels de Toulouse son jeune confrère, le député de la Seine, M. Viviani, frappé d'un mois de suspension pour écart de parole à la barre du tribunal d'Albi (1894). M. Cartier a été décoré de la Légion d'honneur.
On cite de lui, outre divers discours d'apparat, plusieurs études juridiques, entre autres : Etude sur la Réforme projetée du Code de Procédure civile et A propos du Divorce, ainsi que des Notices sur Charles Ballot et sur Paul Andral.

CASABIANCA (J.-M. Luce de). Voy. Luce de Casabianca *.

CASTILLARD (Henry), député français, né à Woinville (Meuse), le 3 septembre 1847, fit son droit à la Faculté de Nancy, entra dans la magistrature, devint procureur de la République à Troyes et substitut à Paris en 1892. Il se porta aux élections législatives de 1893, comme candidat républicain, dans l'arrondissement d'Arcis-sur-Aube, et fut élu, au premier tour de scrutin, le 20 août, par 4 612 voix contre 4 108 obtenues par le comte Armand, député sortant, républicain rallié

CAUSSANEL (Charles), député français, né à Sauveterre, le 18 septembre 1858, négociant en vins, maire de sa ville natale, conseiller général depuis 1886 pour le canton du même nom, il fut porté aux élections législatives du 20 août 1893, comme candidat républicain, obtint au premier tour 4 495 voix sur 13 658 votants et fut élu, au scrutin de ballottage, par 7 730 contre 5 878, données à M. Roques, député sortant, candidat bonapartiste.

CAZES (Thierry), député français, né à Fleurance (Gers), le 3 juillet 1861. Ancien professeur au collège de Narbonne, il se porta aux élections législatives du 20 août 1893 comme républicain radical-socialiste, dans l'arrondissement de Lectoure, et fut élu au premier tour par 5 016 voix contre 4 238, obtenues par M. Descamps, député sortant, républicain, et 597 à M. Arthur Picard, radical. M. Cazes a été avec MM. Jaurès et Lannelongue l'un des auteurs de l'interpellation du 21 juin 1894, relative au déplacement de professeurs et instituteurs ayant soutenu dans les élections le parti socialiste : à la suite d'une assez vive discussion, un ordre du jour approuvant la conduite du Gouvernement fut voté par 382 voix contre 71.

CÉSAR-LAINÉ (Georges), député français, né à la Martinique, le 5 novembre 1845, ancien collaborateur du Bien Public, de la Marseillaise, du Mot d'Ordre. Maire de Saint-Pierre depuis 1886, conseiller général, rédacteur en chef du journal les Colonies, de la Martinique, membre du Conseil su-

CARRIÈRE (Maurice), littérateur allemand, mort à Munich, le 19 janvier 1895.

CASPARI (Ch.-P.), savant allemand, mort à Christiania, en avril 1892.

CASTAN (F.-F.-J.-A.), paléographe français, mort à Besançon, le 27 juin 1892.

CATALAN (E.-Ch.), mathématicien français, mort à Liège, en mars 1894.

CAUSSADE (J.-J.-F. de Béchon de), littérateur français, mort à Paris, le 20 novembre 1894.

CAVELIER (P.-J.), sculpteur français, mort à Paris, le 28 janvier 1894.

CAYLEY (A.), mathématicien anglais, mort à Londres, le 27 janvier 1895.

CAZAUVIEILH (Octave), député français, mort à Salles (Gironde), le 12 août 1892.

CENDRIER (Alexis), architecte français, mort le 13 mai 1893.

CÈS-CAUPENNE (J.-R.-A.), sénateur français, mort à Mont-de-Marsan, le 17 janvier 1892.

périeur des colonies, il se présenta dans la 2e circonscription de la Martinique, comme candidat radical, aux élections du 20 août 1893 et fut élu au scrutin de ballottage, par 3582 contre 607 données à M. Nicole, républicain.

CHABRIÉ (Pierre-François-Denis-Adrien), député français, né à Moissac (Tarn-et-Garonne), le 3 août 1855, est le fils de M. Pierre Chabrié, député sortant. Licencié en droit, attaché au Cabinet du président du Conseil des ministres, M. de Freycinet, le 1er février 1882, il fut nommé vice-consul la même année, et en occupa le poste d'abord à Grenade, et plus tard à Port-Bou (1887). Aux élections législatives du 20 août 1893 il se porta comme candidat républicain radical, dans l'arrondissement de Moissac, en remplacement de son père qui ne se représentait pas ; il obtint, au premier tour, 5546 voix, contre 4815, données à M. Bourgeat, républicain, 1982 à M. Bergougnan, radical socialiste, et 192 à M. Mispoulet, socialiste, et fut élu au scrutin de ballottage le 3 septembre, par 6842 voix contre 5029, obtenues par M. Bergougnan.

CHABRIER (Alexis-Emmanuel), compositeur français, est né à Ambert (Puy-de-Dôme), le 18 mars 1842. Il fit ses études classiques au lycée Saint-Louis, et son droit à la Faculté de Paris. Entré au Ministère de l'intérieur en 1862, il y resta quinze ans avant de se lancer dans la carrière musicale à laquelle il s'était préparé par les leçons de M. Higuard, pour la composition, de M. Edouard Wolf pour le piano. En 1877 il donna sa démission et fit représenter la même année (28 novembre), un opéra-bouffe en trois actes, l'*Etoile* (Bouffes-Parisiens, 28 novembre). Il a donné depuis : l'*Education manquée*, opérette en un acte (1879), *Gwendoline*, grand opéra en deux actes et trois tableaux, qui fut représenté d'abord à la Monnaie de Bruxelles (18 avril 1886) et qui ne fut monté à l'Opéra de Paris que six ans plus tard (décembre 1893) : cette œuvre, la plus considérable de l'auteur, le classa parmi les imitateurs indépendants de Wagner, faisant disparaître les inspirations mélodiques familières à leur talent, dans les effets d'une orchestration bruyante. Il a encore fait jouer *le Roi malgré lui*, opéra-comique en trois actes (opéra-comique, 18 mai 1887). Hors du théâtre, M. Emmanuel Chabrier a produit une importante « rapsodie pour orchestre », *España*, exécutée au concert Lamoureux en décembre 1883, et *la Sulamite*, scène lyrique interprétée au même concert en mars 1884. On cite encore de cet auteur, dont l'importance est constatée par les discussions de la presse musicale, les compositions pour piano, entre autres : *Dix pièces pittoresques* et *Trois valses romantiques*: — M. Chabrier est mort dans la force de l'âge et du talent à Paris, le 13 septembre 1894, laissant un grand opéra inachevé, *Briséis*.

CHAMBIGE (Léon-François-Claude), député français, né à Pont-du-Château (Puy-de-Dôme), le 21 janvier 1853. Reçu docteur en médecine en 1879, il exerça dans sa ville natale, dont il devint maire et fut élu conseiller général du canton. Aux élections législatives du 20 août 1893, il se présenta comme républicain radical, obtint, au premier tour, 7616 voix contre 7186, données à M. Mège, député sortant, conservateur rallié, et 2282 à M. Chantagrel, ancien député radical, et fut élu au scrutin de ballottage, le 3 septembre, par 10836, contre 8324 à M. Mège.

CHAMPIONNIÈRE-LUCAS (Le docteur). Voy. LUCAS-CHAMPIONNIÈRE *.

CHAMPOLLION-FIGEAC (Aimé), érudit français, né à Grenoble en 1813, fils de l'égyptologue Jean-Jacques Champollion et neveu du savant Jean-Jacques Champollion, dit le jeune, entra à la Bibliothèque royale, comme auxiliaire de son père et se fit connaître dès lors par la publication de divers manuscrits. Il dirigea ensuite le service des archives départementales au Ministère de l'intérieur. Au milieu de ses travaux d'érudition et d'histoire, il consacra une partie de son activité littéraire à l'étude de son pays natal, le Dauphiné, et fut quelque temps conseiller général de l'Isère. — Il est mort le 21 mars 1894.

On doit à M. Aimé Champollion un certain nombre d'éditions dans la collection Poujoulat et Michaud, notamment celles des *Mémoires* de Pierre de Lestoile, de Brienne, de Turenne, de François de Lorraine, d'Omer Talon, de Pierre Lenet, du cardinal de Retz ; puis des éditions des *Poésies du duc Charles d'Orléans* ; des *Poésies du roi François Ier*, de *Louise de Savoie*, de *Marguerite de Navarre*, etc. Il a fourni à la collection des documents inédits sur l'Histoire de France, *la Captivité du roi François Ier* (1847 in-4). Il a publié : *Louis et Charles, ducs d'Orléans*, leur influence sur les arts, la littérature et l'esprit de leur siècle (1844, 2 vol. in-8, 48 pl.); *les Archives départementales de France*, manuel de l'archiviste des préfectures, mairies et hospices (1860, in-8), auxquelles se rattacha un *Annuaire de l'archiviste des préfectures, mairies*, etc (1860-1868, 8e année) ; *Dumolard, représentant de l'Isère à l'Assemblée législative de 1791* (Grenoble 1876, gr. in-8) ; trois séries de *Chroniques dauphinoises et documents inédits relatifs au Dauphiné, pendant la Révolution*, comprenant : *les Savants du département de l'Isère* et *la Société des sciences, lettres et arts de Grenoble* (Vienne, 1880, in-8); *l'Ancien régime et la Révolution* (Grenoble, 1884, in-8); *les Etats du Dauphiné et la Révolution* (1887, gr. in-8). Il a enfin consacré à la mémoire de sa famille une « étude complète de biographie et de bibliographie » : *les Deux Champollion*, leur vie et leurs œuvres, leur correspondance archéologique relative au Dauphiné et à l'Egypte, d'après des documents inédits (Grenoble, 1888, in-8).

CHANDIOUX (Jean-Rollin), député français, né à Luzy (Nièvre), le 21 mars 1849. Fils d'un proscrit du coup d'Etat du 2 décembre, il prit part, pendant la guerre de 1870-1871, à la défense de Paris, dans un bataillon de marche; après la paix, ses relations avec M. Jules Miot, membre de la Commune, lui firent accepter les fonctions de sous-préfet de Cosne; ce qui lui valut une condamnation à cinq années de prison qu'il subit en France. Libéré en 1876, il retourna à Luzy, y fonda une importante maison de commerce. Conseiller municipal de cette ville depuis 1882, maire depuis 1884 et conseiller général du canton depuis 1892, il prit une part ardente aux luttes électorales de 1889 et se vit, à cette occasion, poursuivi par le candidat monarchiste élu, le comte d'Espeuilles, devant la Cour d'assises de la Nièvre, qui l'acquitta. Il se présenta lui-même, comme candidat radical, aux élections du 21 août 1893, et fut élu, au premier tour, par 8241 voix, contre 7580 obtenues par le comte d'Espeuilles, député sortant.

CHANTELAUZE (Laurent), député français, né à Orsonnette (Puy-de-Dôme), le 24 mai 1847. Ancien médecin de la marine, il fit partie, comme aide-

---

CHABRILLAT (Henri), auteur dramatique français, mort à Courbevoie, le 15 janvier 1893.

CHALLAMEL (J.-B.-M.-Augustin), littérateur français, mort le 19 octobre 1894.

CHALLAMEL (P.-J.), artiste et éditeur français, mort à Paris, le 25 avril 1892.

CHAMBRELENT (F.-J.-H.), ingénieur français, mort à Paris, le 13 novembre 1893.

CHAMPAGNY (J.-P. NOMPÈRE DE), député français, mort à Versailles, le 30 mars 1893.

CHANTELAUZE (Regis), historien français, mort le 3 janvier 1888.

major des armées de la Loire et de l'Est dans la guerre franco-prussienne. Il s'établit ensuite comme médecin à la Chaise-Dieu, devint maire de la commune et conseiller général de la Haute-Loire pour ce canton. Il fut élu pour la première fois, comme républicain, député de l'arrondissement de Brioude à l'élection partielle du 1er avril 1893, en remplacement de M. J. Maigne, décédé. Aux élections générales du 20 août 1893, il fut réélu au premier tour par 10 017 voix, contre 7 154 à M. Devins, maire de Brioude, radical, et 894 à M. Parassols, socialiste.

CHAPUIS (Gustave), député français, né à Vitteaux (Côte-d'Or), le 12 janvier 1851. Engagé volontaire en 1870, il fit la campagne sous les murs de Toul, dans le corps franc des Vosges. Reçu docteur en médecine en 1878, il se fixa dans la ville de Toul, dont il devint conseiller municipal dès 1879 et conseiller général en 1886. Candidat républicain radical aux élections législatives du 20 août 1893, il obtint au premier tour, 5 360 voix, contre 4 175, données à M. Cordier, député sortant, républicain, et 3 210 à M. Piquart, ancien agent-voyer conservateur rallié, et fut élu, au scrutin de ballottage, le 3 septembre, par 8 177 voix, contre 3 706, données au second de ses concurrents, M. Cordier ayant reporté sa candidature à Nancy.

CHARENCEY (Charles-Félix-Hyacinthe Gouhier, comte DE), philologue français, né à Paris, le 8 novembre 1832. Propriétaire dans le département de l'Orne, il a été élu, en 1863, membre du Conseil général pour le canton de Tourouvre et n'a cessé de faire partie de cette assemblée, dont il a été le secrétaire en 1870. Membre de la Société asiatique et de diverses autres sociétés savantes, il a consacré ses loisirs à des recherches spéciales sur l'origine ou les relations d'idiomes curieux et peu connus et sur les légendes qui s'y rattachent. Il a fourni de nombreuses études aux *Mémoires* de l'Académie des sciences, arts et belles-lettres de Caen, aux *Actes* de la Société philologique dont il est le fondateur, aux *Annales de philosophie chrétienne*, à la *Revue de philologie*, à la *Revue américaine et orientale*, etc. : la plupart publiées en brochures ou en volumes. Nous citerons entre autres : *De la Parenté de la langue japonaise avec les idiomes tartares et américains*, 1858, in-8) ; *Notice sur un ancien manuscrit mexicain, dit Codex telleriano-remensis* (1859, in-8 avec pl.,) ; *Recherches sur les origines de la langue basque* (1859, in-8) ; *la Langue basque et les idiomes de l'Oural*, structure grammaticale et déclinaisons (1862, 2 fasc. in-8) ; *Des Affinités de la langue basque avec les idiomes du Nouveau-Monde* (1868, in-8) ; *le Mythe de Votan*, étude sur les origines de la civilisation américaine (1871, in-8) ; *le Mythe d'Imos*, tradition des peuples mexicains (1873, in-8) ; *Recherches sur la flore Aïno* (1873, in-8) ; *Djemschid et Queltzalcohuatl*, source indo-européenne de l'histoire légendaire de la Nouvelle-Espagne (1875, in-8) ; *Recherches sur le Codex Troano* (1876, in-8) ; *Chronologie des âges au soleils, d'après la mythologie mexicaine* (1878, in-8) ; *Recherches sur les dialectes tasmaniens*, vocabulaire (1880, in-8) ; *les Traditions relatives au Fils de la Vierge* (1891, in-8) ; *Mélanges de Philologie et de Paléographie américaines* (1883, gr. in-8).

CHARLES (Emile-Aug.-Edm.). Lire : né à Valenciennes le 9 septembre 1826.

CHARLES Ier (*Carlos-Ferdinand-Louis*, etc.), roi de Portugal. Voy. PORTUGAL (Maison royale de).

CHARONNAT (Jean-Baptiste-Jules), député français, né à Maizières-la-Grande-Paroisse (Aube), le 4 novembre 1834, exerça comme notaire à Trainel, dont il fut nommé maire. Devenu notaire honoraire, il fut élu député de l'Aube dans l'élection partielle faite au scrutin départemental, en 1887, pour le remplacement du marquis de Roys, décédé. Il se porta aux élections de 1889, faites de nouveau au scrutin uninominal, dans l'arrondissement de Nogent-sur-Seine contre M. Casimir Perier, comme républicain radical, et échoua, au premier tour, avec 3 741 voix contre 5 021 obtenues par son concurrent. Il se représenta aux élections de 1893 dans la première circonscription de Troyes, obtint au premier tour 5 072 voix sur 10 954 votants et fut élu au scrutin de ballottage par 6 292 voix contre 4 543 données à M. Bordet, républicain rallié.

CHARPENTIER (Edmond-Louis-Alfred), député français, né à Limoges, le 20 décembre 1858. Après avoir fait son droit aux Facultés de Paris et de Lyon, et avoir été clerc d'avoué pendant trois ans dans cette dernière ville, il s'inscrivit au barreau à la fin de 1885, se mêla très activement au mouvement socialiste, assista comme représentant du parti ouvrier, à divers congrès, plaida dans diverses affaires relatives aux grèves de la région, fut conseiller municipal de 1888 à 1892, et fut un des fondateurs du journal socialiste *le Peuple* de Lyon. Aux élections législatives de 1893, il se présenta comme candidat de l'union des républicains socialistes et du parti ouvrier dans la troisième circonscription de Saint-Etienne, obtint, au premier tour, 4 593 voix contre 4 524 données à M. Jules Dequaire, agrégé de philosophie, et 4 197 à M. Soulenc, avocat du barreau de Saint-Etienne, l'un et l'autre républicains indépendants ; il fut élu, le 3 septembre, au scrutin de ballottage à la majorité relative, par 5 049 voix contre les deux mêmes adversaires qui maintinrent leurs candidatures, et obtinrent, le premier 4 654 voix, le second 4 587.

CHARRUYER (Edouard), député français, né à Paris, le 25 avril 1851. Ancien élève de l'École centrale des arts et manufactures, ingénieur civil, directeur et propriétaire d'usines à gaz, il se porta dans l'arrondissement de la Rochelle, comme républicain indépendant, avec un programme de réformes économiques et financières, aux élections législatives du 20 août 1893 et fut élu, au premier tour, par 9 700 voix, contre 8 605 obtenues par M. Emile Delmas, député sortant, républicain.

CHAUDEY (Georges), député français, né à Paris, le 25 mai 1857, est le fils du journaliste républicain, Gustave Chaudey, exilé après le coup d'État de 1851, et mort fusillé par la Commune en 1871. Ancien élève du lycée Henri IV, attaché au cabinet de plusieurs préfets, conseiller de préfecture, puis secrétaire général à Vesoul et à Troyes, il était sous-préfet de Clermont (Oise) depuis 1889, lorsqu'il fut élu député de la Haute-Saône pour la première circonscription de Lure, à l'élection partielle de 1893 en remplacement de M. Baïhaut, ancien ministre, condamné pour les affaires du Panama. Il se représenta comme républicain de gouvernement, aux élections législatives du 20 août 1893 et fut réélu au premier tour par 8 526 voix contre 2 496 données à M. Mabille, républicain.

CHAUVIÈRE (Emmanuel-Jean-Jules), député français, né à Gand, de parents français, le 13 août 1850. Employé comme correcteur d'imprimerie, il avait de bonne heure embrassé les idées de Blan-

---

CHANTEMERLE (L.-G.-L.-J. DE), sénateur français, mort à Saint-Raphaël (Var), le 15 février 1893.

CHARCOT (J.-M.), médecin français, mort à Avallon (Yonne), le 16 août 1893.

CHARDON (Alfred), sénateur français, mort à Bonneville (Haute-Savoie), le 11 août 1893.

CHARPENTIER (L.-E.), peintre français, mort à Paris, le 16 décembre 1890.

qui et pris part aux divers mouvements révolutionnaires de la fin de l'Empire. Pendant le siège de Paris, il servit comme sergent-major dans un corps de francs-tireurs. Après la guerre, il entra dans un bataillon de garde nationale de la Commune, fut pris les armes à la main, et condamné à cinq ans de prison. Ayant réussi à s'échapper et à gagner la Belgique, il exerça à Bruxelles diverses professions, créa le journal *les Droits du peuple* et organisa l'association des Cercles réunis. De retour à Paris après l'amnistie de 1879, il collabora au *Cri du peuple* et autres journaux socialistes. Il retourna à plusieurs reprises en Belgique pour faire de la propagande socialiste et fut expulsé par deux fois de ce territoire. Aux élections législatives de 1889, il se présenta dans le XVᵉ arrondissement, comme candidat socialiste blanquiste, mais n'obtint qu'une faible minorité contre le candidat boulangiste M. Laguerre. Élu conseiller municipal, après l'échec général du boulangisme, il se présenta aux élections législatives du 20 août 1893 dans la deuxième circonscription du XVᵉ arrondissement, obtint au premier tour 5 522 voix contre 1 551 données à M. Laguerre, son ancien concurrent, 1 055 à M. Delamarre, républicain rallié, et 1 049 à M. Barruel, républicain indépendant, et fut élu, au scrutin de ballottage, le 3 septembre 1893, par 3 705 voix contre 2 917 obtenues par M. G. Laguerre. M. Chauvière a publié *l'Histoire devant la raison et devant la vérité.*

CHAUVIN (René), député français, né à Paris, le 23 mars 1860. Exerçant la profession de coiffeur à Paris, il s'occupa activement de la propagation des doctrines collectivistes parmi les ouvriers, et se présenta, comme candidat socialiste-guesdiste, aux élections législatives du 20 août 1893, dans la cinquième circonscription de Saint-Denis. Il obtint au premier tour, 3 381 voix sur près de 13 000 suffrages partagés entre neuf concurrents, radicaux, socialistes ou revisionnistes, et fut élu, au scrutin de ballottage, le 3 septembre, par 5 482 voix, contre 4 588 données à M. Viguier, conseiller municipal de Paris, radical, et 3 383 à M. Georgi, revisionniste. Lors des élections sénatoriales qui suivirent, M. Chauvin souleva de violents orages dans une réunion des délégués de la Seine, en soutenant, avec son collègue M. Millerand, contre la candidature de M. Floquet, celle d'un collectiviste révolutionnaire qui, par son socialisme international, se classait parmi les « sans patrie » (26 novembre 1893). A la Chambre, à part diverses interruptions relevées par la presse, on a remarqué son intervention dans les débats de l'interpellation de M. Faberot, sur la fermeture de la Bourse du Travail (10 février 1894).

CHÉRET (*Joseph-Gustave*), sculpteur et ornemaniste français, né à Paris en 1839, est le frère du dessinateur Jules Chéret, connu comme l'un des promoteurs de la rénovation des affiches murales par l'illustration coloriée. D'abord apprenti dans l'atelier d'un industriel, il fut remarqué par le sculpteur Carrier-Belleuse, qui devint, avec M. Gallois, un de ses maîtres, et dont plus tard il épousa la fille. Collaborateur de son beau-père à la manufacture nationale de Sèvres, il l'y remplaça pendant quelque temps, comme directeur des travaux d'art. M. Joseph Chéret a exposé au Salon des Champs-Élysées, de 1875 à 1887, un certain nombre d'ouvrages remarqués : *le Printemps*, vase en plâtre, *le Droit du plus fort*, fontaine plâtre, *la Petite*

Charmeuse, groupe plâtre, *le Jour* et *la Nuit*, groupes bronze, un modèle de *Cheminée* pour M. Derville, *le Sommeil*, statuette marbre, etc. Après la scission qui survint entre les artistes à propos de l'Exposition universelle de 1889, il suivit le groupe des dissidents au Champ-de-Mars, où il exposa, dans la section des objets d'art, les sujets suivants : *Enfants et grenouilles*, vase, *Enfants aux cerceaux*, cache-pot, *l'Espiègle*, bougeoir argent, *Bonsoir*, bougeoir bronze, deux *Hauts-reliefs*, architecture et sculpture pour l'hôtel Derville, *Cheminée d'angle* (1891) ; trois vases : *Papillons*, *Masques* et *Guirlandes*, *le Vernissage* (1892) ; *les Surprises de l'Amour*, vase, *Applique de lumière*, bronze, *Porte-lumière électrique*, trépied en fer forgé (1893) ; *Feuille de géranium*, *Feuille de marronnier*, *Colimaçon*, *Aubade à la lune* et *Papillons*, formant cinq plateaux en étain. M. Joseph Chéret, qui avait obtenu deux mentions honorables, en 1885 et 1886, a été décoré de la Légion d'honneur en mars 1894, à la suite de l'Exposition universelle de Chicago. — Il est mort à Paris le 13 juin suivant. Quelques mois plus tard (15 décembre 1894), une exposition considérable de ses œuvres était faite à l'École des Beaux-Arts.

CHEVALLIER (Emile), député français, né à Liancourt (Oise), le 21 décembre 1851. Docteur en droit, suppléant d'une chaire de droit à la Faculté de Douai, puis professeur à l'Institut national agronomique, auteur de travaux juridiques et économiques et deux fois lauréat de l'Institut, conseiller général de l'Oise pour le canton de Froissy, il s'est porté comme candidat républicain aux élections législatives du 20 août 1893, dans la deuxième circonscription de Beauvais, et fut élu au premier tour par 6 545 voix contre 3 594 données à M. Delaunay, député sortant, et 2 982 à M. Delambre, également républicain. Il a été décoré de la Légion d'honneur.
Parmi les écrits de M. Emile Chevallier, nous citerons : *les Jeux et Paris devant la loi* (1875, in-18) ; *De la propriété des mines et de ses rapports avec la propriété superficiaire* (1876, in-8) ; *les Salaires au XIXᵉ siècle*, avec préface de M. E. Levasseur (1887, in-8) ; et *De l'Assistance dans les campagnes, indigence, prévoyance, assistance*, avec préface de M. Léon Say (1889, in-8) ; ces deux derniers couronnés par l'Académie des sciences morales et politiques.

CHINCHOLLE (*Charles-Henri-Hippolyte*), littérateur français, né à Chauny (Aisne), le 16 juillet 1845, vint à Paris pour faire son droit, se jeta avec ardeur dans le mouvement littéraire du moment. Se signalant volontiers par la fantaisie et l'excentricité, il fonda, dès cette époque, un journal éphémère, *le Lucifer*, et donna son premier volume : *la Plume au vent* (1865, in-18). Secrétaire d'Alexandre Dumas, il collabora à des journaux *le Mousquetaire* et *le D'Artagnan*. Il essaya ensuite du théâtre, fit jouer, en 1870, aux Folies-Dramatiques, une petite comédie en un acte, *l'Oncle Margottin*, qui eut un grand succès de gaîté, et donna en 1872, au théâtre des Nouveautés, dont il se fit un instant le directeur, un drame en trois actes au dénouement sanglant, *le Mari de Jeanne*, qu'il fit imprimer avec ce préambule : « Pourquoi il les a tués ». Après avoir écrit dans un certain nombre de journaux politiques, *le Parlement*, *la Liberté*, *le Paris-Journal*, etc., M. Chincholle était entré au *Figaro* dont il resta, sous son nom ou sous divers pseudonymes (*Georges III*, *Henri Hamoise*, etc.), l'un des collaborateurs assidus, sans préjudice de campagnes électorales dans quelques feuilles de province et de participation à des manifestations politiques.

M. Chincholle a publié en volumes : *Alexandre Dumas aujourd'hui* (1867, in-8) ; *les Pensées de tout le monde* (1868, in-32 ; édition de luxe 1890, in-32) ; *Dans l'ombre*, avec préface d'Alexandre Dumas (1871, in-18) ; *le Lendemain de l'amour*, avec préface du même (1880, in-18) ; *le Catalogue de l'amour* (1881, in-18) ; *la Ceinture de Clotilde* (1884, in-18) ; *les Jours d'absinthe*, roman parisien (1885, in-18) ; *les Survivants de la Commune* (1885, in-18) ; *le Vieux Général* (1886, in-18) ; *Femmes et Rois* (1886, in-18) ; *la Grande Prêtresse*, roman parisien (1887, in-18) ; *Paula*, roman parisien (1888, in-18) ; *le Général Boulanger* (1880, in-18) ; *les Mémoires de Paris*, avec préface de M. Emile Zola (1889, in-18) ; *le Joueur d'orgue* (1890, in-18).

CHULALONKORN (Somdetch-Phra-Paramendr-Maha), roi de Siam, Voy. Siam.

CHURCHILL (Randolph-Henry-Spencer, lord), homme politique anglais, né le 13 février 1849, et le fils du sixième duc de Marlborough, fit ses études au collège Merton d'Oxford. Dès le mois de février 1874, il représentait Woodstock à la Chambre des communes et fut réélu dans ce district jusqu'en 1885. C'est en 1880 qu'il commença à se faire remarquer par sa fougue oratoire contre le parti libéral, dans la discussion du bill destiné à rendre le serment facultatif. En sa qualité de leader du parti des conservateurs intransigeants, ou quatrième parti, il se posa en défenseur de la religion et de la morale, et bientôt on le considéra comme le chef de tout le parti tory. Sous le ministère Salisbury, il fut choisi comme ministre de l'Inde. Pendant cette période, il acheva l'annexion de la Birmanie, et organisa l'audacieuse coalition des tories et des Parnellistes. Au retour des libéraux au pouvoir, M. Randolph Churchill mena une vigoureuse campagne contre M. Gladstone, et six mois après, revenait au pouvoir avec lord Salisbury, comme chancelier de l'Echiquier ; mais il donna sa démission à la suite d'un malentendu survenu entre le premier ministre et lui (20 décembre 1886). — M. Randolph Churchill est mort le 24 janvier 1895.

CIM (Albert Cimochowski, par abréviation Albert), littérateur français, né à Bar-le-Duc, en 1845, d'origine polonaise, vint à Paris dans les dernières années de l'Empire et débuta par une active collaboration littéraire à divers journaux : *La Cloche*, *l'Opinion nationale*, *Le Télégraphe*, *Le Parlement*, *La Vérité*, etc. Plus tard, il fut chargé de la revue littéraire au *Radical* et au *National*. Il donnait en même temps un certain nombre de romans en feuilletons ou en volumes. Il a été élu vice-président de la Société des gens de lettres. On cite de M. Albert Cim : *Jeunesse*, mœurs de province (1880, in-18) ; *Deux Malheureuses* (1882, in-18) ; *Service de Nuit* (1884, in-18) ; *les Prouesses d'une Fille* (1885, in-18) ; *Institution de Demoiselles*, mœurs parisiennes (1886, in-18) ; *les Amours d'un Provincial* (1887, in-18) ; *la Petite Fée* (1887, in-18) ; *Un coin de Province* (1888, in-18) ; *Bas Bleus* (1891, in-18) ; *Bonne Amie* (1892, in-18) ; *En pleine gloire*, histoire d'une mystification (1893, in-18) ; *Mes amis et moi* (1893, in-18 ill.), dans la « Bibliothèque rose » ; *Spectacles enfantins*, album de 50 dessins (1893, in-4).

CIALDINI (Enrico), général italien, mort à Livourne, le 8 septembre 1892.

CIESZKOWSKI (Auguste, comte), économiste polonais, mort à Posen, le 13 mars 1894.

CLAMENT (Clément), député français, né à Laforce (Dordogne), en 1835. Docteur en médecine, maire de sa commune natale et membre du Conseil général pour son canton, il fut porté pour la première fois comme candidat républicain, à l'élection législative partielle de la 2ᵉ circonscription de Bergerac, à la suite de l'invalidation de M. Thirion-Montauban en 1890. Il fut réélu le 1ᵉʳ août 1893 au premier tour par 8 021 voix, sans concurrent.

CLAPOT (Jean), député français, né à Lyon le 19 mai 1850. Géomètre-expert dans sa ville natale, conseiller municipal de 1878 à 1883, membre du Conseil général de 1885 à 1893, vice-président et président de cette assemblée, il fut élu député de la 2ᵉ circonscription de Lyon, comme républicain radical, à l'élection partielle du 10 avril 1892, en remplacement de M. Thévenet, ancien garde des sceaux, devenu sénateur. Il se représenta aux élections générales le 20 août 1893, obtint, au premier tour, 2 265 voix contre 2 400 données à M. Gourd, conservateur-rallié ; 1 981 à M. Enon, républicain, et 641 à M. Mejeat, socialiste, et fut élu au scrutin de ballottage, le 3 septembre, par 3 641 voix contre 3 142 obtenues par le premier de ses concurrents.

CLARK (Latimer), électricien anglais, né à Great Marlow (Buckinghamshire), le 10 mars 1822, entra en 1847 dans le service des ingénieurs de chemins de fer et fut employé comme auxiliaire par son frère, chargé de la construction du pont tubulaire sur le détroit de Ménaï, d'après les plans du célèbre ingénieur Stephenson. Après l'achèvement de ce travail en 1850, il devint second ingénieur, puis ingénieur en chef de la Compagnie de télégraphie électrique jusqu'en 1870. Pendant cette période, il s'occupa particulièrement d'études sur la télégraphie souterraine et sous-marine, signala et expliqua plusieurs phénomènes s'y rattachant, et porta remède aux inconvénients qui en résultaient : ce qui lui valut dès lors une notoriété dans le monde scientifique. En 1858, il fut nommé membre de l'Institut des Ingénieurs civils. En 1860, après la première tentative infructueuse de la Compagnie du câble transatlantique, il fut choisi, conjointement par le gouvernement anglais et la compagnie, pour faire une étude complète sur les câbles sous-marins. Son volumineux rapport embrassait tout ce qui était alors connu de la télégraphie sous-marine. Longtemps ingénieur de la Compagnie des câbles du golfe Persique et directeur de l'importante maison Clark, Ford et Cie, il a dirigé la pose de plus de 50 000 milles de câbles dans les diverses parties du monde. Il fut élu, en 1875, président de la Société des ingénieurs de télégraphie. M. I. Clark, qui a pris, dans les différents pays, de nombreux brevets pour ses importantes découvertes, a été décoré de la Légion d'honneur.

Outre le rapport mentionné plus haut, M. Latimer Clark a publié : *Description des ponts tubulaires du détroit de Menaï* (1850) ; *Etudes sur les principes électriques* (1868), ouvrage qui fut traduit en plusieurs langues et dont l'auteur développa avec succès les théories devant des réunions scientifiques à Paris ; *Tables télégraphiques pour les télégraphistes de câbles sous-marins*.

CLARK (Sir Andrew), célèbre médecin anglais, né le 28 octobre 1826, fit de brillantes études à Edimbourg, et fut chargé pendant quatre ans de la section pathologique du Royal Naval Hospital de Haslar. Reçu docteur en médecine de l'Université d'Aberdeen en 1854, il partagea la direction des hôpitaux de Londres, fut créé baronnet en 1883, devint

CLADEL (Léon), littérateur français, mort à Paris, le 20 juillet 1892.

CLARKE (Hyde), philologue anglais, mort le 1ᵉʳ mars 1895.

président de la Société médicale de cette ville et du Collège royal des médecins en 1888. On lui doit de nombreux essais, articles de revues et conférences particulièrement sur les maladies de poitrine, ainsi que d'importants écrits spéciaux sur l'anatomie des poumons, sur l'asthme, l'anémie, etc. — Le docteur Sir Andrew Clark est mort le 6 novembre 1893.

CLÉDOU (Jean-Urbain), député français, né à Navarrenx (Basses-Pyrénées), le 25 mai 1841. Reçu docteur en médecine en 1868, il exerça dans sa ville natale, dont il devint maire, et fut élu, en 1878, conseiller général du canton. Il entra à la Chambre des députés comme candidat républicain, par l'élection partielle du 21 février 1891, qui eut lieu dans l'arrondissement d'Orthez pour le remplacement de M. Vignancourt, devenu sénateur. Aux élections générales du 20 août 1893, il fut réélu, au premier tour, par 10 661 voix contre 2 488 données à M. Prieu, également républicain.

COBBE (Miss Frances Power), publiciste et conférencière anglaise, née à Dublin, le 4 décembre 1822, fut élevée à Brighton et se voua de bonne heure à l'éducation de l'enfance et à l'amélioration du sort de la femme. Elle servit cette double cause par ses actes, comme par ses écrits et par sa parole. Elle contribua à fonder plusieurs associations philanthropiques, entre autres, avec Miss Elliot, une société pour la protection des jeunes servantes, qui devint l'Association métropolitaine, ainsi qu'un asile pour les indigents incurables. Elle fit plusieurs voyages en Italie, en Grèce, en Égypte, en Palestine. Fondatrice et secrétaire de la Société pour la protection des animaux contre la vivisection, dont lord Shaftesbury eut la présidence, elle soutint énergiquement les réclamations élevées au nom de l'humanité contre les pratiques des savants biologistes. Elle seconda aussi de toutes ses forces le mouvement d'opinion qui força le Parlement, en 1878, d'accorder la séparation aux femmes dont les maris étaient convaincus de mauvais traitements envers elles. Elle demanda aussi pour son sexe le droit de suffrage. Les conférences qu'elle fit sur ces divers sujets, et qui se comptent par centaines, furent publiées en brochures, traduites dans plusieurs langues européennes et reproduites avec plus de succès encore en Amérique.

Parmi les nombreux volumes de miss F.-P. Cobbe, nous voyons citer, comme plusieurs fois réimprimés : *Essai de morale intuitive* (1855, plus. édit.); *Devoirs religieux* (1857); *le But des femmes* (Pursuits of Women, 1863); *les Villes du Passé* (Cities of the Past, 1865); *Choses d'Italie* (Italics, 1864); *Études morales et sociales* (1865); *Heures de travail et de jeu* (1867); *Seul à Seul* (Alone, to the Alone, 1871); *le Darwinisme en morale* (1872); *Espérances de la Race humaine* (Hopes of the hum. R., 1876); *Devoirs des femmes* (Duties of W., 1880); *Le Monde sans foi* (A Faithless World, 1885); *l'Esprit scientifique du siècle* (1888); *la Torture moderne* (the Modern Rack, 1889), etc. Il a été traduit en français, sous des titres plus ou moins modifiés, les écrits suivants : *Seul avec Dieu*, recueil de prières pour le culte individuel (Genève et Paris, 1880, in-18); *Coup d'œil sur le monde à venir*, traduit par F. Chastel (Ibid., 1886).

COCHIN (Denys-Marie-Pierre-Augustin), député français, né à Paris le 1er septembre 1851, est le fils d'Augustin Cochin, ancien maire de Paris, membre de l'Institut, et l'arrière-petit-neveu du célèbre philanthrope fondateur de l'hôpital Cochin. Il fit la campagne de 1870-1871 comme engagé

volontaire, et fut décoré de la médaille militaire. Se consacrant aux études scientifiques, il fut pendant six ans attaché au laboratoire de M. Pasteur, et écrivit des Mémoires insérés dans les *Comptes-rendus* de l'Académie des sciences et autres recueils. Son principal livre, l'*Évolution et la Vie* (1886, in-18), a été couronné par l'Académie française. Il fut en outre un des collaborateurs du *Correspondant* et de la *Revue des Deux Mondes*.

Conseiller municipal de Paris en 1880 pour le quartier des Invalides, M. Denys Cochin siégeait à droite et était l'un des membres les plus en vue de la minorité catholique et conservatrice de l'Assemblée. Aux élections législatives du 22 septembre 1889, adversaire déclaré de l'alliance monarchiste avec le parti du général Boulanger, il se porta comme candidat conservateur dans le VIIe arrondissement de Paris, contre M. Terrail-Mermeix, le rédacteur de *La Cocarde* et l'un des plus ardents champions de la propagande boulangiste : il obtint au premier tour 4 743 voix contre 5 046 données à son adversaire et en conserva au scrutin de ballottage 4 850 contre 5 005, malgré le maintien d'une troisième candidature. Il se représenta aux élections du 20 août 1893 dans la 2e circonscription du VIIIe arrondissement, obtint au premier tour, 2 316 voix contre 1 954 données à M. Fréd. Passy, l'économiste, candidat républicain, 867 à M. Chassaigne-Guyon, plébiscitaire, 722 à M. Georges de Labruyère, républicain revisionniste, et fut élu, au scrutin de ballottage, le 3 septembre, par 3 052 voix contre 2 512, obtenues par M. Fréd. Passy. Prenant une part sérieuse aux travaux de la Chambre, M. Denys Cochin s'est fait remarquer, dans la discussion générale du budget de 1895, par une discussion où il faisait ressortir les dangers de l'énorme accroissement de nos charges et des concessions faites par le gouvernement, dans le domaine budgétaire, aux doctrines socialistes (1er décembre 1894). Entre les autres écrits de M. Denys Cochin, nous citerons à part : *Quatre années au Conseil municipal* (1885, in-18).

COCHIN (Henry), député français, frère du précédent, né à Paris le 31 janvier 1854. A peine âgé de 16 ans, lors du siège de Paris, il s'engagea et prit part aux combats du Bourget et de Buzenval. Reprenant ensuite ses études, il se fit recevoir licencié ès-lettres et licencié en droit, se consacra à des travaux littéraires et historiques, collabora aux journaux conservateurs. Attaché au ministère de l'Intérieur, il donna sa démission à la suite des décrets contre les congrégations non autorisées. En 1883, il entra par un mariage dans une ancienne famille de Dunkerque, et devint propriétaire agriculteur dans la commune de Saint-Pierre-Brouck, où il habitait le château de Waez. Aux élections législatives du 20 août 1893, il se porta comme candidat conservateur, dans la deuxième circonscription de Dunkerque et fut élu, au premier tour, par 6 659 voix, contre 5 619 à M. Dantu, agriculteur, républicain.

CODET (Jean-Julien-Auguste), député français, né à Saint-Junien (Haute-Vienne), le 24 juillet 1852. Licencié en droit, il avait été nommé, en 1879, sous-préfet de Saint-Yrieix; l'année suivante, il donna sa démission pour prendre la direction de l'important moulin à papier de son père, Louis Codet, député qui venait de mourir. Président honoraire de l'Union des fabricants de papier de France, M. Jean Codet fut élu député de Rochechouart aux élections générales de 1881, contre le docteur Pouliot, député sortant. Son élection ayant été contestée, il se retira

CLAUZEL (Albin), député français, mort à Sèvres (Seine-et-Oise), le 21 janvier 1893.

CLÉMENT (P.-L.), sénateur français, mort à Paris, le 14 mars 1891.

CLÉRET (Mgr Jules), prélat français, mort à Laval, le 23 janvier 1893.

et ne fut pas réélu. A la mort du docteur Pouliot, l'année suivante, il fut choisi pour le remplacer, et envoyé à la Chambre par une élection partielle. Aux élections générales de 1885, faites au scrutin départemental, il échoua avec toute la liste républicaine. Aux élections de 1889, faites de nouveau au scrutin d'arrondissement, il fut battu par le candidat boulangiste, M. Léouzon-Leduc. Ce dernier ayant été invalidé, M. Codet ne se représenta pas, et M. Frugier-Puybover fut élu. Celui-ci étant mort le 25 janvier 1893, M. Codet le remplaça par l'élection partielle du 23 avril de la même année. Aux élections générales du 20 août 1893, il fut réélu, au premier tour, par 6 954 voix, sans concurrent. A la mort de M. Teisserenc de Bort, sénateur de la Haute-Vienne, M. Codet s'étant présenté pour le remplacer, échoua au troisième tour de scrutin, ayant réuni 312 votes, contre 316 obtenus par M. Le Play.

COGET (Jean-Baptiste), *député français, né à Phalempin (Nord), le 19 juin 1829. Maire de sa commune natale et grand propriétaire, il se fit comme républicain modéré aux élections législatives du 20 août 1893, dans la 5e circonscription de Lille et fut élu, au premier tour, par 8 745 voix, contre 6 022 données à M. Félix Dehau, conseiller général, républicain rallié, et 262 à M. Alexandre Lucq, vétérinaire, socialiste.*

COIFFÉ (Alphonse-Félix-Apollinaire), *général français, né à Thorigné (Deux-Sèvres), le 25 juillet 1833, entra à l'Ecole de Saint-Cyr à l'âge de vingt ans, en sortit, le 31 janvier 1855, comme sous-lieutenant et fut immédiatement envoyé en Crimée, où ses actions d'éclat à l'attaque de Malakoff lui valurent le grade de lieutenant, le 18 juin de la même année. Il prit une part non moins brillante à l'expédition de Kabylie, à la guerre d'Italie, à la campagne du Mexique pendant laquelle il fut promu capitaine le 12 août 1861, et à diverses opérations militaires en Afrique. Il était chef de bataillon au 2e zouaves depuis le 12 mars 1870, lorsque éclata la guerre franco-prussienne; compris dans les premiers engagements, il reçut deux graves blessures à Fræschwiller et fut fait prisonnier. Transporté dans une ville de Bavière, il parvint à s'évader et à rentrer à Paris, et il fut mis à la tête du 108e régiment avec le grade de colonel, à la suite des combats de Champigny, où il s'était particulièrement distingué. Ramené par la commission de revision des grades à celui de lieutenant-colonel, il fut de nouveau promu colonel le 25 octobre 1873, général de brigade le 18 octobre 1879 et général de division le 5 mai 1885. En cette dernière qualité, il reçut le commandement d'une division de réserve destinée au Tonkin, mais dont le départ fut ensuite contremandé. Il alla alors commander la 7e division d'infanterie à Nancy. Le 20 décembre 1892, le général Coiffé fut nommé commandant de corps d'armée et mis à la tête du 4e corps dont le quartier général est au Mans. Au mois de mars 1894, il a été désigné pour remplacer le général Ferron, atteint par la limite d'âge, au conseil supérieur de la guerre et au commandement éventuel de l'armée des Alpes. Il est président du comité technique d'infanterie. Décoré de la Légion d'honneur le 14 avril 1864, il a été promu officier le 30 juillet 1878, commandeur le 5 juillet 1888 et fait grand officier le 5 juillet 1893.*

COILLOT (Rose-Prothade-Achille), *sénateur français, né à Montbozon (Haute-Saône), le 11 août 1832, reçu docteur en médecine en 1858, s'établit dans sa ville natale. Pendant la guerre de 1870-1871, il servit, comme médecin-major, dans la 2e légion des* mobilisés du département. Nommé maire en 1872, *il fut révoqué pendant les deux périodes de réaction du 24 mai 1873 et du 16 mai 1877. Conseiller général pour le canton de Montbozon depuis cette dernière date, il fut porté, comme candidat républicain, à l'élection sénatoriale partielle du 19 mars 1893, pour le nouveau siège attribué à la Haute-Saône après la mort du sénateur inamovible John Lemoinne, et fut élu, au premier tour, par 475 voix sur 865 votants. Le docteur Coillot a été décoré de la Légion d'honneur, le 1er janvier 1888, pour vingt-huit ans de services publics.*

COLLIN (Louis-Joseph-*Raphaël*), *peintre français, né à Paris, le 17 juin 1850, fit ses études au lycée Saint-Louis et au collège de Verdun, fut pendant quelque temps l'élève de Bouguereau, puis entra, en 1870, à l'Ecole des Beaux-Arts, dans l'atelier de Cabanel. Au lieu de concourir pour le prix de Rome, il commença, dès son séjour à l'Ecole, ses envois au Salon où il obtint, en 1873, une médaille de deuxième classe pour un tableau le Sommeil, motif de femme nue qui fut très remarqué. Il exposa ensuite : Vénitienne et Jeune fille de Bâle (1874) ; l'Idylle (1875), acquise par l'Etat pour le musée d'Arras ; Daphnis et Chloé, l'une de ses plus gracieuses œuvres, placée au musée d'Alençon, et un premier Portrait (1877) ; la Musique, panneau décoratif pour le théâtre de Belfort (1880) ; la Danse, second panneau pour le même théâtre (1881) ; une seconde Idylle, étude de nu, Mlle Sulla, de l'Opéra (1882) ; Eté, M. Ch. Hérisson, ministre du commerce (1884) ; Floréal (1886), acquis pour le Luxembourg ; Chrysanthème (1887) ; Fin d'Eté (1888), panneau décoratif pour la salle à manger du recteur à la nouvelle Sorbonne ; Jeunesse, le Matin (1889) ; Plafond, pour le foyer de l'Odéon (1891) ; Adolescence (1890) ; Au bord de la mer (1892) ; la Poésie, panneau décoratif pour l'Hôtel de Ville de Paris, et un second Sommeil (1893) ; Eveil, Primerose (1894) ; sans compter un assez grand nombre de portraits d'hommes, de femmes et d'enfants aux seules initiales des modèles, et celui de Jeanne Essler dans son rôle des Beaux messieurs de Bois-Doré, pour le foyer de l'Odéon. Outre la médaille qui marqua son début aux Salons, M. Raphaël Collin, qui s'est fait aussi une grande notoriété dans l'art de la décoration de la faïence, a obtenu la croix de la Légion d'honneur en 1884, un grand prix à l'Exposition universelle de 1889, et des récompenses de premier ordre à l'Exposition internationale de Sydney.*

COLOMBIE (le président des Etats-Unis de). Voyez Nuñez (Raphaël) *.

COLOMBINE, *pseudonyme pris par plusieurs journalistes, notamment au Figaro, par Arthur de Boissieu, mort en 1873, et au Gil Blas, par M. Henri Fouquier. Voy. ce nom.*

COMMISSAIRE (Sébastien), *homme politique français. L'ancien sous-officier représentant à la Constituante de 1848, dont nous avions perdu la trace après sa condamnation en 1849, par la Haute-Cour de Versailles, à la déportation perpétuelle, resta dans les prisons d'Etat jusqu'en 1859. Au 4 septembre 1870, il fut nommé par le gouvernement de la Défense nationale gouverneur des châteaux de Saint-Cloud, de Meudon et de la Malmaison. Il fit de grands efforts pour en sauver les richesses artistiques des mains des Prussiens, au prix de beaucoup de périls personnels. Fait prisonnier, il parvint à s'évader et se rendit à Alençon pour y remplir les fonctions de secrétaire général de la préfecture de l'Orne. A la*

COLE (Vicat), peintre anglais, mort à Kensington, le 6 avril 1893.

COLLADON (J.-D.), ingénieur suisse, mort à Genève, le 20 juin 1893.

COLMEIRO (D.-M.), économiste espagnol, mort le 15 août 1894.

COMBESCURE (J.-J.-A.-E.), professeur et savant français, mort à Montpellier, le 2 janvier 1890.

fin de la guerre, il renonça à la vie politique, fut employé pendant plusieurs années dans la librairie Delagrave et en 1877, grâce à l'appui de M. Le Royer et de quelques amis politiques, obtint l'entrepôt des tabacs de Lyon. Ayant pris sa retraite, il publia sous le titre de *Mémoires et Souvenirs* (1888, 2 vol. in-8), une relation des faits et des événements auxquels il s'est trouvé mêlé.

COMPAYRÉ (Émile), député français. né à Albi, le 21 mars 1851, est le frère de M. Gabriel Compayré, ancien député du Tarn, actuellement recteur de l'Académie de Poitiers. Avocat au barreau de Lavaur, ancien juge suppléant au tribunal de cette ville, maire de Teyssode, conseiller général pour le canton de Saint-Paul, président de la Société d'agriculture de ce canton, il se présenta aux élections législatives du 20 août 1893, dans l'arrondissement de Lavaur, comme républicain radical, obtint au premier tour 4 187 voix contre 6 077 données à M. Poulié, député sortant, conservateur, 1 954 à M. Henri Deloncle, républicain, 915 à M. Merres, socialiste, 83 à M. Massip, et fut élu, au scrutin de ballottage, par 6 790 voix contre 6 560 obtenues par M. Poulié.

CONSTANT (Jean-Louis-Émile), député français, né à Bazas, le 20 juillet 1861. Avocat au barreau de sa ville natale, bâtonnier de l'ordre depuis 1892, et conseiller municipal depuis 1884, il se porta comme candidat opportuniste aux élections législatives du 20 août 1893, dans l'arrondissement de Bazas et fut élu, au premier tour, par 7 648 voix contre 5 906 données au marquis de Lur-Saluces, député sortant, candidat monarchiste.

CONTADES (le comte Gérard DE), bibliographe et archéologue français, né à Angers en 1846, est l'arrière-petit-fils du maréchal, pair de France, mort en 1834. Habitant le département de l'Orne, aux environs de la Ferté-Macé, il s'est livré à des recherches de bibliographie et d'histoire locale. Membre du comité des travaux historiques, il est vice-président de la Société historique et archéologique de l'Orne. À part deux études de bibliographie descriptive et anecdotique sur *Auguste Poulet-Malassis* (1884, in-8) et sur la *Collection Poulet-Malassis* (1885, in-8), par un « Bibliophile Ornais », tirées l'une et l'autre à petit nombre, le comte Gérard de Contades a entrepris, avec la collaboration de MM. Jules Appert et L.-G. Levavasseur, toute une série d'essais de bibliographie cantonale et ornaise, comprenant les cantons de *Briouze, Écouché, la Ferté-Macé, Domfront, Juvigné-sous-Andaine, Passais, Vimoutiers* (1882-1894, 7 vol. in-18), plus un certain nombre de notices sur des communes de ces cantons. On lui doit aussi plusieurs volumes de « Notes et souvenirs », entre autres : *Portraits et Fantaisies* (1887, in-8, avec gravures).

COT (Jean-Justin), député français, né à Cazouls-les-Béziers, le 1er juillet 1845. Docteur en médecine et propriétaire viticulteur, il fut porté, comme candidat républicain, aux élections législatives du 20 août 1893, obtint au premier tour 5 535 voix contre 5 308 obtenues par M. Bouty, avocat, radical socialiste, et 4 879, partagées entre deux autres candidats également radicaux socialistes, et fut élu, au scrutin de ballottage, par 8 254 contre 8 039 données à son principal concurrent.

COUCHARD (Jean-Pierre-Jules), député français. né à Sainte-Foy-la-Grande (Gironde), le 19 juillet 1848. Avocat, maire de Saint-Louis du Sénégal, conseiller général de la colonie, il se présenta comme candidat républicain aux élections législatives du 20 août 1893, en remplacement de l'amiral Vallon, devenu député de la 1re circonscription de Brest, et fut élu, au scrutin de ballottage, député du Sénégal, par 2 428 voix, contre 470 données à M. Crespin, républicain, et 10 à M. Gasconi, ancien député républicain.

COUDREUSE (Emmanuel), député français, né à la Flèche, le 27 février 1857, fit son droit à Paris, exerça comme avocat jusqu'en 1869, puis acheta une charge d'avoué auprès du tribunal de Baugé et l'occupa plus de vingt années. Pendant la guerre de 1870-1871, il fut capitaine d'une compagnie des mobilisés de Maine-et-Loire. Juge suppléant au tribunal, conseiller municipal, adjoint au maire, il fut élu député de l'arrondissement, comme candidat républicain, à l'élection partielle du 20 décembre 1891 en remplacement du général Lacretelle, membre de la droite, décédé. Aux élections générales du 20 août 1893, il fut réélu au même titre, par 12 651 voix, sans concurrent.

COULANGES (Louis DE), pseudonyme de M. Fernand de Rodays. Voy. ce nom *.

COULON (Henri-Laurent), avocat et jurisconsulte français, né à Paris, le 18 décembre 1855, inscrit au barreau de la Cour d'appel le 24 janvier 1876, s'est fait également connaître par sa participation à d'importantes causes judiciaires et par de nombreuses publications de jurisprudence. Il a plaidé aux assises dans les affaires de meurtre, d'infanticide et de viol de Pestel, des cochers assassins, de la rue Ramey, de Ferlin, etc., puis dans les procès de l'artiste Jane May, du comédien Guitry, du député Georges Laguerre, à propos de la réunion publique du cirque Fernando, de l'incendie de l'Opéra-Comique, du Crédit mobilier portugais, de la panclastite Turpin, etc. Il s'est aussi attaché spécialement aux affaires de séparation de corps et de divorce. Avocat-conseil de l'Opéra-Comique, du Syndicat professionnel des artistes, de diverses compagnies d'assurances, il a été professeur à l'École des hautes études commerciales et à l'Institut polytechnique.

Parmi ses travaux de jurisprudence, dont plusieurs en collaboration, nous citerons : *Manuel formulaire du divorce*, avec MM. Alb. Faivre et Em. Jacob (1884, in-18 ; 3e édit., 1885) ; *Jurisprudence du divorce*, de 1792 à 1885, avec M. Alb. Faivre (1885, in-18) ; *le Divorce et la séparation de corps*, histoire, législation, débats parlementaires, jurisprudence, etc. (1890-1893, tome I-V, in-8) ; *Des Agents diplomatiques, de leurs fonctions, de leurs droits*, etc. (1889, in-18).

COUSIN (Élie), député français, né à Montpellier, en 1847. Maréchal de logis-chef dans l'artillerie des mobiles de l'Hérault, il fit la campagne de 1870 et assista au siège de Langres. Négociant en vins, président de la chambre syndicale de Montpellier, juge au tribunal de commerce, conseiller municipal, conseiller général pour le 1er canton de 1889 à 1893, il se porta comme républicain radical socialiste aux élections législatives du 20 août 1893, dans la

---

CONSIDÉRANT (Victor-P.), économiste français, mort à Paris, le 28 décembre 1893.

COOPER (Susanne-F.), femme de lettres américaine, morte à Cooperstown, à la fin de décembre 1894.

CORCELLES (Cl.-Fr.-Ph. DE), diplomate français, mort à Paris, le 3 septembre 1892.

CORRÉARD (F.-D.-A.), général français, mort à Grenoble, le 18 décembre 1894.

COTTEAU (G.-H.), naturaliste français, mort à Paris, le 12 août 1894.

COURCELLE-SENEUIL (J.-G.), économiste français, mort à Paris, le 29 juin 1892.

COURDOUAN (V.), peintre français, mort le 8 décembre 1893.

1re circonscription de Montpellier, obtint au premier tour, 7084 voix, contre 6019, données à M. Déandreis, député sortant, républicain progressiste, et 3214 à M. Benezech, typographe, candidat socialiste, et fut élu au scrutin de ballottage, par 9218 voix, contre 7762 au premier de ses deux concurrents.

COUSIN (Jules). Les journaux ont, par erreur, annoncé sa mort à la date du 15 septembre 1894, en le confondant avec un homonyme, administrateur de la Compagnie du chemin de fer du Nord.—M. Jules Cousin, admis à la retraite comme conservateur du musée Carnavalet au mois de janvier précédent, en a repris provisoirement les fonctions après la mort de son successeur, M. Lucien Faucou, à la fin de novembre de la même année. Le Conseil municipal de Paris a fait frapper en l'honneur de M. Jules Cousin, comme hommage à ses services rendus, une médaille d'or qui lui fut officiellement remise à l'hôtel Carnavalet, par M. Champoudry, président du Conseil, et M. Maury, syndic (24 janvier 1895).

COUTANT (Jules), député français, né à Troyes, le 20 mai 1854. Ouvrier mécanicien, il travailla plus de vingt ans dans la banlieue du sud de Paris, se livrant ardemment à la propagande socialiste dans les groupes ouvriers, et se vit à plusieurs reprises renvoyé des ateliers à cause de ses opinions ou de ses agissements politiques. Il se présenta comme socialiste révolutionnaire aux élections législatives du 20 août 1893, dans la 3e circonscription de Sceaux (Seine), obtint au premier tour 5982 voix, contre 6276 données à M. Lévêque, conseiller général radical, 4822 à M. Lambert, socialiste revisionniste, 3416 à M. Beauregard, professeur de droit, républicain, et 1537 à M. Baudouin, professeur de lycée, radical, et fut élu, au scrutin de ballottage, le 3 septembre, par 10134 voix, contre 6479 à M. Lévêque, et 4771 à M. Lambert. A la Chambre, dans la séance du 13 février 1894, M. J. Coutant, accusé de s'être mêlé aux manifestations anarchistes ayant eu lieu, deux jours plus tard, sur la tombe de Vaillant, protesta qu'il n'avait jamais connu d'anarchiste, ni de groupe anarchiste, ajoutant que « ouvrier honnête, il avait élevé neuf enfants, sans rien demander à personne ». Il n'en a pas moins continué, comme député, la propagande socialiste dans les départements, et deux mois plus tard, procès-verbal était dressé contre lui pour violents outrages contre le gouvernement dans une réunion publique à Saint-Nazaire (15 avril 1894). — Sa femme, Mme J. COUTANT, présidente de syndicats d'ouvrières qui avaient refusé de se conformer à la nouvelle législation, s'est vue, comme civilement responsable, l'objet de poursuites judiciaires et d'une condamnation pécuniaire qui a fait quelque bruit (30 décembre 1894).

COUTEAUX (Aristide), sénateur français, né à Usson-du-Poitou (Vienne), le 17 décembre 1855, se livra de bonne heure à l'étude des questions économiques et politiques, et publia, soit sous son nom, soit sous le pseudonyme de *Jaquillon*, un certain nombre de brochures, entre autres : *Droit populaire et Droit divin* (1872, 2e édit. in-18). On cite aussi de lui un volume intitulé : *Chez les bêtes*, couronné par l'Institut. Porté, comme candidat républicain, aux élections sénatoriales pour le renouvellement triennal du 4 janvier 1891, il fut élu au premier tour, le second sur trois, par 371 voix sur 714 votants. Au Sénat, M. Couteaux, membre de plu-

sieurs commissions importantes, notamment de celle des finances, s'est fait remarquer par plusieurs discours sur la situation agricole et sur les tarifs de douane destinés à l'améliorer.

CRESSON (Guillaume-Ernest), avocat et homme politique français, né à Calais, le 6 novembre 1824, fit ses études au lycée de Versailles et son droit à la Faculté de Paris. Admis au stage le 9 novembre 1846, il fut secrétaire de la Conférence des avocats de 1848 à 1849 et prononça comme discours de rentrée de cette dernière année, l'*Eloge du chancelier de l'Hospital* ; il obtint, à la même date, le prix Chapon-Dabit. Membre du Conseil de l'ordre de 1866 à 1869 et depuis 1870 jusqu'à ce jour, il fut élu bâtonnier pour les années judiciaires 1889-1890 et 1890-1891. Nommé préfet de police par le gouvernement de la Défense nationale le 2 novembre 1870, il eut à faire face aux difficultés douloureuses des derniers jours du siège, et se démit de ses fonctions le 11 février 1871. Président de la Société générale des prisons 1872-1893, il a été décoré de la Légion d'honneur en 1874.

M. Cresson a plaidé dans plusieurs causes retentissantes, entre autres dans celle de l'assassinat du général Bréa en 1848 et dans l'affaire Jeufosse en 1857, ainsi que dans un grand nombre de procès civils importants tels que celui du Transcontinental Pacific. Il a publié : *les Premiers jours de l'Armistice en* 1871 et surtout un recueil spécial considérable : *Usages et règles de la profession d'avocat*, jurisprudence, ordonnances, décrets et lois (1887, 2 vol. in-8).

CROS-BONNEL (Louis-Eugène), député français, né à Narbonne, le 10 mai 1855, est parent de l'ancien député républicain, Léon Bonnel, mort en 1880. Propriétaire-viticulteur dans le département de l'Hérault et raffineur de soufre à Narbonne, il se présenta comme candidat républicain aux élections législatives du 20 août 1893 dans l'arrondissement de Saint-Pons, obtint au premier tour, 4615 voix, contre 4778 données à M. Razimbaud, député sortant, républicain, et 235 au comte Lallemand, conservateur, et fut élu au scrutin de ballottage, le 3 septembre, par 5452 voix, contre 5180 données à M. Razimbaud.

CUI (*César*, Antonovitch), compositeur et ingénieur russe, né à Vilna, le 6 janvier 1835, est fils d'un ancien soldat de la « grande armée », retenu dans le pays par ses blessures Il fit ses études au Gymnase de sa ville natale et, se destinant à la carrière militaire, entra à l'Académie du génie de Saint-Pétersbourg. Tout en sacrifiant de bonne heure à ses goûts pour la composition musicale, il ne négligea pas les travaux de sa profession, devint colonel du génie et fut nommé professeur de fortification aux Académies militaires du génie et de l'artillerie. Il publia même, dans cet ordre spécial, un *Précis de l'histoire de la fortification permanente*, un *Manuel de fortification volante* et plusieurs brochures sur des sujets analogues.

Cependant l'officier du génie acquérait, dans le monde musical russe, comme compositeur et comme théoricien, une plus grande notoriété. Elève de Moniuszko, l'auteur de l'opéra *Halka*, et de M. Balakireff, son intime ami, il s'associa à ce dernier et à quelques musiciens qui menaient aussi de front avec la vocation d'artiste d'autres professions, comme Brodine, en même temps compositeur

COUTURIER (H.-J.-B.), sénateur français, mort à Granges-Hautes, près Vienne (Isère), le 16 avril 1894.

CRÉMIEUX (Hector-J.), auteur dramatique français, mort à Paris, le 30 septembre 1892.

CROUY (A.-R.-C.), littérateur français, mort à Paris, le 28 octobre 1879.

CUGNOT (L.-L.), statuaire français, mort à Paris, le 19 août 1894.

CUNLIFFE-OWEN (sir Fr.-Ph.), administrateur anglais, mort à Londres, le 24 mars 1894.

CUNNINGHAM (Alex.), officier et archéologue anglais, mort le 2 décembre 1893.

et professeur de chimie à l'École de médecine, et il devenait un des chefs de l'école dite des « Novateurs ». Partisan de la « musique à programme », et bannissant les motifs chantants des mélodies et des chœurs, il voulait que « la traduction lyrique d'un poème eût une valeur intrinsèque comme musique absolue, abstraction faite du texte », et que néanmoins « la musique vocale fût en parfaite concordance avec le sens des paroles ». Il défendit vivement ses idées qu'il appuyait de l'autorité de Beethoven, de Schumann, de Berlioz et de Liszt, dans le *Journal de Saint-Pétersbourg*, dont il rédigea le feuilleton musical pendant treize ans (1864-1877). En 1880, sa collaboration à la *Revue et Gazette musicale* de Paris ajouta au retentissement de ses théories et à la célébrité de son nom. Il réunit une série de ses articles de critique en volume sous ce titre : *la Musique en Russie* (1880, in-8). M. César Cui a écrit quatre opéras de plus en plus conformes à son système : *le Prisonnier du Caucase*, opéra en deux actes, texte d'après Pouchkine ; *le Fils du Mandarin*, opéra-comique en un acte où règnent encore les anciens procédés de composition lyrique ; *William Ratcliff*, opéra en trois actes dont le texte est une traduction russe, à peu près littérale, d'une tragédie de Henri Heine ; cette pièce a été jouée à Saint-Pétersbourg le 28 février 1869 ; *Angelo*, drame lyrique en quatre actes, sur une adaptation du drame de Victor Hugo, restée étrangère aux agencements ordinaires d'un libretto d'opéra : cette pièce fut également représentée à Saint-Pétersbourg, le 13 février 1876 ; enfin *le Flibustier*, comédie lyrique en trois actes, offrant l'interprétation directe par la déclamation musicale de la pièce de M. Jean Richepin, représentée peu auparavant au Théâtre-Français ; cette pièce, annoncée comme le dernier mot du système de l'auteur, fut jouée à l'Opéra-Comique de Paris, le 22 janvier 1894, et malgré la faveur du moment pour les choses de provenance russe, eut à peine quelques représentations. On cite en outre, de M. César Cui : un *Recueil de six romances*, avec accompagnement de piano, quelques compositions pour piano et violon, des variations signalées pour la science du contrepoint, etc.

CUISSART (Philippe-*Eugène*), député français, né au Thuel, commune de Noircourt (Aisne), le 24 septembre 1835, d'une famille de paysans, entra dès l'âge de seize ans dans la carrière de l'enseignement comme instituteur adjoint d'école communale, continua ses études sans maîtres, et après avoir obtenu ses brevets primaires, se fit recevoir bachelier et fut chargé d'une classe élémentaire au lycée de Saint-Quentin. Nommé inspecteur de l'enseignement primaire à Montélimar en 1865, il passa en la même qualité à Nyons, à Grenoble et à Lyon (1878), fut

appelé à Paris en 1880 et fut élu trois fois membre du Conseil supérieur de l'Instruction publique. Conseiller général de son département pour le canton de Rozoy-sur-Serre, il se porta, comme candidat républicain, aux élections générales du 20 août 1893 dans la 1re circonscription de Laon, et fut élu, au premier tour de scrutin, par 8 784 voix, contre 8 004 voix données à M. Pasquier, républicain rallié, député sortant. M. Cuissart est chevalier de la Légion d'honneur et officier de l'Instruction publique.

M. Cuissart s'était fait connaître dans les écoles primaires par un certain nombre de livres de classe particulièrement relatifs à la lecture et aux premiers éléments de la langue française, tels que : *Enseignement pratique et simultané de la Lecture, de l'Écriture, et de l'Orthographe* (1882-1884, 4 livrets in-16) ; *De l'Étude mécanique de la Lecture* (1881, in-18). Citons à part : *l'Enseignement primaire à Lyon et dans la région lyonnaise avant et après 1789* (1880, in-8).

*

CUREL (François DE), romancier et auteur dramatique français, né à Metz, d'une ancienne famille lorraine, fut reçu à l'École centrale des arts et manufactures en 1873 et en sortit en 1876, avec le diplôme d'ingénieur civil. Se laissant détourner de la carrière industrielle par son goût pour les lettres, il écrivit d'abord des romans et publia successivement : *l'Été des fruits secs* (1885, in-18) et *le Sauvetage du Grand-Duc* (1889, in-18) ; mais il se fit surtout remarquer par ses tentatives répétées du côté du théâtre. Après avoir présenté plusieurs pièces à l'Odéon et à la Comédie-Française, sans obtenir de les faire jouer, il se tourna vers le Théâtre-Libre et envoya au directeur, M. Antoine, trois pièces, signées de noms différents et qui furent reçues toutes trois. La première représentée sur cette scène d'essai fut : *l'Envers d'une Sainte*, drame en trois actes (2 février 1892), qui fut remarquée par la critique, surtout pour l'énergie et la précision du style ; l'auteur donna, la même année, au même théâtre, une pièce en quatre actes : *les Fossiles* (12 novembre), où il mettait en relief l'inutilité et l'impuissance des représentants actuels de notre ancienne noblesse. L'année suivante, il fit jouer au Vaudeville une comédie en trois actes, *l'Invitée* (19 janvier 1893), ayant pour sujet le retour momentané d'une mère au foyer conjugal, après une séparation prolongée, sans obtenir de réconciliation ; le style, le dialogue et les qualités d'observation parurent racheter, aux yeux de la critique, l'insuffisance de l'action. A la fin de la même année, M. de Curel faisait recevoir au Théâtre-Français une comédie en deux actes : *l'Amour brode*, mais il la retirait après la seconde représentation, sous prétexte de « malentendu entre le public et lui ».

D

DANET (Charles-Louis-Albert), avocat français, né à Privas, le 7 août 1846, fit ses études au lycée de Tournon (Ardèche) et son droit à la Faculté de Paris. Inscrit au barreau de la Cour d'appel le 7 novembre 1868, il fut nommé secrétaire de la

Conférence des avocats en 1875. Membre du Conseil de l'ordre de 1890 à 1894, il a décliné la candidature aux élections suivantes. M. Danet, qui a été chargé aussi d'affaires civiles intéressantes, a surtout plaidé un grand nombre de causes célèbres,

CURTIS (G.-W.), écrivain américain, mort à New-Brighton (États-Unis), le 30 août 1892.

CURTIS (G.-T.), jurisconsulte américain, mort le 28 mars 1894.

DAGUET [(Alexandre), littérateur et pédagogue suisse, mort en mai 1894.

DALMAS (P.-A. DE), homme politique français, mort à Pau, le 11 juillet 1891.

DALY (C.-D.), architecte et publiciste français, mort à Vissous (S.-et-O.), le 13 janvier 1894.

DANA (James), géologue américain, mort à Newhaven (Connecticut), le 14 avril 1895.

soit devant les Conseils de guerre, soit devant la Cour d'assises. Devant la juridiction militaire, on cite les affaires du Saint-Cyrien Philippot, du commandant Sabiani, du gendarme Caby, du médecin-major Breton (1892); aux assises il a défendu successivement Abadie-Eugène Forestier, dans l'affaire Prado, Lucien Fenayrou, le député Sans-Leroy dans l'affaire du Panama, Mlles Gouffé, comme partie civile, contre Eyraud et Gabrielle Bompard, le capitaine Buisson à Constantine, etc. Avocat du ministère de la guerre, il a soutenu les poursuites du général Mercier contre MM. Allez dans l'affaire des Fournitures militaires (1894-1895). Membre de la Société de médecine légale de France, il en a été président en 1890-1891.

DANIEL (ANDRÉ), pseudonyme de M. André LEBON. Voy. ce nom *.

DARLAN (Jean-Baptiste-Joas), député français, né à Podensac (Gironde), le 10 juin 1848. Avocat, maire de Nérac, conseiller général du canton, signalé en 1875 pendant les inondations de la Garonne par sa conduite qui lui valut une médaille d'or, il fut élu comme républicain progressiste, député de l'arrondissement de Nérac, à l'élection partielle du 27 juillet 1890, pour le remplacement de M. Fallières, nommé sénateur. Il a été réélu, aux élections générales du 20 août 1893, au premier tour, par 7 104 voix, sans concurrent.

DAUZON (Philippe), député français, né à Pau, le 1er août 1860. Fils d'un ancien préfet de la Défense nationale, avocat, conseiller général de Lot-et-Garonne, depuis 1892, pour le canton d'Astaffort, il se présenta, comme républicain radical, aux élections législatives du 20 août 1893, dans l'arrondissement d'Agen, obtint au premier tour 4 471 voix seulement, sur 15 444 partagées entre cinq concurrents, et fut élu, au scrutin de ballottage, le 3 septembre, par 8 516 voix contre 7 747 obtenues par M. de Chaudordy, ancien ambassadeur, républicain modéré.

DECKER-DAVID (Paul-Henry), député français, né à Commercy (Meuse), le 27 septembre 1865, est gendre de l'ancien député du Gers, M. Jean David, mort en 1885. Élève diplômé de l'Institut agronomique de Paris, ingénieur agronome, ancien directeur de la ferme-école du Gers, conseiller municipal d'Auch et conseiller général pour le canton de Montesquiou, il se présenta, comme candidat républicain et protectionniste, aux élections législatives du 20 août 1893, obtint, au premier tour, 6 022 voix contre 5 129 données à M. Peyrusse, député sortant, membre de la droite, et 2 049 à M. Castex, républicain, et fut élu, au scrutin de ballottage, le 3 septembre, par 8 320 voix, contre 5 258 obtenues par le premier de ces concurrents.

DECRAIS (Pierre-Louis-*Albert*), administrateur et diplomate français, né le 18 septembre 1838, fit son droit à Paris, s'inscrivit au barreau de la Cour et fut, en 1867, secrétaire de la Conférence des avocats. A la chute de l'Empire, il fut attaché, dès le 8 septembre 1870, à la mission diplomatique de

M. Tachard. Le 20 mars 1871, il fut nommé par le gouvernement de M. Thiers préfet d'Indre-et-Loire; il passa avec le même titre dans le département des Alpes-Maritimes, le 11 novembre 1874, et dans celui de la Gironde le 21 mars 1876. Démissionnaire à la suite de l'acte du 16 mai, il fut remis à la tête du même département, le 16 décembre 1877, lorsque le parti républicain eut repris le pouvoir. Nommé conseiller d'Etat, le 15 mars 1879, il entra dans la carrière diplomatique l'année suivante, comme envoyé extraordinaire et ministre plénipotentiaire de la République auprès du roi des Belges et reçut, par décret du 29 du même mois, le titre de conseiller d'Etat honoraire. Il fut rappelé en France le 4 février 1882, et chargé, avec le titre de ministre plénipotentiaire de première classe, de la direction politique au ministère des affaires étrangères. Le 11 novembre de la même année, il rentra dans le service actif comme ambassadeur à Rome, au Quirinal. Il occupa ce poste quatre ans, et le 17 juillet 1886 il alla remplacer à l'ambassade de Vienne M. Foucher de Careilles, démissionnaire. Le 21 juillet 1893, il fut choisi pour succéder, à Londres, à M. Waddington, décédé, et fut remplacé dans ce poste par le baron de Courcel, dans les premiers jours d'octobre 1894. M. Albert Decrais, qui a été, pendant plusieurs années, membre du Conseil général de la Gironde, décoré de la Légion d'honneur le 14 août 1874, a été promu officier le 7 février 1878, et commandeur le 25 juillet 1882.

DEFONTAINE (Paul-Emilien-Félix), député français, né à Vieux-Reng (Nord), le 12 août 1858. Reçu docteur en médecine en 1881, établi à Maubeuge, il se présenta comme radical socialiste, dans la 2e circonscription d'Avesnes, aux élections législatives du 20 août 1893 et fut élu au premier tour, par 8 185 voix contre 5 753 données à M. Ernest Herbecq, député sortant républicain.

DEFUMADE (Alphonse), député français, né à Paris, le 4 janvier 1844. Licencié en droit, propriétaire et agriculteur dans la Creuse, membre du Conseil général depuis 1870 pour le canton d'Ahun, président de la Société centrale d'agriculture du département, etc., il se présenta comme républicain aux élections législatives du 20 août 1893 et fut élu, au premier tour, par 5 889 voix contre 3 642 données à M. Lacôte, radical, et 491 partagées entre deux candidats socialistes.

DEJEAN (Etienne), député français, né à Labastide-d'Armagnac (Landes), le 11 juillet 1859. Ancien élève de l'Ecole normale supérieure, de la promotion 1880, agrégé d'histoire et professeur d'histoire au lycée de Toulouse, il se présenta comme candidat républicain dans la 1re circonscription de Mont-de-Marsan, aux élections du 20 août 1893, et fut élu, au premier tour, par 7 085 voix contre 6 394 données à M. de Guilloutet, député sortant, membre de la droite.

DEJEANTE (Victor-Léon), député français, né à Paris (Charonne), le 28 décembre 1850. Ouvrier chapelier, il a été délégué par la chambre syndicale de sa corporation aux diverses grèves de la chapellerie. Il a représenté la même chambre à l'Exposition universelle d'Amsterdam, et a été membre du Comité de la Bourse du Travail. Après plusieurs candidatures aux élections municipales ou législatives depuis 1885, il a été porté, comme socialiste révolutionnaire allemaniste, aux élections législatives du 20 août 1893, dans la 1re circonscription du XX° arrondissement et a obtenu au premier tour, 3 269 voix contre 3 618 données à M. Camélinat, ancien député socialiste, 797 à M. Rolin, socialiste-broussiste, et 1 325 partagées entre trois autres candidats; il a été élu, au scrutin de ballottage, le 3 septembre, par 4 416 voix contre 4 129 obtenues par M. Camélinat. M. Dejeante s'est fait remarquer à la Chambre par la violence ou l'excentricité d'interruptions qui lui ont valu des rappels à l'ordre, notamment à propos des interpellations de M. Vaillant sur la répression des manifestations communalistes au cimetière du Père-Lachaise (5 juillet 1894).

DELAIR (Paul), poète, auteur dramatique et romancier français, né à Montereau (Seine-et-Marne) en 1842, fit ses études à Paris, au collège Chaptal et entra, comme caissier, dans une maison de commerce. Passionné pour la poésie, il composa un premier recueil de vers, *les Nuits et les Réveils* (1870, in-18), qui passa inaperçu; mais il attira bientôt l'attention sur lui en écrivant pour le concours ouvert par Ballande, en novembre 1871, un *Éloge d'Alexandre Dumas*, qui remporta le prix (1872, in-18). A cette occasion il fut invité par le directeur de la Comédie-Française, M. Perrin, à écrire pour ce théâtre auquel il donna un drame en cinq actes et en vers, *Garin*, représenté le 9 juillet 1880. Il écrivit en outre pour diverses scènes les pièces suivantes : *l'Aîné*, drame en cinq actes, représenté à Bruxelles en 1885, et joué avec succès par M. Coquelin, quatre ans plus tard, dans une grande tournée entreprise par cet artiste ; *les Rois en exil*, pièce en cinq actes et sept tableaux, tirée du roman de M. Alphonse Daudet, et un drame en un acte, *Rose Laurent*, qui fut interdit par la censure. Il a composé en outre un certain nombre de prologues et d'à-propos dramatiques en vers, tels que les *Voix d'En-Haut*, acte (1872, in-18) ; l'*Ombre de Déjazet*, pour l'inauguration du Troisième-Théâtre-Français, *le Fils de Corneille* pour l'anniversaire de la naissance du poète (1881, in-18), *le Centenaire de Figaro* (1884), enfin *Apothéose*, en un acte, jouée à la Comédie-Française, le 11 juin 1885, dans la représentation extraordinaire dédiée à la mémoire de Victor Hugo. On cite encore de M. Paul Delair deux autres recueils de poésies: *les Contes d'à présent*, avec une lettre-préface de M. Coquelin aîné sur la diction poétique (1881, in-18; nouv. édit. augmentée 1885), et *la Vie chimérique* (1893, in-18).
M. Paul Delair a aussi écrit quelques romans, entre autres: *la Louve d'Alençon*, roman historique tiré de l'histoire de Bretagne, avec M. Henri Augu (1881, in-18), et *Louchon* (1885, in-18). M. Delair appartient depuis plusieurs années à l'administration des Beaux-Arts. Après avoir concouru, en qualité de commissaire, à l'organisation de l'exposition des Beaux-Arts au Champ-de-Mars, en 1889, il avait été nommé conservateur du Musée de sculpture du Trocadéro. — Il est mort à Paris, le 18 janvier 1894.

DELANNE (N....), député français, né à Drambon (Côte-d'Or), le 27 janvier 1838. Propriétaire-cultivateur, conseiller général de la Côte-d'Or pour le canton de Pontailler-sur-Saône, il fut présenté par les comités et syndicats agricoles du département, comme candidat républicain radical et protectionniste aux élections générales du 20 août 1893 dans la 2me circonscription de Dijon, et élu au premier tour par 7 543 voix contre 6 860 données à M. Lévêque, député sortant, républicain.

DELARUE (Louis-Gabriel), député français, est né à Gannat (Allier), le 14 mars 1846. Maire de sa ville natale et conseiller général, il se présenta comme candidat républicain, aux élections législatives de 1893, obtint, au premier tour 4 720 voix sur 14 700 votants, et fut élu, au scrutin de ballottage, par 8 962 voix contre 6 241, obtenues par M. Lesbre, candidat revisionniste.

DELAUNAY (E.), député français, né à Rouen le 24 mai 1854. Propriétaire d'une importante fabrique d'huiles à Fécamp, ayant obtenu une médaille d'or à l'Exposition universelle de 1889, membre de la Chambre du commerce de cette ville et conseiller général pour le canton, il fut élu comme candidat républicain dans la 3° circonscription du Havre, à l'élection partielle du 11 janvier 1894, en remplacement de M. Desgenétais, décédé, par 8 192 voix contre 8 159 données au baron Piérard, député sortant, conservateur. M. Delaunay a été décoré de la Légion d'honneur.

DELBET (Ernest-Pierre-Julien), député français, né à Barbonne-Fayel (Marne), le 9 novembre 1851. Reçu docteur en médecine en 1854, il s'occupa spécialement d'études d'économie sociale, fut chargé de missions en Orient et rédigea des travaux de sociologie remarqués. Propriétaire et médecin à la Ferté-Gaucher, maire de cette ville, conseiller général pour le canton, il fut porté comme républicain radical aux élections législatives du 20 août 1893, obtint, au premier tour, 4 957 voix contre 3 570 données à M. Gastellier, député sortant, radical, et 2 236 voix contre M. Délé, avoué, radical, et fut élu au scrutin de ballottage, le 3 septembre, par 6 451 voix contre 4 112 obtenues par M. Gastellier. M. Delbet a été avec MM. Edm. Guillaume et Georges Perrot, l'un des collaborateurs de *l'Exploration archéologique de la Galatie et de la Bithynie, d'une partie de la Mysie, de la Phrygie*, etc. (1862-1872, gr. in-4, 1 vol. de planches).

DELIX (Pierre), pseudonyme de Maurice d'Ocagne. Voy. ce nom*.

DELMAS (N.), député français, né le 27 janvier 1855. Maire de la commune de Meymac et conseiller général de la Corrèze pour le canton de ce nom, il fut porté comme républicain radical à l'élection partielle du 18 février 1894, pour le remplacement de M. Dellestable, nommé sénateur, obtint, au premier tour, 4 868 voix contre 2 602 données à M. Briadel, candidat progressiste, 2 562 à M. Coudert, républicain, et 10 à M. Salesse, socialiste, et fut élu au scrutin de ballottage, le 4 mars suivant, par 6 234 voix contre 5 665 données à M. Coudert, candidat républicain.

DELOBEAU (Louis-Arthur), sénateur français, né à Brest le 2 septembre 1834, avoué près du tribunal

DELABARRE-DUPARCQ (N.-E.), écrivain militaire français, mort à Maisons-Laffitte, le 20 septembre 1893.

DELAISTRE (J.-M.), acteur français, mort en 1881.

DELASIAUVE (L.-J.-F.), médecin français, mort à Paris, le 4 juin 1893.

DELATTRE (L.-M.-J. Lacour), littérateur français, mort à Rome fin septembre 1895.

DELLISSE (G.), député français, mort à Béthune, le 17 février 1894.

DELORT (Charles-Ed.), peintre français, mort à Saint-Eugène, près Alger, le 7 mars 1895.

de sa ville natale, se distingua, sous l'Empire, par une opposition énergique à l'administration et surtout par sa campagne contre le plébiscite du 8 mai 1870, qui donna lieu, dans la ville de Brest, à une majorité de 5597 *non* contre 2437 *oui*. Elu en 1871, conseiller municipal de cette ville, il en devint maire en 1884, et eut à présider, en 1891, aux fêtes données par la municipalité de Brest à l'occasion de la visite de l'escadre russe. Conseiller général pour le 1er canton de Brest, il fut porté comme candidat républicain à l'élection sénatoriale partielle du 23 juillet 1893, pour le remplacement de l'amiral Halna du Fretay, décédé, et fut élu par 709 voix contre 525 données à M. Chancerelle, monarchiste. Il a été réélu, au renouvellement triennal du 7 janvier 1894, au premier tour, le troisième sur cinq, par 670 voix sur 1228 votants. Membre de la gauche républicaine du Sénat, il fait partie des commissions chargées de l'étude des questions maritimes. M. Delobeau a été décoré de la Légion d'honneur et fait commandeur de l'ordre de Saint-Stanislas de Russie.

DELOMBRE (Paul), député et publiciste français, né à Maubeuge (Nord), le 18 mars 1848, fit son droit à Paris, s'inscrivit au barreau de Paris, collabora à plusieurs journaux financiers, fut chargé de la rédaction de la partie économique au journal *le Temps*, et contribua à la fondation de plusieurs associations républicaines. Après avoir soutenu sans succès sa candidature, dans le Ve arrondissement de Paris, aux élections législatives de 1889, il se présenta, en 1893, dans l'arrondissement de Barcelonnette (Basses-Alpes), obtint, au premier tour de scrutin, 1135 voix sur 2297 votants, et fut élu, au scrutin de ballottage, par 1510 voix, contre 1453 données à M. Liotard, avoué à Gap, candidat revisionniste. M. Paul Delombre a été promu, comme publiciste, officier de la Légion d'honneur le 13 juillet 1887. Parmi ses écrits, on cite : *Petites et grandes compagnies de chemins de fer*, étude d'histoire financière (1878, in-8).

DELPECH (Noël-Auguste), sénateur français, né à Bonnac (Ariège) le 22 décembre 1846, est le petit-fils d'un ancien prêtre constitutionnel qui, ayant ouvert après le Concordat une école gratuite, fut l'objet des rigueurs du premier Empire, et le fils d'une des victimes du coup d'État du 2 décembre 1851. Entré dans la carrière universitaire, il s'engagea, pendant la guerre de 1870, au 1er régiment de zouaves, fut fait prisonnier à Sambacourt près de Pontarlier et réussit à s'évader. Il occupait les fonctions de sous-principal au collège de Castres, lorsqu'il fut révoqué par l'administration du 16 mai 1877 ; il entra alors dans la rédaction du *Journal de Rouen*. Revenu à sa première vocation, il fut successivement professeur au lycée de Cahors, censeur à Bastia, de nouveau professeur au lycée de Nice, puis à celui de Foix. Libre penseur déclaré, il prit part par des conférences publiques ou par ses écrits aux diverses campagnes de propagande républicaine et anticléricale. Outre un certain nombre de brochures, il publia, sous le pseudonyme de *Nivodo* et sous ce titre : *Religion et Socialisme, l'Apôtre* (Toulouse, 1893, in-18), un roman philosophique et politique qui fit quelque bruit. M. Delpech fut porté, comme candidat républicain, aux élections sénatoriales du 7 janvier 1894, et élu, au 3e tour de scrutin, par 312 voix contre 289 données à M. Bordes-Pagès, sénateur conservateur sortant.

DELPIT (J.-J.-Jules), littérateur français, mort le 25 mars 1892.

DELPIT (Albert), littérateur français, mort le 4 janvier 1893.

DEMOGEOT (J.-C.), professeur et littérateur français, mort à Paris, le 9 janvier 1894.

DEMALVILAIN (Léon-Eugène), député français, né à Saint-Pierre (Amérique du Nord) le 18 janvier 1841. Armateur à Saint-Servan, maire de cette ville, président du tribunal de commerce de l'arrondissement de Saint-Malo, président du comice agricole, il se porta, aux élections législatives du 20 août 1893, comme candidat républicain dans la 2e circonscription de Saint-Malo et fut élu au premier tour par 8880 voix, sans concurrent.

DEMOULINS DE RIOLS (Jean-Henry-Eugène), sénateur français, né à Mimbaste (Landes) le 15 novembre 1833, fut reçu docteur en médecine en 1858 et se fixa à Saint-Lon, dans le canton de Peyrehorade. Maire de sa commune, conseiller général du canton, secrétaire général de la Société landaise pour l'encouragement de l'agriculture, il prit rang parmi les promoteurs du progrès agricole dans le département. Présenté comme candidat républicain aux élections sénatoriales du 5 janvier 1888, il échoua avec 117 voix sur 708 votants, mais il fut élu, le 20 mars 1892, à l'élection partielle pour le remplacement de M. Cès-Caupenne, décédé.

DENÉCHEAU (Maurice), député et publiciste français, est né à la Roche-sur-Yon (Vendée) le 13 mai 1845. Licencié en droit, il entra au ministère des finances, qu'il quitta pour le journalisme, et fonda *l'Eclair*, dont il fut rédacteur en chef jusqu'en janvier 1894. L'année précédente, il avait été élu comme candidat républicain député de l'arrondissement de Vervins, lors d'une élection partielle produite par la démission de M. Godelle. C'est alors qu'il donna sa démission de rédacteur en chef de *l'Eclair*, en la motivant sur l'impossibilité de mener de front les absorbants travaux parlementaires avec le labeur d'un journal quotidien. Il fut réélu aux élections générales du 20 août suivant, par 5096 voix contre 3641 données à M. Piette, candidat républicain rallié.

DENIS (Théodore), député français, né à Dax, le 14 mai 1858. Avocat du barreau de Dax, bâtonnier de l'ordre, conseiller municipal et adjoint au maire, rédacteur depuis 1882, du journal républicain *le Dacquois*, il s'est porté comme candidat républicain aux élections législatives du 20 août 1893 dans la 1re circonscription de Dax, et a été élu au premier tour par 7857 voix, contre 5129 données à son confrère du barreau de Dax, M. Loustalot, député sortant, républicain.

DENOIX (Arnaud), député français, né à la Bachellerie (Dordogne) le 29 juin 1848. Etudiant en médecine au moment de la guerre franco-prussienne, il fit, comme engagé volontaire, les campagnes de l'armée de l'Ouest. Reçu docteur, il s'établit dans la commune de Peyrignac, dont il devint maire. Conseiller général depuis 1889, pour le canton de Terrasson, il fut élu député républicain de la 1re circonscription de Sarlat, dans une élection partielle, le 14 octobre 1891, et prit part à plusieurs discussions dans cette législature. Il a été réélu, le 20 août 1893, au premier tour par 9321 voix, sans concurrent.

DEPEW (Chauncey-Mitchell), avocat américain, né à Peekskill (New-York), le 23 avril 1834, prit ses degrés au Yale College en 1856, et se fit inscrire au barreau de New-York. Membre de la législature de 1861 à 1862, il fut secrétaire de l'Etat de 1863

DENAIN (Léontine P.-E.-D. Mesnage, dite), actrice française, morte à Clichy-Paris, le 5 octobre 1892.

DENIAU (Eugène), député français, mort le 26 juillet 1893.

DENIZOT (Is.-H.), député français, mort à Paris, le 5 décembre 1891.

à 1865, et refusa d'accepter sa réélection à ce poste. Commissaire du revenu pour la ville de New-York, il fut, pendant quelque temps, ministre des Etats-Unis au Japon. De retour à New-York, il contribua à la fusion des compagnies rivales de chemins de fer aériens New-York and Harlem et New-York-Central, et devint avocat-conseil de la nouvelle société. Il échoua, comme candidat républicain au siège de lieutenant-gouverneur en 1872, mais fut choisi par la législature de 1874 comme directeur de l'Université de l'Etat de New-York. Sa candidature au Sénat des Etats-Unis, en 1877, fit un certain bruit, mais il se désista en faveur de M. Warner Miller. En 1885, il devint président du chemin de fer aérien, le New-York-Central; en 1887, le Yale College lui conféra le titre de docteur en droit. Très connu par son habileté comme directeur de chemins de fer et comme un des chefs les plus influents du parti républicain, M. Depew s'est rendu célèbre et populaire comme orateur de réunions publiques et de banquets. Dans ces derniers surtout, il s'est fait, par sa parole facile et spirituelle, une notoriété essentiellement américaine, et ses discours « d'après-dîner » ne manquent jamais de faire le tour de la presse. Ses harangues politiques ont aussi beaucoup d'écho. Récemment encore, à propos des « atrocités arméniennes » qui ont tellement passionné l'opinion publique en Amérique à la fin de 1894, il prononça devant un grand meeting tenu à New-York le 30 décembre, un discours qui eut beaucoup de retentissement, et par lequel il demandait l'intervention des Etats-Unis pour la protection des opprimés. En 1890, M. Depew a réuni en volume un choix de ses discours sous ce titre : *Harangues et allocutions de table* (Orations and after-dinner Speeches).

DERAISMES (Maria), femme de lettres, journaliste et conférencière française, née à Paris en 1836, s'est fait connaître moins par ses ouvrages littéraires que par sa participation active et militante aux diverses campagnes pour l'émancipation de la femme et la revendication de ses droits. Présidente de la Société pour l'amélioration du sort de la femme, elle s'associa à l'œuvre des principaux groupes féministes de son temps. Collaboratrice de plusieurs journaux, entre autres du *Nain Jaune* de Grégory Ganesco, elle défendit le droit des femmes dans une série de conférences au Grand-Orient, à l'Athénée, à la salle des Capucines. En 1878, elle ouvrit le Congrès des Femmes, et elle présida, aux côtés de Victor Schœlcher, le Congrès anticlérical de 1881. Franc-maçonne de la Loge des Libres penseurs du Pecq, elle fut élue présidente d'honneur des groupes de la Libre pensée de Seine-et-Oise. — Elle est morte à Paris, le 6 février 1894.

Mlle Maria Deraismes avait d'abord essayé du théâtre, et l'on cite d'elle les comédies suivantes : *A bon chat, bon rat*, comédie-proverbe en un acte (1861, in-18); *Un Neveu, s'il vous plaît*, en trois actes (1862, in-8); *Retour à ma femme*, enfin acte; *le Père coupable*, en quatre actes (1862, in-8); plus un volume de pièces, *le Théâtre chez soi* (1863, in-8). Comme essais de critique littéraire et sociale, elle a donné : *Thérésa et son époque* (1865); *Eve contre M. Dumas fils* (1872, in-18), en réponse à *l'Homme-Femme* de ce dernier; *le Théâtre de M. Sardou* (1875, in-8). Ses principales publications de propagande sont : *Nos principes et nos mœurs* (1867, in-18); *l'Ancien avant le Nouveau* (1868, in-18); *France et Progrès* (1873, in-18); *les Droits de l'enfant* (1886, in-16); *Epidémie naturaliste* (1888).

DERVELOY (Eugène-Alcide), député français, né à Saint-Just-en-Chaussée (Oise), le 15 janvier 1855.

Licencié en droit, ancien attaché au cabinet de M. Floquet, conseiller général de Seine-et-Marne pour le canton de Claye, il s'est présenté comme candidat radical aux élections législatives du 20 août 1893, dans l'arrondissement de Meaux, et a été élu, au premier tour, par 10 167 voix, contre 5 783 données à M. Prévet, député sortant républicain, et 3 878 à M. de Moustier, conseiller général, conservateur.

DERVILLERS (Prudent), député français, né à Beuvardes (Aisne), le 1er décembre 1849. Ancien maître tailleur, il fut un des membres fondateurs du parti ouvrier avec le programme duquel il fut élu conseiller municipal en 1880 pour le quartier Croulebarbe du XIIIe arrondissement. Aux élections du 20 août 1893, il se présenta comme socialiste broussiste dans la 2e circonscription du XIXe, obtint au premier tour 1 151 voix contre 1 198 données à M. Charles Bos, rédacteur au *Rappel*, radical socialiste, 870 à M. E. Fournière, socialiste, 643 à M. Warnault, socialiste guesdiste, 592 à M. Irénée Blanc, radical, et 277 à M. Chapelle, socialiste revisionniste, et fut élu au scrutin de ballottage du 3 septembre par 1 912 voix contre 1 467 données à M. Charles Bos.

DESCUBES-DESGUERAINES (Charles-Amédée), député français, né à Dijon le 23 janvier 1853, entra, dès l'âge de dix-huit ans, au ministère des travaux publics, où MM. Yves Guyot et Viette l'attachèrent, comme chef adjoint, à leur cabinet. Il fut décoré de la Légion d'honneur en 1891, pour services exceptionnels, à la suite de missions dans les régions minières du Pas-de-Calais et de Saint-Etienne. Il avait été, en outre, professeur d'histoire et de géographie à l'école Monge, et avait dirigé la publication d'un *Nouveau Dictionnaire d'histoire, de géographie, de mythologie et de biographie* (1889, 2 vol. gr. in-8). Aux élections législatives de 1893, il se présenta, comme républicain progressiste, dans la 1re circonscription de Tulle, obtint, au premier tour, 5 776 voix sur 13 529 votants, et fut élu, au scrutin de ballottage, le 3 septembre, par 8 556 voix, contre 5 442 données à M. Borie, député sortant, revisionniste.

DESFARGES (Antoine), député français, né à Saint-Pierre-le-Bost (Creuse), le 18 août 1851. Ancien maçon et conseiller de la chambre des prud'hommes de Paris depuis 1882, il avait été délégué à plusieurs congrès régionaux. Il s'occupa ensuite de culture. Porté candidat aux élections législatives de 1889, il se désista en faveur de son ex-confrère, M. Martin Nadaud. A celles de 1893, il se représenta comme radical socialiste, obtint au premier tour 2 391 voix sur 7 335 votants et fut élu le 3 septembre, au scrutin de ballottage, par 4 476 voix contre 2 890 donnée sà M. Coutisson, député sortant, républicain.

DESHAYES (Prosper-Eugène), député français, né à Mareuil-sur-Lay (Vendée), le 15 janvier 1833. Ancien notaire et grand propriétaire à Luçon, il devint maire de cette ville et conseiller général pour le canton. Il s'était présenté, aux élections législatives du 22 septembre 1889, comme républicain, dans la 2e circonscription de Fontenay-le-Comte; mais il échoua avec 8 789 voix, contre 9 083 données à M. Le Roux, député sortant, conservateur; à celles du 20 août 1893, il se présenta de nouveau et fut élu, au premier tour, par 9 932 voix, contre 8 540 obtenues par son ancien concurrent.

DESJARDINS (Pierre-Jules), député français, né à Saint-Quentin, le 23 septembre 1845, étudia le droit

DERBY (Ed.-H., lord), homme politique anglais, mort à Knowsley, le 20 avril 1893.

DESCAURES (J.-P.-A.-C.), député français, mort à Ailly-sur-Noye, le 18 janvier 1893.

DES ESSARTS (Alfred-St. Langlois), littérateur français, mort à Clermont-Ferrand, le 18 mai 1893.

DESJARDINS (Ernest), magistrat français, mort à Paris, le 24 mars 1893.

et, reçu docteur, entra dans la magistrature, fut longtemps juge suppléant à Lille et devint substitut à Paris. Il fut élu député de la 2° circonscription de Saint-Quentin, le 18 juin 1803, en remplacement de M. Ernest Desjardins, décédé; il fut réélu, le 20 août de la même année, par 9 238 voix, contre 872 données à M. Dusantenc, candidat socialiste.

DEVIN (Léon), *avocat français*, né à Paris, le 5 novembre 1843, fit son droit à la Faculté de cette ville et se fit recevoir docteur en 1866. Inscrit au barreau de la Cour d'appel depuis le 8 novembre 1803, il fut nommé secrétaire de la Conférence des avocats en 1867-1868, et obtint, à cette dernière date, le prix Liouville. Il a été, de 1884 à 1888, membre du Conseil de l'ordre, où il est rentré en 1891. Dirigé, dans ses débuts au Palais, par M° Nicolet, il a été chargé très jeune d'importantes affaires qui lui ont donné un rang distingué au barreau de Paris. M. L. Devin a pris part aux grands débats financiers de ces derniers temps: Transcontinental (1880); Vitrières du Morbihan (même année); Chemins de fer de Lille à Valenciennes, d'Orléans à Rouen et de la Vendée (1881); Union générale (1882), Réassurances générales (1887); Guanos Dreyfus (1888); Panama (1889); Comptoir d'escompte (1890); Canaux agricoles (1893-1895); sans compter quelques affaires d'un intérêt moins général, comme celles de la Compagnie des transports parisiens contre les Omnibus, de Firmin-Didot contre Hofbauer, à propos du *Paris à travers les Ages;* Eiffel contre Jaluzot et l'Etat; le *Testament Grévin*, etc.

DISLEAU (M.), *député français*, né à Sainte-Ouenne (Deux-Sèvres) en 1853. Docteur en droit, inscrit au barreau de Niort en 1887, conseiller municipal de cette ville en 1888, il se présenta comme républicain progressiste aux élections législatives du 20 août 1893, dans la 1re circonscription de Niort, et fut élu, au premier tour, par 7 344 voix contre 7 241 données à M. Richard, candidat radical.

DODDS (Alfred-Amédée), *général français*, est né, le 6 février 1842, à Saint-Louis (Sénégal), où son père, attaché à l'administration locale, avait épousé une Sénégalienne d'origine normande. Il fit ses études au lycée de Carcassonne, entra, en novembre 1862, à l'école de Saint-Cyr en sortit, le 1er octobre 1864, comme sous-lieutenant dans l'infanterie de marine. Il a été promu successivement lieutenant le 25 octobre 1867, capitaine le 25 octobre 1869, chef de bataillon le 13 août 1878, lieutenant-colonel le 25 mai 1887, et général de brigade le 6 novembre 1892. Chacune de ces promotions se rapporte à des campagnes auxquelles il prit une part distinguée. Après avoir servi à la Réunion, pendant les troubles qui agitèrent cette île en 1869, il assista, en 1870, aux premières opérations de la guerre franco-prussienne et fut fait prisonnier à Sedan; mais il s'évada et fit les campagnes de la Loire et de l'Est. Envoyé au Sénégal, en 1872, il y resta près de vingt années et ne le quitta momentanément que pour aller prendre part aux expéditions de Cochinchine en 1878 et du Tonkin en 1883. Pendant ce long séjour dans notre colonie africaine, il eut à comprimer de nombreuses révoltes et mena heureusement des expéditions contre le Boal et le Kayor (1889), contre les Sérères (1890) et contre les révoltés du Fouta (1891). Au mois d'avril 1892, le colonel Dodds, qui, rentré

depuis peu, commandait à Toulon le 8° régiment d'infanterie de marine, fut désigné par le gouvernement pour diriger au Dahomey les opérations militaires, rendues nécessaires par la conduite du roi Béhanzin à notre égard. Investi du commandement en chef du corps expéditionnaire, il se rendit en toute hâte sur le théâtre de la guerre et conduisit, avec une habileté couronnée de succès, une première campagne, moins dangereuse encore pour nos soldats par la barbarie de nos adversaires que par les difficultés topographiques et l'extrême insalubrité du climat. Le 17 novembre, il s'emparait de la capitale du Dahomey et mettait en fuite le roi Béhanzin. Le général Dodds revint en France pour se remettre des laborieuses fatigues et fut, particulièrement à Marseille, l'objet d'ovations populaires. Pendant son absence, les tergiversations de Béhanzin rendant impossible un arrangement définitif, une seconde expédition militaire fut décidée et confiée également au général Dodds, qui partit de Marseille, le 10 août 1893, avec les officiers attachés à la colonne expéditionnaire. Vainement, pour gagner du temps, des envoyés du roi noir vinrent à Paris sous prétexte de traiter directement avec le gouvernement; ils durent repartir sans avoir été reçus (16 novembre). A ce moment, le général Dodds, arrivé à Agouy, recommençait les opérations contre les partisans de Béhanzin; le 7 novembre, il avait occupé Atcharibé où les Dahoméens faisaient leur soumission, tandis que le roi, abandonné de la plus grande partie de son entourage, et pressé par nos colonnes volantes, poussait sa fuite jusqu'à Djéja sur la Douffo. Pendant un mois, Béhanzin mena une existence errante dans les forêts, assisté de quelques ministres restés fidèles; mais le 5 janvier 1894, il fut déclaré déchu du trône par le général français, et sa déchéance acceptée par les principaux chefs dahoméens; le 15 suivant, un successeur lui était donné, d'accord avec ces mêmes chefs, et le 25, l'ex-roi, entièrement abandonné des siens, venait se livrer sans conditions à la France, et était envoyé à la Martinique pour y être interné. Le Dahomey fut divisé en deux royaumes, celui d'Abomey et celui d'Allada qui, réunis au royaume de Porto-Novo, furent mis sous le protectorat français, et constituèrent notre colonie du golfe du Bénin, sous la direction d'un gouverneur général. Appelé à l'inspection générale de l'infanterie de marine, le général Dodds repartit, au commencement de l'année 1894, pour inspecter les troupes stationnées à la Réunion et à la Nouvelle-Calédonie. Officier de la Légion d'honneur depuis le 29 décembre 1883, il a été promu commandeur le 30 décembre 1891 et grand officier le 14 décembre 1892.

DOMINÉ (Marc-Edmond), *officier français*, né à Vitry-le-François (Marne), le 3 septembre 1848, fit ses études au collège de cette ville et entra en 1866 à l'Ecole militaire de Saint-Cyr. Sorti, deux ans après, dans les premiers rangs, il fut envoyé sur sa demande au 2° régiment de zouaves et commença sa brillante et trop courte carrière militaire en prenant part à l'expédition du général de Wimpfen contre les Beni-Guil. Le 25 avril 1870, à l'attaque d'Aïn-Chaïr sur la frontière du Maroc, il fut atteint d'une balle au bras et se vit décoré de la Légion d'honneur à l'âge de moins de vingt-deux ans. Pendant la guerre franco-prussienne, il fut incorporé au 2° zouaves de marche, dans le 18° corps d'armée, fit avec distinction une partie de la campagne de l'Est, fut nommé lieutenant le 1er novembre, et quelques semaines après, reçut à Beaune-

DESJARDINS (L.-J.-I.), *graveur français*, mort à Paris, le 16 novembre 1894.

DESPREZ (Mgr J.-F.-F.), *cardinal français*, mort à Toulouse, le 20 janvier 1895.

DESROUSSEAUX (Al.), *chansonnier français*, mort le 25 novembre 1892.

DESTAILLEUR (H.-A.-G.-W.), *architecte français*, mort à Paris, le 16 novembre 1893.

DIDAY (Paul), *médecin français*, mort dans les premiers jours de janvier 1894.

DONNET (Y.-J.), *sénateur français*, mort à Limoges, le 23 décembre 1894.

la-Rolande une seconde balle dans le bras (20 novembre). Après la guerre, il reprit le service en Afrique. En février 1874, il fut rappelé en France, comme capitaine, au 52ᵉ régiment de ligne à Grenoble. Admis par concours à l'Ecole supérieure de guerre qui venait d'être créée, il fut promu chef de bataillon en 1884 et attaché à l'Etat-major du 19ᵉ corps; mais la même année, il fut envoyé au Tonkin, où il se signala par la défense héroïque de Tuyen-Quan contre les attaques des Pavillons-Noirs, dirigées en personne par leur principal chef, Lu-Vinh-Phuoc. Celui-ci, à la tête de près de dix mille hommes de troupes régulières armées et exercées à l'européenne, investit la place le 21 décembre 1884, et après un mois de vives escarmouches, établit un siège régulier et le poussa avec une extrême vigueur, bombardant la ville, ouvrant des brèches et donnant plusieurs fois l'assaut. Le commandant Dominé, secondé par l'héroïque sergent du génie Bobillot, tint tête à cette irruption de forces supérieures jusqu'à ce qu'enfin, dans les premiers jours de mars 1885, il fut délivré par la brigade du colonel Giovanninelli, dont l'arrivée força les Chinois de lever le siège. Inscrit d'office au tableau d'avancement pour ce brillant fait de guerre, le commandant Dominé fut nommé lieutenant-colonel l'année suivante, et promu colonel le 13 juillet 1888. Amené à quitter le service à l'âge de quarante-deux ans, il se retira dans sa ville natale. Il a été promu officier de la Légion d'honneur le 10 juillet 1891. Le colonel Dominé a publié le *Journal du siège de Tuyen-Quan*, 23 novembre 1884-5 mars 1885 (Limoges, 1885, in-32).

DORIAN (Charles-Louis), député français, né à Saint-Etienne en 1852, est le fils de l'ancien ministre des travaux publics de la Défense nationale. Héritier d'une grande fortune et conseiller général pour le canton de Feurs, il se porta comme candidat républicain dans la 2ᵉ circonscription de Montbrison aux élections de 1893 et fut élu au premier tour par 8 778 voix, sans concurrent.

DOUMER (Paul), député français, né à Aurillac, le 22 mars 1857. Licencié en droit, il collabora à plusieurs journaux et fut choisi pour chef du cabinet de M. Floquet, élu président de la Chambre des députés en 1885. En 1888, il se présenta, comme candidat de la gauche radicale, dans le département de l'Aisne, à une élection partielle et fut élu, le 8 avril, au scrutin départemental. Non réélu dans l'Aisne aux élections du 22 septembre 1889, faites de nouveau au scrutin d'arrondissement, il se présenta dans l'Yonne, le 25 octobre 1890, à une élection partielle en remplacement de M. René Laffon, député de la 1ʳᵉ circonscription d'Auxerre, décédé, et fut élu, au scrutin de ballottage, par 7 711 voix, contre 5 144 données à M. Denormandie avoué à Paris, candidat de la droite républicaine, et 207 à M. Ringuier. Il fut réélu, au premier tour, dans la même circonscription, aux élections générales du 20 août 1893, par 7 675 voix contre 5 755 obtenues par M. Denormandie. A la Chambre, M. Doumer a proposé avec M. Cavaignac, un projet d'impôt sur le revenu, comme contre-projet au budget de 1895 (juin 1894).

DOUMERGUE (Gaston), député français, né à Aigues-Vives (Gard), le 1ᵉʳ août 1863. Inscrits dès 1885 au barreau de Nîmes, il le quitta pour aller remplir des fonctions judiciaires en Cochinchine et en Algérie de 1890 à 1893. La mort de M. Emile

Jamais, député de la 2ᵉ circonscription de Nîmes donna lieu le 17 décembre de la même année à une élection partielle à laquelle il se présenta comme candidat radical. Il obtint, au premier tour, 5 307 voix sur 14 550 votants, et fut élu au scrutin de ballottage, le 31 décembre, par 9 467 voix, ses trois concurrents ne s'étant pas représentés.

DRAKE del Castillo (Jacques), député français, né à Paris, le 1ᵉʳ février 1855. Propriétaire, en Touraine, du château de Candé et de vignobles importants à la reconstitution desquels il se consacra, maire de la commune de Monts et conseiller général pour le canton de Montbazon, il se présenta, comme républicain progressiste libéral, aux élections générales du 20 août 1893 dans la 1ʳᵉ circonscription de Tours, obtint au premier tour 8 836 voix sur 21 551 votants et fut élu au scrutin de ballottage le 3 septembre par 10 918 voix contre 7 593 à M. du Saussay, député sortant, revisionniste, plébiscitaire.

DROUILLARD (Hippolyte), sénateur français, né à Paris, le 16 juillet 1833, suivit les cours de l'Ecole des mines et fut attaché, comme ingénieur, aux chemins de fer du Nord de l'Espagne. Après avoir servi pendant la guerre de 1870, il se retira au château de Kerlaudy, dans la commune de Plouénan, s'occupa de l'administration de ses propriétés et se livra avec succès à l'agriculture et à l'élevage. Conseiller général pour le canton de Saint-Pol-de-Léon, de 1871 à 1874, maire de cette ville, puis de Roscof, membre du Conseil supérieur de l'agriculture et des haras, il fut élu, comme candidat républicain aux élections sénatoriales du 7 janvier 1894, le dernier sur cinq, au premier tour, par 649 voix sur 1 228 votants.

DROZ (Alfred), avocat et jurisconsulte français, né à Meaux (Seine-et-Marne), le 5 mai 1846, fit de brillantes études au Lycée Louis-le-Grand, fut reçu avec éclat licencié ès lettres en 1866, puis, en 1868, licencié en droit, et fut lauréat du concours à ce grade. Inscrit au barreau de la Cour d'appel le 5 décembre de cette dernière année, après avoir été maître clerc dans une étude d'avoué, il fut attaché, pendant plusieurs années, comme secrétaire, au cabinet de Mᵉ Bétolaud. Pendant ce stage, il prit une part active, en 1870, à la campagne du siège de Paris et sa conduite, dans le combat de Montretout, lui mérita la médaille militaire. En 1875, il a été président de la Conférence Molé. Comme avocat, il a plaidé dans plusieurs importantes affaires. Il a défendu des journaux de Paris poursuivis par le gouvernement du 16 mai 1877; il a pris la parole dans les affaires de la Banque de Lyon, du Crédit de France, de la Société des métaux, etc., il a été le défenseur de l'ancien député de la Manche, Ch. Savary. Depuis 1881, il représente le canton de Meaux au Conseil général de Seine-et-Marne dont il est devenu vice-président.

Outre un mémoire sur l'*Histoire des idées en matière d'éducation en France du XVIᵉ siècle à nos jours*, couronné par l'Académie des sciences morales et politiques, M. Alfred Droz a publié un *Traité des assurances maritimes, du délaissement et des avaries* (1880, 2 vol. in-8).

DUBIEF (Jean-Baptiste-Fernand), député français, né au château de Varennes-les-Mâcon, le 14 octobre 1850. D'une famille républicaine frappée après le coup d'Etat dans plusieurs de ses membres, il eut

DOUCET (Camille), auteur dramatique, membre et secrétaire perpétuel de l'Académie française, mort à Paris, le 1ᵉʳ avril 1895.

DOUGLASS (Fr. Bailey, dit), publiciste nègre des États-Unis, mort à Philadelphie, le 20 février 1895.

DOUVILLE-MAILLEFEU (L.-M.-G., comte de), député français, mort à Hyères, le 29 janvier 1895.

DREUX-BRÉZÉ (P.-S.-L.-M. de), prélat français, mort à Moulins, le 5 janvier 1893.

DUBIEF (Louis), administrateur français, mort à Paris, le 19 janvier 1891.

pour tuteur l'ancien représentant de 1848, Charles Rolland. Il avait commencé ses études médicales lors de la guerre de 1870 et servit comme major auxiliaire aux armées de la Loire et de l'Est. Il fut reçu docteur en 1877. Maire de Romanêche-Thorins, depuis 1880 et conseiller général pour le canton de la Chapelle-de-Guinchay, il rédigeait *l'Union républicaine* de Saône-et-Loire. En 1886, il fut nommé directeur de l'asile d'aliénés de Saint-Pierre (Saône-et-Loire), d'où il passa, en 1892, à l'asile d'aliénés du Rhône. Candidat radical aux élections législatives du 20 août 1893, dans la 1re circonscription de Mâcon, il fut élu, au premier tour, par 7 127 voix contre 3 568 données au baron du Teil du Havelt, conservateur rallié, et 2 300 à M. Plussard républicain progressiste.

DU BUIT (Charles-Henry), avocat français, né à Mulhouse (Haut-Rhin), le 1er juillet 1837, fit son droit à Paris et s'y fit recevoir docteur le 14 mars 1861. Membre du Conseil de l'ordre depuis 1880, il a été bâtonnier pour les années 1891-1892 et 1892-1893. Secrétaire de l'ancien bâtonnier, Me Marie, ministre, puis président de l'Assemblée nationale en 1848, il a débuté au Palais sous ses auspices; s'y est fait une place à part par sa compétence en matières de finances et a plaidé avec une autorité reconnue dans toutes les grosses affaires de cet ordre survenues depuis le krach de l'Union générale. Il a défendu M. Bontoux, directeur de cette Société (1882); M. Laveissières dans l'affaire du Comptoir d'escompte et de la Société des métaux (1890); M. Marius Fontane, dans l'affaire de l'anama (1895); M. Donon dans celle des Comptes-courants (même année); MM. Allez dans celle des Fournitures à l'armée (1894-1895). Il a soutenu les réclamations de la Comédie-Française contre l'ex-sociétaire M. Coquelin (1895). M. Du Buit, avocat de la Ville de Paris et de plusieurs grandes administrations, a été décoré de la Légion d'honneur.

DUCHESNE (Jacques-Charles-René-Achille), général français, né à Sens, le 3 mars 1837, entra à l'École militaire de Saint-Cyr en 1855, en sortit sous-lieutenant dans l'infanterie le 1er octobre 1857, et fut promu successivement lieutenant le 7 mars 1861, capitaine le 20 mars 1864, chef de bataillon le 29 décembre 1874, lieutenant-colonel le 26 avril 1881, colonel le 5 septembre 1884, général de brigade le 21 octobre 1888, et général de division le 28 septembre 1893. Il fit avec distinction la campagne d'Italie, fut blessé à Solférino et décoré de la Légion d'honneur à vingt et un ans (18 septembre 1859). Après avoir pris part aux campagnes de la guerre franco-prussienne en 1870-1871, il fut envoyé au Tonkin comme lieutenant-colonel de la légion étrangère, participa à la prise de Bac-Ninh, de Hong-Hoa et de Thuyen-Kan, où il fut blessé. Il allait rentrer en France, quand il reçut communication d'une dépêche de l'amiral Courbet qui le réclamait pour le commandement des troupes de débarquement à Formose. Il répondit aussitôt à cet appel, et à la tête de 800 hommes, s'empara de Kelmy et fit prisonniers plus de 8 000 Chinois. Depuis son retour en France, il commanda, comme colonel, le 110e de ligne à Dunkerque, et comme général, la 33e brigade à Châteauroux et la 16e division d'infanterie, dans le 8e corps d'armée, à Bourges. Il avait été appelé depuis quelques mois au commandement de la 14e division, dans le 7e corps, à Belfort, lorsqu'en novembre 1894 il fut désigné pour prendre le commandement du corps expéditionnaire envoyé à Madagascar. Après avoir dirigé et surveillé les préparatifs militaires et sanitaires de cette lointaine campagne, il s'embarqua le 12 avril 1895. Le général Duchesne a été promu officier de la Légion d'honneur le 5 juillet 1882 et commandeur le 20 mars 1885.

DUCOS (Joseph-Pierre-Louis-Edouard), député français, né à Auch, en octobre 1833. Ancien commandant du génie, démissionnaire en 1877, il est propriétaire d'importants vignobles à Châteauneuf-du-Pape, où il est maire, et président de la Société d'agriculture du Vaucluse. Aux élections générales du 20 août 1893, il ne s'était pas présenté au premier tour, mais il fut porté au scrutin de ballottage dans l'arrondissement d'Orange, comme candidat républicain libéral, et élu par 5 514 voix contre 4 948, données à M. Barbier, radical, et 4 537 à M. Capty, maire d'Orange, républicain. M. Ducos est officier de la Légion d'honneur.

DUDLAY (*Adeline*-Elie-Françoise DULAIT, dite), actrice française d'origine belge, née à Bruxelles en 1859, s'engagea dans la carrière dramatique malgré les résistances de sa famille. Élève du Conservatoire de sa ville natale pour l'étude exclusive du solfège et du piano, elle donna dès l'âge de quinze ans des leçons de musique, puis obtint de rentrer au Conservatoire dans la classe de déclamation, et remporta le second prix de tragédie en 1874 et le premier l'année suivante. Admise à la Comédie-Française comme pensionnaire par M. Perrin, il lui fut permis d'aller continuer ses études à Bruxelles, d'où elle revint pour débuter dans le rôle d'Opimia, de *Rome vaincue*, de M. Alexandre Parodi (27 septembre 1876). Elle joua depuis, dans le répertoire classique, Camille d'*Horace*, Monime de *Mithridate*, Pauline de *Polyeucte*, Chimène du *Cid*, Roxane de *Bajazet*, Hermione d'*Andromaque*, etc. Elle se trouvait, par suite du départ de Mme Sarah Bernhardt, presque la seule tragédienne du Théâtre-Français. Elle compte quelques créations dans les pièces modernes, la Comtesse dans *Anne de Kerviller* de M. Legouvé (27 novembre 1879), la Marquise dans *les Maucroix* de M. Albert Delpit (4 octobre 1883); et plus récemment Jeanne la Folle, dans *la Reine Juana*, de M. Al. Parodi (6 mai 1893): rôle très favorable à la mimique expressive de ses attitudes. Mlle Adeline Dudlay, reçue sociétaire de la Comédie-Française depuis plusieurs années, s'est vue, en 1886, à la suite de conflits intérieurs, exclue par le Comité administratif des droits attachés à ce titre et remise au rang de pensionnaire; mais les protestations de la presse contre cette exclusion provoquèrent un arrêté ministériel restituant à l'artiste, pour dix ans, sa situation.

DUFAURE (Gabriel), député français, né au château de Gillevoisin, près d'Étampes (Seine-et-Oise),

---

DUBOYS-FRESNEY (Étienne), général français, (sénateur, mort à Laval, le 9 octobre 1893.

DUBRAY (G.-V.), sculpteur français, mort le 2 octobre 1892.

DUBRULLE (L.-J.), sénateur français, mort en 1890.

DU CAMP (Maxime), littérateur français, mort à Bade le 8 février 1894.

DU CASSE (P.-E.-A., baron), écrivain militaire français, mort à Paris, le 15 mars 1893.

DUCELLIER (Mgr Ar.-X.), prélat français, mort Besançon, le 29 juin 1893.

DUCHARTRE (P.-E.-S.), botaniste, mort le 5 novembre 1894.

DUCHASSEINT (J.-B.-F. DELAPCHIER), député français, mort le 21 février 1895.

DUCHINSKI (V.-F.), ethnographe polonais, mort à Paris le 15 juillet 1893.

DUCROS (Joseph), ingénieur français, mort à Bresmes (Marne), le 12 novembre 1892.

DUCROZ (Alb.), député français, mort à Bonneville, le 21 juin 1891.

le 17 août 1846, est le fils aîné du célèbre avocat et homme politique Jules Dufaure, mort en 1881. Élève de l'École des mines au moment où la guerre franco-prussienne éclata, il s'engagea et prit part, dans le 6ᵉ régiment de mobilisés, à plusieurs des combats qui eurent lieu sous les murs de Paris. Ayant obtenu, à la fin de 1871, le titre d'ingénieur, il en remplit les fonctions auprès de la Compagnie des Charentes. Propriétaire d'un domaine patrimonial dans la Saintonge, il se consacra à l'étude des questions agricoles et à la reconstitution des vignobles de la contrée. Aux élections législatives de 1893, il se présenta, comme conservateur libéral, dans la 2ᵉ circonscription de Saintes, obtint, au premier tour, 3 951 voix sur 11 082 votants, et fut élu, le 3 septembre, au scrutin de ballottage, par 6 041 voix contre 5 602 données à M. Denis, républicain. Membre de la Société des agriculteurs de France et de la Société d'économie sociale, M. G. Dufaure a publié plusieurs brochures d'économie agricole.

DUFOUSSAT (Léonard-Baptiste, sénateur français, né à Maisonnisses (Creuse), le 10 juillet 1843, s'établit comme notaire à Soumans, dans le canton de Foussac. Maire de sa commune, conseiller général pour le canton, il se signala comme un des propagateurs des idées républicaines, et écrivit quelques brochures sur des questions économiques et sociales, entre autres : le *Cahier des doléances de la société en* 1893-1894. Candidat aux élections sénatoriales du 7 janvier 1894, il fut élu au troisième tour, le second sur trois, par 285 voix sur 645 votants.

DULAC (*François*-Etienne), sénateur français, né à Charolles (Saône-et-Loire), le 18 octobre 1836, embrassa la profession d'architecte, se fixa à Savianges, devint maire de cette commune en 1871, membre du Conseil général pour le canton de Buxy l'année suivante, et vice-président de cette assemblée. Membre ou président de diverses sociétés agricoles et viticoles du département, il fut porté, comme candidat républicain, à l'élection sénatoriale partielle du 18 septembre 1892 pour le remplacement de M. Mathey, décédé, et fut élu, au second tour de scrutin, par 766 voix contre 525 données à M. de Lacretelle, également républicain.

DU LOCLE (Camille Ducommun), auteur dramatique français, né à Orange (Vaucluse) en 1832, est le fils du sculpteur H.-J. Ducommun Du Locle, connu sous le nom de Daniel, devenu trésorier général, mort en 1884 (Voy. Daniel aux éditions précédentes). Suivant la carrière littéraire, il écrivit pour le théâtre et produisit particulièrement, soit seul, soit avec divers collaborateurs, des librettos d'opérettes, d'opéras-comiques ou de grands drames lyriques. Gendre de M. Émile Perrin, il fut administrateur de l'Opéra-Comique après la guerre, sous la direction de M. Adolphe de Leuven, fut lui-même directeur de ce théâtre de 1874 à 1876 et, à la suite de désastres financiers, eut pour successeur M. Carvalho. Il est l'auteur ou le collaborateur des ouvrages suivants : la *Déesse et le Berger*, opéra-comique en deux actes et en vers, musique de M. Jules Duprato (1863) ; *la Fiancée de Corinthe*, opéra en un acte, musique du même (1867) ; *Don Carlos*, opéra en cinq actes, avec J. Méry, musique

de Verdi (même année) ; *Aïda*, opéra en quatre actes, avec Gh. Nuitter, musique du même (1877) ; *la Force du destin*, avec M. Nuitter, musique du même (1882) ; *M'sieu Landry*, opérette en un acte, musique de M. J. Duprato (1882) ; *Sigurd*, opéra en quatre actes et neuf tableaux, avec M. Alfred Blau, musique de M. E. Reyer (1884) ; *Salammbô*, opéra en cinq actes et sept tableaux, d'après le roman de Gustave Flaubert, musique du même (1890). M. Camille Du Locle a obtenu de l'Académie française le prix de poésie au concours de 1877 sur *André Chénier*. Il a écrit dans le *XIXᵉ Siècle*, sous son prénom de *Camille*.

DUMARESQ (Armand). Voy. Armand-Dumaresq.

DUMAS (Julien), député français, né à Sèvres (Seine-et-Oise), le 1ᵉʳ octobre 1857, est le fils d'un ancien premier président de la Cour d'appel d'Orléans. Inscrit au barreau de Toulouse, il plaida soit dans cette ville, soit dans d'autres cours, diverses importantes affaires. Après plusieurs candidatures infructueuses dans le Loiret et dans l'Ariège, il se présenta aux élections générales de 1893, comme républicain libéral, dans l'arrondissement de Pamiers, obtint au premier tour 6 294 voix sur 16 905 votants, et fut élu au scrutin de ballottage par 8 870 voix contre 8 765 obtenues par M. Wickersheimer, candidat radical, député sortant.

DUNAIME (Eugène-Henri), député français, né à Charleville (Ardennes), le 11 octobre 1855. Docteur en droit et avoué à Vervins, il fut élu, en 1888, conseiller général des Ardennes pour le canton de Fumay. Il se présenta comme candidat républicain progressiste aux élections législatives de 1893, dans l'arrondissement de Rocroi, obtint au premier tour 4 093 voix contre 3 546 données à M. Jacquemart, radical, député sortant, et 2025 à M. Dupont, candidat socialiste, et fut élu au scrutin de ballottage par 6 458 voix.

DUPON (Eutrope), député français, né aux Vallaux, commune de Saint-Germain-du-Seudre (Charente-Inférieure), le 20 avril 1823. Ancien professeur, s'occupant depuis 1852 d'agriculture et directeur du journal républicain *le Peuple*, de Saintes, il fut porté sur la liste républicaine aux élections législatives de 1885, faites au scrutin départemental, et il ne lui manqua que 280 voix pour être élu. Aux élections du 20 août 1893, il se présenta comme républicain progressiste dans l'arrondissement de Jonzac, représenté depuis plus de quarante ans par le baron Eschassériaux, et fut élu, au premier tour, par 10 272 voix contre 6 729, partagées entre trois républicains de nuances diverses. M. Dupon est conseiller général pour le canton de Tonnay-Charente.

DUPUIS (Théodore-Edmond), marin français, né le 27 septembre 1833, entra à l'École navale en 1849, fut nommé aspirant le 1ᵉʳ avril 1853, enseigne le 7 mars 1857, lieutenant de vaisseau le 16 août 1862, capitaine de frégate le 4 juin 1871, capitaine de vaisseau le 5 novembre 1883, contre-amiral le 18 février 1891. Comme aspirant, il assista à la prise de Bomarsund, le 17 août 1854, puis prit part à la guerre de Crimée sur le *Napoléon* jusqu'à la prise de Sébastopol. Pendant la campagne d'Italie,

DUGAST-MATIFEUX (Ch.), publiciste français, mort à Montaigu (Vendée), le 14 avril 1894.

DUGAT (Gustave), orientaliste français, mort à Barjols (Var), le 30 mai 1894.

DUJARDIN-BEAUMETZ (G.-O.), médecin français, mort à Nice, le 15 février 1895.

DUMAINE (L.-F.), artiste dramatique, mort à Paris, le 15 janvier 1895.

DUMICKEN (Jean), égyptologue allemand, mort à Strasbourg, le 7 février 1894.

DUMON (A.-J.), homme politique belge, mort à Woluwe-Saint-Pierre (Belgique), le 20 septembre 1892.

DUPRATO (J.-L.-A.), compositeur français, mort à Paris, le 19 mai 1892.

DUPRÉ (G.), sénateur français, mort à Montpellier, le 11 décembre 1893.

il assista au blocus de Venise; en 1860, il fut envoyé en Chine avec l'expédition du général Montauban et mis à la tête des fusiliers marins. De retour en France, il fut appelé comme professeur à l'Ecole des mécaniciens de Brest. Lorsque la guerre franco-prussienne éclata, il reprit le service actif et commanda une batterie flottante sur une canonnière Farcy, hors de Paris. Poursuivi par les Prussiens, il soutint leur attaque à Vernon. Pendant la Commune, il tint tête aux insurgés au pont de la Concorde, et sa conduite en cette circonstance lui valut sur-le-champ le grade de capitaine de frégate. Nommé second du Borda en 1871, il fut, pendant huit ans, attaché au service d'instruction. Avec le grade de capitaine de vaisseau, il reçut le commandement de la Dévastation, et de 1885 à 1887, il fut, sur le Turenne, chef d'état-major de l'amiral Rieunier. Commandant de l'Ecole des mousses de Brest, de 1888 à 1890, il fut envoyé en 1893, sur le Formidable. Comme contre-amiral, commandant l'escadre de la Méditerranée, il fut chargé de représenter la France aux fêtes de Gênes, puis fut mis à la tête de la division navale de Chine, qu'il commanda jusqu'à ce qu'il fut atteint par la limite d'âge, en décembre 1894. L'amiral Dupuis a écrit une Instruction des Officiers de marine. Officier de la Légion d'honneur le 3 février 1880, il a été promu commandeur le 12 juillet 1893.

DUPUY (Jean), sénateur français, né à Saint-Palais (Gironde), le 1er octobre 1844, suivit la carrière du journalisme et y prit une place importante comme directeur de l'organe de la démocratie populaire, le Petit Parisien. Il se porta, comme candidat républicain, aux élections sénatoriales du 4 janvier 1891, dans le département des Hautes-Pyrénées, et fut élu au premier tour, le premier sur deux, par 401 voix sur 697 votants.

DUQUET (Alfred), publiciste français, né à Montlhéry (Seine-et-Oise), le 3 août 1842, fit son droit et s'inscrivit comme avocat au barreau de Paris. Sous-intendant de l'armée territoriale, il s'est acquis une grande notoriété, comme écrivain militaire, par ses ouvrages sur l'histoire contemporaine et en particulier sur la guerre de 1870. Outre d'intéressants articles dans la Nouvelle Revue, dont il a été directeur, dans la Revue politique et littéraire, etc., on cite de M. Duquet: Irlande et France (1871); Frœschwiller, Châlons, Sedan (1880, in-18, avec 5 cartes des opérations militaires); la Guerre d'Italie (1881, in-18 avec cartes); Guerre de 1870-1871, comprenant quatre parties: Les Grandes batailles de Metz (1887, in-18, avec 5 cartes); les Derniers jours de l'armée du Rhin (1887, in-18, avec 2 cartes); une série de cinq volumes sur le siège de Paris, sous les titres particuliers suivants: Paris le 4 septembre et Châtillon (1890, in-18, avec 4 cartes); Paris, Chevilly et Bagneux (1891, in-18); Paris, la Malmaison, le Bourget et le 31 octobre (1893, in-18, avec cartes et plan); Paris, Thiers, le plan Trochu et l'Hay (1894, in-18) et Paris, les Batailles de la Marne (1895, in-18).

DUSSAUSSOY (Paul), député français, né à Dunkerque (Nord), le 6 janvier 1860. Fils de l'ancien député de Calais, licencié en droit de la Faculté de Paris, propriétaire, membre du Conseil général pour le canton de Marquise depuis 1889, il se présenta comme républicain libéral aux élections législatives du 20 août 1893, dans la 2e circonscription de Boulogne, obtint, au premier tour, 6421 voix contre 5371 données à M. Delcluze, socia-

liste, et 5385 à M. Boulanger-Bernet, député sortant, républicain, et fut élu au scrutin de ballottage, le 3 septembre 1893, par 6858 voix contre 5847 à M. Delcluze et 5289 à M. Boulanger-Bernet.

DUTREIL (Paul-Marie-Bernard), sénateur français, né à Laval, le 1er novembre 1831, est le fils de M. Jules Bernard Dutreil, représentant à l'Assemblée nationale, mort en 1876. Il suivit la carrière diplomatique, devint, en 1873, chef de cabinet du duc Decazes, et reçut, en 1876, le titre de ministre plénipotentiaire. A la mort de son père, sénateur de la Mayenne, il se présenta pour le remplacer, à l'élection sénatoriale partielle du 16 juin 1876, fut élu et prit place, comme lui, dans les rangs de la droite. Au renouvellement triennal du 5 janvier 1879, M. Dutreil échoua, mais à celui du 5 janvier 1888, il fut élu, au premier tour, par 393 voix sur 687 votants. Il fut élu secrétaire du Sénat en 1894.

DUTREIX (Charles), député français, né à Bar-sur-Aube, le 18 juin 1848. L'un des grands industriels de Troyes, où il a fondé une importante fabrique de bonneterie, il avait soutenu, dans les luttes électorales du département, le programme du parti radical socialiste. Porté lui-même comme candidat de ce parti, aux élections législatives de 1893, dans la 2e circonscription de Troyes, il obtint, au premier tour, 5366 voix sur 11294 votants, et fut élu au scrutin de ballottage, par 6419 voix, contre 5946 données à M. Rambourgt, député sortant, candidat républicain.

DUVERDY (Denis-Charles), avocat et jurisconsulte français, né à Paris le 19 juin 1829, fit de solides études de droit et fut reçu docteur le 6 janvier 1853. Inscrit au barreau de la Cour d'appel depuis le 16 août 1851, il fut secrétaire de la Conférence des avocats en 1852, sous le bâtonnat de Me Berryer, en même temps que MM. Kaempfen, Bétolaud, Durier, Delsol, etc. Il a fait partie du Conseil de l'ordre de 1886 à 1890. Gendre du directeur de la Gazette des Tribunaux, Paillard de Villeneuve, il lui succéda dans ses fonctions et prit une part active à la rédaction de ce journal, ainsi qu'à celle du journal le Droit. Maire de Maisons-Laffitte, il se signala par une vive opposition aux projets du directeur des travaux de la ville de Paris, M. Alphand, relatifs au déversement des eaux d'égout de la capitale dans la plaine d'Achères. Avocat de la Compagnie des chemins de fer de l'Ouest, de diverses sociétés financières, du Syndicat de la presse, dont il fut l'un des fondateurs et le président, il plaida d'importantes affaires intéressant l'industrie, les lettres et le journalisme. Il soutint en particulier plusieurs procès pour Alexandre Dumas père. Il a été décoré de la Légion d'honneur.

En dehors de sa collaboration aux journaux judiciaires, M. Charles Duverdy a publié les principaux ouvrages suivants: Traité des Prises maritimes, avec Alph. de Pistoye, d'après le traité de Valin sur la matière, approprié à la législation nouvelle (1854-59, 2 vol. in-8); Traité du Contrat de Transport par terre en général et spécialement par chemin de fer (1861, in-8; 2e éd. revue et augmentée, 1874, in-18); Traité pratique et juridique de l'Application des Tarifs des chemins de fer (1866, in-8). On lui doit en outre une étude sur les Dangers et inefficacités des irrigations par les eaux d'égout, une Dissertation sur la Contrainte par corps, des Observations sur l'abrogation des articles 1733 et 1734 du Code civil, etc.

DURANDO (Jacques), général italien, mort à Rome, le 22 août 1894.

DURUY (J.-Victor), historien français, mort à Paris, le 25 novembre 1894.

DUSSIEUX (L.-E.), historien et géographe, mort à Versailles, le 11 février 1894.

DUVEYRIER (Henri), géographe français, mort à Sèvres (Seine-et-Oise), le 25 avril 1892.

DUVIGNEAU (Jacques), député français, né à Audenge (Gironde), le 21 août 1833. Propriétaire, maire d'Audenge, membre du Conseil général depuis 1871, et président de ce conseil de 1885 à 1893, il fut élu pour la première fois député de la 5e circonscription de Bordeaux lors de l'élection partielle du 23 octobre 1892, en remplacement de M. Cazauvielh, décédé, et prit place parmi les républicains de gouvernement. Il fut réélu, comme républicain, aux élections générales du 20 août 1893 par 9 387 voix, contre 4 147 données à M. Cailleteau, radical et 1 075 à M. Pierre Martin, tonnelier, candidat ouvrier.

DYBOWSKI (Jean), explorateur français, né à Paris, en 1856, fils d'un Polonais réfugié en France après 1830, commença ses études au collège Charlemagne, puis fut élève de l'Ecole d'agriculture de Grignon et, après avoir suivi les cours du Muséum, devint maître de conférences d'horticulture à Grignon.

Chargé de deux missions scientifiques en Afrique, l'une au Sahara, l'autre au pays des Touaregs, il entreprit de lui-même, en 1891, un troisième voyage au continent noir pour étudier les communications possibles avec le lac Tchad. Il marcha pendant seize mois pour atteindre ce but, rencontra sur son chemin les restes du malheureux voyageur Crampel, explora d'immenses régions, en étudia les ressources et conclut, au nom de la France, une série de traités avec les principaux chefs noirs. Rentré à Paris à la fin de novembre 1892, il publia, l'année suivante, une partie de son voyage sous ce titre : la Route du Tchad, du Loango au Chari (1893, gr. in-8, avec 156 dessins de Mme Paule Crampel).

M. Dybowski avait publié auparavant, dans l'ordre spécial de ses études horticoles : Traité de culture potagère, petite et grande culture (1885, in-18, 114 fig.; 2e éd. 1894, in-16) et Guide du jardinage (1889, in-18, 95 fig.).

E

ELIEZ (Evrard), ou ELIEZ-EVRARD, député français, né à Berlaimont (Nord), le 4 décembre 1843. Ancien notaire à Avesnes, maire de Berlaimont et conseiller général de ce canton, il se porta, aux élections législatives de 1889, dans la 3e circonscription d'Avesnes, comme candidat républicain et anti-revisionniste contre M. Duménil, avocat, boulangiste, et fut élu, le 22 septembre, par 7692 voix contre 4307 données à son adversaire. Il a été réélu dans la même circonscription, le 20 août 1893, au premier tour, par 9 358 voix contre 1 619 obtenues par le docteur Lemaire, républicain rallié. M. Eliez-Evrard a été décoré de la Légion d'honneur.

ELLIS (George-Edward), théologien américain, né à Boston, le 8 août 1814. Ayant pris ses grades à l'Université Harvard, il voyagea en Europe, puis, en 1838, devint pasteur de l'Eglise unitaire de Harvard, et dirigea le Christian Register, organe de cette communion dans le Massachusetts, ainsi que d'autres journaux religieux. Il fut élu président de la Société historique du Massachusetts. Il a publié un grand nombre de sermons et de conférences très remarqués et a collaboré à l'American Biography. Parmi ses écrits principaux, nous citerons : la Controverse unitaire pendant un demi-siècle (the Half Century, etc., 1857); Histoire de la bataille de Bunker's Hill (1875); le Peau-rouge et l'homme blanc (the Red man, etc., 1882); l'Epoque puritaine et son esprit dans la baie de Massachusetts (the Puritan age, etc., 1888) et les Mémoires d'un grand nombre de théologiens renommés. M. G. Ellis est mort le 20 décembre 1894.

EMMA (princesse), reine douairière et régente des Pays-Bas. Voy. HOLLANDE (maison royale de) *.

EPHEIRE (Ch.), pseudonyme du Dr Charles RICHET (Voy. ce nom).

EUSTIS (James Biddle), homme politique américain, né à la Nouvelle-Orléans le 27 août 1834, entra à l'Ecole de droit d'Harvard en 1854, et débuta comme avocat au barreau de la Nouvelle-Orléans en 1856. Pendant la guerre de Sécession, il se joignit à l'armée confédérée et servit comme aide de camp du général Magruder, puis du général Joseph E. Johnston, auprès duquel il resta, comme juge-avocat, jusqu'à la fin des hostilités. De retour dans sa ville natale, il fut élu membre de la législature de la Louisiane jusqu'au moment de la mise en vigueur des lois dites de reconstruction, et fut un des délégués chargés de traiter avec le gouvernement du président Johnson de la rentrée dans l'Union de l'Etat de la Louisiane. Membre démocrate de la législature et du Sénat louisianais pendant la période difficile que traversèrent les Etats du Sud de 1872 à 1876, il fut, dans cette dernière année, nommé sénateur des Etats-Unis. A l'expiration de son mandat, en 1879, il entra, comme professeur de droit civil, à l'Université de la Louisiane; en 1884, il fut réélu, comme candidat du parti démocrate, sénateur des Etats-Unis. Ce second mandat rempli, il rentra, en 1891, dans la vie privée, mais à l'avènement à la présidence de M. Cleveland, au mois de mars 1893, il fut nommé ministre des Etats-Unis en France, et, quelques semaines plus tard, ambassadeur extraordinaire et ministre plénipotentiaire. Il est le premier qui représenta son pays avec ce titre près du gouvernement français. M. James Eustis, dont les discours au Sénat des Etats-Unis sur la question monétaire et sur le libre-échange ont été remarqués, a publié dans le Forum des études sur l'antagonisme des races dans le Sud, et sur la question de la frappe illimitée de l'argent (silver question). Sa compétence sur cette dernière, d'un intérêt capital dans la politique américaine, l'a fait désigner comme candidat pour les prochaines élections présidentielles des Etats-Unis.

ECKER (Alexandre), anatomiste allemand, mort à Fribourg-en-Brisgau, le 20 mai 1887.

EDHEM-pacha, homme politique ottoman, mort à Constantinople, le 20 mars 1893.

EDWARDS (Amélia), femme de lettres anglaise, morte à Weston-Supermore, le 15 avril 1892.

EICHRODT (L.), poète allemand, mort le 2 février 1892.

EMIN-pacha (Ed. SCHNITZER, Mohammed), explorateur allemand, mort dans la région du lac Albert-Edouard, vers le mois de juin 1893.

ERDMANN (J.-E.), philosophe allemand, mort à Halle, le 12 juin 1892.

ERNEST II, duc de Saxe-Cobourg-Gotha, mort au château de Rheinhardtsbrunn, le 22 août 1893. — Il a eu pour successeur le duc d'Edimbourg (V. ce nom).

ESCARGUEL (Lazare), homme politique français, mort à Routier (Aude), le 25 mai 1893.

ESSLER (Jeanne), actrice française, morte à Antibes, le 12 mai 1892.

F

FABEROT (Pascal), député français, né à Bordeaux, le 17 mai 1834. Ouvrier chapelier, il embrassa de bonne heure les idées socialistes les plus avancées, fit partie du groupe allemaniste et fut un des fondateurs du parti ouvrier. C'est avec le programme de ce parti qu'il se présenta aux élections législatives du 20 août 1893, dans la 1re circonscription du XIe arrondissement de Paris, contre l'ancien ministre et président de la Chambre, M. Floquet, candidat radical. Il obtint, au premier tour, 2078 voix, contre 2913, données à son principal et célèbre concurrent, 1550 à M. Lagasse, avocat, radical socialiste, 824 à M. Eugène Protot, ancien membre de la Commune, socialiste révolutionnaire, et 518 partagées entre divers autres candidats; il fut élu, au scrutin de ballottage, par 4380 voix contre 3229 obtenues par M. Floquet.

FALATEUF (Jean-*Oscar*), avocat français, né à Paris, le 8 avril 1831, fit de brillantes études au lycée Louis-le-Grand et fut lauréat du concours général. Licencié en droit de la Faculté de Paris, il s'inscrivit au barreau de la Cour d'appel le 31 octobre 1855. Il fut élu, en 1872, membre du Conseil de l'ordre dont il fit partie jusqu'en 1875 et où il est rentré en 1877. Il a été élu bâtonnier pour les années judiciaires 1882-1883 et 1883-1884. Remarqué pour l'élégance de la parole et la vivacité de la discussion, il a été signalé, en dehors des causes d'assises et des affaires civiles, dans un certain nombre de procès d'un caractère politique. Il a plaidé pour la plupart des journaux de l'opposition dite conservatrice contre les poursuites qui leur furent intentées après la chute du régime macmahonnien. Il soutint aussi très énergiquement les congrégations religieuses contre l'application des décrets d'expulsion. On cite encore, parmi les affaires dans lesquelles il a plaidé, celles des Blouses blanches, devant la Haute-Cour de Blois, de Beauvau-Craon, du *Triboulet*, de l'abbé Roussel, de l'incendie de l'Opéra-Comique, de Croze, à Grenoble, etc. Comme bâtonnier, M. Falateuf a pris la parole avec éclat dans plusieurs occasions solennelles. Il prononça, en cette qualité, aux funérailles de Gambetta, le 6 janvier 1883, un discours resté célèbre; puis, le 26 novembre suivant, il fit, comme discours de rentrée, l'éloge du grand tribun patriote. L'année suivante, lors de l'inauguration du monumental palais de justice de Bruxelles, il eut l'honneur, comme bâtonnier de Paris, de porter la parole au nom de tous les barreaux étrangers réunis pour cette cérémonie.

Son frère, Pierre-Achille-*Octave* FALATEUF, né à Paris le 27 février 1828, inscrit au barreau le 17 août 1850, s'y est fait aussi une situation importante et a plaidé dans un certain nombre de grandes affaires : les procès financiers du Zodiaque et du Crédit général français, l'affaire de Molen, à Dijon, l'assassinat du garde de M. d'Aubigny, à Moulins, etc.

FARINOLE (Vincent-Marie), sénateur français, né à Sigean (Aude), le 1er septembre 1832, d'une ancienne famille légitimiste et petit-fils d'un conseiller doyen de la cour royale de Bastia, exerça sous l'Empire la profession d'avocat et se signala par l'ardeur de son opposition. Il fonda le journal corse, *la Revanche*, qui fut l'occasion de la provocation adressée par M. Paschal Grousset au prince Pierre Bonaparte et du meurtre par ce dernier d'un des témoins du journaliste, Victor Noir. Il fut supprimé à la suite du plébiscite contre lequel M. Farinole et ses amis avaient mené la plus dangereuse campagne. Lorsque la guerre de 1870 éclata, il fut nommé par Ad. Crémieux, procureur de la République à Bastia, mais il préféra venir à Paris et prit part, comme officier d'un des bataillons de la garde nationale, à la défense de la capitale. Nommé ensuite par M. Dufaure, juge au Havre, puis avocat général à Bastia, il fut révoqué de ses fonctions à la suite du 24 mai, par M. Depeyre; mais il fut renvoyé à Bastia comme conseiller à la Cour de cette ville, d'où il passa de celle d'Aix, dont il est aujourd'hui conseiller honoraire. Conseiller général de la Corse pour le canton de Murato, et vice-président de cette assemblée, M. Farinole s'est porté, comme candidat républicain, aux élections sénatoriales du 7 janvier 1894, et a été élu, au premier tour, le dernier sur trois, par 409 voix sur 747 votants.

FICHEL (Eugène-Benjamin), peintre français, né à Paris, le 30 août 1826, fut élève de Paul Delaroche. Il se fit remarquer de bonne heure par ses envois au Salon, comprenant surtout des scènes de genre et quelques sujets d'histoire. Dans le nombre nous citerons : *Une Matinée intime* (1855), acquis par la princesse Mathilde; *la Partie d'échecs*, plusieurs fois répétée par l'auteur; *la Bonne Aventure* (1857); *Amateurs dans un atelier de peinture* (1859); *Noces de Gamache*, *Première leçon d'armes*, *Baptême de Mlle Clairon* (1861); *l'Arrivée à l'auberge*, *Un Coin de bibliothèque* (1863); *Une Tabagie* (1864); *Napoléon Ier combinant des manœuvres*, *le Général Bonaparte et Eugène Beau-*

FABRETTI (Ar.), archéologue italien, mort à Turin, le 15 septembre 1894.

FAIDER (Ch.-J.-B.-F.), magistrat belge, mort le 6 avril 1893.

FAILLY (P.-L.-C.-A. DE), général français, mort à Compiègne, le 15 novembre 1892.

FAVÉ (I.), général et écrivain militaire français, mort à Paris, le 14 mars 1894.

FAVRE (François), publiciste français, mort à Paris, le 24 décembre 1892.

FERAY (Ern.), industriel français, mort à Saint-Jean, près d'Essonne, le 29 décembre 1891.

FERNAU (S.-F. DAXENBERGER, dit Charles), poète allemand, mort à Munich, le 22 janvier 1878.

FERRARI (Luigi), sculpteur italien, mort à Venise, le 12 mai 1894.

FERRI (Louis), philosophe italien, mort à Rome, le 17 mars 1895.

FERRON (Th.-Ad.), général, mort à Lyon des suites d'une chute de cheval, le 6 mai 1894.

FERRY (Albert-Joseph), député, mort le 16 décembre 1893.

FERRY (Jules-Fr.-C.), homme politique français, mort à Paris, le 18 mars 1893.

FIELD (Cyrus-West), industriel américain, mort à Adsby-Park, le 12 juillet 1892.

FIELD (D.-D.), jurisconsulte américain, mort à New-York, le 13 avril 1894.

FIGUIER (G.-L.), vulgarisateur scientifique, mort à Paris, le 8 novembre 1894.

harnais (1865); *Diderot et le neveu de Rameau au café de la Régence, le Colporteur* (1866); *Ouvrez, au nom du Roi!* (1867); *la Nuit du 24 août 1572, avant le massacre; le Fou qui vend la Sagesse* (1869); *Une Galerie de tableaux, Un Quatuor* (1870); *Fondation de l'Académie française* (1872); *la Forge du roi Louis XVI* (1874); *Une Fête foraine* (1876); *le Neveu du curé* (1879); *la Signature du Contrat* (1880); *Joueurs de cartes* (1883); *Avant la recette, Après la recette* (1884); *le Rapport au général, le Trompette* (1887); *le Récit* (1888); *le Repas des hommes de garde; Conseil de guerre* (1890); *le Savetier et le Financier* (1891); *Bredouille, Madame Jeanne Fichel* (1892); une répétition du *Neveu du curé* et *la Fin du dîner* (1894): sans compter de nombreux portraits aux seules initiales. M. Eugène Fichel a obtenu une médaille de 3e classe en 1857, un rappel en 1861, une médaille en 1869, la décoration de la Légion d'honneur en 1870 et une médaille d'argent à l'Exposition universelle de 1889. — Il est mort le 2 février 1895. — Sa femme, Mme Jeanne Fichel, née Samson, née à Lyon, élève de son mari, a fait aussi quelques envois au Salon, entre autres : *la Serre, la Fleuriste* (1879); *la Moisson du matin* (1881); plusieurs portraits, *Madame Grivot*, du Gymnase, etc.

FIQUET (Alphonse-Frédéric), député français, né à Amiens, le 8 avril 1841. Propriétaire et fondateur d'importantes fabriques de tissage du velours, il prit en 1870 une grande part à l'organisation de la défense nationale et de l'armée du Nord. Adjoint au maire d'Amiens, il fut révoqué après l'acte du 16 mai 1877. Devenu maire après la chute du régime de l'ordre moral, il signala son administration par d'importantes créations municipales. Président du Conseil d'arrondissement, il se présenta aux élections législatives du 20 août 1893, comme candidat républicain progressiste dans la 1re circonscription d'Amiens, et fut élu au premier tour, par 12 722 voix contre 3 878 données à M. Edouard Drumont, directeur de la *Libre Parole*, 3 279 à Emile Boucher, socialiste, et 1860 à deux autres candidats également socialistes.

FIRINO de Rivocet (Roger), député français, est né à Paris, le 23 septembre 1854. Propriétaire à Fontenoy, maire de cette commune et conseiller général du département de l'Aisne pour le canton de Vic, il se présenta, comme candidat républicain libéral, aux élections législatives de 1893, dans l'arrondissement de Soissons, et fut élu, au scrutin de ballottage, le 3 septembre, par 7 900 voix contre 6 743 données à M. Macherez, député sortant.

FLANDIN (Etienne), député français, né à Paris, le 1er avril 1853. Reçu docteur en droit, il fut chargé, de 1880 à 1882, d'un cours de droit civil à l'Ecole de droit d'Alger. Entré dans la magistrature, il fut, de 1882 à 1887, avocat général près la Cour de Pau, puis substitut du procureur général près la Cour de Paris, et enfin, de 1889 à 1893, procureur général près la Cour d'appel d'Alger. Conseiller général de l'Yonne, depuis 1893, pour le canton de Vézelay, il se présenta aux élections législa-

tives du 20 août de cette même année, comme candidat républicain, dans l'arrondissement d'Avallon, obtint au premier tour, 4 465 voix contre 3 835 données à M. Gallot, radical, directeur du journal *l'Yonne*, et 1 280 à M. Joly, doyen honoraire de la Faculté des lettres de Dijon, républicain modéré, et fut élu au scrutin de ballottage, le 3 septembre, par 5 700 voix contre 4 406 obtenues par M. Gallot. M. Flandin, auteur de divers écrits historiques et juridiques, a été décoré de la Légion d'honneur.

FORAIN (Jean-Louis), peintre et dessinateur français, né à Reims, le 13 octobre 1852, fut élève de Jaquesson de la Chevreuse, et passa dans divers autres ateliers, avant de faire au Salon des envois de peinture qui furent peu remarqués. Il donna entre autres tableaux, en 1884, *Au Buffet*, en 1885, *le Veuf*; mais il s'était déjà fait connaître dans un autre genre, en exposant au Salon de 1885 ses *Souvenirs du bal de l'Opéra*. Sa réputation comme dessinateur et comme caricaturiste lui vint surtout de son active coopération à une foule de feuilles satiriques et de journaux illustrés : la *Cravache* (1876), la *République des lettres*, le *Monde parisien* (1879), le supplément illustré du *Figaro* (1891). En dehors d'une collaboration régulière, il a donné des séries de dessins au *Courrier français*, au *Journal amusant*, à la *Revue illustrée* (1889), à la *Vie Parisienne* (1891), à l'*Echo de Paris* (1892), au *Journal*, au *Figaro*, etc. Lors de la scission de la Société des artistes français, il prit part à l'exposition du Champ-de-Mars, en 1890, par l'envoi de vingt-trois dessins ayant été reproduits dans le *Courrier français*. Il a aussi dessiné plusieurs affiches. M. Forain a été décoré de la Légion d'honneur le 13 juillet 1893.

Cet artiste, qui a illustré, entre autres volumes, les *Croquis parisiens* de M. Huysmans, a réuni ses principales caricatures en albums, sous les titres suivants : *la Comédie parisienne* (1892, in-18); *les Temps difficiles* [Panama] (1893, in-8o); *Nous, Vous, Eux* (1893, in-4o); *Album de Forain* (in-4o), etc.

FOREST (Charles-Romain), sénateur français, né à Chambéry, le 3 août 1827, exerçait dans cette ville l'industrie de la papeterie. Il fut en outre professeur de chimie, de physique et de mécanique à l'Ecole préparatoire à l'enseignement supérieur. Pendant toute la durée de la guerre de 1870-1871, il servit comme lieutenant-colonel commandant la 1re légion des mobiles de la Savoie. Conseiller municipal de Chambéry, membre et président du Conseil d'arrondissement, puis conseiller général du département pour le canton sud du chef-lieu, il fut élu sénateur à l'élection partielle du 6 juillet 1890, en remplacement de M. Parent, décédé, et réélu au renouvellement triennal du 4 janvier 1891, le premier des candidats républicains et au premier tour, par 568 voix sur 661 votants.

FOUCAULT (Mgr Alphonse), prélat français, né à Senonches (Eure-et-Loir) le 24 mars 1843, remplit diverses fonctions ecclésiastiques dans son département natal et devint curé de Nogent-le-Rotrou. Nommé par décret du 3 janvier 1893, évêque de

FISCHER (P.-H.), paléontologue français, mort le 1er décembre 1893.

FISCHHOF (Ad.), médecin autrichien, mort à Emmeridal (Corinthie), le 23 mars 1893.

FISH (Hamilton), homme politique américain, mort à Garrison (Etats-Unis), le 8 septembre 1893.

FLAMENG (Marie-Auguste), peintre français, mort le 27 septembre 1893.

FLEURY (Jean), littérateur français, mort à Gréville (Manche), le 16 août 1894.

FLORESCO (J.-E.), général roumain, mort à Paris, le 24 mai 1893.

FONSECA (Th.-M.-Deodora da), général brésilien, mort à Rio, le 23 août 1892.

FONTENAY (Al. Daligé de), peintre français, mort à Paris, en décembre 1892.

FORCHHAMMER (P.-G.), archéologue allemand, mort au commencement de janvier 1894.

FORKENBECK (M. de), homme politique prussien, mort à Berlin, le 26 mai 1892.

FOUCAUX (P.-E.), orientaliste français, mort à Paris le 20 mai 1894.

Saint-Dié, chef-lieu épiscopal du département des Vosges, et préconisé le 19 du même mois, il avait à peine pris possession de son siège qu'il se signalait par son zèle pour la glorification de Jeanne d'Arc, son illustre diocésaine. Il s'occupa activement de l'œuvre de sa béatification auprès de la cour de Rome et termina, en novembre 1894, l'enquête ouverte à cet effet dans son département. Tandis que son collègue, l'évêque de Verdun, Mgr Pagis, s'employait de tout son pouvoir à consacrer à l'héroïne une chapelle commémorative à Vaucouleurs, dans le département de la Meuse, théâtre des premiers actes de sa mission, il poursuivit avec non moins d'énergie le projet d'élever une basilique à Domrémy, dans les Vosges, au lieu même de sa naissance. Dans ces derniers temps, on le vit prêcher en l'honneur de Jeanne d'Arc jusque dans une église de Londres, et convier les Anglais eux-mêmes à concourir avec nous à une œuvre commune de réparation (mai 1895). Mgr Foucault est chanoine d'honneur du diocèse de Chartres.

FOULD (Mme Gustave, Mlles Consuelo et George-Achille). Voy. Valérie.

FOURNOL (Étienne, Victor-Paul), député français, né à Saint-Affrique (Aveyron) le 25 septembre 1842. Conseiller d'arrondissement en 1869 il fit, après le 4 septembre, l'intérim de la sous-préfecture de Saint-Affrique. Conseiller général de l'Aveyron pour le canton de Saint-Rome-de-Tarn, depuis 1880, il se porta comme candidat républicain libéral aux élections législatives du 20 août 1893, et fut élu au premier tour par 9788 voix, contre 3053 données à M. Barascud, député sortant, réactionnaire. Président du comice agricole de l'arrondissement de Saint-Affrique, M. Fournol a été décoré de la Légion d'honneur.

FOVILLE (Alf. de). Lire : né en 1842.

FRANC (Hippolyte-Paul-Emile), député français, né à Lyon, le 2 février 1825. Propriétaire à Ligny en Brionnais, il se consacra aux études chimiques et acquit une certaine notoriété par ses travaux sur les applications de cette science à l'industrie. Conseiller général de Saône-et-Loire pour le canton de Semur-en-Brionnais, il fut élu comme républicain démocrate, député de la 1re circonscription de Charolles, à l'élection partielle du 16 août 1891, en remplacement de M. Bouthier de Rochefort, décédé; aux élections générales du 20 août 1893, il a été réélu, au premier tour, par 8531 voix contre 1750 données à M. Noël, bijoutier à la Clayette, candidat revisionniste.

FRANÇOIS (Eugène), député français, né à Bray-sur-Somme, le 1er juillet 1842. Propriétaire et cultivateur dans sa commune natale, il en était maire lorsqu'il fut révoqué de ses fonctions après l'acte du 16 mai 1877 et réélu six mois plus tard. Directeur du syndicat du fleuve de la Somme, vice-président de la Société des agriculteurs de la Somme, conseiller général pour le canton de Bray-sur-Somme, il s'était présenté aux élections législatives du 22 septembre 1889, comme candidat républicain, dans la 2e circonscription de Péronne, mais avait échoué avec 6157 voix, contre 6589 données au marquis d'Estourmel, conservateur. À celles du 20 août 1893, il se présenta de nouveau et obtint 7377 voix contre 5385 obtenues par son ancien concurrent.

FRANCOZ (Félix-Ainé), sénateur français, né à Tréguier (Savoie), le 9 juillet 1847, fit ses études médicales à Lyon, où il fut interne des hôpitaux, servit pendant la guerre de 1870-1871, comme aide-major au titre auxiliaire et assista au siège de Bitche. Reçu docteur en médecine en 1873, il s'établit l'année suivante à Annecy, où il devint médecin de l'hôpital et membre des diverses commissions sanitaires du département. Conseiller municipal d'Annecy depuis 1881, adjoint au maire de cette ville, conseiller général de la Haute-Savoie pour le canton d'Alby et, depuis 1893, président de cette assemblée, il fut porté, le 8 janvier de cette même année, comme candidat républicain, à l'élection sénatoriale partielle pour le remplacement de M. Chaumontel, décédé, et élu, au premier tour, par 407 voix sur 652 votants.

FROMENT (Louis-Marie-Théodore), député français, né à Noyelles-sur-Mer (Somme) le 14 septembre 1838. Maire de Ponthoile, président du Conseil d'arrondissement d'Abbeville et président de la Chambre consultative d'agriculture, il se dévoua entièrement aux progrès agricoles et fut lauréat de plusieurs concours régionaux. À l'élection partielle du 27 mars 1892, il fut élu comme républicain progressiste et protectionniste, dans la 1re circonscription d'Abbeville en remplacement de M. François, décédé. Aux élections générales du 20 août 1893, il fut réélu par 11102 voix, sans concurrent.

FRUCHIER (Raoul), député français, né à Digne, le 20 mars 1851, est le fils de M. Raoul Fruchier, ancien député des Basses-Alpes, mort le 13 octobre 1894. Avocat dans sa ville natale, il se mêla activement aux luttes électorales de 1885 et de 1889 et fut élu, en 1893, dans l'arrondissement de Forcalquier, au scrutin de ballottage, par 4712 voix contre 2817 données à M. Proal, ancien député candidat revisionniste, il avait obtenu, au premier tour, 2495 voix sur 7776 votants.

FOULON (Mgr J.-A.), prélat français, mort à Lyon, le 23 janvier 1893.

FOURNEL (F.-V.), littérateur français, mort à Tessé (Orne), le 7 juillet 1894.

FRAIKIN (Ch.-Aug.), sculpteur belge, mort à Bruxelles, le 22 novembre 1893.

FRANCESCHI (L.-Jules), sculpteur français, mort le 1er septembre 1893.

FRANCK (Ad.), philosophe français, mort à Paris, le 11 avril 1893.

FRANÇOIS II (M.-L.), ex-roi des Deux-Siciles, mort dans le château de l'archiduc d'Autriche, Albert, chez lequel il était en visite, le 27 décembre 1894.

FRANKL (L.-A., chevalier de), poète allemand, mort à Vienne, le 13 mars 1894.

FRANZ (Robert), compositeur allemand, mort à Halle, le 24 octobre 1892.

FRARY (Raoul), publiciste français, mort à Plessis-Bouchard (Seine-et-Oise), le 19 avril 1892.

FRÉMINET (H.-Ed.-J.-B.-Léon), ancien député français, mort à Troyes, le 22 mai 1893.

FREMY (E.), chimiste français, mort à Paris, le 3 février 1894.

FREUND (W.), lexicographe allemand, mort à Breslau, en mai 1894.

FREYTAG (Gustave), écrivain allemand, mort à Wiesbaden, le 30 avril 1895.

FRIRION (J.-Jos., baron), général français, mort à Nantes, le 31 juillet 1893.

FRŒBEL (G.), écrivain allemand, mort le 6 mai 1894.

FROHSCHAMMER (Jacques), philosophe allemand, mort à Kreuth, près de Tagernsee, le 14 juin 1893.

FROIN (C.-A.), député français, mort à Saint-Ciers (Gironde), le 6 septembre 1894.

FROUDE (J.-A.), historien anglais, mort le 20 octobre 1894.

FUGÈRE (Lucien), artiste lyrique français, né à Paris le 22 juillet 1848, fut conduit de bonne heure à cultiver par l'étude du chant une agréable voix de baryton dont il se trouvait naturellement doué. Après avoir chanté dans divers concerts, notamment à celui de Ba-ta-clan, il débuta, à l'âge de vingt-deux ans, au théâtre des Bouffes-Parisiens, où ses succès de chanteur lui valurent aussitôt un engagement qui l'y retint pendant six années. Il y parut dans un grand nombre d'opérettes, telles que *Madame l'Archiduc*, *les Hannetons*, *le Moulin du Vert-Galant*, *la Créole*, *la Boîte au lait*, *la Sorrentine*. En 1877, il passa à l'Opéra-Comique, auquel il est resté constamment attaché. Il y débuta par les rôles de Jean dans les *Noces de Jeannette* (9 septembre) et de Fontrailles dans *Cinq-Mars* (14 nobre). Il y remplit, ou il y créa depuis des rôles plus ou moins importants dans *Pepita* (1878), *le Pain bis* (1879), *l'Amour médecin* (1880), *La Taverne des Trabans* (1881), *le Portrait* (1883), *Joli Gilles* (1884), *le Mari d'un jour*, *Plutus* (1886), *le Roi malgré lui* (1887), *l'Escadron volant* (1888), la *Basoche* (1890), *Enguerrande* (1892), etc. Plus récemment, il mit en relief le personnage de l'archonte Dicéphile dans *Phryné* (juin 1893), celui de Dominique dans une reprise de *Paul et Virginie* (février 1895), enfin celui du sergent La Balafre dans l'opéra-comique posthume de Benjamin Godard, *la Vivandière* (1ᵉʳ avril 1895). M. Fugère, à la fois chanteur et comédien excellent, a interprété avec un succès particulier les premiers rôles d'un répertoire classique presque oublié, de la *Flûte enchantée* et des *Noces de Figaro* de Mozart, du *Barbier de Séville* de Paisiello, sans compter ceux d'ouvrages d'une époque plus récente, comme le *Pré aux Clercs*. Il a gardé une place à part dans le théâtre lyrique moderne par sa fidélité aux traditions de l'art ancien, sa rare netteté d'articulation, son habileté à faire valoir l'esprit d'un rôle et les nuances de la phrase mélodique.

G

GALDOS (Benito-Perez), romancier espagnol, né à Las Palmas (Iles Canaries) en 1845, fut élevé aux îles et acheva son éducation à Madrid. Porté de bonne heure vers les idées de liberté, de progrès et de tolérance religieuse, il entreprit de faire connaître la situation de l'Espagne aux premières années de ce siècle dans ses deux premiers romans : *la Fontaine d'Or* (la Fontana de Oro, 1871) et *l'Audace* (El Audaz). Au genre historique auquel appartiennent ses débuts, se rapporte ensuite une série de récits patriotiques tirés des règnes qui ont précédé celui d'Isabelle de Bourbon ; l'auteur leur donna le titre commun d'*Épisodes nationaux* (Episodios nacionales), et en a voulu faire comme le pendant des romans patriotiques français d'Erckman-Chatrian. Parmi les volumes inspirés par la guerre de l'indépendance contre Napoléon ou par la lutte contre le despotisme de Ferdinand VII, on remarque les suivants : *Baylen* (1873), *Cadix* (1874) ; *Juan Martin l'Enpescinado* (1874) ; *la Bataille des Arapiles* (1875) ; *la Terreur de 1824* (1877).

Dès ce moment, M. Perez Galdos, par une imitation plus ou moins lointaine de Balzac, s'était proposé de peindre les mœurs de l'Espagne contemporaine dans leur contraste avec celles de la vieille Espagne, et il avait déjà retracé le conflit des intérêts liés à ces mœurs dans un de ses ouvrages les plus renommés, *Doña Perfecta* (1876), qui fut accueilli comme la principale réplique littéraire du parti libéral au célèbre roman ultramontain, *le Scandale*, de Pedro Antonio de Alarcon. On lui doit en outre, sous les mêmes inspirations de polémique, soit dans le genre du roman, soit au théâtre : *Gloria*, *Marianella*, *la Famille de Léon Roch*, *la Déshéritée*, *la de Bringas*, *Realidad*. *Celle de Saint-Quentin* (La de San Quintin) et autres pièces marquant l'apparition du réalisme sur la scène espagnole. A part des traductions françaises insérées dans diverses revues, il a été publié par M. Julien Lugol une traduction de *Doña Perfecta*, avec préface de M. Albert Savine (1886, in-18).

GAMARD (Georges), député français, né à Paris, le 30 octobre 1837. Notaire à Paris, de 1864 à 1892, il fut, dans les douze dernières années, conseiller municipal pour le deuxième arrondissement et siégea dans les rangs de la minorité conservatrice. Nommé notaire honoraire en 1892, et propriétaire du château de Trankalou dans la commune de Deux-Evailles (Mayenne), il se présenta comme candidat conservateur, dans la 2ᵉ circonscription de Laval, à l'élection partielle du 19 juillet 1892, et fut élu, en remplacement du baron de Plazanet, décédé. Il a été réélu, dans la même circonscription, aux élections générales du 20 août 1893, au premier tour, par 6 085 voix, sans concurrent. M. Gamard a pris part à la discussion générale des finances, à propos de la réforme des droits de succession, par un discours très remarqué (16 mars 1895).

GARRAN DE BALZAN (François-Gabriel-Emile), sénateur français, né à Saint-Maixent (Deux-Sèvres), le 30 janvier 1838. Propriétaire du château du Theuil et de grands domaines d'exploitation agricole dans la commune de Vausseroux (arrondissement de Parthenay), il a été élu maire de cette commune et conseiller général pour le canton de Ménigoute. Pendant la guerre de 1870-1871, il s'était engagé dans le 115ᵉ régiment de marche et avait fait, en qualité de sergent, la campagne du siège de Paris. Il fut révoqué de ses fonctions de maire sous le régime du 16 mai 1877. Vice-président du Conseil général, il se présenta, comme candidat républicain, à l'élection partielle du 28 mars 1886, pour le remplacement de M. Goguet, décédé, et fut élu par 420 voix, sur 778 votants. Il a été réélu, au renouvellement triennal du 4 janvier 1891, au premier tour et le premier sur deux, par 439 voix sur 789 votants.

GASNIER (Fernand-Edouard), député français, né à Soulaire-et-Bourg (Maine-et-Loire), le 5 juillet 1853. Négociant à Saint-Nazaire, conseiller municipal et maire depuis 1884, conseiller général depuis 1886, officier de l'artillerie territoriale, il s'est porté, comme républicain modéré, aux élections législatives du 20 août 1893, dans la 1ʳᵉ circonscription de Saint-Nazaire, obtint, au premier tour, 7 565 voix, contre

GABELENTZ (H.-G., Conon de la), orientaliste allemand, mort à Berlin, le 4 décembre 1893.

GAGARINE (le Rév. Père Jean), écrivain ecclésiastique russe, mort à Paris, le 19 juillet 1882.

GAILLARD (L. de), publiciste français, mort à Bellevue, le 9 juin 1893.

GALLAND (Eug.), général français, mort à Paris, le 29 novembre 1892.

GANAULT (G.-A.-A.), député français, mort à Vorges, près Laon, le 1ᵉʳ août 1891.

GARSCHINE (V.-M.), littérateur russe, mort en avril 1888.

5 624 données à M. Du Guigny, candidat monarchiste et 2 187 à M. Abraham, socialiste, et fut élu le 3 septembre, au scrutin de ballottage, par 8 227 voix, sans concurrent, ses adversaires s'étant désistés. Il a été décoré de la Légion d'honneur.

GAUTHIER (Armand-Elzéar), sénateur français, né à Fitou-les-Cabanes (Aude), le 28 septembre 1850, reçu docteur en médecine en 1876, s'établit à Sigean dont il fut à plusieurs reprises élu maire. Les services qu'il rendit dans les épidémies, notamment pendant celle du choléra de 1885, lui valurent diverses récompenses honorifiques. Membre du Conseil général de l'Aude pour le canton de Sigean, il fut porté, comme candidat républicain, aux élections sénatoriales du 7 janvier 1894 et élu, au premier tour, le premier sur deux, par 387 voix sur 742 votants.

GAUTIER (René-François), député français, né à Aigre (Charente), le 25 avril 1851. Élu député de la Charente, au scrutin de liste, pour la législature de 1881-1885, il s'est présenté comme républicain rallié, aux élections générales de 1893 dans l'arrondissement de Ruffec ; il obtint au premier tour 7 749 voix sur 14 289 votants, et fut élu, au scrutin de ballottage, par 6 949 contre 6 525 données à M. Duportal, député sortant républicain. Il est conseiller général de la Charente pour le canton d'Aigre.

GAUTIER (Émile-Jean-Marie), publiciste français, né à Rennes en 1853, fit ses études au lycée de cette ville, puis son droit à la Faculté de Paris, où il fut reçu docteur en 1876. Entraîné dans la politique active, il se livra à la propagande des doctrines anarchiques, fut inculpé dans le procès Kropotkine, à Lyon, et condamné, le 19 janvier 1883, à cinq années de prison et à 2 000 francs d'amende. Il fut gracié le 15 août 1885. Se tournant vers les études scientifiques, il fournit des travaux de vulgarisation à divers journaux et revues, devint le chroniqueur scientifique du *Figaro* et le collaborateur assidu du *Petit Journal* et du *XIXᵉ Siècle*, sous le pseudonyme de *Raoul Lucet*, qui a été attribué, par erreur, à M. de Lanessan, rédacteur de ce dernier journal.

M. Émile Gautier, rédacteur en chef d'une revue scientifique hebdomadaire, *la Science française*, a publié les volumes suivants : *Étienne Marcel* (1888, in-8) ; *les Étapes de la science* (1892, in-18), et de nombreuses brochures : *Propos anarchistes, le Parlementarisme* (1885) ; *le Monde des prisons* (1880, in-8), extrait des *Annales de l'anthropologie criminelle*; *Commequoi la France pourrait nourrir cent millions d'habitants*, à propos des travaux de Georges Ville sur les engrais chimiques (1891, in-18), etc.

GAVINI (Sébastien), député français, né à Bastia, le 16 décembre 1858, est le frère de M. Antoine Gavini, député de Bastia. Porté comme républicain rallié aux élections législatives du 20 août 1893, dans l'arrondissement de Calvi, il fut élu, au premier tour, par 3 270 voix contre 2 066 obtenues par le marquis de Villeneuve, député sortant, également rallié. Il est conseiller général de la Corse pour le canton de Morosaglia.

GEBHARDT (Charles-François-Édouard DE), peintre allemand, né le 13 juin 1838, à Saint-Jean, en Esthonie, fit ses premières études de peinture à l'Académie de Saint-Pétersbourg, alla, en 1850, suivre l'École des Arts de Carlsruhe et passa, en 1860, à Dusseldorf, où il eut pour principal maître Guillaume Sohn. Il s'attacha particulièrement à cette école et, après un certain nombre de voyages artistiques en Allemagne, en Hollande, en France, en Italie, il revint à Dusseldorf et fut nommé, en 1875, professeur à l'Académie. M. de Gebhardt a traité avec beaucoup de succès la peinture d'histoire, surtout la peinture religieuse, et a porté dans cette dernière des qualités de composition et d'expression idéale très louées par ses compatriotes. On cite parmi ses œuvres qui figurent dans diverses galeries allemandes : *Entrée du Christ à Jérusalem* (1863) ; *la Résurrection de la fille de Jaïre* (1864) ; *l'Homme riche et le pauvre Lazare* (1865) ; deux tableaux du *Christ en croix*, l'un pour la cathédrale de Revals, l'autre pour la Galerie artistique de Hambourg ; *la Sainte Cène* (1870), à la Galerie nationale de Berlin, *les Pèlerins d'Emmaüs* (1876) ; *Une Prédication au temps de la Réforme*; *le Réformateur au travail* (1877) ; *le Chemin du ciel* (1880) ; *le Christ sur la mer* ; *les Élèves du couvent* (1881), etc. Il est membre des Académies de Munich et de Berlin.

GELLIBERT DES SÉGUINS (Étienne), député français, né au château de Champrose (Charente), le 14 octobre 1852, est le fils de l'ancien député de ce nom mort en 1868 et le petit-fils du général Gellibert des Séguins, mort en 1861, qui fut aussi député de la Charente. Maire de la commune de Ronsenac et conseiller général pour le canton de Villebois-Lavallette, il entra à la Chambre des députés, par une élection partielle en 1888, et proposa, la même année, un projet de révision partielle de la Constitution. Aux élections de 1889, il retira sa candidature pour permettre à M. Paul Déroulède d'être élu. Celui-ci ayant renoncé momentanément à la vie politique, lors des élections générales du 20 août 1893, M. Gellibert des Séguins posa de nouveau sa candidature et fut élu par 7 192 voix contre 5 773 données à M. Mulac, candidat républicain.

GENDRE (Raymond-Pierre), député français, né à Saint-Germain-de-Belvès (Dordogne), le 22 juillet 1840. Licencié en droit, il s'occupa d'agriculture et de viticulture dans sa commune natale dont il fut maire à plusieurs reprises, de 1879 à 1890. Nommé en 1887 conseiller auditeur à la Cour d'appel de Pondichéry, il fut, pendant deux ans, membre du Conseil privé de l'Inde française et professeur de droit de cette colonie. Candidat radical socialiste aux élections législatives de 1893, il obtint, au premier tour, 4 670 voix sur 10 357 votants, et fut élu au scrutin de ballottage, le 3 septembre, par 6 808 voix contre 5 514 obtenues par M. Villemonte, député sortant, républicain.

GENET (Pierre-Eugène), député français, né à Chalon-sur-Saône, le 23 avril 1850. Ancien notaire dans l'Isère, conseiller municipal et suppléant du juge de paix de Saint-Jean-de-Bournay, propriétaire à Condrieu et conseiller général du Rhône, pour ce canton, il se présenta, comme candidat républicain, aux élections législatives du 20 août 1893 dans la 9ᵉ circonscription de Lyon, obtint au premier tour 6 252 voix contre 7 686 données à M. Prenat, député sortant, conservateur, et 4 301 à M. Nony, socialiste, et fut élu au scrutin de ballottage par 8 753 voix contre 8 728 obtenues par M. Prenat.

GÉRAULT-RICHARD (N...), journaliste français, député, né dans la Sarthe, vers 1858, d'une fa-

GASPARIN (J. DE), ingénieur français, mort à Pomarol (Vaucluse), le 18 mai 1893.

GASPARIN (V. BOISSIER, comtesse DE), femme de lettres française, morte au Rivage, près de Genève, le 19 juin 1894.

GASS (Fr.-G.-H.-J), théologien allemand, mort en 1889.

GASTÉ (J.-A.-Adélaïde DE), député français, mort à Paris, le 2 juillet 1893.

GENT (A.), homme politique français, mort à Paris, des suites d'un accident de voiture, le 26 janvier 1894.

GERBER (Ch.-Fr.-G. DE), jurisconsulte allemand, mort à Dresde en août 1891.

mille de cultivateurs, fut placé au Mans chez un tapissier et vint à Paris, en 1880, pour exercer cet état. Cultivant dès lors la chanson, il vit ses essais encouragés par des chansonniers de profession et des journalistes. Ses chansons, qui se rapportaient d'abord au genre rustique, se firent bientôt politiques et socialistes et lui valurent d'entrer au journal *la Bataille* de M. Lissagaray; il en composa une, intitulée *la Bataille*, qui fut beaucoup chantée dans les réunions et manifestations publiques. Il obtint ensuite une place d'employé au chemin de fer de Lyon, mais il la quitta pour revenir à la politique et à ses chansons qui furent interprétées dans les cafés-concerts. Il ouvrit, pour la vente de ses couplets, un petit magasin qui devint un lieu de réunion pour quelques amis politiques. Resté le collaborateur de M. Lissagaray à *la Nouvelle Bataille*, il prit aux luttes de la période boulangiste une part active qui lui valut un duel avec M. Dick de Lonlay.

Engagé de plus en plus dans la presse radicale, comme collaborateur de la *Petite République*, il se porta, comme candidat socialiste, aux élections générales du 20 août 1893, dans la 3ᵉ circonscription du XVIIIᵉ arrondissement de Paris, obtint, au premier tour, 1 255 voix sur 10 203 votants, et se retira au scrutin de ballottage où M. Lavy, socialiste broussiste, fut élu par 5 273 voix. Il fonda alors *le Chambard*, organe de polémique fantaisiste et tapageuse, signalé par ses attaques personnelles contre le Président de la République. L'une d'elles, jugée plus violente et plus injurieuse que les autres, le fit poursuivre devant la Cour d'assises: il y fut défendu par le député socialiste, M. Jaurès, qui, pour justifier l'article incriminé, s'appliqua à le développer en le rendant plus agressif et plus outrageux encore. Le jury qui, dans les dernières semaines, avait montré la plus grande indulgence envers les journalistes cités devant lui, condamna le gérant du *Chambard* au maximum de la peine: un an de prison et 3 000 francs d'amende (5 novembre (1894). M. Gérault-Richard subissait sa peine à Sainte-Pélagie, lorsque le parti socialiste révolutionnaire le porta, en manière de protestation, comme candidat à l'élection législative partielle produite, dans la 1ʳᵉ circonscription du XIIIᵉ arrondissement, par la démission de M. Hovelacque. Il obtint, au premier tour, 1 802 voix contre 2 645 partagées entre cinq concurrents socialistes des diverses nuances, et fut élu, au second tour, le 7 janvier suivant, par 2 742 voix contre 1 057 données à M. Albert Félix, radical socialiste, et plus de 200 bulletins blancs: on comptait plus de 3 500 abstentions. A la rentrée de la Chambre, trois jours après, l'élargissement de M. Gérault-Richard fut réclamé par les radicaux et les socialistes, conformément à quelques précédents, mais, sur l'opposition de M. Dupuy et du Cabinet, fut repoussé par la majorité. Le bruit s'étant répandu que le Président de la République avait l'intention de le gracier, M. Gérault-Richard protesta avec énergie, dans les journaux, contre cette faveur (10 janvier 1895). Il fut compris dans la mesure générale d'amnistie présentée après la retraite de M. Casimir-Perier par le nouveau Président de la République, M. Félix Faure, votée sans discussion par la Chambre et adoptée par le Sénat (28-31 janvier 1895). Trois mois plus tard, il portait à la tribune une proposition d'abrogation des lois votées par la présente Chambre elle-même contre les anarchistes, et en demandait l'urgence qui, malgré son ardeur à la soutenir, était repoussée par 342 voix contre 150 (20 mai 1895).

GÉRENTE (Paul), sénateur français, né à Paris, le 29 juillet 1851, fit d'abord ses études de droit au cours desquelles il se montra l'un des ardents propagateurs de l'opposition dans la jeunesse des écoles aux derniers jours de l'Empire. Au mois d'août 1870, il s'engagea pour la durée de la guerre. En 1871, il reprit son œuvre de propagande et fonda, au quartier Latin, un Comité qui concourut très activement, deux ans plus tard, à l'élection de M. Barodet. Son droit terminé, il aborda les études de médecine et les mena assez habilement pour être nommé, le premier au concours de 1879, interne des asiles d'aliénés de la Seine. A la fin de l'internat, il obtenait la médaille d'or de la fondation Esquirol, et sa thèse sur le *Délire chronique* lui valait une médaille de bronze de la Faculté. Attaché, en 1882, à l'asile Sainte-Anne de Paris, il fut envoyé en mission en Algérie pour présider à l'organisation d'un asile d'aliénés dans la colonie. Sa tâche accomplie, il se fixa dans le pays et fut élu, en 1892, conseiller général du département pour la circonscription de Mustapha-el-Biar. Aux élections sénatoriales du 7 janvier 1894, il fut élu sénateur, au second tour de scrutin, par 153 voix sur 286 votants. M. P. Gérente, membre de la gauche sénatoriale, est, dans la plus grande mesure possible, le défenseur de l'autonomie algérienne.

GIACOSA (Giuseppe), littérateur italien, né à Colleretto-Parella, près d'Ivrée, en Piémont, le 21 octobre 1847, fils d'un avocat distingué, fit ses études au collège d'Ivrée et son droit à Turin. Il suivit le barreau, mais se fit surtout connaître comme poète par le succès de ses premières pièces de vers qu'il lisait lui-même. C'étaient des poèmes et légendes de forme dramatique, qui, transportés à la scène, réussirent également; telles furent: *la Partie d'échecs*, *le Triomphe d'Amour*, *le Frère d'armes*. Sa réputation d'auteur dramatique s'affirma par la représentation sur le théâtre de Turin du proverbe: *A Chien qui lèche les cendres ne donnes pas la farine à garder* (A can che lecca cenere non gli fidar farina, 1862). Il donna depuis: *Vieille histoire*, comédie; *Affaires de Banque*, jouées sur un grand nombre de scènes italiennes (1873); *les Fils du marquis, Arthur, Thérèse, le Mari amant de sa femme, le Conte rouge, Tristes amours*, joué à Paris, au Vaudeville (1893); etc. M. G. Giacosa a publié quelques nouvelles et des études d'archéologie et d'histoire. Sa « légende dramatique », *Une Partie d'échecs*, a été traduite en vers français par M. Émile d'Audiffret (1886, in-18).

GIOLITTI (F.-Jean), homme politique italien, ancien ministre, né à Mondovi, dans la province de Cuneo, le 27 octobre 1842, d'une famille piémontaise dévouée à la cause libérale, fit de rapides études de droit et fut reçu avocat à l'âge de dix-huit ans. En 1866, il entra dans la magistrature, comme substitut du procureur du roi à Turin. Attaché au ministère de la justice, par M. Vigliani, puis à celui des finances par M. Sella, il montra dans ce dernier service une rare aptitude et fut nommé conseiller d'État par M. Depretis en 1882. La même année, il fut élu député de Cuneo et prit à la Chambre un des premiers rangs par sa compétence dans les discussions financières. Il soutenait alors la politique de M. Crispi, dont il était l'ami et qui l'appela à faire partie de son cabinet du 9 mars 1889, comme ministre du Trésor. L'année suivante, il était chargé de l'intérim des finances (19 septembre 1890). Dans ce poste, sans s'opposer aux dépenses exorbitantes des armements imposés

---

GIERS (Nicolas ᴅᴇ), homme d'État russe, mort à Saint-Pétersbourg, le 27 janvier 1895.

GIGOUX (J.-F.), peintre français, mort à Paris, le 12 décembre 1894.

GILLY (Numa), ancien député français, mort à Nîmes, le 29 avril 1895.

GILBERT (L.-Ph.), mort à Louvain le 4 février 1892. — Au lieu de « mathématicien belge », lire: français, né en Belgique de parents français.

à l'Italie par la Triple-Alliance, il s'efforçait de réaliser des économies qu'il ne put faire accepter par la Chambre, donna sa démission au bout de quelques semaines (8 décembre) et fut remplacé par M. Grimaldi. Sa retraite excita des inquiétudes qui entraînèrent peu après la chute de M. Crispi.

Sous le ministère Rudini, M. Giolitti poursuivit sa campagne en faveur des économies nécessaires, et l'un de ses discours, prononcé à la Chambre le 5 mai 1892, contribua beaucoup à renverser le cabinet. Il fut alors chargé d'en constituer un nouveau, dans lequel il prit, avec la présidence du Conseil, le portefeuille de l'intérieur (11 mai 1892). Quinze jours après, l'attitude de la Chambre à son égard lui faisait offrir sa démission, qui ne fut pas acceptée par le roi (27 mai). Une dissolution devenait nécessaire : M. Giolitti eut l'habileté d'obtenir, le 11 juin, le vote de six douzièmes provisoires, avant de renvoyer la Chambre. De nouvelles élections eurent lieu au mois de novembre, et fortifièrent le parti de la gauche sur lequel il chercha désormais à s'appuyer.

Mais déjà s'agitait la grave question du renouvellement des privilèges des banques, compliquée bientôt de scandales financiers analogues à ceux qui se produisaient en même temps chez nous à l'occasion de Panama, et que les Italiens désignèrent par le diminutif, plus ou moins justifié, de « Panamino ». Au milieu du krach des principales banques italiennes, particulièrement de la Banque de Naples, succursale de la Banque romaine, on découvrait que cette dernière elle-même avait commis les plus nombreuses et les plus graves irrégularités, pour subventionner les journalistes et s'assurer, par des avances considérables de fonds, le concours de membres du Parlement ; l'extrême gauche réclamait une enquête parlementaire, M. Giolitti et le ministère proposaient seulement une enquête administrative et, après d'ardentes discussions, la firent voter à la majorité de 316 voix contre 27. Les résultats de cette enquête amenèrent le cabinet à ordonner l'arrestation du directeur de la Banque romaine, M. Tanlongo, et à commencer contre lui et ses complices des poursuites qui, après un long procès, fécond en révélations scandaleuses, devaient aboutir, un an plus tard, à l'acquittement, par le jury, de tous les inculpés. Accusé de mollesse dans la conduite de cette affaire, M. Giolitti vit se former contre lui une coalition de l'extrême gauche avec la droite, et le 19 mai 1893, à la suite du rejet du budget du ministère de la justice. il donna de nouveau sa démission, que le roi refusa encore d'accepter. Le ministre de la justice M. Bonacci, se retira, un nouveau titulaire fut nommé aux finances, et, le 26 suivant, le cabinet obtint un vote de confiance à la majorité de 277 voix contre 72. Le 2 juin, il obtenait encore, à propos de la loi sur les pensions civiles et militaires, un vote qui le consolidait.

M. Giolitti trouvait d'autre part dans le Sénat la plus grande opposition à son organisation politique ; mais c'était à la Chambre qu'il était réservé de le renverser à propos de la question des banques, au milieu des plus orageuses séances parlementaires. Le 24 novembre, il annonce sa démission définitive, en déclarant, en son nom et au nom de ses collègues, qu'ils avaient hâte de revenir sur leurs bancs de députés pour recouvrer leur entière liberté de parole. M. Zanardelli, le président de la Chambre, chargé de former un cabinet, n'ayant pu y réussir après de longues négociations, ce fut M. Crispi qui fut appelé à prendre la succession du cabinet Giolitti (13 décembre 1893).

L'affaire des Banques devait donner au nom de l'ancien ministre un plus long retentissement. M. Giolitti, que les débats du procès Tanlongo avaient mis en cause et dont l'extrême gauche demandait la mise en accusation, annonça qu'il avait recueilli un ensemble de documents qui, en le justifiant, compromettaient trop de personnages pour être publiés, et, au milieu de l'émotion générale, déposa, sous pli, ces dossiers à la Chambre. Une commission de cinq membres fut nommée pour les examiner, le 11 décembre 1894, mais le surlendemain, ces documents, composés en partie de pièces de police et de lettres privées des intéressés, étaient livrés à la publicité, et le même jour, sur la demande de M. Crispi, un décret royal prorogeait indéfiniment la session du Parlement : l'affaire des « Documents Giolitti » entrait dans de nouvelles phases judiciaires. Cité devant les tribunaux ordinaires, l'ancien ministre en contesta la compétence, et, sur le pourvoi qu'il forma aussitôt, la Cour de cassation annula la sentence de la section d'accusation qui avait soumis l'affaire à des juges incompétents (25 avril 1895).

GIRARD (Jean-Joseph-Amédée), député français, né à Riom. le 4 décembre 1826. Reçu docteur en médecine en 1851, il exerça sa ville natale et fut élu conseiller général pour l'un de ses deux cantons. Il se porta aux élections législatives du 22 septembre 1889, comme candidat républicain, dans la première circonscription de Riom et réunit 8 088 voix, contre 8 640 obtenues par M. de Bar, conservateur, qui fut élu ; à celles du 20 août 1893, il se représenta dans la même circonscription et fut élu, au premier tour, par 9 313 voix contre 7 517 données au député sortant, M. de Bar, républicain rallié. Le docteur Girard a été décoré de la Légion d'honneur.

GIRARD (Aimé-Charles), chimiste français, membre de l'Institut, né à Paris en 1830, successivement répétiteur de chimie à l'Ecole polytechnique, professeur de chimie industrielle au Conservatoire et professeur de technologie agricole à l'Institut agronomique, s'est particulièrement occupé des applications de la chimie à l'industrie et à l'agriculture, et s'est fait connaître par sa collaboration à plusieurs grandes publications scientifiques et par ses travaux personnels. Il a été élu membre de l'Académie des sciences dans la section d'économie rurale en remplacement de M. Chambrelent, le 12 février 1894 ; il a été promu officier de la Légion d'honneur le 14 janvier 1879.

De ses travaux scientifiques, outre le *Dictionnaire de chimie industrielle*, publié avec M. Barreswil (1861-1868, 5 vol. in-8), nous citerons : *Composition chimique et valeur alimentaire des diverses parties du grain de froment* (1885, in-8, 3 pl.) ; *Recherches sur le développement de la betterave à sucre* (1887, gr. in-8, avec fig.) ; *Recherches sur la culture de la pomme de terre industrielle* (1889, gr. in-8 avec album in-4 ; 2e éd., 1891) ; *les Engrais*, avec M. Achille Müntz (1888-1891, 3 vol. in-8).

GLOUVET (Jules DE), pseudonyme littéraire de M. QUESSAY DE BEAUREPAIRE. Voy. ce nom.

GODESKI (C.), au lieu de « sculpteur polonais », lisez : français, d'origine polonaise.

GIORGINI (J.), chimiste italien, mort à Padoue, le 21 avril 1888.

GIRARDET (Paul), graveur suisse, mort à Paris, le 27 février 1893.

GLAIZE (A.-B.), peintre français, mort à Paris, le 8 août 1893.

GODARD (B.-L.-P.), compositeur français, mort à Cannes, le 10 janvier 1895. — Il laissait un opéra-comique en trois actes, d'une allure toute militaire, *la Vivandière*, paroles de M. Henri Cain, dont M. Paul Vidal a achevé l'orchestration et qui a été joué avec succès à l'Opéra-Comique (1er avril 1895).

GODET (Frédéric), théologien protestant suisse, né à Neuchâtel, le 25 octobre 1812, fit ses études aux académies de sa ville natale et aux Universités de Berlin et de Bonn. Consacré au ministère évangélique en 1836, il fut d'abord suffragant du pasteur de Valcongin, puis, de 1838 à 1844, précepteur du prince héritier de Prusse. Rentré dans le ministère actif, il fut, de 1851 à 1856, pasteur à Neuchâtel. Il était en outre professeur d'exégèse à la Faculté libre de théologie de cette ville depuis 1850. L'un des plus renommés théologiens évangéliques de langue française en Suisse, il reçut, en 1868, le diplôme de docteur en théologie de l'Université de Bâle.

M. Frédéric Godet a publié un grand nombre d'ouvrages considérables d'exégèse biblique et de controverse religieuse, qui ont établi sa réputation dans le monde théologique, en Suisse et à l'étranger. Nous mettrons en première ligne sa grande série d'*Études bibliques* (Neuchâtel et Paris, *Ancien Testament*, 2e éd., 1873, in-18; 4e éd., 1889; *Nouveau Testament*, 4e éd., 1889), et celle de ses *Commentaires*, ayant successivement pour objet : l'*Évangile de saint Jean* (Ibid., 1864-1865, 2 vol. in-8; 2e éd., 1876-77, 3 vol. in-8); l'*Évangile de saint Luc* (Ibid., 1871, 2 vol. in-8; 3e éd., 1888-89); l'*Épître aux Romains* (Ibid., 1879-80, 2 vol. in-8; 2e éd., 1890), et la *Première épître aux Corinthiens* (Ibid., 1886, 2 vol. in-8). Nous citerons ensuite : *Histoire de la Réformation et du refuge dans le pays de Neuchâtel*, conférences (Ibid., 1859, in-18); *M. Colani et le protestantisme évangélique* (Ibid., 1873, in-8); *Introduction au Nouveau Testament* (Ibid., 1893, t. I : les Épîtres de saint Paul).

Deux des fils de M. Frédéric Godet se sont fait connaître dans la théologie ou en littérature. Le premier, Georges-Édouard Godet, né à Neuchâtel, le 18 septembre 1846, après avoir étudié aux Universités de Gœttingue, de Tubingue et de Berlin, est devenu, en 1887, professeur d'exégèse du Nouveau Testament à la Faculté libre de théologie de Neuchâtel. Collaborateur de la *Revue chrétienne*, de la *Revue de théologie*, de Montauban, du *Chrétien évangélique*, etc., il a publié : *Louis Bonnet et son œuvre* (1893, gr. in-8), extrait de la *Revue chrétienne*. Il a traduit *les Origines de l'Histoire Sainte d'après la Genèse*, de H.-W. Thiersch (1882). — Le second fils, Philippe-Ernest Godet, né à Neuchâtel, le 25 avril 1850, successivement étudiant à Bâle, à Berlin, à Neuchâtel et à Paris, avocat de 1874 à 1880, est devenu professeur de belles-lettres à l'École supérieure de Neuchâtel. Rédacteur de la *Bibliothèque universelle*, de la *Revue chrétienne*, de la *Suisse libérale*, du *Journal des Débats*, etc., il a publié un certain nombre de volumes de poésies : *Récidives* (Neuchâtel, 1878, in-18); *le Cœur et les yeux* (Ibid., 2 séries, 1881, in-18, et 1885, in-18); *les Évasions* (Ibid., 1881, in-18); *les Réalités* (Ibid., 1886, in-18); puis des études de critique et d'histoire littéraire : *Études et causeries* (1888, in-18); *Histoire littéraire de la Suisse française* (Neuchâtel et Paris, 1889), ouvrage couronné par l'Académie française; *Pierre Viret* (Lausanne et Paris, 1892, in-16); *Art et Patrie*, étude sur Auguste Bachelin (1895, in-8).

GONIDEC DE TRESSAN (Le). Voy. Le Gonidec.

GŒNEUTTE (Norbert), graveur français, mort à Auvers (Oise), le 10 octobre 1894.

GONINDARD (Mgr J.-N.-F.), prélat français, mort à Rennes, le 17 mai 1895.

GONDN (Eug.), sculpteur français, mort à Paris, le 11 septembre 1892.

GONZALES (Manuel), général mexicain, mort à Mexico, le 8 avril 1893.

GONZALES Y DIAS TUNON (Zéphyrin), prélat espagnol, mort à Madrid, le 29 novembre 1894.

GOUJAT (Claude), député français, né à Moissy-Moulinot (Nièvre), le 22 février 1845. Avoué à Château-Chinon, de 1870 à 1883, il devint expert-comptable-liquidateur près la Cour d'appel de Paris, le tribunal civil et le Conseil de préfecture de la Seine. Conseiller municipal de Cosne et conseiller général du canton, il se présenta dans l'arrondissement, comme radical socialiste, aux élections législatives du 20 août 1893, obtint, au premier tour, 6 099 voix contre 5 521 données au docteur Ducoudray, député sortant radical, 3 768 à M. Bové, républicain rallié et 1 362 au comte de Mauduit, conservateur, et fut élu au scrutin de ballottage le 3 septembre, par 7 054 voix contre 5 407 obtenues par M. Bovey, 2 955 à M. Desmergès, radical socialiste, candidat du second tour, et 1 254 au comte de Mauduit.

GOUJON (Jean-Éloi-Théophile), député français, né à Gauriac (Gironde), le 1er décembre 1875. Avoué à Blaye, sous l'Empire, il fut nommé en 1871 conseiller de préfecture de la Gironde, révoqué de ses fonctions par le Gouvernement du 24 mai 1873, réintégré par le premier ministère républicain, révoqué de nouveau après l'acte du 16 mai 1877, réintégré une seconde fois après la chute de l'ordre moral, et démissionnaire en 1889. Maire de Gauriac, conseiller général depuis 1889 pour le canton de Bourg, il se présenta comme républicain, aux élections du 20 août 1893, dans l'arrondissement de Blaye, obtint au premier tour 6 664 voix contre 5 069 données à M. Alcée Froin, député sortant, bonapartiste, et 2 597 à M. Gilbert, républicain dissident, et fut élu au scrutin de ballottage, le 3 septembre, par 7 395 voix contre 5 805 obtenues par le premier de ses concurrents. M. Goujon a été décoré de la Légion d'honneur.

GOUJON (Joseph-Jules-Julien), député français, né à Épinal (Vosges), le 22 mai 1854. Avocat à la Cour d'appel de Rouen, auteur de divers ouvrages de littérature, de jurisprudence et de quelques essais dramatiques, dont un opéra, *Éros*, monté à Rouen, il fut, comme candidat républicain, dans la 3e circonscription de Rouen, aux élections partielles du 22 février 1891 en remplacement de M. Lucien Dautresme, élu sénateur; aux élections générales du 20 août 1893, il obtint au premier tour 5 204 voix contre 2 408 données à M. David Dautresme, directeur du *Petit Rouennais*, radical, 1 905 à M. Maugeot, et 1 744 à M. Gabineau, ces deux derniers socialistes, et fut élu, au scrutin de ballottage, le 3 septembre, par 5 859 voix, contre 5 229 obtenues par M. David Dautresme. Parmi les principaux ouvrages de M. Goujon, on cite : *Histoire du théâtre en France, des Origines au Cid* (1398 à 1636), en collaboration avec M. Pifteau (2 vol. in-18, 1879).

GOURVIL (Paul-Émile-Louis-Marie), député français, né à Scrignac (Finistère), le 20 mars 1845. Avocat à Morlaix, conseiller général du Finistère, pour le canton du Huelgoat depuis 1889, il fut élu comme candidat républicain à l'élection partielle du 12 juillet 1891, dans la 2e circonscription de Châteaulin, pour le remplacement de M. Clech, décédé. Aux élections générales du 20 août 1893, il fut réélu par 6 820 voix, sans concurrent.

GOSSELIN (Ch.), peintre français, mort à Versailles, le 24 octobre 1892.

GOUNOD (Ch.-Fr.), célèbre compositeur français, mort à Saint-Cloud, près de Paris, le 18 octobre 1893. Il lui est fait des obsèques nationales le 27 suivant.

GOUPIL (Ad.), éditeur français, mort à Paris, le 9 mai 1893.

GRANDGUILLOT (Alc.-P.), journaliste français, mort en octobre 1891.

GOW (Andrew Carrick), peintre anglais, né à Londres, le 15 juin 1848, fit ses études à l'école Saint-Jean (Warwick) et à Londres, puis s'initia à l'art lithographique sous la direction d'Andrew Maclure et entra à l'école d'Heaterley. En 1868, il fut élu membre de l'Institut royal et depuis cette époque prit une part assidue aux expositions de l'Académie royale. Parmi ses principaux tableaux nous citerons : *l'Hôte suspect* (Suspicious Guest) (1870); *Présentation de lady Mary Wortley au Kit Kat Club* (Introduction of, etc. 1873); *Sophie Baddeley au Panthéon* (1875); *la Délivrance de Leyde* (1876), acquise par la Galerie nationale de Sydney; *le Tumulte à la Chambre des communes en 1810* (1877); *Pas de reddition* (No Surrender, 1878); *les Derniers jours d'Édouard VI* (1880); *l'Absolution pour les victimes de la mer* (1885); *Cromwell à Dunbar* (1886). M. Gow a fait à l'Exposition universelle de 1889 un envoi pour lequel il a obtenu une médaille d'argent. Membre associé de l'Académie royale de Londres depuis 1881, il en a été élu membre titulaire en 1891.

GRANDLIEU (Philippe DE). Voy. LAVEDAN (Léon).

GRANDMAISON (Georges-Charles-Alfred-Marie MILLIN DE), député français, né à Paris, le 14 mai 1865. Ancien élève des écoles de Saint-Cyr et de Saumur, lieutenant de cuirassiers démissionnaire, il était maire de Montreuil-Bellay, lorsqu'il se porta, comme conservateur rallié, aux élections législatives du 20 août 1893, dans l'arrondissement de Saumur. Il obtint, au premier tour, 10 635 voix contre 7 888 données à M. Allain-Targé, ancien ministre radical, et 3 646 à M. Eugène Berger, bonapartiste, et fut élu au scrutin de ballottage du 3 septembre par 12 147 voix, sans concurrent.

GRAS (Denis-Antoine), député français, né à Rochegude (Drôme), le 2 mars 1847. Ancien avocat, il a été successivement membre et vice-président du Conseil de préfecture de la Nièvre, juge d'instruction à Clamecy, juge à Valence et président des tribunaux civils d'Ussel et de Beaune. Il se présenta comme candidat radical aux élections législatives du 20 août 1870, obtint, au premier tour, 4 760 voix contre 4150 à M. Aymé Martin, député sortant, et 3 734 à M. Bérenger, l'un et l'autre républicains libéraux, et fut élu au second tour, par 9 343 voix contre 4654 à M. Bérenger, resté son seul adversaire.

GRAVIN (François), sénateur français, né à Albertville, le 15 octobre 1845, exerçait dans cette ville l'industrie de la minoterie, lorsqu'il fut élu conseiller municipal (1878), puis adjoint au maire (1882), et enfin, à deux reprises, maire, à l'unanimité des suffrages (1888, 1892). Conseiller général pour le canton d'Albertville depuis 1884, il s'est porté, comme candidat républicain, aux élections sénatoriales de la Savoie, le 4 janvier 1891, et a été élu, au second tour, par 399 voix sur 568 votants.

GRÈCE (famille royale de), maison de Sleswig-Holstein-Sonderbourg-Glucksbourg. Roi : *George Ier* (voy. ce nom). Marié à Saint-Pétersbourg, le 15 (27) octobre 1867, à la princesse *Olga-Constantinovna*, grande-duchesse de Russie, née le 22 août (3 septembre) 1851, le « Roi des Hellènes » a six enfants : cinq fils et une fille, dont l'aîné est le prince royal *Constantin*, duc de Sparte, né à Athènes, le 21 juillet (2 août) 1868, général de brigade et commandant de l'inspection d'Athènes, chevalier de la Toison d'or, *résidant au château de Dékelia (Tatoï)* près d'Athènes; marié à Athènes, le 27 octobre 1889, à la princesse *Sophie*, princesse de Prusse, née le 14 juin 1870, orthodoxe-grecque depuis le 2 mai 1891, le prince royal a deux fils : le prince *Georges*, né au château de Dékelia, le 7 (19) juillet 1890, et le prince *Alexandre*, né au même lieu, le 20 juillet (1er août) 1893. — Les autres enfants du roi George Ier sont : le prince *George*, né à Corfou, le 12 (24) juin 1869, capitaine de la marine danoise; le prince *Nicolas*, né à Athènes, le 9 (21) janvier 1872, lieutenant d'artillerie; la princesse *Marie-Madeleine*, née à Athènes, le 20 février (3 mars) 1876; le prince *André*, né à Athènes, le 20 janvier 1882, et le prince *Christophe*, né au château de Pavlovsk, à Saint-Pétersbourg, le 29 juillet (10 août) 1888.

GROUSSIER (Arthur-Jules-Hippolyte), député français, né à Orléans, le 16 août 1863. Dessinateur-mécanicien, il s'affilia à la doctrine socialiste-allemaniste et fut un des organisateurs du parti ouvrier dont il soutint le programme, comme candidat aux élections législatives du 20 août 1893, dans la 1re circonscription du Xe arrondissement de Paris. Il obtint au premier tour 4249 voix contre 4161 données à M. Maujan, député sortant, candidat radical, 1854 à M. Jehan, libéral socialiste, 1025 à M. Girardin, radical socialiste, 161 à M. Cordier socialiste, et fut élu au scrutin de ballottage, le 3 septembre, par 5816 voix contre 3286 obtenues par M. Maujan et 1324 par M. Jehan.

GRUET (Charles), député français, né à Bordeaux, le 2 août 1844. Négociant en vins, président de l'Union des syndicats girondins, ancien administrateur des hospices de Bordeaux, ancien conseiller municipal et membre du Conseil général où il avait remplacé, en 1889, le général Boulanger, il se présenta comme républicain aux élections du 20 août 1893, obtint au premier tour 4472 voix contre 5770 données à M. Charles Bernard, et 2110 à M. Camille Cousteau, l'un et l'autre socialistes, et fut élu au scrutin de ballottage, le 3 septembre, par 5556 voix contre 4914 obtenues par le premier de ses concurrents.

GUÉNEAU (Pierre), député français, né à Decize (Côte-d'Or), le 13 juillet 1855. Ancien élève de l'École centrale, docteur en médecine, médecin à Nolay, et conseiller général de ce canton, il fut élu député dans la 2e circonscription de Beaune, en 1892, comme républicain radical, à l'élection partielle pour le remplacement de M. Spuller devenu sénateur. Aux élections générales du 20 août 1893, il fut réélu au premier tour par 6429 voix contre 2397 données à M. Bouzerand, cultivateur, républicain rallié. — M. Guéneau est mort le 30 novembre 1894.

GUÉRIN (Léon-Félix), député français, né à Vitry-le-François, le 21 mai 1841. Fils d'un général, il

---

GRANIER (R.-F.), ancien sénateur français, mort à Avignon, le 23 octobre 1894.

GRANT (J.-A.), explorateur anglais, mort à Londres, le 12 juillet 1892.

GRAR (Edouard), littérateur français, mort à Saint-Sauves, près de Valenciennes, le 29 décembre 1878.

GRÉLOT (Félix), administrateur, mort le 26 juillet 1894, léguant sa fortune à sa ville natale, pour la fondation d'un hôpital pour les vieux ouvriers.

GRESSIER (E.-V.), homme politique français, mort à Corbie, le 5 novembre 1892.

GREY (H.-G. GREY, 3e comte), homme d'État anglais, mort à Londres, le 9 octobre 1894.

GRIFFE (C.-A.-J.), sénateur français, mort à Paris, le 13 janvier 1893.

GRUN (C.-T.-F.), publiciste allemand, mort à Vienne, le 18 février 1887.

GUÉRIN (Alph.), chirurgien français, mort à Paris, le 21 février 1895.

s'engagea comme volontaire en 1860, fut promu sous-lieutenant en 1864. Lieutenant au 57e de ligne, au moment de la guerre franco-prussienne, il prit une part brillante aux batailles de Rezonville et de Saint-Privat, fut cité à l'ordre du jour, décoré de la Légion d'honneur au mois d'avril 1871, et nommé capitaine au choix en 1872. Promu chef de bataillon en 1885, il fit la campagne de Tunisie et fut fait officier de Légion d'honneur, le 29 décembre 1891. Admis à la retraite, sur sa demande, il fut nommé en 1892 lieutenant-colonel de l'infanterie territoriale. Il se consacrait à l'administration de ses propriétés, lorsqu'il fut présenté par le comité républicain de Valogne aux élections législatives du 20 août 1893, et fut élu au premier tour, par 7 698 voix contre 6 269 données au comte de Pongibaud, candidat monarchiste.

GUÉRIN (Eugène), sénateur français, ancien ministre, né à Carpentras, le 27 juillet 1849, fit ses études au lycée de Grenoble et son droit à Paris. Pendant la guerre de 1870-1871, il fit la campagne avec les mobiles de Vaucluse. Inscrit au barreau de Carpentras, il devint conseiller municipal, adjoint au maire et maire de cette ville, et représenta de 1880 à 1886 un de ses cantons au Conseil général, dont il fut vice-président. Il fut porté, comme candidat républicain, à l'élection sénatoriale partielle du 1er juin 1890, pour le remplacement de M. Alfred Naquet, démissionnaire, et fut élu. Au renouvellement triennal du 4 janvier 1891, il fut réélu le second sur deux, par 417 voix sur 451 votants. M. Guérin, nommé secrétaire du Sénat, fut appelé, le 4 avril 1893, à faire partie du premier cabinet Dupuy, comme ministre de la justice, en remplacement de M. Léon Bourgeois; démissionnaire le 5 décembre, avec tout le ministère, il le reprit, le 30 mai 1894, dans le second cabinet Dupuy, le même portefeuille, qu'il conserva après l'élection de M. Casimir-Perier à la présidence de la République. Son ministère fut signalé par quelques discussions importantes, notamment par celles de la loi sur la réforme des syndicats et des lois de répression des attentats anarchistes qui furent votées à la suite de l'assassinat de M. Carnot. Au 14 janvier 1894, M. Guérin suivit le ministère dans sa retraite, qui fut l'occasion de celle du Président de la République.

GUESDE (Jules BASILE, dit *Jules*), député et écrivain socialiste français, est né à Paris, le 11 novembre 1845. D'abord expéditionnaire traducteur à la direction de la presse au ministère de l'intérieur, il entra dans le journalisme et défendit dès ses débuts les doctrines politiques et sociales les plus avancées. Lors de la guerre de 1870-71, il fut à Montpellier rédacteur en chef du journal *les Droits de l'Homme*, et un article qu'il y publia au mois de juin lui attira une condamnation à cinq ans de prison et 4 000 francs d'amende. Il échappa à cette peine en se réfugiant en Suisse. A la fin de l'année 1871, il fonda à Genève le journal *le Réveil international*, qui ne put vivre, et passa en Italie. Revenu en France après une amnistie de 1880, il entra en relations avec M. Paul Lafargue, qui avait épousé une des filles du chef d'école Karl Marx, et fut mis par lui en rapport avec le célèbre socialiste allemand, dont il devint aussi le gendre. De leur collaboration sortit peu à peu la doctrine de rénovation sociale désignée sous le nom de collectivisme. M. Jules Guesde la défendit par ses écrits et par ses discours dans des conférences publiques en France et dans les congrès à l'étranger, donnant au socialisme international sa formule : « L'ère patriotique est close, l'ère humanitaire commence ». La propagande du collectivisme le mit souvent aux prises avec les chefs des autres écoles socialistes et suscita les plus vives polémiques entre les guesdistes, les blanquistes, les possibilistes, les anarchistes, les alemanistes, etc. Aux élections législatives du 20 août 1893, M. J.

Guesde se porta, comme républicain socialiste, dans la 7e circonscription de Lille, ayant Roubaix pour centre, et fut élu au premier tour, par 6 879 voix contre 4 452 données à M. Louis Vienne, ouvrier socialiste-chrétien, et 2 135 à M. Deschamps, conseiller municipal, républicain. Son élection causa quelque émotion par les cris anti-patriotiques dont on dit qu'elle fut saluée.

Depuis cette élection, sans cesser la propagande par des conférences publiques, parfois bruyantes, et par une participation active aux congrès ouvriers, M. Jules Guesde a soutenu son rôle de chef de doctrine à la tribune de la Chambre. A l'occasion des tarifs de douane protectionnistes, il défendit, de concert avec M. Jaurès, une proposition de salaire minimum pour les ouvriers agricoles comme conséquence de la protection accordée aux produits (19 février 1894). Il présenta plus directement la doctrine collectiviste par une interpellation à propos de l'annulation d'une décision du Conseil municipal de Roubaix, qui établissait une pharmacie municipale: agrandissant ce débat d'un fait spécial qui occupa deux séances, dont une de nuit, il y prit l'occasion d'un exposé complet des doctrines qui soulevèrent de vives oppositions, et n'obtint pour résultat que le vote, par 335 voix contre 177, de l'ordre du jour de M. Bouge, par lequel la Chambre répudiait expressément les doctrines collectivistes (20 novembre 1894).

Les écrits de M. Jules Guesde consistent, en général, en brochures populaires d'un prix très minime, imprimées à Bruxelles, telles que : *Essai de catéchisme socialiste* (1878, in-18); *Collectivisme et Révolution* (1879, in-12), *la Loi des salaires et ses conséquences* (1879, in-12); *Services publics et socialisme* (1885, in-8); *le Collectivisme au Collège de France* (1879, in-12; 2e éd. 1886).

GUICHARD (Claudius), député français, né à la Guillotière (Lyon), le 25 mai 1826. Compositeur typographe, et appartient dès 1848 au parti républicain, il fut, après le coup d'Etat du 2 décembre, condamné par la commission mixte du Rhône à la transportation, commuée en internement avec surveillance de la haute police. Rentré à Lyon, il fut prote dans plusieurs imprimeries, et devint lui-même maître imprimeur en 1867 et gérant de plusieurs journaux républicains. Conseiller municipal, puis membre du Conseil général du Rhône, il fut élu comme républicain dans la 3e circonscription de Lyon, à l'élection partielle du 30 mars 1890, en remplacement de M. Edouard Thiers, décédé. Aux élections générales du 20 août 1893, il obtint au premier tour 1 662 voix contre 1 050 données à M. Bonnard, 1 052 à M. Albert, l'un et l'autre socialistes, et 1 940 partagées entre trois autres candidats de nuances diverses; il fut élu au scrutin de ballottage, par 2 947 voix contre 2 205 données à M. Bonnard.

GUICHARD (Jules), sénateur français, né à Jouancy (Yonne), le 10 décembre 1827, est le fils de Victor Guichard, représentant l'Yonne aux Assemblées de 1848 et 1871, mort en 1884. Occupé d'abord d'agriculture, comme son père, il devint, en 1861, l'un des collaborateurs de M. Ferdinand de Lesseps aux travaux du canal de Suez et fut chargé particulièrement de mettre en valeur les terres du désert arrosées par le canal d'eau douce, ainsi que de l'organisation du service de transit et de navigation. Pendant la guerre de 1870-1871, il prit part, comme chef d'escadron de l'Etat-major de la garde nationale, à la défense de Paris. Membre du Conseil général de l'Yonne depuis 1878, vice-président puis président de cette assemblée, il se porta comme candidat républicain à l'élection sénatoriale partielle du 23 août 1885, pour le remplacement de M. Ribière, décédé, et fut élu. Il a été réélu, au renouvellement triennal du 4 janvier 1891, au premier tour et le premier sur trois, par 479 voix sur 895 votants. Au Sénat, M. Jules Guichard, membre de diverses commissions a été rapporteur de celle de l'Algérie. Il est membre du Conseil supérieur de l'agriculture et président de la Société d'encouragement. Neveu et héritier de M. Dubochet, l'un des fondateurs de la Compagnie parisienne du gaz, M. Jules Guichard était depuis longtemps l'un des vice-présidents de la Compagnie universelle du canal de Suez, dont il a été nommé président après la démission de son illustre fondateur.

GUIGNARD (Jean), député français, né à Couziers (Indre-et-Loire), le 16 septembre 1829. Reçu docteur en médecine en 1855, il avait été appelé, deux ans auparavant, à l'Ecole de médecine d'Angers comme chef des travaux anatomiques, et après avoir occupé plusieurs chaires, il y fut nommé professeur d'accouchement. Il devint en outre chirurgien en chef de l'Hôtel-Dieu. Conseiller municipal depuis 1870 et maire de la ville depuis 1888, il se présenta aux élections législatives de 1889, comme candidat républicain, contre le député monarchiste sortant, M. Fuiré, et obtint 9590 voix contre 10381 accordées à son adversaire; il se représenta comme républicain radical à celles du 20 août 1893, obtint, au premier tour, 7834 voix contre 8485 données à M. Bodinier, candidat monarchiste, et 3215 à M. Aubin-Durand, socialiste, et fut élu au scrutin de ballottage, le 3 septembre, par 10298 voix contre 8333 données au premier de ses concurrents. M. J. Guignard a été décoré de la Légion d'honneur.

GUIGNARD (Léon), botaniste français, membre de l'Institut, né à Mont-sous-Vaudrey (Jura) en 1852, fit ses études médicales à Paris, fut interne des hôpitaux puis de la pharmacie, puis aide de clinique et chef du laboratoire de la Faculté à l'hôpital de la Pitié et naturaliste au Muséum. En 1883, il fut nommé professeur de botanique à la Faculté de Lyon, où il fut en même temps directeur du Jardin botanique de la Tête-d'Or. Il organisa les nouveaux laboratoires de la Faculté de cette ville et enrichit le jardin d'une rare collection de plantes vivantes. Rappelé à Paris, en 1887, comme professeur de botanique à l'Ecole supérieure de pharmacie, il y créa un laboratoire de recherches et se signala par une suite de travaux micrographiques et bactériologiques. Président de la Société botanique, il a été élu membre de l'Académie des sciences, dans la section de botanique, en remplacement de l'éminent botaniste M. Duchartre, le 15 février 1895.

Les recherches de M. Léon Guignard, portant sur l'embryogénie, la fécondation des plantes, la division du noyau cellulaire, la localisation des principes actifs, etc., sont consignées dans des *Mémoires* spéciaux qui ont établi sa réputation d'embryogéniste dans le monde savant; il n'a jusqu'ici publié en volume qu'un *Guide de l'Etudiant au Jardin botanique de l'Ecole supérieure de pharmacie de Paris*, contenant un résumé des caractères des familles végétales, etc. (1890, in-18).

GUILLEMIN (Léon-Ernest), député français, né à Avesnes (Nord), le 9 décembre 1859. Docteur en droit de la Faculté de Paris, dont il fut deux fois lauréat, il s'inscrivit au barreau d'Avesnes et fut nommé juge suppléant au tribunal. Elu député de la 1re circonscription de cet arrondissement à l'élection partielle du 10 août 1890, en remplacement de M. Hiroux, décédé, il se représenta aux élections générales du 20 août 1893, comme républicain de gouvernement ; il obtint, au premier tour, 4876 voix sur 11362 partagées entre six candidats, et fut élu au scrutin de ballottage, le 3 septembre, par 7033 voix contre 4643 données à M. Roussel, socialiste.

GUINDEY (Anatole), sénateur français, né à Langres (Haute-Marne) le 16 janvier 1834, étudia la médecine, fut reçu docteur en 1860, s'établit à Evreux, devint membre du Conseil municipal de la ville et représentant de l'un de ses deux cantons au Conseil général dont il est vice-président. Il fut élu pour la première fois sénateur de l'Eure, comme candidat républicain, à l'élection partielle du 15 mars 1891, en remplacement du général Lecointe, décédé ; il l'emporta au premier tour, par 556 voix contre 497 données à M. Pouyer-Quertier, conservateur. Il a été réélu, au renouvellement triennal du 7 janvier 1894, le second sur trois et au premier tour, par 845 voix sur 1058 votants. Il a été décoré de la Légion d'honneur.

H

HABERT (Henry-Ernest-Marcel), ou MARCEL-HABERT, député français, né à Montfort-l'Amaury (Seine-et-Oise), le 20 septembre 1862. Docteur en droit et secrétaire de la conférence des avocats de Paris, il s'inscrivit au barreau de la Cour en 1884. Il entra ensuite dans la magistrature et devint juge d'instruction. Conseiller général de Seine-et-Oise pour le canton du Montfort-l'Amaury, et dévoué à la politique boulangiste, il se présenta comme candidat revisionniste rallié aux élections législatives du 20 août 1893 dans l'arrondissement de Rambouillet, obtint au premier tour 3821 voix contre 3868 données à M. Henri Janin, conseiller général, républicain, 3864 à M. Vian, député sortant, radical, 1917 à M. Cordier, ancien magistrat, républicain, et 717 à M. Talabart, et fut élu au scrutin de ballottage, le 3 septembre, par 5640 voix, contre 4702 à M. Vian et 4577 à M. Henry Janin.

HALLEGUEN (Corentin), sénateur français, né à Pleyben (Finistère) le 10 décembre 1832, acquit, au commencement de 1858, une charge d'avoué près

GUIGARD (Joannis), littérateur français, mort à Paris, le 25 mai 1892.

GUILLAUME (E.-J.-B.), architecte français, mort à Paris, le 20 juillet 1894.

GUILLAUMOT (A.-A.), graveur français, mort le 2 mai 1892.

GUILLEMIN (A.-V.), publiciste français, mort à Pierre (Saône-et-Loire), le 2 janvier 1895.

GUILMANT (Félix-Alexandre), organiste français, mort en 1890.

GUINOT (Ch.), sénateur français, mort à Paris, le 20 décembre 1893.

GUIZOT (Guillaume), littérateur français, mort à Roche-Ferrand près d'Uzès, le 23 novembre 1892.

GUTHRIE (J.-C.), poète écossais, mort en avril 1893.

HACHETTE (Georges), éditeur français, mort à Paris, le 15 décembre 1892.

HALL (Ch.-Chr.), homme politique danois, mort à Copenhague en 1888.

le tribunal civil de Châteaulin. Maire de cette ville depuis 1881, conseiller général du canton depuis 1883, président de la Société d'agriculture de l'arrondissement, il fut porté, comme candidat républicain, aux élections sénatoriales du 7 janvier 1894 et élu au premier tour et le premier sur cinq par 685 voix sur 1228 votants.

HALLER (Gustave) · pseudonyme de Mme VALÉRIE. Voy. ce nom.

HALLEZ (le comte Théophile), ancien magistrat. On a annoncé par erreur sa mort en avril 1858, en le confondant avec le comte Amédée Hallez-Claparède, mort à cette date. L'*Histoire de la réunion de l'Alsace à la France* (1844, in-8), qui lui est attribuée, est de comte Léonce Hallez-Claparède, mort en 1870.

HARRIAGUE SAINT-MARTIN (Morrochco), député français, né à Hasparren (Basses-Pyrénées) le 4 octobre 1849. Propriétaire, maire de sa ville natale, et conseiller général du canton, il se présenta sans succès comme candidat républicain aux élections législatives du 22 septembre 1889, dans la 2e circonscription de Bayonne, contre M. Labat, bonapartiste; il se représenta le 20 août 1893, avec une profession de foi républicaine rédigée en langue basque, et fut élu au premier tour par 5342 voix contre 3772 données à M. Diharassary, prélat romain, conservateur.

HARTENAU (comte DE) et prince DE BATTENBERG. Voy. ALEXANDRE Ier.

HAUGOUMAR DES PORTES (Charles), sénateur français, né à Lamballe (Côtes-du-Nord) le 18 décembre 1841, propriétaire, président du comice agricole du canton de Lamballe, conseiller général du Finistère depuis 1874, et en 1892 président de l'assemblée départementale, fut porté, comme candidat de la droite, à l'élection sénatoriale partielle du 10 septembre 1893 pour le remplacement du comte de Tréveneuc, décédé, et élu par 751 voix sur 1247 votants, contre 495 données à M. Lucas, républicain. Au renouvellement triennal du 7 janvier suivant, il fut réélu au premier tour et le second sur cinq de même nuance politique, par 725 voix sur 1248 votants.

HAUPTMANN (Gerhardt), poète et auteur dramatique allemand, né à Salzbrunn (Silésie) le 15 novembre 1862, s'est fait remarquer de bonne heure, entre les nouveaux auteurs dramatiques allemands, par un mélange de wertherisme et de pessimisme relevant à la fois des traditions littéraires nationales et des procédés de l'école scandinave; une grande notoriété lui est venue, en France, des tentatives faites pour populariser ses œuvres par une société d'artistes dévoués à la vulgarisation des théâtres danois et suédois. Cette société, dite de l'Œuvre, sous la direction de M. Lugné-Poë, après avoir joué des

pièces d'Ibsen et de Strindberg, entreprit de faire connaître M. G. Hauptmann, comme représentant d'une autre forme du symbolisme dramatique du Nord. L'interprétation d'un premier grand drame en cinq actes, *les Tisserands*, traduit par M. J. Thorel, passa presque inaperçue; mais il n'en fut pas de même d'un second drame en cinq actes de M. Hauptmann, *les Ames solitaires*, traduit en français par M. Alexandre Cohen, dont la représentation fut annoncée pour le 13 décembre 1893. Cette représentation fut interdite dans la crainte des manifestations auxquelles aurait pu donner lieu la qualité d'anarchiste du traducteur. Une interpellation d'un député, M. Vigné d'Octon, à la Chambre (20 janvier 1894), donna à l'ouvrage interdit plus de retentissement que la mise à la scène n'aurait pu faire, et l'on vit les honneurs de la tribune à l'analyse d'une pièce où les relations plus mystiques que réalistes de la famille aboutissent au suicide. Le théâtre de l'Œuvre donna quelques jours plus tard une autre pièce d'un symbolisme non moins exotique, l'*Assomption de Hannele Mattern*, « poème de rêve » en deux parties, traduit par M. Jean Thorel, avec musique de M. Marschalk (1er février 1894); ce poème de rêve, avec des ressorts plus obscurs encore, avait un même dénouement, le suicide.

M. G. Hauptmann a produit en outre un drame épique intitulé : *Promethidenlos* (1885), son œuvre de début; *Avant le lever du Soleil*, drame (Vor Sonnenaufgang, 1889); *la Fête de la paix* (das Friedensfest, 1890); *le Collège Crampton*, comédie (1892). Les traductions françaises des trois pièces choisies par le Théâtre de l'Œuvre ont paru en volumes : *les Tisserands* (1893, gr. in-8); *Ames solitaires* (1893, in-18), l'*Assomption de Hannele Mattern* (1894, in-16).

HAUTIN (Mgr François), prélat français, né à Paris le 2 mai 1831, était vicaire général du diocèse d'Orléans, lorsqu'il fut nommé, par décret du 3 janvier 1890, évêque d'Évreux. Préconisé le 26 du même mois, il fut sacré dans la cathédrale d'Orléans le 8 septembre suivant. Il a été promu à l'archevêché de Chambéry par décret du 13 juin 1893, et préconisé en cette qualité dans le consistoire du 15 du même mois.

HAYEZ (Paul), député français, né à Douai, le 22 octobre 1849. Chef d'une importante fabrique de verreries à Aniche, récompensée d'une médaille d'or à l'Exposition universelle de 1889, conseiller municipal, vice-président du Conseil d'arrondissement, membre de la Chambre de commerce de Douai, il se porta, comme républicain progressiste, dans la première circonscription de cette ville aux élections du 20 août 1893, obtint au premier tour 6198 voix, contre 3562 données à M. Mocké, mineur socialiste, et 3545 à M. Morel, conservateur rallié, et fut élu, au scrutin de ballottage, le 3 septembre, par 8022 voix contre 3870 données à M. Mocké.

HALNA DU FRETAY (H.-M.), marin français, mort à Paris, le 28 avril 1893.

HAMERTON (P.-G.), peintre et romancier anglais, mort à Boulogne-sur-Seine, le 4 novembre 1894.

HANNOVER (A.), médecin danois, mort à Copenhague, le 8 juillet 1894.

HARDY (L.-A.), architecte français, mort à Châtillon-sur-Loing (Loiret), le 4 septembre 1894.

HARDY (Alfred), médecin français, mort à Paris, le 23 janvier 1893.

HASENAUER (Ch., baron DE), architecte autrichien, mort à Vienne, le 4 janvier 1894.

HASSALL (A.-H.), médecin anglais, mort en avril 1894

HATIN (L.-E.), littérateur français, mort à Alençon, le 12 septembre 1893.

HAVET (Julien-P.-E.), érudit français, mort à Saint-Cloud (Seine-et-Oise), le 20 août 1893.

HAYES (Rutherford-B.), 19e président des Etats-Unis, mort à Frémont (Ohio), le 16 janvier 1893.

HAZKARL (J.-C.), voyageur allemand, mort à Cassel, le 5 janvier 1894.

HAZLETT (W.-G.), bibliographe anglais, mort en février 1893.

HÉBERT (P.-Eug.-Emile), statuaire français, mort à Paris, le 22 octobre 1893.

HEDGE (Fr.-H.), théologien américain, mort à New-Cambridge, le 21 août 1890.

HEFELE (Ch.-J. DE), théologien allemand, mort à Rotterdam, le 6 juin 1893).

HEIBERG (Hermann), littérateur et romancier allemand, né à Schleswig, le 17 novembre 1840, fils d'un avocat et homme politique assez connu, prit de bonne heure la direction d'une maison de librairie qui avait été créée par son père, et lui donna une rapide extension. Il alla se fixer à Berlin en 1870, devint, dans cette ville, administrateur de journaux, directeur d'une banque et d'entreprises industrielles et financières qui eurent un médiocre succès, et se retira des affaires en 1884, pour se livrer entièrement à ses études littéraires qui lui valurent, comme écrivain humoriste et comme romancier, une grande notoriété. Il avait plusieurs fois visité la France, la Belgique, la Hollande et l'Angleterre.

On cite, entre ses nombreux volumes plusieurs fois réimprimés : *Causeries avec la duchesse de Seeland* (Plaudereien mit der Herzogin, etc., 1881); *l'Agité* (Ausgetobt, 1883); *Histoires sérieuses* (Ernsthafte Geschichten, 1883); *l'Apothicaire Henry* (Apotheker H. 1885); *Une Grande Dame* (Eine Vornehme Frau, 1886); *le Mariage d'Esther* (Esth. Ehe., 1886); *Tête de Janus* (Januskopf, 1887); *Entre hommes* (Menschen Untereinander, 1888); *Intrigues d'amour et autres histoires* (Liebesmerke, etc., 1888); *Cœurs révoltés* (Empoerte Herzen, 1890); *Péchés mortels* (Todsünden, 1891); *les Trois Sœurs* (Drei Schwestern, 1891); *Sombres histoires* (Dünkle Geschichten, 1892); *la Famille de Stiegritz* (die Familie von St., 1892).

HENNIQUE (Léon), romancier et auteur dramatique français, est né à la Guadeloupe, le 4 novembre 1851. Il fit ses débuts littéraires sous les auspices du chef de l'école naturaliste, M. Emile Zola, dont il s'attacha même à exagérer le système et les procédés dans ses deux premiers romans : *la Dévouée* (1878, in-18), annoncée comme le premier essai d'une série : « les Héros modernes », et *Elisabeth Couronneau* (1879, in-18). Il donna au recueil célèbre des *Soirées de Médan* (1880, in-18) deux nouvelles: *les Funérailles de Francine Clöurec* et *Benjamin Rozes*, signalées entre les productions du jeune groupe zoliste, par la peinture complaisante des plus repoussants détails : elles ont reparu en volume l'année suivante (1881, in-18). Ses autres romans sont: *les Hauts faits de M. de Ponthau* (1880, in-8 illustré); *l'Accident de M. Hébert* (1883, in-18), histoire d'adultère compliquée de descriptions pathologiques et chirurgicales, faisant partie de ladite série « les Héros modernes »; *Pœuf* (1887, in-32); *Un Caractère* (1889, in-18).

M. Hennique a écrit pour le théâtre les ouvrages suivants : *l'Empereur d'Assouwy*, comédie en trois actes (1880, in-18), avec M. Georges Godde; *Pierrot sceptique*, pantomime (1881, in-8 avec dessins de Jules Chéret), avec M. J.-K. Huysmans; *Esther Brantès*, pièce en trois actes (1887, in-18), jouée au Théâtre-Libre (novembre 1887); *la Mort du duc d'Enghien*, drame en trois tableaux (1886, in-8, illustré; 2e éd. 1889, in-18), représentée au même théâtre en décembre 1888; *Jacques Damour*, pièce en un acte tirée d'une nouvelle de M. Zola (1887, in-18), jouée à l'Odéon en septembre 1887; *Amour*, drame en trois parties (1890, in-18); *Deux Patries*, drame en cinq tableaux, représenté avec succès à l'Ambigu le 22 mars 1895. M. Hennique qui a été attaché, pendant plusieurs années, à la bibliothèque de l'Arsenal, a été décoré de la Légion d'honneur le 5 janvier 1895.

HENRION (Henry), député français, né à Mirecourt (Meuse). Reçu docteur en médecine en 1861 et chef de clinique à l'Ecole préparatoire de Nancy, il exerça dans cette ville, dont il représente l'un des cantons au Conseil général depuis 1889. Porté comme candidat républicain aux élections législatives du 20 août 1893 dans la 3e circonscription de Nancy, qui avait élu en 1889 un député boulangiste, M. Maurice Barrès, il fut élu au premier tour par 8004 voix, sans concurrent.

HERBET (Hippolyte), député français, né à Pont-de-Vaux (Ain), le 27 août 1844, étudia la médecine et, reçu docteur, s'établit dans sa commune natale, dont il devint maire. Membre du Conseil général du département, il fut porté comme candidat de l'Union républicaine aux élections législatives de 1880 et élu, au premier tour de scrutin, par 7974 voix, contre 6951 données à M. de Ballore, candidat revisionniste. Il a été réélu, au premier tour, le 20 août 1893, par 9063 voix, sans concurrent.

HEREDIA (José-Maria DE), poète et littérateur français, membre de l'Académie française, né à la Fortuna-Cafeyere près de Santiago de Cuba (île de Cuba), le 22 novembre 1842, fut amené en France à l'âge de huit ans et élevé au collège de Saint-Vincent à Senlis (Oise). Il retourna dans son pays natal à l'âge de dix-sept ans, étudia pendant une année à l'Université de la Havane, puis revint en France, fit son droit, et suivit, comme auditeur libre, les cours de l'Ecole des chartes. Mêlé au mouvement littéraire des dernières années de l'Empire, dans le groupe des « Parnassiens », il se fit remarquer de bonne heure par l'éclat de sa facture poétique et surtout par son habileté à manier le sonnet, genre alors en grande faveur. Il inséra des poésies, principalement des sonnets, dans *la Revue de Paris*, *le Parnasse*, *la Revue française*, *la Renaissance* et plus tard *la Revue des Deux Mondes*. Il collabora aussi au *Temps* et au *Journal des Débats*. Le mouvement, le coloris plus ou moins exotique du style, l'ampleur et la sonorité du rythme avaient suffi à établir la réputation du poète, qui n'avait encore publié aucun volume, lorsque parut la sixième édition de notre *Dictionnaire*. Son premier recueil de vers n'a été réuni qu'en 1893, sous le titre de *Trophées*, poésies (1893, petit in-8 et in-18); il fut aussitôt couronné par l'Académie française, qui, quelques mois plus tard, élisait l'auteur au nombre de ses membres, en remplacement de M. de Mazade (22 février 1894). Il fut en outre fait officier de la Légion d'honneur.

On doit à M. de Heredia, dans un autre ordre de travaux, une traduction nouvelle d'un ouvrage espagnol, traduit peu auparavant par D. Jourdanet : *l'Histoire véridique de la conquête de la Nouvelle-Espagne*, du capitaine Bernal Diaz del Castillo, l'un des conquérants (1878-1887, 4 vol. in-16) : cette traduction a été aussi couronnée par l'Académie française.

HERPIN (Lucie), l'un des pseudonymes de M. QUESNAY DE BEAUREPAIRE. Voy. ce nom.

HIRSCH (Alex.-Aug.). — C'est par erreur qu'on a placé dans l'énumération de ses envois au Salon : *Portrait de M. Alfr. Naquet* (1880) et *Portrait de M. Eug. Manuel* (1884) : ouvrages du peintre Alphonse Hirsch, mort à Paris le 15 juillet 1884.

HÉLIE (F.-A. ou FAUSTIN-HÉLIE), magistrat français, mort à Paris, le 17 décembre 1894.

HELLWALD (Fr.-A. HELLER DE), savant autrichien, mort à Coelz (Haute-Bavière), le 1er novembre 1892.

HELMHOLTZ (H.-L.-F.), physicien allemand, mort à Charlottenburg, le 9 septembre 1894.

HÉRISSON (A.-Charles), député français, mort à Surgy, près de Clamecy (Nièvre), le 23 novembre 1893.

HERVÉ (F. RONGER, dit), compositeur français, mort à Paris-Auteuil, le 4 novembre 1892.

HERVEY DE SAINT-DENIS (M.-J.-L.), orientaliste français, mort à Paris, le 3 novembre 1892.

HERGOZ (Hans), général suisse, mort à Aarau (Suisse), le 2 février 1894.

HILDEBRAND (H.-R.), philologue allemand, mort le 28 octobre 1894.

HOLLANDE (Maison royale de) ou Pays-Bas. Dynastie de Nassau-Orange ou ligne cadette d'Othox, ayant pour auteur le comte Othon de Nassau-Siegen, mort à la fin du xiii° siècle ; souveraine des Pays-Bas et, par la branche des mâles, du Luxembourg, jusqu'à la mort de Guillaume III qui fit passer ce dernier duché à la ligne de Nassau aînée ou de Walram. — Reine actuelle : *Wilhelmina*-Hélène-Pauline-Marie, princesse de Nassau-Orange, née à la Haye, le 31 août 1880, fille du roi Guillaume III, mort le 23 novembre 1890 ; ayant succédé à son père, sous la tutelle de sa mère, la reine douairière *Emma*. Celle-ci, née le 2 août 1858, princesse de Waldeck et Pyrmont, mariée le 7 janvier 1879, appelée à la régence le 25 novembre 1890, en vertu de la loi du 2 août 1894, a prêté serment comme reine régente, le 8 décembre 1890 et pris le gouvernement des États de Guillaume III, moins le Luxembourg, retourné, faute d'héritier mâle, à la ligne aînée de Nassau (Voy. ce nom). Elle est chef du régiment d'infanterie prussienne, Prince Frédéric des Pays-Bas.

HUARD (*Adrien*-Henri), avocat et jurisconsulte français, né le 1er décembre 1831, se fit inscrire au barreau de la Cour d'appel le 27 août 1853, et fut l'un des secrétaires de la Conférence des avocats, avec l'ancien président du Conseil des ministres, Jules Ferry, pour l'année judiciaire 1854-1855. Il a été membre du Conseil de l'ordre de 1880 à 1886. Au Palais, où il débuta sous le patronage de Me Desboudets, il s'est fait une des premières places dans la spécialité, de nos jours si importante, des inventions industrielles et des contrefaçons dont elles peuvent devenir l'objet. Président de la Société des inventeurs et artistes industriels, secrétaire général des Congrès de la propriété industrielle lors des Expositions universelles de 1878 et de 1889, professeur de droit industriel et commercial au collège Chaptal pendant vingt années (1869-1889), il a plaidé dans une foule de ces grandes affaires où les sciences physiques et chimiques sont mises en jeu par l'industrie : pour le Creusot contre Bessemer, l'inventeur de la transformation de la fonte de fer en acier ; pour les électriciens Gaulard, Jablochkoff, Graham Bell ; pour divers inventeurs, perfectionneurs ou applicateurs de procédés, de machines ou de produits. Il a soutenu aussi un certain nombre de procès en matière de propriété artistique et littéraire et est devenu l'un des avocats des Sociétés des artistes français, des auteurs et compositeurs dramatiques, des gens de lettres, de la Comédie-Française. Il a été décoré de la Légion d'honneur.

Les principaux ouvrages de jurisprudence de M. Adrien Huard sont les suivants : *Répertoire de Législation et de Jurisprudence en matière de brevets d'invention* (1863, in-18, 2° éd. augmentée, 1885) ; *Etude comparative des Législations française et étrangères en matière de propriété industrielle, littéraire et artistique* (1862, in-8) ; *Répertoire de Législation, de Doctrine et de Jurisprudence en matière de marques de fabrique*, etc. (1865, in-18) ; *Des Contrats entre les auteurs et les éditeurs* (1889, gr. in-8) ; *Répertoire de législation, doctrine et jurisprudence en matière de propriété littéraire et artistique*, avec M. Edouard Mack (1891, in-8, nouv. éd. 1895) ; sans compter quelques brochures

telles que : *les Expositions industrielles, abus et réformes* (1862, in-8) ; *Dialogue des morts sur la propriété littéraire*, avec M. Alexandre Beaume, (1862, in-8).

HUGUES (François-Frédéric), député français, est né à Saint-Quentin (Aisne), le 16 mars 1848. Ancien manufacturier et maire de Saint-Quentin depuis 1886, il se porta comme candidat républicain, aux élections législatives du 20 août 1893, dans la 1re circonscription de cette ville et fut élu, le 30 septembre, au scrutin de ballottage par 6 816 voix contre 6 650 données à M. Brault, socialiste. M. Hugues a été décoré de la Légion d'honneur.

HUGUES (Paul-Marie-Antonin, vicomte d'), député français, né à Gap, le 12 septembre 1859. Propriétaire et agriculteur dans l'arrondissement de Sisteron, dont il fonda le syndicat agricole, il avait aussi créé pour la défense des intérêts de la région, un journal agricole, *le Publicateur des Alpes*, et un journal politique, *le Clairon des Alpes*. Aux élections législatives de 1895, il se présenta, comme conservateur indépendant, dans son arrondissement, obtint, au premier tour, 1 610 voix sur 4 970 partagées entre cinq concurrents, et fut élu au scrutin de ballottage par 2 710 voix contre 2 425 obtenues par M. Mac-Adaras, candidat républicain, député sortant. Son élection ayant été invalidée, il fut réélu le 18 février 1894, par 2 580 voix contre 2 002 données à son principal concurrent.

HUGUET (Henry-Louis), député français, est le neveu de l'ancien ministre, député du Doubs, M. Viette, mort le 15 février 1894. Entré dans la magistrature, il fut nommé substitut du procureur de la République en 1893. Il avait été chef du cabinet de son oncle au ministère des travaux publics, pendant les deux années précédentes (1892-1893). Après la mort de M. Viette, il se présenta pour le remplacer dans l'arrondissement de Montbéliard, comme candidat républicain progressiste, à l'élection partielle du 29 avril 1894, et fut élu par 12 511 voix, sans concurrent.

HUMBERT (Alphonse), député français, né à Paris, le 21 février 1844. Employé à la pharmacie Raspail, il se jeta de bonne heure dans la politique, collabora à plusieurs feuilles républicaines, combattit vivement l'Empire et subit plusieurs condamnations pour délit de presse. Après le siège de Paris, il fut un des ardents partisans de la Commune et collabora au *Père Duchesne* d'Eugène Vermesch. Condamné par un des conseils de guerre aux travaux forcés à perpétuité, il subit une partie de sa peine dans la Nouvelle-Calédonie. Compris dans l'amnistie de 1879, il fut élu, la même année, comme candidat de l'amnistie plénière, membre du Conseil municipal de Paris pour le quartier de Javel du XVe arrondissement; mais il fut invalidé par le Conseil de Préfecture, comme n'ayant pas les six mois de domicile exigés par la loi. Il rentra dans les luttes politiques comme journaliste et comme orateur des réunions publiques, et se vit condamné par le tribunal correctionnel pour apologie de faits qualifiés crimes. Il se présenta sans succès, en 1881, comme candidat radical socialiste, à la députation à Lyon et à Paris. En 1886, il fut élu conseiller municipal dans le quartier de Grenelle. Il prit une part très active aux travaux du Conseil et en fut élu président ; en cette qualité, M. Humbert eut le premier rôle dans les fêtes offertes par la Ville de Paris aux officiers de l'escadre russe en octobre 1893. Aux élections législatives du 20 août de la même année, il avait été élu député de la 1re circonscription du XVe arrondissement, au premier tour, par 5488 voix contre 2976 données à M. Farcy, boulangiste, 1376 à M. Polluet, socialiste alemaniste, et 1005 à M. Verdin, anti-franc-maçon. Se souvenant de son séjour à la Nouvelle-Calédonie, il a appelé, comme député, l'attention du gouvernement sur les traitements barbares dont quelques agents se rendraient coupables envers les condamnés dans nos colonies pénitentiaires (4 mars 1895).

HUYSMANS (Joris-Karl), littérateur français, né à Paris, le 5 février 1848, d'une famille d'origine hollandaise, qui a fourni toute une suite de peintres distingués, se jeta avec ardeur dans la littérature, sur les traces des chefs du pessimisme et du naturalisme. Tour à tour imitateur de Baudelaire et de M. Emile Zola, il s'attacha à la peinture minutieuse de la réalité vulgaire ou repoussante et devint, dans cette direction, un des coryphées du « groupe des décadents », aux yeux de la critique française et de la critique étrangère. M. Max Nordau, dans sa *Dégénérescence* (tome II), le traite et le maltraite comme « le type classique de l'hystérisme littéraire ».

M. Huysmans qui plus tard devint un des dissidents du zolisme, débuta par un volume de petits poèmes en prose, *le Drageoir à épices* (1874, in-18), et donna ensuite : *Marthe*, histoire d'une fille, ouvrage dont la licence réaliste détermina l'auteur à le faire imprimer en Belgique (Bruxelles, 1877), et dont une nouvelle édition (Paris, 1879, in-18) forma le tome 1er de la « Bibliothèque naturaliste » ; *les Sœurs Vatard* (1879, in-18), étude sur les mœurs des ateliers d'imprimerie et de brochage ; *Croquis parisiens* (1880, gr. in-8, avec eaux-fortes de Forain et Raffaelli) ; *En Ménage* (1881 in-18) ; *A Vau-l'eau* (Bruxelles, 1882, in-18 ; 2e éd. 1894, avec eau-forte) ; *l'Art moderne* (1883, in-18) ; *A Rebours* (1884, in-18) ; *En Rade* (1887, in-18), variation réaliste de l'*Idylle* de Gustave Nadaud ; *Un Dilemme* (1887, in-32) ; *Certains* (1889, in-18), suite d'études et de fantaisies sur les artistes contemporains ; *les Vieux Quartiers de Paris : la Bièvre* (1890, in-8, avec dessins) ; *Là-Bas* (1891, in-18) ; *En Route* (1895, in-18), contenant le désaveu plus ou moins complet des doctrines du livre précédent. Il a en outre collaboré aux *Soirées de Médan*, auxquelles il a fourni une nouvelle, *Sac au dos*, et signé avec M. Léon Hennique la pantomime *Pierrot sceptique* (1881, in-8, dessins de Chéret).

I

ISAAC (Auguste), député français, né à la Pointe-à-Pitre (Guadeloupe), le 11 mars 1855, est le frère du sénateur de ce nom. Il étudia la médecine à Paris et, reçu docteur en 1880, alla s'établir dans son pays natal, où il fut nommé conseiller général en 1881 et conseiller municipal de la Pointe-à-Pitre en 1882. L'un des fondateurs du *Progrès de la Guadeloupe*, le premier journal républicain qui ait existé dans l'île, il s'était présenté sans succès aux élections législatives de 1885 et de 1889. A celles du 20 août 1893, il se porta de nouveau, comme candidat républicain, dans la 2e circonscription de la Guadeloupe, et fut élu, au scrutin de ballottage, par 5788 voix, contre 4378 données à M. Légitimus, candidat radical. M. Isaac a défendu énergiquement les intérêts des colonies devant la Chambre, notamment dans la séance du 5 avril 1895, où il a dénoncé les abus militaires et civils de notre régime colonial, qui ne cesseraient de croître, malgré la création d'un ministère particulier.

ISAMBARD (Louis-Edouard), député français, né à Pacy-sur-Eure, le 8 mars 1845. Elève de l'Ecole de médecine à Paris, il se signala par son opposition à l'Empire, et fut reçu docteur en 1867. Pendant la guerre de 1870-1871, il fit campagne, comme soldat, puis comme médecin aide-major, au premier bataillon des mobilisés de l'Eure. Il s'établit médecin à Pacy-sur-Eure, devint maire de la commune et conseiller général du canton. L'un des chefs du parti républicain et membre de plusieurs sociétés démocratiques, il fut élu député de la 1re circonscription d'Evreux à l'élection partielle du 11 mai 1890 pour le remplacement de M. Bully, décédé. Aux élections générales du 20 août 1893, il fut réélu, comme républicain radical, au premier tour, par 7514 voix, contre 4736 données à M. Maurice Hallay, républicain libéral. Outre de nombreux articles de journaux, M. Isambard a publié une *Histoire de la Révolution à Pacy-sur-Eure* (Pacy-sur-Eure, 1885-1887, 2 vol. in-12) et quelques autres écrits d'intérêt régional.

HUTIN (Ph.), médecin français, mort le 20 mars 1880.

HUTIN (J.-F.-M.), chirurgien militaire français, mort à Saint-Germain-en-Laye, le 6 février 1892.

HYRTL (J.), anatomiste autrichien, mort à Vienne, le 17 juillet 1894.

IHERING (Rod. DE), jurisconsulte allemand, mort à Gœttingue, le 17 septembre 1892.

INGLEBY (Cl.-M.), littérateur anglais, mort à Valentines (Essex), le 26 septembre 1886.

INGLEFIELD (Sir Ed.-A.), marin anglais, mort à Londres, le 6 septembre 1894.

ISMAEL (J.-V.-J. JAMMES, dit), chanteur français, mort le 15 juin 1893.

ISMAIL-pacha, ex-khédive d'Egypte. — On a annoncé par erreur sa mort à la date du 15 juin 1893. Retiré à Constantinople, il y est mort le 1er mars 1895.

ISOARD (M.), député français, mort à Marseille, le 5 mai 1894.

J

JAMONT (Edouard-Fernand), général français, né à Saint-Philbert-de-Grandlieu (Loire-Inférieure), entra à l'Ecole polytechnique le 1er novembre 1850, en sortit, comme sous-lieutenant d'artillerie, le 1er octobre 1852, et fut promu successivement lieutenant le 1er octobre 1854, capitaine le 20 septembre 1859, chef d'escadron le 24 décembre 1869, lieutenant-colonel le 24 février 1874, colonel le 13 mai 1878, général de brigade le 11 novembre 1880, et général de division le 24 octobre 1885. Comme capitaine d'artillerie, il prit part à l'expédition de Crimée et fut blessé à la Tchernaïa, le 16 août 1855 ; il fit avec distinction, dans le même grade, les campagnes d'Italie, de Chine et du Mexique. Pendant la guerre franco-prussienne, il servit comme chef d'escadron et remplit les fonctions de chef d'état-major d'artillerie du 2e corps. Comme général de division, il commanda, en 1885, l'artillerie du corps expéditionnaire au Tonkin. En 1888, il fut appelé au commandement du 1er corps d'armée à Lille et passa, en 1893, à celui du 6e corps, ayant pour chef-lieu Nancy et pour territoire nos six départements de la frontière de l'Est. Il occupait ce poste important et était désigné pour les fonctions d'inspecteur d'armée, en remplacement du général de Galliffet atteint par la limite d'âge, lorsque M. Ribot, président du premier cabinet du nouveau président de la République, M. Félix Faure, lui offrit le portefeuille de la guerre, qu'il crut devoir refuser (26 janvier 1895). Appelé à l'Inspection, il fut remplacé, comme commandant du 6e corps, par le général Hervé (24 février 1895). Le général Jamont est membre du Conseil supérieur de la guerre. Décoré de la Légion d'honneur le 22 août 1855, il a été promu officier le 26 décembre 1860, commandeur le 5 juillet 1887 et grand officier le 25 décembre 1891.

JAPON (empereur ou mikado du). Voy. Mutsu-hito*.

JOHNSTON (Henry-Hamilton), voyageur anglais, né à Kennington (Surrey) le 12 juin 1858, il fit ses études au King's College de Londres, suivit les cours de l'Académie royale des Arts et donna quelques tableaux qui furent exposés à l'Académie royale et à plusieurs autres salons de peinture. En 1885, il fut nommé vice-consul aux Camerouns et en 1888 consul dans l'Afrique portugaise. L'année suivante, il explora les lacs Nyanza et Tanganyika avec mission d'apaiser les tribus qui inquiétaient la Compagnie des lacs arabes. En 1891, il fut nommé consul général du vaste territoire de l'Afrique centrale anglaise. Revenu en Angleterre en 1894, il fit de nombreuses conférences sur l'Afrique centrale et publia, sous les auspices de son gouvernement, un compte rendu de son séjour en Afrique. Il a été décoré de l'ordre du Bain en 1890.

Membre de la Société royale de Géographie de Londres, de l'Institut anthropologique et de l'Institut colonial, M. Henry Johnston a publié, outre de nombreux articles d'histoire naturelle, de voyages, de politique, dans les principaux journaux et revues anglaises : *le Fleuve Congo* (1884) ; *l'Expédition Kilimanjaro* (1886) ; *Histoire d'une esclave* (1889) ; *Vie de Livingstone* (1891).

JONES (Henry-Arthur), auteur dramatique anglais, né à Grandborough (Buckinghamshire) le 20 septembre 1851, n'avait reçu que l'éducation primaire lorsqu'à l'âge de treize ans, il fut obligé d'entrer dans le commerce. Entraîné par ses goûts littéraires, il s'essaya dans le genre dramatique et fit représenter sa première pièce : *Rien qu'à l'encoignure* (Only Round the Corner) au théâtre d'Exeter en 1878. Cette première tentative fut suivie rapidement d'un grand nombre de pièces dont plusieurs obtinrent beaucoup de succès en Europe et en Amérique. Nous citerons : *l'Erreur d'un clerc* (A Clerical error, 1879) ; *Sa femme* (His Wife) ; *le Roi d'Argent* (The Silverking, 1882), qui fut joué pendant plus d'un an au Princess's Theatre, puis avec le même succès en Amérique et en Australie. Il s'attacha dès lors à peindre les mœurs de la société anglaise contemporaine dans : *Saints et Pêcheurs* (Saints and Sinners, 1884), comédie qui, présentant des scènes du monde religieux, provoqua certaines protestations, mais se maintint pendant plus de deux cents représentations. Dans un ordre différent, il fit représenter successivement : *le Noble vagabond, Cœur des cœurs, l'Intermédiaire* (The Middleman, 1889) qui eut plus de deux cents représentations au Shaftesbury Theatre ; *Judah* (1890) : ces dernières pièces, traduites en plusieurs langues, furent représentées en Allemagne, en Autriche, en Hollande, en Belgique et dans le Danemark ; *la Danseuse* (The dancing Girl, 1891) ; *les Croisés*, représentés à l'Avenue Theatre dont l'auteur avait pris la direction ; *le Tentateur* (The Tempter, 1893), tragédie en quatre actes, et *le Cas de la rebelle Suzanne* (The Case of rebellious Susan, 1894).

JOURDAN (Joseph-Auguste), député français, né à Bastia le 29 juillet 1846. Avocat au barreau de Marseille, où il prit une place distinguée, adjoint au maire de cette ville de 1887 à 1892, il entreprit contre le député radical du Var, M. Georges Clé-

---

JACQUE (Ch.-E.), peintre et graveur français, mort à Paris, le 7 mai 1894.

JACQUEMART (E.-A.), député français, mort à Charleville, le 6 mars 1894.

JACQUENET (Mgr G.-B.-M.-S.), prélat français, mort à Amiens, le 11 mars 1892.

JAHAN (L.-H.-A.), ancien sénateur français, mort à Paris, le 1er février 1894.

JAMAIS (E.), député français, mort à Aygues-Vives (Gard), le 10 novembre 1893.

JAMETEL (G.-L.), sénateur français, mort à Paris, le 15 mars 1893.

JANMOT (A.-Fr.-L., dit Jean-Louis), peintre français, mort à Lyon le 1er juin 1892.

JANNET (Claudio), économiste français, mort à Paris, le 21 novembre 1894.

JANVIER DE LA MOTTE (L.-E.), ancien député français, mort à Angers, le 11 septembre 1894.

JELLINECK (A.), théologien autrichien, mort à Vienne, le 27 décembre 1893.

JOLY (Ar.), littérateur français, mort à Caen, le 16 janvier 1893.

menceau, une campagne très vive, et alla se porter contre lui, comme candidat républicain, aux élections législatives du 20 août 1893, dans l'arrondissement de Draguignan. Il obtint, au premier tour, 4 686 voix contre 6 634 données à son redoutable adversaire et 3 648 voix partagées entre cinq autres candidats radicaux. Au scrutin de ballottage du 3 septembre, les concurrents de M. Clémenceau ayant formé la « ligue anti-clémenciste », M. Jourdan fut élu par 9 482 voix contre 8 609 obtenues par l'ancien chef de l'extrême gauche. M. Jourdan est chevalier de la Légion d'honneur.

K

KELVIN (sir William THOMSON, depuis 1892 1er lord), électricien anglais. Voy. THOMSON (W.).

KENNAN (George), voyageur américain, né à Norwalk (Ohio), le 16 février 1845, compléta ses études à l'école supérieure de Columbus (Ohio) tout en remplissant les fonctions de télégraphiste de nuit. Devenu sous-chef télégraphiste à Cincinnati, il fut chargé en 1864 par la compagnie du télégraphe russo-américain, d'aller étudier le tracé et de diriger l'établissement d'une ligne transsibérienne. Après plus de trois ans de séjour en Sibérie, il revint aux États-Unis et publia en 1870 un récit de son exploration sous le titre *Vie sous la tente en Sibérie* (Tent Life in, etc.). L'année suivante, il visita les montagnes du Caucase, puis fit un nouveau voyage en Sibérie en 1885 et 1886 pour étudier spécialement le système d'exil dans ce pays. Le récit de cette nouvelle excursion de M. Kennan, qui parcourut plus de 12 000 kilomètres à travers le nord de la Russie et la Sibérie, parut d'abord dans le *Century Magazine*, où il obtint un grand succès (1887-1890); publié en volume sous le titre de *Sibérie et le système d'exil* (Siberia, etc., 1891), il fut traduit en russe, polonais, hongrois, bulgare, allemand et suédois.

KEROHANT (Jacques HERVÉ DE KEROHANT). Voy. HERVÉ.

KNIGHTON (William), professeur et littérateur anglais, né à Dublin en 1834, fit ses études à Glasgow, passa aux Indes et, à l'âge de vingt ans, fut professeur à l'école normale de Colombo (Ceylan), puis obtint la chaire de logique et d'histoire à l'université de Calcutta. En 1860, il fut nommé assistant commissionnaire du territoire d'Aoudh; il conserva ce poste jusqu'en 1878 et se consacra alors exclusivement à la littérature. En 1887, il fut nommé vice-président de la Société royale de littérature de Londres, membre de l'Association littéraire et artistique internationale de Paris et reçut les degrés de docteur en droit et en philosophie de l'université allemande de Giessen.

M. Knighton a publié une *Histoire de Ceylan*, écrite pendant son séjour dans cette île, d'après les légendes du pays; *Vie dans les Forêts de Ceylan*, d'après ses aventures personnelles; *Vie privée d'un roi oriental*, qui parut quelque temps avant la grande révolte des cipayes et jetait un jour nouveau sur les provinces d'Aoudh; *la Vie au village d'Aoudh*; *la Vie privée d'une reine orientale* (1864) et *les Luttes pour la vie* (Struggles for Life, 1888, in-18), traduites en français par M. Léon Delbos, et qui obtinrent une certaine vogue en France et en Allemagne. Il a donné en outre plusieurs essais, entre autres *Histoire primitive des Romains* (Early Roman History); *Cléon le Démocrate*; *Esprit grec et latin* (Greek and Latin Wit), etc. En 1889, M. Knighton a fait exécuter par le sculpteur Paul Fournier une statue en bronze de Shakespeare, destinée à être érigée sur le boulevard Haussmann à Paris.

KRANTZ (Charles-Camille-Julien), ingénieur français, député, né à Dinozé (Vosges), le 24 août 1848. Élève de l'École polytechnique de 1868 à 1870, il servit, pendant la guerre franco-prussienne, comme lieutenant d'artillerie auxiliaire, puis entra, comme ingénieur des tabacs, dans le service des manufactures de l'État. En 1878, il fut chef du Cabinet du commissaire général de l'Exposition universelle de Paris, le sénateur G. Krantz. L'année suivante il entra au conseil d'État comme maître des requêtes dans la section des Travaux publics. Il fut en outre professeur de droit administratif à l'École des ponts et chaussées. En 1891, il fut élu député des Vosges pour la 1re circonscription d'Épinal, comme candidat républicain, à l'élection partielle du 22 février, en remplacement de M. Brugnot, élu sénateur. Aux élections générales du 20 août 1893, il fut réélu, dans la même circonscription, par 6 936 voix contre 838 données à M. Jean Parisot, candidat agricole. M. Camille Krantz, nommé, en 1893, aux hautes fonctions de commissaire général de la Section française à l'Exposition universelle de Chicago, a été promu officier de la Légion d'honneur le 2 avril 1894.

JOUAUST (Damase), imprimeur français, mort à Paris, le 26 mars 1893.

JUTEAU (Mgr A.), prélat français, mort le 25 novembre 1893.

KAMEKE (G.-A.-C. DE), général prussien, mort le 12 octobre 1893.

KARR (Thérèse [Alphonse]), femme de lettres française, morte le 16 juin 1887.

KELETI (Ch.), statisticien hongrois, mort à Bade, le 29 juin 1892.

KEMBLE (Fr.-Anna), tragédienne anglaise, morte à Londres, le 16 janvier 1893.

KERMENGUY (E., vicomte DE), député français, mort le 27 novembre 1893. — Il avait été réélu député dans la 2e circonscription de Morlaix, le 20 août 1893.

KLOPSTEIN (Fr., baron DE), ancien député français, mort au château de Brandecourt (Meuse), le 7 mars 1893.

KOKSCHAROW (Nicolas DE), minéralogiste russe, mort à Saint-Pétersbourg, le 2 janvier 1893.

KOSSUTH (Louis), révolutionnaire hongrois, mort à Turin, le 21 mars 1894. — Son corps, dont de nombreuses pétitions réclamaient, avant sa mort, le rapatriement éventuel, a été transporté à Budapest où il lui fut fait des funérailles triomphales (31 mars 1894).

KUMMER (E.-E.), mathématicien allemand, mort à Berlin, le 14 mai 1893.

L

LABARTHE (P.), député français, né le 23 décembre 1846. Avocat, maire de Montpeyroux, et conseiller général de l'Aveyron pour le canton de Laguiole, il se présenta aux élections législatives du 20 août 1893, comme républicain opportuniste et modéré, et fut élu au premier tour par 8 086 voix contre 3 811 données à M. Norbert de Benoît, député sortant, conservateur.

LABAT (Théophile), député français, né à Lormont (Gironde) le 20 mars 1834. Ingénieur de la marine militaire, constructeur à Bordeaux, inventeur d'appareils de halage, membre de la Chambre de commerce, économiste distingué et chevalier de la Légion d'honneur, il se présenta, comme républicain indépendant, aux élections législatives du 20 août 1893 et fut élu au premier tour par 5 378 voix contre 5 215 données à M. Chichet, député sortant, boulangiste socialiste.

LA BONNINIÈRE DE BEAUMONT (Jean-Olivier), marin français, né le 23 juillet 1840, entra au service en 1859, fut nommé aspirant le 1er octobre 1861, enseigne de vaisseau le 1er octobre 1863, lieutenant de vaisseau le 3 août 1867, capitaine de frégate le 1er octobre 1879, capitaine de vaisseau le 4 juin 1884 et contre-amiral le 6 novembre 1891. Dans ce dernier grade, il fut choisi, au mois de novembre 1894, pour succéder au contre-amiral Dupuis, atteint par la limite d'âge, dans le commandement en chef de la division navale de l'Extrême-Orient, et partit, le mois suivant, pour se rendre à Yokohama et arborer son pavillon sur le cuirassé le *Bayard*. L'amiral La Bonninière de Beaumont a été promu officier de la Légion d'honneur le 5 juillet 1885 et commandeur le 22 décembre 1889.

LABORI (Fernand-Gustave-Gaston), avocat et jurisconsulte français, né à Reims (Marne) le 18 août 1860, fit de brillantes études de droit à la Faculté de Paris, dont il fut deux fois lauréat : il remporta le premier prix de droit civil en 1881 et le premier prix de droit romain en 1883. Il compléta ses études par des voyages en Angleterre et en Allemagne. Inscrit au barreau de la Cour d'appel depuis le 11 novembre 1881, il fut secrétaire de la Conférence des avocats pour l'année judiciaire 1887-1888, et prit pour sujet de son discours de rentrée, qui fut très remarqué : le *Procès du Collier*. Il plaida plusieurs grosses affaires de cour d'assises, telles que celles des assassinats Duval et Chevallereau et celles de l'anarchiste Pini et du dynamiteur Vaillant. Au civil, il défendit le député Gabriel Compayré lors des fameuses poursuites en diffamation contre le député Numa Gilly ; chargé aussi de plusieurs causes littéraires, il soutint le procès de *la Plume* contre le Sâr Peladan, défendit le *Théâtre réaliste*, etc. Rédacteur en chef de la *Gazette du Palais*, M. Labori a entrepris, avec quelques-uns de ses collègues, le *Répertoire encyclopédique du droit français*, qui doit former une dizaine de volumes.

LABBÉ (J.-J.), ancien représentant du peuple, mort à Gorcy (Meurthe-et-Moselle), le 17 mars 1894.

LABBÉ (Jules), publiciste français, mort à Paris, le 8 octobre 1895.

LABBÉ (Edouard-L.), médecin français, mort à Paris, le 7 mai 1894.

LABERGE (A., Marchais de), sénateur français, mort à Paris, le 11 juillet 1894.

LABUSSIÈRE (Louis-Emile), député français, né à Bénévent-l'Abbaye (Creuse) le 2 mai 1853. Entrepreneur de travaux publics, maire de Limoges de 1889 à 1891, conseiller général pour le canton sud de cette ville, il se présenta comme candidat républicain radical socialiste, dans la première circonscription de Limoges, aux élections législatives du 20 août 1893, obtint au premier tour 6 270 voix contre 4 348 données à M. Félix Roussel, républicain libéral, et 2 837 à M. Vervoort, publiciste, socialiste, et fut élu, au scrutin de ballottage, le 5 septembre, par 9 189 contre 6 541 données au premier de ses concurrents.

LACOMBE (Louis), député français, né à Rodez le 11 décembre 1853. Notaire à Rodez, maire et conseiller général de cette ville, il fut porté, comme candidat républicain, aux élections législatives du 20 août 1893, dans la première circonscription de l'arrondissement, et élu, au premier tour, par 7 426 voix contre 3 800 données à M. Bonnefous, procureur de la République à Marvéjols, républicain, et 1 478 à M. Fabié, professeur, également républicain. M. Lacombe a été décoré de la Légion d'honneur.

LACOMBE (Joseph-*Paul*), publiciste et historien français, né à Cahors le 6 janvier 1834, fit son droit à Paris, suivit en même temps l'Ecole des Chartes, dans la promotion de 1859, et obtint le diplôme de paléographe avec une thèse sur *l'Histoire du consulat de Cahors de 1200 à 1851*. Ancien archiviste du département de la Corrèze, il passa dans l'administration, fut sous-préfet de Figeac, puis secrétaire général de la préfecture du Loiret. Il est devenu inspecteur général des bibliothèques et des archives et a été décoré de la Légion d'honneur. M. Paul Lacombe a publié un certain nombre d'ouvrages de divers genres : deux essais dramatiques, le *Sac de Béziers*, drame en cinq actes et huit tableaux (1864, in-18), et *Vercingétorix*, drame en cinq actes et neuf tableaux (Cahors, 1886, petit in-8 ; non mis dans le commerce) ; des études d'économie sociale : le *Mariage libre* (1867, in-18) ; *Mes Droits* (1869, in-18) ; *la République et la Liberté* (1870, in-8 ; *la Question de l'armée* (Genève, 1871, in-8, et Cahors, 1872) ; *la Famille dans la Société romaine*, étude de moralité comparée (1888, in-8), faisant partie de la bibliothèque anthropologique ; deux volumes de vulgarisation : *les Armes et les armures* (1867, in-18, 60 vignettes), faisant partie de la Bibliothèque des Merveilles ; le *Patriotisme* (1879, in-18), dans la même collection ; plusieurs livres d'histoire élémentaire : *Petite Histoire du peuple français* (1868, in-18, plusieurs éditions), *Petite Histoire d'Angleterre*, depuis les origines jusqu'en 1660 (1877, 2 vol. in-16), *l'Angleterre*, géographie, climat, etc. (1877, avec carte et grav.) ; enfin un important travail de philosophie de l'histoire : *De l'Histoire considérée comme science* (1894, in-8).

LA BOUILLERIE (J.-L. de), ancien représentant du peuple, mort au château de la Roche-Hue (Maine-et-Loire), le 25 septembre 1894.

LACHNER (François), musicien allemand, mort en 1890.

LACHNER (Vincent), musicien allemand, mort à Carlsruhe, le 21 janvier 1893.

LACRESSONNIÈRE (L.-Ch.-A.), acteur français, mort au Poitel, le 9 juin 1893.

Un bibliographe homonyme, M. Paul Lacombe, membre et trésorier de la Société de l'Histoire de Paris, né à Gentilly, près Paris, en 1848, a publié : *Essai d'une bibliographie des ouvrages relatifs à l'Histoire religieuse de Paris pendant la Révolution*, 1789-1802 (1884, in-8), et *Bibliographie parisienne*, tableaux de mœurs, 1600-1880, avec préface de M. Jules Cousin (1887, in-8).

LACROIX (André), archiviste français, né à Haute-rives (Drôme) le 28 septembre 1824, entra d'abord dans l'enseignement, puis fut rédacteur du *Courrier de la Drôme et de l'Ardèche*, journal de Valence. Nommé, en 1861, archiviste du département de la Drôme, il passa deux ans plus tard les examens exigés pour ces fonctions, et fut nommé correspondant du ministère de l'Instruction publique pour les travaux historiques. M. André Lacroix se voua avec ardeur au classement des documents et titres confiés à sa garde, et publia, de 1865 à 1876, l'important *Inventaire sommaire des archives départementales de la Drôme* (Valence, t. I-IV, in-4). Il se livra en même temps à de savantes et intéressantes études d'histoire locale et publia, entre autres travaux biographiques et archéologiques, *l'Arrondissement de Montélimar*, géographie, histoire et statistique (Valence, 1868-1893, 8 vol. in-8), et *l'Arrondissement de Nyons* (Ibid., 2 vol. in-8), sans compter un nombre considérable de *Mémoires* dans le *Bulletin de la Société d'archéologie et de statistique de la Drôme*, dont il est depuis seize ans le secrétaire-archiviste.

LAFONT (Ernest), député français, né à Bayonne le 24 janvier 1845. Ancien interne des hôpitaux de Paris, reçu docteur en médecine en 1869, il exerça dans sa ville natale et fut conseiller d'un des deux cantons de 1880 à 1892. Il fut élu député de la première circonscription de l'arrondissement, comme candidat républicain, à l'élection partielle du 13 avril 1890, en remplacement de M. Haulon, devenu sénateur, se représenta aux élections générales du 20 août 1893 et fut élu, au premier tour, par 6 296 voix, sans concurrent.

LAMENDIN (Arthur), député français, né à Lourches (Nord) le 2 mars 1852, fut mis au travail des mines dès l'âge de neuf ans, et devint, en 1876, porion dans l'exploitation de Liévin. Il s'associa de bonne heure aux tentatives faites pour réunir les ouvriers mineurs en syndicat et se vit congédié par la compagnie en 1884. L'un des promoteurs de la grande grève de 1889, il fut chargé par ses compagnons de soutenir leurs revendications devant le comité général des houillères du Nord et du Pas-de-Calais, et eut une part active aux négociations qui aboutirent à des améliorations notables dans la condition des ouvriers. Il fut nommé secrétaire général de l'Association syndicale du Pas-de-Calais et prit part, à ce titre, à de nouvelles négociations avec les Compagnies. Délégué par les houilleurs de Liévin, en vertu de la loi de 1890, il fut nommé par le ministre du Commerce et de l'Industrie, membre du nouveau Conseil supérieur du travail. En 1891, il fut élu conseiller municipal de Liévin. Une élection législative partielle s'étant produite dans la 2e circonscription de Béthune par suite de la mort du député M. Haynaut, M. Lamendin fut porté comme candidat socialiste et élu par 8 767 voix, le 21 février 1892. Au mois de mai suivant, il était élu maire de Liévin, mais il déclina ces fonctions pour se consacrer à son mandat de député, c'est-à-dire à la propagande socialiste et aux campagnes en faveur des grèves soutenues par plusieurs de ses collègues de la Chambre dans les divers districts ouvriers. Aux élections générales du 20 août 1893, il se représenta dans la même circonscription de Béthune et fut réélu, au premier tour, par 12 238 voix, contre 6 035 données à M. Delisse, ancien député, conservateur.

LANDOUZY (Louis-Joseph-Théodore), médecin français, né à Reims le 27 mars 1845, étudia la médecine à Paris, fut reçu interne des hôpitaux en 1871, docteur en 1876, médecin des hôpitaux en 1879, et agrégé de la Faculté en 1880. Médecin des hôpitaux Tenon et Laennec, il a été nommé, en 1893, professeur de matière médicale et de thérapeutique à la Faculté, et élu, à la presque unanimité, membre de l'Académie de médecine le 23 janvier 1894. Il a été décoré de la Légion d'honneur.

Connu par de remarquables travaux sur l'étiologie de la tuberculose et sur la tuberculose du premier âge, M. le docteur Louis Landouzy a publié : *Contribution à l'étude des convulsions et paralysies liées aux méningo-acéphalites fronto-pariétales*, thèse de doctorat (1876, in-8, avec fig.) ; *Des Paralysies dans les maladies aiguës*, thèse d'agrégation (1880, in-8) ; *De la Déviation conjuguée des yeux et de la Rotation de la tête par excitation ou paralysie, etc.* (1880, in-8) ; *De la Myopathie atrophique progressive*, avec M. J. Dejerine (1885, gr. in-8, avec fig.). Il a recueilli les *Leçons cliniques sur les teignes* du docteur C. Lailler (1878, in-8, 4 pl.).

LAPORTE-BISQUIT (Jean-Maurice), sénateur français, né à Limoges le 5 novembre 1842, se fit recevoir licencié en droit, puis entra dans le commerce des eaux-de-vie et devint le chef de la maison Bisquit-Dubouché et Cie, de Cognac. Il est le gendre de M. Dubouché, l'ancien maire de Limoges et créateur du musée céramique de cette ville. Maire de Jarnac et vice-président du Conseil d'arrondissement de Cognac, il fut élu, pour la première fois, sénateur de la Charente, aux élections du 7 janvier 1894, comme candidat républicain, au premier tour et le dernier sur trois, par 427 voix sur 841 votants. Membre du jury de l'Exposition universelle de 1889, il a été décoré de la Légion d'honneur.

LARCHER (Claude), pseudonyme de Paul Bourget. Voy. ce nom *.

LARCHEY (Ernest-Maximilien), général français, né à Strasbourg (Bas-Rhin), le 5 octobre 1854, entra à l'Ecole de Saint-Cyr, le 9 novembre 1852, et sortit le 1er octobre 1854, comme sous-lieutenant d'infanterie au 46e régiment, qui était désigné pour prendre part à l'expédition de Crimée. Six mois après, en récompense de ses brillants services, il était promu lieutenant (24 avril 1855), puis nommé chevalier de la Légion d'honneur (16 avril 1856). Capitaine le 5 mai 1859, il fut successivement promu chef de bataillon le 27 février 1869, lieutenant-

LADES GOUT (E.-J.), sénateur français, mort le 14 décembre 1893.

LAFAYE (Prosper), peintre français, mort au mois de mars 1883.

LAFFITTE P.), philosophe français, mort le 6 novembre 1893.

LAGACHE (Célestin), ancien député français, mort à Paris, le 22 janvier 1893.

LAGIER (Suzanne), actrice française, morte à Londres, le 11 février 1893.

LAGRANGE (A.-V.), député français, mort à Vichy, le 17 août 1894.

LALANDES (F.-L.-M.-A.), ancien député français, mort à Pauillac, le 26 septembre 1894.

LALLEMAND (O.-L.), général français, mort à Eteignères, le 20 décembre 1893.

LANSYER (M.-E), peintre français, mort à Paris, le 21 octobre 1893.

LAPOINTE (Savinien), ouvrier-poète français, mort à Soucy (Yonne), le 29 décembre 1893.

colonel le 29 décembre 1874, colonel le 19 novembre 1878, général de brigade le 24 juillet 1886, général de division le 26 octobre 1890. Comme capitaine, il avait pris part à la guerre d'Italie. Il se trouvait à Strasbourg avec le grade de commandant lors de la guerre franco-prussienne, et après la capitulation de cette ville, il fut emmené prisonnier en Allemagne. Revenu en France après la paix, il commanda quatre ans le 1er tirailleurs d'Algérie (1874-1878). Comme général, chargé du commandement du 18e corps d'armée à Bordeaux, le 26 décembre 1893, il l'échangea contre celui des troupes de l'Algérie, le 10 mars 1895. Officier de la Légion d'honneur le 18 janvier 1881, il a été promu commandeur, le 9 juillet 1892.

LARGENTAYE (Marie-Ange Riousr de), député français, né à Saint-Brieuc le 6 mars 1854, est le fils du représentant à l'Assemblée nationale et ancien député légitimiste des Côtes-du-Nord, mort en 1883. Conseiller général des Côtes-du-Nord pour le canton de Plancoët, il entra lui-même à la Chambre en remplacement de son père par une élection partielle en février 1884, et fut réélu, au scrutin de liste, aux élections générales de l'année suivante. A celles de 1889, faites de nouveau au scrutin uninominal, il se porta dans la 2e circonscription de Dinan comme candidat de la droite, et fut élu par 9528 voix. Il a été réélu le 20 août 1893, au premier tour, par 8019 voix contre 4852 données à M. Pelliou, républicain modéré.

LAROZE (Pierre), député français, né à Libourne (Gironde), le 25 mai 1861, est le fils de M. Léon Laroze, ancien député et conseiller général de la Gironde. Avocat auditeur au Conseil d'Etat depuis six ans, propriétaire dans l'arrondissement de La Réole, il se porta dans cette circonscription aux élections législatives du 20 août 1893, comme candidat républicain, et fut élu au premier tour, par 7619 voix contre 5436 données à M. Robert Mitchell, député sortant, rallié, et 87 à M. Michel Jeantier, ouvrier tonnelier, socialiste.

LAURENS (Paul-Pierre), sénateur français, né à Venterol (Drôme), le 27 septembre 1847, fit ses études de médecine à la Faculté de Paris et obtint le diplôme de docteur au mois de juillet 1870. Pendant la guerre, il fit la campagne comme aide-major volontaire. Etabli comme médecin à Nyons, il fut élu conseiller municipal en 1874, puis nommé adjoint au maire et maire en 1881. Membre du Conseil général de la Drôme pour le canton de Remuzat et vice-président de cette assemblée depuis 1892, il fut élu, pour la première fois, sénateur, comme candidat républicain, à l'élection partielle du 9 avril 1893, en remplacement de M. Chevandier, décédé, par 473 voix sur 753 votants. Au renouvellement triennal du 7 janvier suivant, il fut réélu, au premier tour le second sur trois, par 528 voix sur 747 votants. Signalé par son dévouement professionnel dans l'épidémie cholérique de 1884 et par son active participation aux fondations scolaires de son arrondissement, M. P. Laurens a été décoré de la Légion d'honneur.

LA VILLEGONTIER (Pierre-Marie-Sébastien-Gérard-Francis, comte de), sénateur français, né au château de la Villegontier, commune de Parigné (Ille-et-Vilaine), le 10 janvier 1841, servit, comme officier de mobiles, pendant la guerre de 1870-1871, et fut à cette occasion décoré de la Légion d'honneur. Maire de sa commune natale, conseiller général pour le canton nord de Fougères, il se présenta une première fois, comme candidat royaliste, dans l'arrondissement de Fougères, le 20 février 1876, obtint 8405 voix sans être élu. Le 15 octobre 1877, il fut élu par 9671 voix contre 9620 obtenues par M. Roger-Marvaize, candidat républicain ; mais son élection fut invalidée. Il se représenta aux élections du 21 août 1881 et fut encore élu par 9114 voix contre 8836 données à M. Riban ; son élection fut encore annulée, et son concurrent, qui fut élu, le 29 janvier 1882, par 9129 voix contre 9113, fut invalidé à son tour. Le 30 avril suivant, le mandat de député de Fougères échut à un troisième candidat. M. de la Riboisière. Aux élections du 4 septembre 1885, faites au scrutin départemental, M. de La Villegontier échoua avec toute la liste monarchique de l'Ille-et-Vilaine. Enfin il fut élu sénateur de ce département, le 5 janvier 1888, au premier tour, et le second des trois candidats conservateurs, par 612 voix sur 1153 votants.

LAVY (Aimé), député français, né à Bourbon-l'Archambault (Allier), le 26 septembre 1850. Ancien directeur d'une école laïque libre à Paris et récompensé à l'Exposition universelle de 1878, pour ses travaux scolaires, il fut élu, comme républicain socialiste, conseiller municipal du quartier de la Goutte-d'Or en 1887, et réélu en 1890. L'un des fondateurs du parti ouvrier, il avait été délégué, en octobre 1876, au premier congrès ouvrier à Paris. Deux ans plus tard, l'organisation d'un congrès ouvrier international valut des poursuites et une condamnation au journal le Prolétaire, dont il était le secrétaire de rédaction. Il se présenta pour la première fois, mais sans succès, aux élections législatives du 22 septembre 1889, dans la 3e circonscription du XVIIIe arrondissement. Il se représenta à l'élection partielle du 16 novembre 1890, pour le remplacement de M. Joffrin, décédé, dont il était l'ami personnel et l'exécuteur testamentaire, et fut élu par 3220 voix contre 2021 données à M. Lissagaray. Aux élections générales du 20 août 1893, porté comme socialiste broussiste, il obtint, au premier tour, 3687 voix contre 2380 données à M. Hostein, républicain progressiste, 2284 à M. Foursin, socialiste revisioniste, 1255 à M. Gérault-Richard, socialiste révolutionnaire, et 588 à M. Reuter ; il fut élu, le 3 septembre, au scrutin de ballottage, par 5275 voix contre 4481 obtenues par M. Hostein. La vivacité de son opposition au boulangisme et à ses candidats attira au député de la Goutte-d'Or de violentes attaques de la part de M. Rochefort et de son journal l'Intransigeant ; M. Lavy poursuivit celui-ci en diffamation devant la Cour d'assises, plaida lui-même sa cause, et obtint la condamnation du rédacteur, M. Philippe Dubois, et du gérant à plusieurs mois d'emprisonnement et à une amende de 1500 francs (26 avril 1894). A la Chambre, M. Lavy s'est signalé par une interpellation au ministre de l'Intérieur, sur l'orphelinat de Cempuis, à propos de la destitution de son directeur, M. Robin, dont il présenta longuement, mais sans succès, la défense ; car elle aboutit à un ordre du jour en faveur du ministère, voté par 466 voix contre 40 (10 novembre 1894).

LEBAUDY (Paul), député français, né à Enghien (Seine-et-Oise), le 4 juillet 1858. Propriétaire des grandes raffineries connues sous son nom et habitant, dans le département, le château de Rosny-sur-Seine, il a été, de 1884 à 1893, conseiller général de Seine-et-Oise pour le canton de Bonnières. Il fut élu député à l'élection partielle du 15 février 1890, comme républicain modéré, dans l'arrondissement de Mantes, en remplacement de son père, Gustave Lebaudy, décédé. Il a été réélu aux élections générales du 20 août 1893, au premier tour, par 8659 voix contre 3987 données à M. Maréchaux, républicain. M. P. Lebaudy a pris part aux discussions de la Chambre relatives à l'établissement du crédit agricole et à la création de caisses de retraite pour les classes ouvrières.

LEBON (Maurice), député français, né à Paris, le 13 novembre 1849. Licencié en droit, attaché au cabinet du garde des sceaux, J. Dufaure, du 17 mars 1871 au 24 mai 1873, il devint secrétaire particulier du président du Conseil en 1876, et secrétaire général de la Mayenne, le 5 janvier 1877. Révoqué après l'acte du 16 mai de la même année, il rentra dans l'administration en 1878, comme secrétaire général de la Seine-Inférieure. Deux ans plus tard, il s'inscrivit au barreau de Rouen, fut adjoint au maire de cette ville en 1881, maire en 1886 et conseiller général du canton de Duclair en 1890. Élu député de la 4ᵉ circonscription, comme candidat républicain, à l'élection partielle du 22 février 1891, en remplacement de M. Richard Waddington, élu sénateur, il s'est représenté aux élections générales du 20 août 1893, et a été réélu, au premier tour, par 8530 voix contre 1656 données à M. Cornillard, socialiste. Nommé sous-secrétaire d'État aux colonies dans le cabinet Casimir Périer, le 3 décembre 1891, il donna sa démission trois mois plus tard, pour avoir la liberté de démontrer à la Chambre les graves inconvénients de la situation faite au titulaire de ce poste, appelé à prendre les plus importantes mesures, sans responsabilité, comme sans contrôle, et le discours par lequel il les exposa détermina la création d'un ministère spécial des colonies (17 mars 1894).

LEBON (André), député français, né à Dieppe, le 26 août 1859. Licencié en droit, il commença dès 1874, sous le pseudonyme de André Daniel, l'Année politique, revue des événements accomplis l'année précédente, et qu'il continua jusqu'en 1884. A cette époque, il fut nommé professeur à l'École libre des sciences politiques. En 1882, il avait été choisi par M. Le Royer, président du Sénat, comme chef de cabinet : il conserva ces fonctions jusqu'en 1893. Dans l'intervalle, il fut chargé de missions scientifiques à la suite desquelles il fut décoré de la Légion d'honneur. En 1890, il fit partie, comme secrétaire, de la délégation de la France, de la conférence internationale ouvrière de Berlin. Aux élections législatives du 22 septembre 1889, M. André Lebon se présenta dans l'arrondissement de Parthenay, comme candidat républicain progressiste, mais échoua avec 8951 voix contre 10496 données à M. Paul Taudière, monarchiste. Il se présenta de nouveau à celles du 20 août 1893 et fut élu, au premier tour, par 10464 voix contre 10092 données à son ancien concurrent. Lors de la formation du premier cabinet du nouveau président de la République, M. Félix Faure, il reçut de M. Ribot, le portefeuille du commerce.

Outre l'Année politique (10 vol. in-12, 1876-1884), parmi les ouvrages de M. Lebon, nous cite-

rons : l'Angleterre et l'Émigration française de 1794 à 1801 (1882, in-8); Études sur la législation électorale de l'empire d'Allemagne (1879, in-8); Études sur l'Allemagne politique (1890, in-12). Il a collaboré au Recueil des instructions données aux ambassadeurs, au Bulletin de la Société de législation comparée, etc.

LE BORGNE (Paul), député français, né à Pleyben (Finistère), le 4 septembre 1844. Reçu docteur en médecine en 1872, il s'établit dans sa ville natale, dont il devint maire. Conseiller du canton et président du comice agricole de Châteaulin, il se porta en 1889, comme candidat républicain, dans la 1ʳᵉ circonscription de l'arrondissement et fut élu, le 22 septembre, par 7165 voix contre 5463 obtenues par M. de Leyge, député conservateur sortant. Aux élections du 20 août 1893, il se représenta comme républicain modéré et protectionniste et fut réélu, au premier tour, par 7765 voix, sans concurrent.

LEBRET (Georges), député français, né à Étampes, le 7 novembre 1853, d'une famille originaire de Normandie, fit son droit à Paris, fut pendant plusieurs années clerc de notaire, se fit recevoir docteur en droit et fut chargé par le ministère de l'Instruction publique de missions d'études en Angleterre et en Écosse. Attaché, comme agrégé, à la Faculté de droit de Caen, il suppléa, pendant cinq ans, le célèbre Demolombe, dans sa chaire de Code civil; il devint professeur titulaire en 1885. Candidat républicain, dans le département de Seine-et-Oise, aux élections législatives de 1885, faites au scrutin de liste, il obtint 30000 voix et échoua avec toute la liste républicaine modérée. En 1892, il fut élu conseiller municipal de Caen et nommé maire de cette ville. Aux élections législatives du 20 août 1893, candidat républicain dans la 1ʳᵉ circonscription de Caen, il fut élu, au premier tour, par 6607 voix contre 4888, données à M. Engerand, député sortant, boulangiste. M. Lebret a publié, dans la Revue pratique de Droit français, puis en volume, une importante Étude sur la propriété foncière en Angleterre (1882, in-8).

LE BRETON (Paul-Anselme), sénateur français, né à Laval, le 12 septembre 1833. Licencié en droit, propriétaire agriculteur, membre du conseil de la Société des agriculteurs de France, membre actif, puis président des sociétés agricoles locales, il a été porté, comme candidat de la droite, aux élections sénatoriales de la Mayenne le 5 janvier 1888 et élu, au premier tour et le premier sur deux, par 390 voix sur 687 votants. Au Sénat, M. Le Breton a pris plusieurs fois la parole, soit pour réclamer des restrictions aux lois de laïcisation scolaire, soit pour soutenir les tarifs de douane proposés par les protectionnistes.

LE CLEC'H (Albert), député français, né à Douarnenez (Finistère), le 10 avril 1857. Docteur en droit, avocat au barreau de Quimper, conseiller municipal de Douarnenez et très familier avec les usages et la langue des populations bretonnes, il ne craignit pas de se présenter aux élections législatives du 20 août 1892, comme républicain de gouvernement, dans la 2ᵉ circonscription de Pontivy, contre l'ardent apôtre de la politique catholique, le comte Albert de Mun, et fut élu, au premier tour, par 4427 voix contre 4158 obtenues par son célèbre concurrent.

LE COUPANEC (Eugène-Marie), député français, né à Ploemeur (Morbihan), le 1ᵉʳ novembre 1857, avoué à Lorient depuis 1882, conseiller général pour le canton d'Hennebont, il se présenta comme

---

LEBLANC (A.-Léonide), actrice française, morte à Paris, le 1ᵉʳ février 1894.

LECONTE DE LISLE (Ch.-M.-R.), poète français, mort à Louveciennes, le 17 juillet 1894.

républicain de gouvernement aux élections législatives du 20 août 1893, dans la 2ᵉ circonscription de Lorient, obtint, au premier tour, 8 377 voix données à M. de Lamarzelle, député sortant, monarchiste, et 1 722 à M. Georges Ouizille, industriel, conservateur rallié, et fut élu, au second tour, par 10 918 contre 7 829 données au premier de ses concurrents.

LECOUTEUX (Edouard), agronome français, né à Creil (Oise) en 1819, fils de cultivateurs, entra à l'Ecole nationale d'agriculture de Grignon, y devint répétiteur, dirigea des cultures en Italie, puis les colonies agricoles de Fontevrault et de Mettray et fut mis, en 1848, à la tête du nouvel Institut agronomique de Versailles. Acquéreur, en 1858, du vaste domaine de Cernay, dans la Sologne, il y donna l'exemple des améliorations possibles de cette région. L'un des fondateurs et président de la Société des agriculteurs français, professeur à l'Institut agronomique de Paris et au Conservatoire des arts et métiers, il a été fait officier de la Légion d'honneur le 14 janvier 1879. — Il est mort à la Motte-Beuvron (Loir-et-Cher), le 24 octobre 1893.

M. Lecouteux, directeur du *Journal d'Agriculture pratique*, a publié de nombreux ouvrages agricoles, dont nous citerons les principaux : *Traité Élémentaire de l'Agriculture du département de la Seine* (1850, in-18); *De la Production fourragère dans le Nord et le Midi* (1843, in-18); *Guide du Cultivateur améliorateur* (1854, in-18); *Traité des Entreprises de grande culture*, principes généraux d'économie rurale (1857-1861, 2ᵉ éd.. 2 vol. in-8); *Cours d'Economie rurale* (1879, 2 vol. in-18, 2ᵉ éd.. 1888); *Le Blé, sa Culture intensive et extensive*, commerce, tarif, législation (1883, in-18); *l'Agriculture à grands rendements* (1892, in-18).

LEDIEU (Alcius), bibliographe et historien français, né à Démuin (Somme), en 1850, fut nommé en 1879, conservateur de la bibliothèque communale et des musées d'Abbeville, fonctions auxquelles on adjoignit plus tard celles d'archiviste municipal. Correspondant du ministère de l'Instruction publique, fondateur du *Cabinet historique de l'Artois et de la Picardie*, collaborateur des principales revues d'histoire et d'archéologie des provinces du Nord, il s'est fait connaître par un nombre considérable de publications relatives à l'ancienne Picardie, à ses antiquités, à ses curiosités historiques, bibliographiques ou philologiques; il a particulièrement consacré à sa commune natale, sous le titre général de « Monographie d'un Bourg picard », une sorte de monument complet comprenant jusqu'ici quatre volumes : *Introduction à l'Histoire de Démuin*, depuis les temps les plus reculés jusqu'à nos jours (1890, in-18 avec pl.); *l'Histoire de Démuin* (1890); *Traditions populaires de Démuin* (1891); *Petit Glossaire du Patois de Démuin*. Parmi ses autres ouvrages, nous citerons dans leur ordre de publication : *Sièges et Prises de Saint-Valery* (Abbeville, 1883, in-12); *Boucher de Perthes, sa vie, ses œuvres, sa correspondance* (Ibid., 1885, gr. in-8); *Catalogue analytique des manuscrits de la bibliothèque d'Abbeville*, précédé d'une notice historique; *Millevoye, sa vie et ses œuvres* (Ibid., 1886, petit in-8); *l'Amiral Courbet* (Lille, 1881, in-18); *l'Imprimerie et la Librairie à Abbeville avant 1789* (Abbeville, 1887, in-18); *la Vallée du Liger et ses environs* (1887, in-8); *Deux années d'invasion en Picardie*, étude d'histoire locale [1635-1636] (1887, in-8); *Esquisses militaires de la Guerre de Cent ans* (Lille, 1887, gr. in-8); *Esquisses militaires de la Guerre de Trente ans* (Ibid., 1888, in-8); *Un compagnon de Jeanne d'Arc: Etienne de Vignolles* (Ibid., 1880, in-8); *la Guerre de Trente ans en* Artois (Abbeville, 1890, in-8); *Une Poignée de dictons et de sobriquets picards* (1890, in-8).

LEFÈVRE (Alexandre-Auguste-Placide), sénateur français, né à Ercheux (Somme) le 29 novembre 1834, fut, pendant plus de vingt ans, chef d'institution à Montreuil-sous-Bois (Seine) et dirigea en même temps les cours supérieurs municipaux de la ville de Vincennes. Elu membre du Conseil général de la Seine pour ce canton, il en fut à plusieurs reprises élu vice-président, prit une part active à ses travaux et signala par sa persistance à réclamer, dans l'intérêt du département, la séparation du Conseil général de la Seine et du Conseil municipal de Paris. Présenté, une première fois, comme candidat républicain radical, à l'élection sénatoriale partielle du 10 mai 1889, pour le remplacement de M. Songeon, décédé, il ne lui manqua que trois voix pour être élu. Au renouvellement triennal du 4 janvier 1891, il le fut, au troisième tour de scrutin, par 267 voix sur 600 votants. M. Lefèvre, membre de la gauche démocratique du Sénat s'occupa spécialement des questions scolaires et de celles qui intéressent le département de la Seine et la ville de Paris.

LEFÈVRE (Auguste-Alfred), marin français, ancien ministre, né le 20 décembre 1828, entra au service en 1845, fut nommé aspirant le 1ᵉʳ août 1847, enseigne de vaisseau le 4 septembre 1851, lieutenant de vaisseau le 27 novembre 1859, capitaine de frégate le 12 mars 1870, capitaine de vaisseau le 28 avril 1876, contre-amiral le 24 mai 1884, et vice-amiral le 10 novembre 1890. Après avoir servi dans l'escadre de la Méditerranée, sous l'amiral Jurien de la Gravière, il se distingua dans les mers de Chine, fit, comme officier d'ordonnance de l'amiral Larrieu, la campagne du Mexique. Pendant la guerre franco-allemande, il suivit le Gouvernement de la défense nationale à Tours et à Bordeaux et remplit les fonctions d'aide-de-camp auprès de l'amiral Fourichon. Il eut les mêmes fonctions auprès de cet amiral devenu ministre de la Marine en 1876. Au commencement de 1891, appelé au commandement de la *Revanche*, il prit part au bombardement de Sfax et à l'affaire de Gabès. Comme contre-amiral, il occupa les fonctions de major de la flotte à Brest et commanda en chef la division navale du Pacifique. Après sa promotion au grade de vice-amiral, il fut nommé chef du service hydrographique de la marine, puis quitta ce service pour prendre le commandement en chef de l'escadre du Nord. C'est dans cette situation que M. Casimir-Périer alla le chercher pour lui confier le portefeuille de la marine dans le cabinet du 3 décembre 1893. L'amiral Lefèvre, qui n'occupa ce ministère que quelques mois, avait été admis à la retraite, par limite d'âge, le 20 décembre 1893. Officier de la Légion d'honneur depuis le 27 décembre 1872, il a été promu commandeur le 5 juillet 1882, grand officier le 29 décembre 1889, et grand-croix le 16 juin 1894.

LEFFET (Eugène-Lucien), député français, né à Saumur, le 21 mai 1838. Ancien lieutenant de vaisseau, décoré de la Légion d'honneur pour fait de guerre en 1870, retiré dans la commune de Rivarennes, près d'Azay-le-Rideau (Indre-et-Loire), membre du conseil d'arrondissement de Chinon, il s'est présenté, comme candidat républicain, aux élections législatives du 20 août 1893, et a été élu, au premier tour, par, 11 540 voix contre 10 784 obtenues par M. Jules Delahaye, député sortant, boulangiste.

LELAND (Charles Godfrey), publiciste américain, né à Philadelphie le 15 août 1824, fit ses études au Princeton College et alla en 1846 suivre les cours

---

LECOQ (Mgr J.-F.), prélat français, mort le 24 décembre 1892.

LE FORT (L.-C.), médecin français, mort à Ménestreau (Loiret), le 19 octobre 1893.

des universités de Heidelberg, de Munich et de Paris. De retour en Amérique, il prit la direction de l'*Illustrated News*, et, au début de la guerre de Sécession, fonda à Boston le *Continental Magazine*. S'intéressant vivement au développement des sciences, il voyagea plusieurs années en Europe, présenta de nombreux mémoires aux différents congrès scientifiques d'Angleterre, de Florence, de Vienne et de Stockholm, et fonda à Londres le Club Rabelais. En 1880, il fut un des organisateurs et le premier président du Congrès européen de folk-lore, réuni à Paris, dirigea le second congrès de cette société, à Londres, en 1891, puis en Italie en 1893. Il créa à Philadelphie une section de cours d'arts industriels pour les écoles publiques.

On cite de M. Leland de nombreux ouvrages littéraires qui ont souvent un caractère humoristique et quelques livres de science pratique : *Poésie et Mystère des Rêves* (Poetry and Mystery of Dreams (1855) ; *Légendes des Oiseaux* (1864) ; *les Ballades de Hans Breitmann* (1867) ; *Trois mille miles en wagon* (Three Thousand Miles in a Railway Car, 1868) ; *France, Alsace et Lorraine* (1870) ; *Leçons de musique de Confucius et autres poèmes* (Music Lessons of..., 1870) ; *Croquis égyptiens* (Eg. sketchbook) ; *les Bohémiens anglais et leur Langage* (the English Gypsies and their language, 1873) ; *Fu-Sang ou la découverte de l'Amérique par les prêtres bouddhistes chinois au ve siècle* (1875) ; *Abraham Lincoln* (1889) ; *les Petits Arts* (the Minor Arts, 1880) ; *les Bohémiens* (the Gypsies, 1882) ; *Manuel de Travaux d'art* (Art-Work Manual, 1885) ; *Dictionnaire d'argot anglais* (Dict. of English Slang, 1889, 2 vol.) ; *Manuel de Dessin et de Sculpture* (1892) ; *Vestiges étrusco-romains dans les traditions populaires* ; *les Cent Enigmes* (the Book of One Hundred Riddles, 1895). M. Leland a aussi activement collaboré aux Encyclopédies Appleton et Johnson et traduit en anglais plusieurs ouvrages de Henri Heine et les poèmes humoristiques de Scheffel.

LEFOULLON (Louis-Victor-Anatole), député français, né à Paris le 3 juillet 1844. Avoué près le tribunal de première instance de la Seine depuis 1872, ancien membre du Conseil départemental de l'instruction publique, il était conseiller général pour le canton de Neuilly, lorsqu'il se présenta, comme républicain radical, aux élections législatives du 20 août 1893, dans la 4e circonscription de Saint-Denis ; il obtint, au premier tour, 2659 voix contre 3 204 données à M. Maurice Barrès, député sortant, de Nancy, boulangiste, 1 221 à M. Aldabe, ouvrier socialiste, 1 089 à M. Houdard, républicain, et 421 à M. Francis Pressensé, républicain, et fut élu au scrutin de ballottage, le 3 septembre, par 4 149 voix, contre 2 923 obtenues par M. Maurice Barrès et 121 à M. Tabanon, conseiller général.

LE MARE (Georges-René), député français, né à Coutances (Manche), le 1er septembre 1848. Docteur en droit, il entra dans la magistrature, comme substitut du procureur de la république à Arbois, le 26 mai 1876, passa au mois de décembre de l'année suivante, en la même qualité, à Yvetot, et fut nommé procureur de la république à Château-Gontier le 11 mars 1879. Devenu avocat général, puis conseiller à la Cour d'appel de Caen, il occupait ces fonctions lorsqu'il fut porté, comme candidat républicain, à l'élection partielle du 18 février 1894,

dans la 1re circonscription de Coutances, pour le remplacement de M. Briens, nommé sénateur. Il fut élu au premier tour par 9 767 voix, sans concurrent, sur 10 202 votants. Il a été nommé conseiller honoraire à la Cour de Caen.

LEMIRE (l'abbé Jules), député français, né à Vieux-Berquin (Nord), le 23 avril 1854. Ses études ecclésiastiques terminées, il fut attaché comme professeur de rhétorique à l'institution Saint-François d'Assises d'Hazebrouck, et se fit connaître dès lors par des articles de journaux et diverses publications d'histoire politique ou religieuse, notamment par une étude sur *le Cardinal Manning et son action sociale* (1893, in-18). Membre du comité flamand de France et de plusieurs associations de réforme sociale, il se porta, comme conservateur rallié et socialiste chrétien, aux élections législatives du 20 août 1893 dans la 1re circonscription d'Hazebrouck, obtint, au premier tour, 3870 voix contre 3 333 données à M. Alphonse Outters, ancien député républicain, 3 202 au général de Frescheville, député sortant, rallié, et 2 276 au lieutenant-colonel Joos, républicain, et fut élu, au scrutin de ballottage, le 3 septembre, par 6 754 voix contre 5 659 obtenues par M. Outters. M. Lemire a marqué, en plusieurs rencontres, sa place à la Chambre parmi les promoteurs des doctrines socialistes chrétiennes. Dans l'interpellation sur la fermeture de la Bourse du Travail par le ministère Dupuy, il présenta, en regard de l'ordre du jour de blâme proposé par le député socialiste, M. Faberot, un ordre du jour déclarant : « la Chambre, désireuse que le gouvernement favorise l'association professionnelle des ouvriers, tout en respectant la loi, et prépare la voie à l'établissement de chambres de travail comme il y a des chambres de commerce et d'agriculture. » Il le soutint à la tribune contre l'ordre du jour pur et simple, qui lui paraissait « l'expression d'une politique de dédain pour les ouvriers ». L'ordre du jour, pur et simple, accepté par le gouvernement, fut voté par 375 voix contre 166. Lors de l'attentat de Vaillant contre la Chambre, le 9 décembre 1883, l'abbé Lemire fut le député le plus grièvement blessé par les éclats de la bombe de l'anarchiste, mais quand celui-ci parut devant les assises de la Seine, l'abbé Lemire, « sa principale victime », écrivit au défenseur, Me Labori, une lettre qui ne fut pas lue à l'audience, mais qui fut publiée dans les journaux, réclamant en faveur de l'égaré un acte de clémence qui lui laissât « le temps de comprendre et de se repentir ».

LE MOIGN (N...), député français, né à Gouarec (Côtes-du-Nord), le 17 mars 1822. Ancien notaire, maire de la commune de Gouarec et membre du Conseil général pour le canton de même nom, il se présenta comme candidat républicain aux élections législatives du 20 août 1893, dans la 2e circonscription de Guingamp et fut élu, au premier tour, par 5405 voix contre 5 309 données à M. Limon, vice-président du Conseil général, candidat conservateur.

LEPEZ (Ferdinand-Joseph), député français, né à Hérin (Nord) le 8 juillet 1850. Publiciste, propriétaire et rédacteur en chef de l'*Impartial du Nord*, fondateur de l'*Eclaireur* de Condé, en 1880, maire de Raisme depuis 1883, conseiller d'arrondisse-

---

LEPORT (P.-A.-F.), ingénieur français, mort à Reims, le 22 décembre 1888.

LE GLAY (E.-A.-J.), littérateur français, mort à Paris, le 24 juin 1894.

LEGRAND (Pierre), député français, ancien ministre, mort à Paris, le 31 mai 1895.

LEMER (J.-B.-R.-Julien), littérateur et éditeur français, mort à Paris, le 8 août 1893.

LEMOINNE (John-E.), publiciste français, mort à Paris, le 14 décembre 1892.

LE MONNIER (P.-J.-B.), sénateur français, son mort le 12 janvier 1895.

LE MONNIER (Fr.-Félix), éditeur italien, mort le 16 juin 1886.

LENOEL (E.-L.), sénateur français, mort à Paris, le 24 octobre 1893.

LENSTRŒM (Ch.-J.), écrivain suédois, mort le 6 avril 1893

ment depuis 1886, organisateur du syndicat des cultivateurs de l'arrondissement de Valenciennes, il se porta, comme candidat républicain spécialement dévoué aux intérêts agricoles, aux élections législatives du 20 août 1893 dans la 2ᵉ circonscription de Valenciennes, et fut élu au premier tour par 7 151 voix, sans concurrent.

LÉPINE (Louis), administrateur français, né à Lyon en 1846, fit ses études au lycée de cette ville, vint les achever à Paris au lycée Louis-le-Grand. Il ne fut pas élève de l'École normale, comme l'ont imprimé divers journaux, mais il suivit les cours de la Faculté de droit. Lorsque éclata la guerre franco-prussienne, il s'engagea dans les mobiles du Rhône et, après l'investissement de Belfort, obtint de passer dans un bataillon d'éclaireurs volontaires organisé par le colonel Denfert-Rochereau. Il fut blessé d'une balle dans une sortie et reçut, à la fin de la guerre, la médaille militaire. Il s'inscrivit alors au barreau de Lyon. Nommé, en 1877, sous-préfet de La Palisse, il passa, en la même qualité, en 1879, à Montbrison, en 1880 à Langres, et, en 1881, à Fontainebleau. En 1885, il fut nommé préfet de l'Indre. Rappelé à Paris, le 20 novembre 1886, comme secrétaire général de la Préfecture de police, il en exerça les fonctions pendant cinq années. Envoyé, en 1891, comme préfet, dans le département de la Loire, il se signala par son intervention conciliante dans les conflits soulevés entre patrons et ouvriers, et réussit à arrêter dès ses débuts une grève de verriers et à mettre fin à celle des métallurgistes, qui durait depuis trois mois. Nommé préfet de Seine-et-Oise dans les premiers jours de juillet 1893, il fut rappelé à Paris, le 11 du même mois, comme préfet de police, en remplacement de M. Lozé, à la suite des troubles du quartier Latin, où des manifestations d'étudiants avaient presque tourné en émeute. Décoré de la Légion d'honneur pendant son passage à la préfecture de l'Indre, M. Lépine a été promu officier pendant son séjour à celle de la Loire, le 1ᵉʳ janvier 1893.

LE PLAY (Albert), sénateur français, né à Graville-Sainte-Honorine (Seine-Inférieure), le 27 juillet 1842, est le fils de l'ingénieur de ce nom, sénateur sous l'Empire, et gendre du célèbre économiste Michel Chevallier. Il fit ses études médicales et prit le diplôme de docteur, mais s'occupa surtout de travaux agronomiques et de chimie appliquée à l'agriculture. Il fut chargé d'organiser à Billancourt l'exposition agricole, lors de l'Exposition universelle de 1867, dont son père était le commissaire général. Indépendamment de ses mémoires sur les principales questions de la science agricole, ses tentatives de culture raisonnée dans sa ferme de Légouze (Haute-Vienne) lui valurent une prime d'honneur en 1876, et ses travaux d'irrigation une médaille d'or au concours de 1878. Membre de la Société nationale d'agriculture, président du conseil d'administration de la Société française de dynamite et de diverses autres sociétés industrielles, membre des Sociétés d'agriculture et d'horticulture de la Haute-Vienne, il se porta, comme républicain modéré, candidat aux élections législatives du 22 septembre 1889, dans la première circonscription de Limoges, eut, au premier tour, la majorité relative sur ses trois concurrents, et obtint, au scrutin de ballottage, 6981 voix, contre le candidat boulangiste, M. Le Veillé, qui fut élu par 7292. Une élection sénatoriale partielle ayant lieu dans la Haute-Vienne, le 16 octobre 1892, pour le remplacement de M. Teisserenc de Bort, décédé, M. Albert Le Play fut élu, au troisième tour, par 316 voix contre 312 données à M. Codet, ancien député, également candidat républicain.

LE QUEUX (Guillaume), voyageur et littérateur anglais, né à Londres en 1864, fit ses études au King's College de Londres et vint les compléter à Paris. Il publia de bonne heure quelques romans et dirigea plusieurs feuilles mondaines, *Gossip*, *Society*, *Piccadilly*, tout en se livrant à son goût pour les voyages et à l'étude des littératures arabes et persanes. En 1890, il fut chargé par la Société royale de Géographie, dont il devint membre, d'une mission au Maroc, au Sahara français et à Tripoli. Collaborateur du *Times*, du *Globe*, et critique au *Literary World*, M. Le Queux a publié les romans suivants : *Victime d'un péché* (Sinned against, 1887) ; *le Dé du diable* (Devil's Dice, 1890) ; *Liens criminels* (Guilty Bonds, 1891) ; *Récits étranges d'un Nihiliste* (Strange Tales of, etc., 1892) ; *Condamné au silence* (Condemned to Silence, 1893) ; *la Grande Guerre en Angleterre* avec Préface par le général lord Roberts (1893) ; *la Tentatrice* (1894) ; *Zoraida* (1894) ; *Péchés blancs* (White Sins, 1895) ; *Ames volées* (Stolen Souls, 1895). Il a aussi composé deux pièces burlesques : *Amoureux* (Lovers, 1890) et *Juste à temps* (Just in Time, 1892).

LEROY (Ernest-Marie-Cléomène), député français, né à Fransart (Somme) le 25 avril 1844. Reçu officier de santé en 1870, il exerça la médecine dans sa commune natale, et fut élu, comme candidat républicain modéré, dans l'arrondissement de Montdidier, à l'élection partielle du 26 mars 1893, en remplacement de M. Descaures, décédé. Aux élections générales du 20 août de la même année, il fut réélu, au premier tour, par 15 353 voix contre 5 894 données à M. Fransures, conseiller général, conservateur.

LEROY (Louis-Modeste), député français, né à Evreux le 22 mars 1855. Docteur en droit, il fut attaché au cabinet des sous-secrétaires d'Etat des ministères de l'Agriculture et de l'Intérieur, MM. Gizerd et Develle. Conseiller d'arrondissement de l'Eure pour le canton de Verneuil, il se présenta, comme candidat républicain, dans la 2ᵉ circonscription d'Evreux aux élections législatives du 20 août 1893 et fut élu, au premier tour, par 6 746 voix, contre 5 718 obtenues par M. Olry, député sortant, rallié.

LE ROUX (R.-C.-HENRI, dit *Hugues*), littérateur français, né au Havre en 1860, s'était fait connaître de bonne heure par sa collaboration active à plusieurs revues et journaux, notamment à la *Revue politique et littéraire*, lorsqu'il fut chargé de la chronique parisienne au *Temps*, en remplacement de M. Jules Claretie, devenu directeur de la Comédie-Française. Il inaugura par la traduction d'un ouvrage russe, *la Russie souterraine*, de Sergine Stepniak (1885, in-18), une nombreuse série de romans, d'études sociales ou littéraires, de publications de fantaisie ou de luxe, dont plusieurs se rapportent à des voyages ou excursions de l'auteur. En voici les titres : *l'Attentat Sloughine*, mœurs terroristes (1885, in-18) ; *les Ames en peine*, comprenant *l'Amour infirme* (1888, in-18) et *les Larrons* (1890, in-18) ; *Médéric et Liséé* (1886, in-8, ill.) ; *Un de nous* (1886, in-18) ; *l'Enfer parisien* (1888) ; *le Frère lai* (1888, in-18, avec dessins) ; *le Chemin du crime* (1889, in-18) ; *Chez les Filles* (1889, in-18) ; *Entre hommes* (1889, in-18) ; *les Jeux du cirque et la Vie foraine*, illustré par Jules Garnier (1889, in-4, 230 grav.) ; *les Fleurs à Paris* (1890, petit in-4) ; *Au Sahara* (1891, in-18), illustré de photographies de l'auteur ; *Portraits de cire* (1891, in-18) ; *En Yacht* : Portugal, Espagne, Maroc, Algérie, Corse (1891, in-18) ; *Tout pour l'honneur* (1892, in-18) ; *les Gens d'aujourd'hui*, comprenant : *Marins et*

L'ÉPINE (E.-L.-V.-J.), littérateur français, mort à Paris, le 3 février 1893.

LE ROUX (Ch.-M.-C.), ancien député français, mort à Niort, le 1ᵉʳ mars 1895.

Soldats (1892, in-18) et *les Mondains* (1893, in-18). M. Hugues Le Roux a donné au théâtre de l'Odéon, avec M. Paul Ginisty, une adaptation du roman russe de Dostoïevsky en un drame en sept tableaux : *Crime et Châtiment* (16 septembre 1888).

LESAGE (Casimir), député français, né à Vornay (Cher) le 19 décembre 1835, d'une famille d'agriculteurs, s'engagea à dix-huit ans et servit en Crimée, en Italie et en Afrique. Rentré dans ses foyers en 1860, il se consacra à l'agriculture. Aux élections législatives de 1885, faites au scrutin départemental, il fut porté sur la liste radicale et fut élu. A celles de 1889, faites au scrutin uninominal, il se porta dans la seconde circonscription de Saint-Amand et échoua, au premier tour, contre le comte de Montsaulnin, conservateur libéral. Il se représenta, le 20 août 1893, avec un programme radical-socialiste et revisionniste et fut élu, au premier tour, par 7447 voix, contre 5428 données à son même concurrent, député sortant, candidat rallié. M. Lesage est membre du Conseil général pour le canton de Dun-sur-Auron.

LE SENNE (Camille), journaliste et romancier français, né à Paris le 12 décembre 1851, le fils du jurisconsulte Napoléon Le Senne et le frère du député de Paris du même nom (voy. le *Dictionnaire*), fit ses études au lycée Saint-Louis et remporta le prix de discours français au concours général de 1869. Entré à la rédaction du *National* en 1877, il appartint, en outre, comme rédacteur politique ou comme critique dramatique et musical, au *Télégraphe*, au *Soir*, au *Siècle*, etc. Comme romancier, il débuta par une active et féconde collaboration avec M. Edmond Texier, avec lequel il a signé, de 1878 à 1883, une quinzaine de romans : *Madame Frusquin*, *Madame Ferraris*, *les Mémoires de Cendrillon*, couronné par l'Académie française, *la Dame du Lac*, *la Fin d'une Race*, *le Mariage de Rosette*, *Mademoiselle de Bagnols*, *le Testament de Lucy*, *Train rapide*, etc. Il a publié seul : *Louise Mengat* (1884, in-18); *En Commandite* (1886, in-18); *le Vertige* (1887, in-18) et *Vera Nicole*, mœurs littéraires (1889, in-18); puis cinq séries d'articles de critique dramatique réunis en volume sous ce titre : *le Théâtre à Paris*, 1883-1889 (1888-1890, 5 vol. in-18).

LESSEPS (Ferdinand, vicomte DE), ancien diplomate et célèbre ingénieur français. Mort au château de la Chênaie, commune de Guilly (Indre), le 7 décembre 1894. — Après l'effondrement de la compagnie du canal interocéanique, l'histoire de M. F. de Lesseps et de sa seconde entreprise appartient tout entière aux annales judiciaires. Au milieu des scandales qui se déroulent autour de cette gigantesque affaire pendant le cours de l'année 1893, deux sortes de poursuites sont intentées contre ceux qui l'ont engagée ou conduite : les unes sont relatives aux procédés plus ou moins délictueux employés pour attirer toujours de nouveaux souscripteurs en inspirant une confiance injustifiée; les autres visaient des actes de corruption exercés sur des fonctionnaires publics de l'ordre le plus élevé. M. Ferdinand de Lesseps ne fut compris que dans les premières : il fut traduit, avec son fils, M. Charles de Lesseps, et MM. Eiffel, Cottu et Marius Fontane, pour escroquerie et abus de confiance, devant la Cour de Paris. Le procès était porté devant cette haute juridiction, parce que le

principal accusé était grand dignitaire de la Légion d'honneur.

Après les plaidoiries, qui resteront parmi les plus célèbres, de MM. Barboux, Martini, Du Buit et Waldeck-Rousseau, la Cour, le 9 février, condamna MM. Ferdinand de Lesseps et son fils à cinq ans de prison et 3000 francs d'amende, et les autres accusés à des peines moindres. M. de Lesseps ne s'était pas présenté et était condamné par défaut. L'arrêt de la Cour, qui n'était pas susceptible d'appel, fut déféré à la Cour de cassation, et fut annulé, le 15 juin suivant, au profit des quatre co-inculpés qui, condamnés contradictoirement, avaient pu seuls se pourvoir devant elle. Quant à l'illustre promoteur de l'affaire, par égard pour son glorieux passé, le jugement ne lui avait pas été signifié, et son nom fut maintenu dans les cadres de la Légion d'honneur. Il resta en dehors du procès de corruption qui constitue la seconde phase de l'affaire de Panama et qui aboutit, le 20 mars, devant la Cour de Paris, à la condamnation, avec circonstances atténuantes, de son fils Charles, à un an de prison, d'un autre administrateur à deux ans, et à celle d'un ancien ministre à cinq ans, avec dégradation civique. Pour adoucir les rigueurs de la situation que de tels désastres faisaient à son fondateur, la Compagnie universelle du canal de Suez, réunie en assemblée générale le 5 juin 1894, lui vota une pension viagère de 120 000 francs, réversible sur sa femme et ses enfants.

A ce moment déjà, M. Ferdinand de Lesseps, retiré dans sa propriété de la Chênaie, était tombé dans un état de santé et d'affaiblissement qui le rendait étranger aux tristes événements qui se passaient autour de lui, et il s'éteignit, assure-t-on, dans une heureuse ignorance de ce grand écroulement. Il était d'ailleurs, dans cette catastrophe, celui pour lequel l'opinion publique en France et en Europe se montra le moins sévère. Après sa mort, la presse de tous les pays appréciait sa vie et son œuvre dans des termes qui justifiaient encore son titre de « grand Français ». L'empereur d'Allemagne, Guillaume II, envoyait à sa veuve un télégramme exprimant « avec ses propres regrets, les sympathies du monde scientifique tout entier pour l'un des plus grands génies de ce temps ». Le corps de M. de Lesseps fut ramené à Paris et ses obsèques se firent avec une solennité respectueuse.

LESUEUR (Joseph-Georges), sénateur français, né à Bordeaux le 15 avril 1834, entra à l'École polytechnique en 1854 et en sortit en 1856, mais ne prit pas de service. Etabli à Bône, il devint président du Conseil supérieur de l'Algérie et président du Conseil général de Constantine. Candidat républicain aux élections du 5 janvier 1888, il a été élu par 404 voix contre 89 données à M. Forcioli, sénateur sortant.

LETEURTRE (Valérius-Alphonse), député français, né à Doudeville (Seine-Inférieure), le 6 juillet 1837. Propriétaire à Rouen, conseiller municipal de cette ville depuis 1882, adjoint en 1886, il refusa, en 1888, les fonctions de maire, qu'il accepta en 1890. Républicain-protectionniste, il se présenta aux élections du 20 août 1893, à ce titre, dans la 3e circonscription de Rouen et fut élu, au premier tour, par 6132 voix, contre 4049 données à M. Gislette, ouvrier tailleur, socialiste, et 424 à M. Tesson, également socialiste.

LESSEPS (Ferdinand vicomte DE), mort au château de la Chesnaie (Indre), le 7 décembre 1894.

LEUILLEUX (Mgr François de Sales-Albert), prélat français, mort à Chambéry, le 11 mai 1893.

. LEVAVASSEUR (Charles), ancien représentant français, mort au château de Radepont (Eure), le 4 avril 1894.

LE VEILLÉ (G.), député français, mort à Trouville, le 12 juillet 1893.

LÉVY (Gustave), graveur français, mort à Paris, le 26 septembre 1894.

LIPSIUS (J.-G.-C.), architecte allemand, mort à Dresde, le 11 avril 1894.

LE TROADEC (Paul-Louis-Marie), député français, né à Lézardrieux (Côtes-du-Nord). Propriétaire, maire de sa commune natale et conseiller général pour le canton de même nom depuis 1889, il se présenta comme républicain aux élections législatives de 1893, dans la 2ᵉ circonscription de Lannion, obtint au premier tour seulement 5310 voix sur 10 175 votants, contre 4562 obtenues par M. Le Provost de Launay, député sortant, candidat de la droite, et fut élu au second tour, le 3 septembre, par 5585 voix, contre 4850 données au même concurrent.

LEVECQUE (Fernand), député français, né à Beaurieux (Aisne) le 2 septembre 1852. Avocat à la Cour d'appel d'Amiens en 1878, il quitta le barreau en 1895 pour s'occuper d'industrie. Adjoint au maire d'Amiens en 1880, il fut appelé en 1881 à remplir les fonctions de maire jusqu'au mois de mai 1882. Conseiller général d'un des cantons d'Amiens, il se présenta, dans la 2ᵉ circonscription de cette ville, comme républicain protectionniste, aux élections législatives du 20 août 1893, et fut élu, au premier tour, par 14 715 voix, contre 4152 données à M. Henry Morel, républicain, 551 à M. Henry Carnoy, républicain libéral, 245 à M. Roussel, candidat socialiste.

LEYGUE (Raymond), député français, né à Saint-Orens (Haute-Garonne) le 8 avril 1850. Ancien capitaine au long cours, adjoint au maire de Toulouse, et conseiller général pour le canton Sud de cette ville, il fut porté, comme candidat radical-socialiste, à l'élection partielle du 9 mars 1890, dans la 1ʳᵉ circonscription de Toulouse, pour le remplacement de M. Constans, nommé sénateur. Aux élections générales du 20 août 1893, il fut réélu, au premier tour, par 6746 voix, contre 4355 données à M. Latapie, républicain. L'élection des circonscriptions de Toulouse avait été signalée par d'énormes fraudes électorales qui donnèrent lieu l'année suivante à un procès retentissant et auxquelles M. Leygue et ses collègues, pressés par divers journaux de donner leur démission, protestèrent être restés étrangers.

LHOPITEAU (Gustave), député français, né à Ecrosnes (Eure-et-Loir) le 26 avril 1860. Inscrit d'abord au barreau de Paris, puis avoué à Chartres depuis 1886, conseiller général depuis 1892 pour l'arrondissement de Maintenon, il se présenta, comme candidat républicain radical et protectionniste, aux élections législatives du 20 août 1893 et fut élu, au premier tour, par 6162 voix, contre 3763 données à M. Belhouart, maire de Chartres, républicain libéral, et 1626 à M. de La Salle, rallié.

LIMBOURG (Henri-François), avocat et administrateur français, né à Nancy le 7 mai 1834, se fit inscrire dès l'âge de vingt ans au barreau de Metz (28 décembre 1854), et s'y fit remarquer rapidement par l'importance de plusieurs affaires. Il eut notamment à soutenir, avec l'appui d'intéressantes chartes historiques, les revendications des forêts de l'ancien duché de Guise par le duc d'Aumale. Il prit part ensuite, avec les premiers avocats du barreau de Paris pour auxiliaires ou pour adversaires, au long et retentissant procès des actionnaires du Comptoir d'escompte de Colmar contre ses administrateurs. Membre du Conseil de l'Ordre des avocats de Metz depuis 1866, il était désigné pour en être bâtonnier, quand la guerre franco-prussienne le força de s'éloigner du pays. Sur la désignation d'Ernest Picard, ministre de l'Intérieur, M. Thiers l'appela, au mois d'avril 1871, à la préfecture de l'Hérault, d'où il passa, en août 1872, à celle des Bouches-du-Rhône et, en décembre 1873, à celle de Seine-et-Oise. Nommé préfet de la Seine-Inférieure en mars 1876,

il résigna ses fonctions après l'acte du 16 mai 1877 et, revenant à la profession d'avocat, se fit inscrire au barreau de Paris le 30 du même mois. Aux derniers jours de la même année, il était replacé dans son poste de préfet de Rouen, où son activité se signala dans les divers services, et surtout dans l'administration de l'enseignement primaire et dans l'œuvre de la reconstitution des édifices scolaires. M. Limbourg quitta définitivement l'administration comme démissionnaire, en septembre 1880. Il se faisait rétablir au tableau des avocats de la Cour d'appel de Paris le 20 novembre suivant. Cette nouvelle période de la carrière de M. Limbourg comme avocat a été signalée aussi par d'importantes affaires : la défense du lieutenant-colonel Chatel devant les assises de la Gironde, couronnée par un acquittement après toute une semaine de débats; l'affaire plus longue et plus laborieuse encore de la liquidation de l'Assurance financière dont il défendit les administrateurs contre les plus célèbres de ses confrères. Connu pour son dévouement à la famille d'Orléans, il a été particulièrement mêlé, comme conseil du duc d'Aumale, à la donation faite par le prince à l'Institut de France du château de Chantilly et des richesses artistiques qu'il contenait. M. Limbourg, décoré de la Légion d'honneur en 1874, a été promu officier le 6 juin 1877.

LOBANOFF-ROSTOVSKY (Alexis-Borissovitch, prince), diplomate russe, né le 6 décembre 1824, fit ses études au lycée Alexandre et entra, à l'âge de vingt ans, à la chancellerie, comme second secrétaire. Envoyé, en 1850, comme secrétaire, à l'ambassade de Berlin, il occupait ce poste quand la Russie s'opposa par son attitude ferme à l'occupation du Schleswig-Holstein par la Prusse, au démembrement du Danemark et à la première tentative de création de l'empire d'Allemagne. Nommé, en 1856, secrétaire d'ambassade à Constantinople, il s'y fit remarquer par l'adresse avec laquelle il travailla au rapprochement de la Porte et de la Russie et fut promu, en 1859, ministre plénipotentiaire auprès du sultan. Le tsar Alexandre II, préparant les grandes réformes libérales auxquelles son nom est resté attaché, fit le prince Lobanoff gouverneur de la province d'Orel, où il s'associa efficacement aux vues impériales, en réalisant un certain nombre d'améliorations sociales et administratives. En 1867, il fut rappelé pour remplir le poste d'adjoint au ministre de l'intérieur. Après la guerre turco-russe, l'empereur utilisa ses services pour les négociations du traité de San-Stefano (3 mars 1878) et les conventions de Berlin (17 juillet 1878), qui suspendirent, sans les résoudre, les conflits de la question d'Orient. L'année suivante, le prince de Lobanoff, connu pour sa dextérité diplomatique, fut chargé d'apaiser, comme ambassadeur en Angleterre, les jalousies et les défiances qui divisaient les deux pays. Les relations, à propos de la même question, étant devenues encore plus tendues entre la Russie et l'Autriche, le tsar appela le prince Lobanoff à Vienne le même rôle pacificateur qu'il venait de remplir avec succès à Londres (1ᵉʳ juillet 1882). Malgré les désaccords des membres de la Triple-Alliance, les questions les plus délicates furent amiablement résolues ou tout au moins ajournées et les relations courtoises rétablies. Dans les derniers jours de 1894, le prince Lobanoff fut envoyé, en qualité d'ambassadeur extraordinaire à Rome pour annoncer au pape l'avènement de Nicolas II au trône de Russie. À son retour, il fut nommé ambassadeur à Berlin. Il ne s'était pas encore rendu à ce poste, lorsque, le 1ᵉʳ mars 1895, le tsar le rappelant auprès de lui, le nomma ministre des affaires extérieures et chancelier de l'Empire. Membre de l'Académie impériale

LIPSIUS (Richard-Adalbert), théologien allemand, mort le 19 août 1892.

LORENZ (Otto-Henri), bibliographe français, mort à Paris, le 26 mars 1895.

de St-Pétersbourg, il est considéré comme un des protecteurs les plus dévoués des lettres et des sciences.

LOIZILLON (Julien-Léon), général français, ancien ministre, né à Paris, le 15 janvier 1829, entra à Saint-Cyr le 4 décembre 1847, en sortit, le 1er octobre 1849, comme sous-lieutenant de cuirassiers, fut promu lieutenant le 1er mai 1854, capitaine le 19 mars 1856, chef d'escadron le 13 août 1865, lieutenant-colonel le 1er janvier 1871, colonel le 5 avril 1875, général de brigade le 18 octobre 1879 et général de division le 6 juillet 1886. Il prit part, comme lieutenant au 4e cuirassiers, à la campagne de Crimée, où il gagna le grade de capitaine major au 7e dragons. Depuis 1866, il fut appelé, en 1870, à commander en second le 5e régiment de marche de cavalerie, puis, en janvier 1871, à organiser le 9e dragons de marche, et contribua, comme lieutenant-colonel, à la défense nationale en province. Après sa promotion au grade de général de brigade, il fut nommé directeur de la cavalerie au ministère de la guerre, où il se fit remarquer comme administrateur. Il fut ensuite envoyé en Algérie pour y prendre le commandement des troupes de cavalerie. En 1886, il alla commander la 2e division de Lunéville. Quelque temps après, il fut mis à la tête du 1er corps et désigné pour la direction supérieure des grandes manœuvres de cavalerie. Lors de la reconstitution du cabinet Ribot (10 janvier 1893), le général Loizillon, désigné par ses services militaires et administratifs, fut appelé à prendre le portefeuille de la guerre qui, dans les trois cabinets précédents, avait été confié à un ministre civil, M. de Freycinet. Il conserva ce poste dans le premier ministère constitué sous la présidence de M. Ch. Dupuy, le 4 avril 1893, jusqu'au 3 décembre de la même année. Il eut pour successeur le général Mercier dans le cabinet Casimir-Périer. Le général Loizillon, nommé chevalier de la Légion d'honneur le 28 décembre 1869, a été promu officier le 21 mai 1871 et commandeur le 5 juillet 1888. — Il est le frère du colonel Loizillon, auteur d'un intéressant ouvrage couronné par l'Institut et qui parut sous ce titre : *Lettres sur l'expédition du Mexique*, du lieutenant-colonel Loizillon, 1862-1867, publiées par sa sœur (1890, in-18).

LONGUET (Charles), publiciste et homme politique français, né à Caen en 1840. — Ancien membre de la Commune de Paris en 1871, M. Charles Longuet, dont la notice a figuré au *Supplément* spécial de la 4e édition de notre *Dictionnaire*, se réfugia à Londres, après la défaite de la Commune, et devint professeur de langues au King's College d'Oxford. Gendre de Karl Marx et beau-frère de M. Jules Guesde, il continua de prendre part au mouvement socialiste révolutionnaire international et fut délégué de son parti à divers congrès. Il rentra en France à la suite de l'amnistie et fut rédacteur au journal de M. Clémenceau, *la Justice*, à laquelle il fournit des articles sur les questions sociales du moment et sur la politique anglaise. Aux élections municipales de février 1886, il fut élu conseiller du quartier de la Roquette contre le chef d'une des sectes socialistes, le citoyen Allemane, et prit place parmi les socialistes autonomistes du Conseil. Aux élections législatives d'octobre 1885, il se porta comme candidat dans le département de Seine-et-Oise. Accusé, à cette occasion, par le *Journal des Débats*, d'avoir fait partie, sous la Commune, d'une commission contre la création de laquelle il avait au contraire voté, il poursuivit en diffamation devant le tribunal correctionnel, le journal, qui fut acquitté. En février 1889, M. Charles Longuet, qui avait quitté *la Justice*, devint rédacteur du journal *l'Égalité*. Le 25 juillet 1894, il a été nommé par le Préfet de la Seine inspecteur des langues vivantes dans les écoles professionnelles de Paris.

LORIOT (Charles), député français, né le 27 mars 1850. Ancien magistrat, propriétaire à Pont-Audemer, conseiller général de l'Eure pour le canton de Montfort-sur-Risle, il fut élu député de l'arrondissement de Pont-Audemer aux élections générales de 1889, comme candidat républicain, par 8008 voix contre 6670, obtenues par M. la Ferrière. Député sortant, conservateur. Aux élections générales du 20 août 1893, il a été réélu par 10232 voix, sans concurrent.

LOUP (Henry), député français, né à Villeneuve-sur-Yonne, le 21 juin 1846. Propriétaire-agriculteur, maire de Bussy-en-Othe, et conseiller général de l'Yonne pour le canton de Brienon depuis 1883, il fut élu, comme candidat radical, dans l'arrondissement de Joigny, à l'élection partielle du 10 juillet 1892, en remplacement de M. Dethou, nommé sénateur. Aux élections générales du 20 août 1893, il fut réélu, dans le même arrondissement, par 11121 voix, contre 336 données à M. Leloup, taillandier, socialiste.

LOURTIES (Victor-Christophe-Gabriel), sénateur français, né à Aire-sur-l'Adour (Landes), le 21 juillet 1844, docteur en médecine, ancien médecin militaire, s'est fixé dans sa ville natale dont il est devenu maire en 1885 et où il a fondé une école professionnelle, commerciale et agricole. Conseiller général des Landes depuis 1876, et président du Conseil depuis 1892, il fut élu pour la première fois sénateur, comme candidat républicain, aux élections triennales du 5 janvier 1888, au second tour et le dernier sur trois, par 397 voix sur 708 votants. L'un des secrétaires du Sénat, aux travaux duquel il prenait une part active, M. Lourties fut appelé, le 30 mai 1894, à prendre le portefeuille du commerce dans le second ministère Dupuy. Sans désavouer la doctrine protectionniste, il s'est montré, dans la séance du 6 juillet suivant, à propos de la proposition de M. Turrel relative aux raisins secs, l'adversaire de l'instabilité des tarifs douaniers dont on demandait un nouveau relèvement en faveur d'une production déjà protégée. Il donna sa démission le 14 janvier 1895, avec tout le ministère dont la chute entraîna la retraite du Président de la République. M. Lourties est membre de plusieurs importantes commissions administratives.

LOUSTAU (Jacques-Joseph-Léopold), peintre français, né à Sarrelouis (Prusse rhénane), de parents français, en 1816, très jeune à Paris, où il étudia la peinture comme élève de Cogniet. Sourd-muet de naissance, cette infirmité donnait un intérêt particulier à sa personne et il consacra toute sa vie au soulagement de ses compagnons d'infortune. Il exposa d'assez bonne heure au Salon, où ses toiles d'histoire, de genre ou de paysage furent souvent remarquées. Nous citerons : *Jésus-Christ enfant parmi les Docteurs de la Loi* (1842), acquise par l'État et qui lui valut une 3e médaille ; *Saint Nicolas apparaissant à Constantin* (1845) ; *Bonaparte quittant l'Égypte*, 22 août 1799 (1846) ; *le Général Uhric*, campagne de Crimée (1855) ; *Curiosité de femme* (1857) ; *Souvenir, Adieux, Départ* (1830) ; *la Visitation, Charles VI et Odette* (1861) ; *le Jugement de Pâris, Annonciation* (1864) ; *l'Entrée au bain* (1865) ; *le Lendemain de la prise de Malakoff* (1866) ; *le Progrès* (1867) ; *le Camp de Saint-Maur, Vincennes* (1869) ; *Barrage de la Marne, Avenue de noyers* (1870) ; *Mare de la Marne* (1872) ; *Massacre des Innocents, Une Partie de campagne* (1874) ; *le Père Grégoire* (1875) ; *la Fuite d'Inès et d'Hélène*, d'après F. Cooper, *On s'amuse, mais on a du cœur* (1879) ; *la Saint-Médard* (1880) ; *l'Abbé Sicard*, fondateur de l'Institution des sourds-muets, sauvé des massacres de l'abbaye par l'horloger Monnod, l'une de ses œuvres principales ; *Dévouement de Mlle Cazotte*, 2 septembre 1792 (1882) ; *Une Leçon* *de patience* (1883) ; *Noël* (1885) ; *le 15 août 1816, à Sainte-Hélène* (1886) ; *En attendant le café* (1887) ; *Carnot à Wattignies, 1793* (1888) ; *Erasme, Parles au portier* (1889) ; *l'Incognito, la Sieste* (1890) ; *Paysanne chevrotine* (1892), et enfin *Portrait de l'auteur* (1894). — M. Loustau, presque octogénaire, est mort subitement, le 8 juin 1894, aux environs de Chevreuse, pendant qu'il était occupé à peindre un paysage.

LOYER (Ernest-Henri), député français, né à Wazemmes (Nord), le 21 juillet 1844. Officier de mobiles pendant la guerre 1870-71, il fit la campagne de l'armée du Nord et fut cité à l'ordre du jour pour sa conduite à la bataille de Saint-Quentin. Filateur et conseiller d'arrondissement, il se présenta comme républicain rallié, dans la seconde circonscription de Lille, aux élections législatives du 20 août 1893 contre le député sortant, M. Paul Lafargue, socialiste révolutionnaire, dont l'élection à Lille, en novembre 1891, avait causé tant d'émotion. Il obtint au premier tour, 7 081 voix contre 4 745 données à M. Lafargue et 3 523 à M. Hippolyte Verly, publiciste républicain, et fut élu, au second tour, par 8 259 contre 6 256 au premier de ses concurrents.

LUCAS-CHAMPIONNIÈRE (Just) ou **CHAMPIONNIÈRE-LUCAS**, chirurgien français, né à Saint-Léonard (Oise) en 1843, fit ses études médicales à Paris, fut interne des hôpitaux, reçu docteur en 1870, et agrégé de la Faculté en 1872. Nommé chirurgien des hôpitaux en 1874, il fut attaché successivement à la Maternité, aux hôpitaux Cochin, Tenon, Saint-Louis, et enfin Beaujon. Il s'est fait connaître, non seulement par son habileté dans la pratique des opérations, mais surtout par l'introduction en France de la méthode antiseptique et l'application du pansement de Lister. Il a contribué à faire dis-paraître dans les accouchements la fièvre puerpérale et divers accidents et complications. Décoré de la Légion d'honneur, il a été élu membre de l'Académie de médecine en novembre 1894.

Le docteur Lucas-Championnière a publié, entre autres ouvrages : *Lymphatiques utérins et lymphangite utérine*, rôle de cette dernière dans les complications puerpérales (1870, in-8 avec pl.) ; *De la fièvre traumatique*, thèse d'agrégation (1872, in-8) ; *Chirurgie antiseptique*, principes, applications et résultats du pansement de Lister (1876, in-18, 2e éd. refondue 1880, in-18, avec fig.) ; *la Trépanation*, étude historique et clinique (1878, in-8) ; *Chirurgie opératoire*, cure radicale des hernies (1892, in-8, 50 fig.). Le docteur Just Lucas-Championnière est rédacteur en chef du *Journal de médecine et de chirurgie pratiques*, l'un des plus anciens organes médicaux de France, dont la « Table analytique » a été dressée, pour les vingt premiers volumes, en 1850, sous le titre de *Dictionnaire des Praticiens* (2 vol. in-8).

LUCE DE CASABIANCA (Joseph-Marie), député français, né à Bastia, le 27 novembre 1847, est le petit-neveu du conventionnel, le capitaine de vaisseau Luce de Casabianca, mort à la bataille d'Aboukir. Lieutenant des mobiles de la Corse, il fit les campagnes de la Loire et de l'Est et fut décoré pour sa conduite à la bataille de Villersexel, le 9 janvier 1871. Propriétaire agriculteur et conseiller général du canton du Campitello depuis 1886, il se présenta, comme candidat républicain, aux élections législatives de 1893, obtint au premier tour 5 537 voix sur 11 347 votants et fut élu au scrutin de ballottage par 6 604 voix contre 5 514 données à M. Giacobi, aussi candidat républicain.

LUCET (Raoul), pseudonyme, non de M. de Lanessan, mais de M. Émile Gautier (Voy. ce nom) *.

M

MACWHIRTER (John), peintre et aquarelliste anglais, né en 1839 à Slateford, près d'Edimbourg, fut élevé à Peebles, et vint à Londres en 1864. Membre associé de l'Académie Royale d'Écosse depuis 1863, il fut reçu, en 1879, membre associé de l'Académie Royale, dont il a été élu membre titulaire en 1893. Il a produit et exposé un grand nombre d'aquarelles et de tableaux ; parmi les premières, nous citerons : *Sermon en mer, le Repaire de l'ours gris* (1885) ; *le Passage d'un ouragan* (Track of a Hurricane) ; *Loch Scavaig, les Trois Sorcières* (the Three Witches) (1886), et parmi les tableaux : *Loch Cornish* (1867) ; *Il y a longtemps le Monde commença avec hé! ho! le Vent et la Pluie* (1871) ; *Calédonie* (1875) ; *la Dame des Bois* (1876) ; *les Trois Grâces* (1878) ; *la Vallée près de la mer* (1879) ; *le Seigneur de la vallée* (the Lord of the Glen) (1880) ; *Un Dimanche dans les Highlands, Crêtes de montagne* (Mountain Tops) (1881) ; *Une Enchère dans les Highlands* (a Highland Auction) ; *le Tombeau d'Ossian* (1882) ; *Feux du soleil couchant* (Sunset fires) ; *Miroir de la Nature* (Nature's mirror) ; *Moisson dans les Highlands, Edimbourg vu du rocher de Salisbury* (1887), etc.

MADAGASCAR (Reine de). Voy. RANAVALO-MANJAKA III *.

MADIGNIER (Pierre), sénateur français, né à Saint-Etienne, le 2 juillet 1831, était maire de sa ville natale et conseiller d'arrondissement lorsqu'il fut choisi comme candidat républicain pour l'élection partielle du 2 janvier 1887, par suite de l'attribution au département de la Loire du siège de sénateur inamovible de Carayon-Latour, décédé ; il fut élu par 516 voix contre 403 données à M. de Rochetaillée. Au renouvellement triennal du 5 janvier de l'année suivante, il fut réélu, au premier tour, le second sur quatre, par 486 voix sur 937 votants. M. Madignier prit une part active aux

LUBKE (G.), historien d'art allemand, mort à Carlsruhe, le 7 avril 1893.

LUCE (A.-Siméon), historien français, mort à Paris, le 14 décembre 1892.

LUR-SALUCES (Henri, marquis DE), député français, mort à Château-Filhot, le 3 octobre 1894.

LUZEL (Fr.-M.), littérateur français, mort à Quimper, le 26 février 1895.

MACÉ (Jean), sénateur français, mort le 13 décembre 1894.

MAC-MAHON (M.-Ed.-P.-M. DE), duc de Magenta, maréchal de France, mort au château de La Forest (Loiret), le 17 octobre 1893. — Ses obsèques nationales, célébrées à Paris le 22, ont été relevées par l'assistance solennelle de l'amiral Avelane et des marins de la flotte russe. On a publié ses *Mémoires* en 1894.

MADRAZO (don F.) ou MADRAZO Y KUNT, peintre espagnol, mort à Madrid, le 10 juin 1894.

travaux du Sénat, particulièrement à la préparation du *tarif général des douanes*. — Il est mort à Paris, le 10 décembre 1894.

MAGNIEN (Gabriel-Adolphe), député français, né à Chalon-sur-Saône, le 5 janvier 1836. Avoué à Autun, il s'engagea pendant la guerre de 1870-71, dans l'armée de Garibaldi. Conseiller municipal, puis maire d'Autun, il fut révoqué de ces dernières fonctions par le gouvernement du 16 mai 1877, réintégré l'année suivante, puis élu conseiller général. Aux élections législatives d'octobre 1885, il fut porté sur la liste radicale, qui l'emporta dans le département de Saône-et-Loire, et prit place à l'extrême gauche de la Chambre. Aux élections de 1889 faites au scrutin uninominal, il fut réélu, au scrutin de ballottage, le 6 octobre, par 7295 voix contre 6213 données au marquis de Mac-Mahon, candidat monarchiste. Il a été réélu, le 20 août 1893, au premier tour, par 6990 voix contre 3714 obtenues par M. Bufnoir, républicain.

MAISTRE (Casimir), explorateur français, né à Montpellier en 1863, s'est fait surtout connaître par une exploration dans l'Afrique centrale, aussi importante par la détermination des points géographiques que par l'établissement des relations commerciales. Son voyage, préparé dans les premiers mois de 1892, a duré jusqu'au commencement de mai 1893, et, sur les quinze mois qu'il comprend, huit furent consacrés à parcourir des régions à peu près inconnues. Le 29 juin 1892, M. Maistre quittait le poste de la haute Kémo, affluent de l'Oubanghi ; il traversait tout le pays situé entre ce fleuve et le Chari, côtoyait ce dernier cours d'eau pendant 100 kilomètres, reconnaissait un de ses affluents, le *Logon*, franchissait les marches orientales de l'Adamaoua, et arrivait, le 29 janvier 1893, à la capitale de ce pays, Yola. Il concluait avec les chefs des pays situés entre le haut Oubanghi, le Chari et la haute Bénoué une suite de traités qui assuraient à la France de sérieux avantages, et qui fermaient à la colonie allemande de Cameroun le *hinterland* disputé par elle au Congo français. Treize de ces traités furent officiellement ratifiés par le président de la République, M. Carnot, le 20 mai 1893, huit jours après la rentrée de l'explorateur à Bordeaux. Le voyage de M. Maistre lui a mérité la grande médaille d'or de la Société de Géographie de Paris l'année suivante (20 avril 1894). Il en a publié la relation sous ce titre : *A travers l'Afrique Centrale* (1894, gr. in-8 av. gravures).

MALAUSSÉNA (Arthur), député français, né à Nice, le 26 octobre 1846. Avocat dans sa ville natale et membre du Conseil général, pour le canton de Levens, il se présenta comme candidat républicain dans la seconde circonscription de Nice, à l'élection partielle, du 18 février 1874, pour le remplacement de M. Borriglione, devenu sénateur, et fut élu par 7197 voix, contre 3556, données à M. Laurenti, candidat également républicain.

MALCOM-KHAN (prince Nazem el Molk Mirza), homme politique et littérateur perse, né à Ispahan en 1832, fils du savant homme d'État perse Yacoub Khan, fut, dès l'âge de douze ans, envoyé par son père à Paris, où il étudia les lettres et les sciences. A son retour en Perse, le shah lui donna le titre de conseiller intime et le chargea, en 1855, de nouer des relations plus intimes avec les divers gouvernements européens et les États-Unis, et de préparer des conventions commerciales avec ces puissances. Il se livra ensuite à des études sur la littérature, la politique, la religion et les réformes de l'administration persane. En 1872, il fut appelé à Téhéran, comme second vizir, et particulièrement chargé de mettre en pratique les réformes qu'il avait projetées pour son pays : ce qui lui valut le titre de Nazem ud Dowleh ou Réformateur de l'Empire. C'est lui qui décida le shah à entreprendre ses voyages dans les principales villes de l'Europe, où il l'accompagna. Simultanément ministre à Londres, à Vienne et à Berlin depuis 1873, il fut, en 1878, pendant le second voyage du shah en Europe, le représentant de la Perse au Congrès de Berlin et, à cette occasion, élevé au rang d'altesse. Maintenu depuis 1879, ministre plénipotentiaire en Angleterre, il resta encore dix ans dans ce poste. Après s'être retiré de la vie publique, le prince Malcom-Khan, persuadé que le relèvement des peuples orientaux ne pouvait se faire que par des réformes inspirées de celles de l'Occident, s'attacha à modifier l'alphabet arabe et publia dans son nouveau système phonétique quelques œuvres de la littérature nationale. Il introduisit aussi en Perse le goût et le style des meilleurs écrivains européens et transforma entièrement le langage diplomatique de son pays.

MALLARMÉ (Stéphane), littérateur français, né à Paris en 1842, entra dans l'enseignement et fut successivement professeur d'anglais au lycée Fontanes, aujourd'hui Condorcet, et au collège Rollin. Il débuta par une traduction du *Corbeau* d'Edgar Poë, une édition de luxe de la « librairie de l'Eau-forte », avec texte anglais et cinq dessins du peintre Manet (1875, in-folio). Il donna ensuite, dans le même ordre des langues et littératures étrangères, « à l'usage des classes et du monde »; une *Petite philologie, les Mots anglais* (1878, in-18), et *les Dieux antiques*, nouvelle mythologie illustrée, d'après William Cox et les travaux de la science moderne (1880, in-8 avec 260 vignettes), sans compter quelques autres éditions et traductions d'ouvrages anglais, rares ou curieux, de W. Beckford, de Mme Elphinstone Hope, etc. Mais M. Stéphane Mallarmé poursuivit et obtint une plus grande notoriété en s'associant aux tentatives d'une nouvelle école littéraire, dite des « Décadents », signalée par les excentricités d'une versification qui méconnaissait toutes les règles de la prosodie consacrée et d'une prose qui couvrait de mots bizarres ou sonores l'absence voulue de pensées. Dans ce genre auquel on nous a reproché de n'avoir pas fait jusqu'ici assez de place, et que ses sectateurs en arrivent à désavouer, M. Mallarmé a fourni de nombreuses pièces de vers au journal *le Décadent*, le principal organe de l'école, ainsi qu'au *Parnasse contemporain*, à *la Revue indépendante*, à *la Vogue* et autres recueils de cette prétendue rénovation littéraire; il leur donna également des pages de prose où, comme dans ses préfaces et dans ses livres, il s'attachait à étonner le lecteur par l'accumulation fortuite des mots, en se rendant à plaisir incompréhensible. A ce système, qualifié, on ne sait pourquoi, de « symbolisme », appartiennent plus ou moins les ouvrages suivants, l'Après-midi d'un Faune, églogue (1876, in-8 ; 2° éd., 1887, in-8 ; édit. illustrée par Manet, 1886, in-8) ; les Poésies de Stéphane Mallarmé, photographiées du manuscrit définitif (1887, in-4, éd. de luxe) ; Pages (Bruxelles, 1890, in-4, avec eau-forte) ; Villiers de l'Isle-Adam, conférence (1890, in-8) ; Vers et Prose, morceaux choisis (1892, in-18, avec portrait).

MALZAC (Louis-Antoine-Ulysse-Miranda), député français, né à Vézenobres (Gard), le 13 août 1850. Notaire à Alais, dont il fut maire de 1878 à 1884, juge suppléant au tribunal, il se présenta, en février 1894 comme candidat républicain radical dans la 1re circonscription d'Alais, à une élection partielle pour le remplacement de M. le pasteur Desmons, nommé sénateur, et fut élu au scrutin de ballottage, le 4 mars, par 4924 voix contre 4896 données à M. Gaussorgues, radical socialiste, et 5592 à M. Devèze, socialiste. M. Malzac a été décoré de la Légion d'honneur.

MARC (Gabriel), poète français, né à Lezoux (Puy-de-Dôme), le 1er avril 1840, fit ses études au petit séminaire de Clermont-Ferrand et son droit à Paris. Attaché à l'administration de la Caisse des dépôts et consignations, il suivit son penchant pour la poésie, et envoya d'abord quelques essais aux journaux de son département. Il participa aux premières publications poétiques de l'éditeur Lemerre : le Parnasse contemporain, Sonnets et Eaux-fortes, etc., et fut le collaborateur-littéraire de plusieurs journaux et revues : le Nain Jaune, la Revue moderne, la Revue critique, l'Artiste, l'Evénement, le Gaulois, etc., ses poésies, détachées ou réunies en volume, particulièrement inspirées du souvenir du pays natal, l'ont fait considérer comme le « Brizeux » de l'Auvergne. Nous citerons : Soleils d'octobre, avec préface de Charles Asselineau (1868, in-18) ; la Gloire de Lamartine, ode dramatique (1869, in-8) ; Sonnets Parisiens, Caprices et Fantaisies (1875, in-8) ; Quand on attend...!, comédie en un acte en vers (1877) ; Poèmes d'Auvergne, épisodes et récits, paysages et souvenirs (1882, in-18) ; Contes du pays natal, Liaudette (1887, in-18), couronnée par l'Académie Française; les Beaux-Arts en Auvergne et à Paris, 1868-1889 (1889, in-18).

MARCILLAT (Paul-Michel), député français, né à Plainfaing (Vosges), le 21 novembre 1840. Propriétaire d'une importante brasserie dans sa ville natale, dont il est maire, conseiller général pour le canton de Fraize, depuis 1883, il se présenta, comme candidat républicain progressiste, dans la 2e circonscription de Saint-Dié, aux élections générales du 20 août 1893, et fut élu, au premier tour, par 5035 voix, contre 3065 données à M. Kelsch, industriel, républicain, et 1569 à M. Lyonnais, ancien député de la Seine-Inférieure, également républicain.

MARET (Jean-Baptiste-Paul-Anastase), sénateur français, né à Paris, le 19 novembre 1832, propriétaire à Breuil-en-Vexin, conseiller municipal et maire de cette commune de 1866 à 1885, membre du Conseil général de Seine-et-Oise pour le canton de Limay, président de cette assemblée depuis 1886, a été élu pour la première fois sénateur, comme candidat républicain, au renouvellement triennal du 4 janvier 1891, le 3e sur quatre, par 711 voix sur 1325 votants. Décoré de la Légion d'honneur, le

14 août 1876, il a été promu officier le 30 décembre 1886.

MARFAN (Antoine), député français, né vers 1825, fut reçu docteur-médecin en 1852, et s'établit à Castelnaudary, dont il est devenu maire. Conseiller général de l'Aude, pour le canton sud de Castelnaudary, il fut porté comme candidat républicain à l'élection partielle du 20 mai 1894, pour remplacer M. Mir, nommé sénateur, et fut élu au premier tour par 6741 voix, contre 64 données à un candidat socialiste. Le docteur Marfan a été décoré de la Légion d'honneur.

MARQUET DE VASSELOT. Voy. VASSELOT (MARQUET DE).

MARRYAT (Florence). Voy. ROSS-CHURCH (Mrs.).

MARTENS (Frédéric DE), professeur, publiciste et diplomate russe, né à Pernau, dans les provinces baltiques, en 1845, d'une famille d'origine suédoise, alla suivre les cours de l'Université de Saint-Pétersbourg et s'y consacra spécialement aux études de droit. Il y obtint, à l'âge de vingt-cinq ans, la chaire de droit international, et fut ensuite chargé de celle de droit constitutionnel à l'Ecole Impériale. Il avait été, d'autre part, appelé, dès 1868, au ministère des Affaires étrangères par le chancelier de l'Empire, le prince Gortschakof, et attaché à sa personne pour missions spéciales. A la mort du chancelier, il fut nommé membre permanent du Conseil de ce ministère. En cette qualité, il représenta le gouvernement à plusieurs conférences internationales, notamment à celles qui se tinrent à Bruxelles, en 1874, pour la codification des lois et coutumes de la guerre, en 1888 pour le droit maritime, en 1890 pour l'abolition de l'esclavage, sans compter les conférences de la Croix-Rouge de 1884 à 1892.

M. Fréd. Martens a écrit, sur les questions et sur l'histoire du droit international, un grand nombre d'études et d'importants ouvrages, dont plusieurs ont paru ou ont été traduits en français, tels que : le Droit de propriété en temps de guerre (1869), les Consulats et la juridiction consulaire en Orient (1873) ; Etude historique sur la Politique russe dans la question d'Orient (Gand, 1877, in-8), extrait de la Revue de Droit international ; le Conflit entre la Chine et la Russie, ses origines, son développement et sa portée, étude politique (Bruxelles, 1881, in-8) ; Traité de Droit international, traduit en français, par M. Alfred Léo (Paris, 1883-1887, 3 vol. in-8), etc. Mais son œuvre capitale, destinée à combler une lacune dans la littérature diplomatique de la Russie et des nations en relations avec elle, est un vaste Recueil des Traités et Conventions conclus par la Russie avec les puissances étrangères (Sobranié Traktatofi Konventsii, etc. Saint-Pétersbourg, 1874-1892, tome I-XI, gr. in-8 à 2 col.), publié par ordre du Ministère des affaires étrangères, avec des textes russes et des notes explicatives, accompagnés d'une traduction française. Cette histoire commentée de la politique internationale de la Russie comprend jusqu'à ce jour cinq volumes sur ses relations avec l'Autriche, cinq sur celles avec l'Allemagne, un premier volume sur celles avec l'Angleterre.

MARTIN (Jean-François-Félix), sénateur français, né au Creuzot (Saône-et-Loire), le 18 juillet 1840, exerçait la médecine dans sa ville natale lorsqu'il fut élu député comme candidat républicain, à une élection partielle, le 8 juin 1884, pour le remplacement de M. Regnaud. Porté aux élections législa-

MARGOU (J.-H.-Th.), homme politique français, mort à Paris, le 7 juillet 1893.

MARGAINE (H.-C.), sénateur français, mort à Paris, le 14 octobre 1893.

MARGRY (Pierre), littérateur français, mort à Paris, le 27 mars 1894.

MARIGNAC (J.-C.-GALISSARD DE), chimiste suisse, mort à Genève, le 16 avril 1894.

tives générales du 4 octobre 1885 sur la liste républicaine, il échoua avec toute la liste, qui se désista en faveur de la liste radicale. Élu pour la première fois sénateur de Saône-et-Loire, par 888 voix, à l'élection partielle du 13 mars 1887, en remplacement du général Guillemant, décédé, il fut réélu, au renouvellement triennal du 4 janvier 1891, au premier tour, et le dernier sur trois, par 972 voix sur 1 322 votants. Membre de la Société d'économie politique de Paris, M. Félix Martin est auteur de plusieurs brochures sur *les Cimetières, la Crémation, la Science du bonheur*, etc.

MARTINI (*Charles*-Guillaume), avocat français, né à Paris, le 29 mai 1829, se fit recevoir licencié en droit et admettre au stage du barreau de la Cour d'appel, le 13 mars 1852. Il obtint le diplôme de docteur en droit l'année suivante. Membre du Conseil de l'Ordre de 1872 à 1876, et depuis 1882 jusqu'à ce jour, il fut élu bâtonnier pour les années judiciaires 1885-1886 et 1886-1887. Avocat des compagnies de chemins de fer du Nord et de l'Est, il a plaidé dans plusieurs des procès des grandes sociétés financières survenus à la suite du krach de l'Union générale. Dans l'affaire du canal de Panama, il a défendu l'un des administrateurs de la Compagnie, M. Cottu. Il faut signaler à part, dans un autre ordre, sa défense du directeur de l'Opéra-Comique, poursuivi à la suite de l'incendie de ce théâtre. M. de Martini a été décoré de la Légion d'honneur.

MAS (Jean-Henry-Alphonse), député français, né à Maraussan (Hérault), le 31 janvier 1850. Ancien avoué à Béziers, maire de cette ville et conseiller général pour le deuxième canton jusqu'en 1892, il a été élu comme républicain radical, député de la 1re circonscription de l'arrondissement, à l'élection partielle du 6 juillet 1890, en remplacement de M. Vernhes, décédé. Aux élections générales du 20 août 1893, il obtint, au premier tour, 6 115 voix sur 14 950 votants, partagées entre six concurrents, et fut élu au scrutin de ballottage, le 3 septembre, par 7 779 voix contre 5 788 données à M. Ange, radical socialiste, et 1 900 à M. Despetits, rallié.

MASCAGNI (Pietro), compositeur italien, né à Livourne, le 7 décembre 1863, d'une famille d'ouvriers aisés, fut destiné au barreau; mais entraîné par son goût pour la musique, il abandonna ses études et sa ville natale, et entra au conservatoire de Milan, qu'il quitta brusquement pour suivre, comme chef d'orchestre, une troupe nomade d'opérette. A la suite de quelques mésaventures, il se rendit à Cerignola, en Sicile, et y remplit pendant trois ans un modeste emploi municipal. Un concours ayant été ouvert par un journal, entre les musiciens italiens, pour la composition d'opéras en un acte, il y prit part et obtint un des prix, en écrivant la musique d'un petit drame très animé, *la Cavalleria rusticana*, mis en poème lyrique par MM. Targioni-Tozzetti et Menasci, qui fut joué au théâtre Costanzi à Rome, en mai 1890, avec un éclatant succès. Ce drame lyrique, mis en français par M. Paul Milliet, fut donné à l'Opéra-Comique de Paris avec un certain éclat, le 19 janvier 1892, et repris depuis plusieurs fois. M. Mascagni, dont on a loué l'orchestration claire, mouvementée, mais un peu bruyante, a donné depuis au même théâtre de Rome, *l'Amico Fritz*, opéra en trois actes, tiré du roman d'Erck-

mann-Chatrian, mis en drame lyrique par M. P. Suardou (octobre 1891), à la Pergola de Florence, *les Rantzau*, drame musical, tiré du roman des mêmes auteurs, par MM. Guido, Menasci et G. Targioni-Tozzetti (10 novembre 1893), et à la Scala de Milan, un nouvel opéra, *Ratcliff* (16 février 1895).

MASSON (Albert), député français, né à Merceuil (Côte-d'Or), le 28 juillet 1855. Reçu docteur en médecine en 1881, ancien chef de clinique à la Faculté de Lyon, connu par ses travaux de spécialité ophtalmologique, il devint conseiller municipal de Lyon et conseiller général du Rhône jusqu'en 1893. Aux élections législatives du 20 août de la même année, il se porta comme candidat socialiste, dans la 4e circonscription du Rhône, obtint au premier tour 1 799 voix contre 1 748 données à M. Lagrange, député sortant radical, et 1 534 partagées entre trois autres candidats de nuances diverses, et fut élu au scrutin de ballottage, par 2 433 voix contre 2 059 obtenues par M. Lagrange.

MATHIEU (Mgr François-*Désiré*), prélat français, né à Einville (Meurthe), le 27 mai 1850, ancien professeur d'histoire au petit séminaire de Pont-à-Mousson (Meurthe-et-Moselle), était curé de Saint-Martin dans cette ville, lorsqu'il fut nommé par décret du 5 janvier 1893 évêque d'Angers, en remplacement du célèbre prélat Mgr Freppel, décédé. Préconisé le 19 du même mois, il fut sacré à Angers, le 20 mars suivant. Mgr Mathieu, étant professeur, s'était fait recevoir docteur ès-lettres à la Faculté de Nancy avec les deux thèses suivantes : *De Joannis abbatis Gorziensis vita* (1879, in-8) et *l'Ancien régime dans la province de Lorraine et Barrois, d'après des documents inédits*, 1698-1789 (même année in-8).

MATHEY (A.), pseudonyme d'Arthur ARNOULD. Voy. ce nom.

MAUREL (Victor), artiste lyrique français, né à Marseille, le 12 juillet 1848, fils d'un architecte, étudia d'abord la peinture conjointement avec la musique à laquelle il se livra de préférence, en suivant les cours du conservatoire de sa ville natale. Il avait déjà paru sur la scène dans *Guillaume Tell*, lorsqu'il vint à Paris et entra au Conservatoire, où il obtint les deux premiers grands prix au concours de 1867. Il fut engagé, dès l'année suivante, à l'Opéra, pour doubler, comme baryton, les chefs d'emploi; mais bientôt il se proposa de suivre la carrière de chanteur dans l'opéra italien, et il alla débuter en 1869, à la Scala de Milan à laquelle il devait revenir plusieurs fois, après de longues et lointaines excursions. Il passa d'abord en Amérique, chanta à New-York, à Boston, puis en Égypte, au Caire, en Russie, à Saint-Pétersbourg et à Moscou, rentra en Italie en 1873, parcourut plusieurs villes et eut de grands succès, surtout à la Scala, dans *Ruy-Blas* de Marchetti et *Fosca* de Gomez. Il parut ensuite au Théâtre royal italien de Londres et à Covent-Garden et retourna en Russie. A la fin de 1879, il fut engagé de nouveau à l'Opéra de Paris, où il joua, pour ses débuts, *Hamlet* (28 novembre) et *Don Juan* (5 janvier 1880. Il y créa le rôle d'Amonasro dans *Aida* du maestro J. Verdi, dont il devait rester un des meilleurs interprètes (22 mars). Il chanta aussi Méphistophélès dans une reprise de *Faust*, puis,

MARINOVITCH (Jean), homme politique serbe, mort à Villers-sur-Mer, le 14 août 1893.

MARSHALL (W.-C.), sculpteur anglais, mort au mois de juin 1895.

MARTHA (B.-C.), professeur français, mort à Paris, le 30 mai 1895.

MATEJKO (J.-A.), peintre polonais, mort à Cracovie, le 30 octobre 1893.

MAUPASSANT (Guy DE), romancier français, mort à Auteuil, le 6 juillet 1893.

MAURENBRECHER (G.), historien allemand, mort à Leipzig, le 6 novembre 1892.

MAYER (Brantz), littérateur américain, mort à New-York, en 1879.

MAZADE (L.-C.-J.-R. DE), publiciste français, mort à Paris, le 27 avril 1893.

recommençant ses excursions à l'étranger, passa en Espagne en 1881.

M. V. Maurel revint à Paris en 1883, pour tenter, à la fois comme impresario et acteur, une périlleuse entreprise, la restauration du théâtre italien. Associé avec M. Corti, et secondé par l'élite des artistes lyriques du moment : MM. Nicolini, Gayarré, les frères de Reszké, Mmes Patti, Fidès-Devriès, etc., il établit la nouvelle scène italienne dans l'ancien théâtre des Nations de la place du Châtelet, exploité par Ballande, et l'inaugura par une œuvre de M. Verdi, *Simon Boccanegra*, représentée pour la première fois à Paris, et dans laquelle il remplit, avec beaucoup de verve et de succès, le rôle de Simon (27 novembre). Deux mois plus tard, il montait une œuvre de M. Massenet, inconnue à Paris, *Hérodiade*, et y chantait lui-même le rôle d'Hérode (30 janvier 1884). Bientôt la retraite de M. Corti le laissait seul directeur d'une scène que ses efforts et ses sacrifices ne suffirent pas à faire vivre. Il y chanta encore le rôle d'Alphonse dans *Lucrezia Borgia* de Donizetti (11 février), celui de Rigoletto dans l'œuvre populaire de Verdi (1er avril), celui de Renato dans *Un Ballo in Maschera* (22 mai), enfin le principal rôle dans *Aben-Hamet*, de M. Th. Dubois (16 décembre), puis abandonna cette honorable, mais ruineuse exploitation.

Après un second voyage en Espagne et diverses autres tournées dans les principales villes d'Europe, il reparut, par intervalles, à l'Opéra-Comique de Paris : il y chanta avec toute la puissance et la souplesse de son talent, en 1885, le rôle de Peters dans *l'Etoile du Nord* (6 octobre), de Meyerbeer, en 1886 celui de Shakespeare, dans *le Songe d'une nuit d'été*, de M. Ambroise Thomas (17 avril). A l'étranger, M. Maurel joua tour à tour le répertoire italien moderne et le répertoire classique français. Il fut surtout l'interprète très apprécié du premier en Italie, particulièrement à Milan, où il fut choisi par M. Verdi pour créer à la Scala le rôle de *Falstaff* que le maestro octogénaire, par un prodige de rajeunissement, avait écrit dans un genre si différent de son ancien style (9 février 1893). Quelques mois après, il venait, accompagné par M. Verdi lui-même, chercher à l'Opéra-Comique de Paris la consécration de l'éclatant succès que lui avait valu l'interprétation de cette originale figure (19 avril 1895).

MÉNÉGOZ (Eugène), théologien protestant français, professeur, né à Algolsheim (Haut-Rhin), le 25 septembre 1838, fit ses études à Strasbourg, à Erlangen, à Berlin, à Halle, à Marbourg. Nommé en 1866 pasteur de la communauté de langue allemande de l'église des Billettes à Paris, il fut chargé pendant le siège des fonctions d'aumônier officiel des prisonniers de guerre protestants allemands, internés dans les prisons de la Roquette et de la Santé. Après la guerre, il opta pour la nationalité française. En 1877, lors de la création de la Faculté de théologie protestante de Paris, il fut nommé maître de conférences et en même temps directeur du séminaire d'internes de cette Faculté. Il est devenu en 1882 professeur titulaire de la chaire de dogmes luthériens.

M. E. Ménégoz, collaborateur de divers journaux religieux et revues théologiques de France, de Suisse et d'Allemagne, a publié plusieurs écrits de doctrine et de controverse religieuses, entre autres : *Etude dogmatique sur l'idée de l'Eglise* (1862) ; *Réflexions sur l'Evangile du Salut* (1879, in-18) ; *le Péché et la Rédemption, d'après saint Paul* (1882, in-8) ; *la Notion du Catéchisme* (1882, in-18) ; *Luther considéré comme théologien* (1883) ; *l'Autorité de Dieu*, réflexions sur l'autorité en matière de foi (1892).

MENN (Barthélemy), peintre et esthéticien suisse, né à Genève le 20 mai 1815, fit au collège de sa ville natale des études au cours desquelles il se signalait déjà par ses préoccupations philosophiques et ses tendances d'artiste. Entraîné vers la peinture, il vint à Paris, entra dans l'atelier d'Ingres dont il gagna la faveur par son application passionnée au dessin, et, en 1835, suivit son maître à Rome, à la villa Médicis. Revenu à Paris, il se lia avec les libres penseurs du temps, fut introduit par Eugène Pelletan dans l'entourage de George Sand et connut intimement Chopin et Eugène Delacroix. En 1844, il retourna à Genève où, malgré d'assez vives oppositions, il exerça de l'influence comme artiste et comme théoricien. Invité par la famille Bovy à contribuer à la décoration du riche château de Gruyère, il y travailla avec Corot, Baron, Français, etc., et y peignit ses principales œuvres. En 1848, il fut nommé professeur à l'Ecole des beaux-arts et devint le chef du groupe des « Humanistes », auxquels il prétendait enseigner l'art de mettre leurs œuvres en harmonie avec « le milieu cosmique et le milieu social » et à leur donner toute leur valeur en « rapprochant l'homme du temps de l'homme de l'éternité ». Il s'efforçait lui-même d'appliquer pendant la plus grande partie de sa longue carrière ses théories plus ou moins incomprises, en se tenant en dehors des expositions officielles auxquelles il avait pourtant participé lors de ses débuts. Il avait envoyé au Salon de 1838 : *Salomon présenté à la Sagesse par son père et sa mère* et *Pauvre Mère, ton fils est mort* ; à celui de 1839 : *Proscrits de Tibère* et *Pifferari* ; à celui de 1840 : *l'Enfant-Jésus jouant avec les instruments de son supplice dans l'atelier de saint Joseph*. On cite parmi ses autres œuvres : *la Découverte du pays d'En-haut*, pour la grande salle du château de Gruyère, sa toile principale ; deux panneaux ovales pour le salon du même château, dont l'un, *les Bords du Léman*, est cité comme un modèle de paysage ; *Un Soir sur les bords d'une rivière* ; *Clair de lune sur le lac de Thoune* ; *Vue prise dans l'Apennin* ; *Berger déterrant d'anciennes armes* et *le Printemps* : ces deux dernières toiles au musée de Colmar, etc. M. B. Menn est mort à Genève, le 12 octobre 1893.

MERCIER (Auguste), général français, ancien ministre, né à Arras, le 8 décembre 1833, entra à l'Ecole polytechnique le 1er novembre 1852, en sortit le 1er octobre 1854, avec le numéro deux, passa comme sous-lieutenant à l'Ecole d'artillerie, dont il sortit premier. Lieutenant depuis le 1er octobre 1856, il a été promu successivement capitaine le 24 mai 1860, chef d'escadron le 20 avril 1872, lieutenant-colonel le 27 juillet 1876, colonel le 30 novembre 1879, général de brigade le 27 décembre 1884, général de division le 11 juillet 1889. Il fit avec distinction la campagne du Mexique et fut décoré de la Légion d'honneur, le 14 août 1863, pour sa belle conduite au siège de Puebla. Au début de la guerre franco-prussienne, il prit part aux batailles sous Metz et fut fait prisonnier après la capitulation de Bazaine et interné à Bonn. Rentré en France, il commanda une batterie pendant le second siège de Paris. Comme général de brigade, il reçut le commandement de l'artillerie du 12e corps à Angoulême. Il occupait ces fonctions lorsque M. de Freycinet, ministre de la guerre, l'appela, en 1888, à la direction des services administratifs. Dans ce poste, il contribua activement aux importantes transformations de notre armée. En juillet 1889, il alla commander à Amiens la 3e division d'infanterie et prit part très remarquée aux grandes manœuvres de Beauvais : chargé de commander l'ennemi figuré par sa division, il se signala par les dispositions

MELLINET (E.), général français, mort à Nantes, le 20 janvier 1894.

MENNESSIER-NODIER (M.-A.-E. NODIER, dame), femme de lettres française, morte à Fontenay-aux-Roses (Seine), le 1er novembre 1893.

qu'il prit pour défendre les positions successives de la grande falaise de Broy et les hauteurs qui gardent la ligne du Thérain. A la suite de ces opérations, il fut envoyé à Bordeaux comme commandant du 18° corps (octobre 1893). Il y était à peine depuis deux mois, lorsque M. Casimir-Périer, président du Cabinet du 3 décembre, lui confia le portefeuille de la guerre, Le général Mercier le conserva dans le cabinet Dupuy après l'élévation de M. Casimir-Périer à la présidence de la République. Signalé comme administrateur par sa connaissance des choses et des personnes, et par son application infatigable au travail, il se fit apprécier, comme homme politique, par l'esprit de décision et la fermeté. On a remarqué particulièrement son attitude dans le cas du député-soldat, M. Mirman, à l'égard duquel il fit appliquer les lois et règlements militaires, en dépit des prérogatives parlementaires que le parti radical réclamait pour lui, et à plusieurs reprises il justifia énergiquement sa conduite à la tribune. Il montra non moins de résolution dans l'affaire de trahison du capitaine Dreyfus : affirmant « sa culpabilité absolument certaine », il soutint les poursuites contre lui, malgré toutes les influences intéressées du dedans et du dehors, et il le traduisit devant le conseil de guerre qui le condamna à la déportation à perpétuité dans une enceinte fortifiée et à la dégradation (22 décembre 1894). D'un autre côté, pour mettre un terme aux fraudes dont les fournitures de l'armée étaient l'objet, il fit appliquer à leurs auteurs dans toute leur rigueur les lois qui en assurent la répression. Le général Mercier, à qui, d'autre part, on reprochait d'autoriser, par des raisons budgétaires, des renvois de soldats qui désorganisaient les effectifs, quitta le ministère avec le cabinet Dupuy, dont la chute entraîna la retraite du Président de la République (15 janvier 1895). Le 1er février suivant, il était nommé commandant du 4° corps d'armée au Mans, en remplacement du général Zurlinden qui lui succédait comme ministre. Promu officier de la Légion d'honneur le 30 mai 1871, il a été fait commandeur le 4 février 1890 et grand officier le 8 février 1895.

MERCIER (Jules), député français, né en 1854, avocat au barreau de Thonon, conseiller général pour le canton, s'est porté, comme candidat républicain à l'élection législative partielle du 18 février 1894, pour le remplacement du député de l'arrondissement de Thonon, M. Folliet, devenu sénateur. Il a été élu, au premier tour, par 9438 voix contre 1527 données à M. Martin, également républicain. M. Jules Mercier a été décoré de la Légion d'honneur.

MÉROUVEL (Charles CHANTIER, dit), romancier français, né à Laigle en 1843, s'est fait connaître sous ce pseudonyme, emprunté à un lieu-dit de sa commune natale, par une production incessante de romans d'intrigues ou de mœurs contemporaines, dont le nombre s'élève aujourd'hui à une soixantaine ; quelques-uns se groupent en série sous un titre commun et plusieurs ont été réimprimés. Nous citerons, sans prétendre en donner la liste complète : *Mademoiselle de la Condémine* (1876, in-18) ; *les Caprices de Laure* (1877, in-8) ; *la Vertu de l'abbé Mirande*, mœurs parisiennes (1879, in-18) ; *le Péché de la générale*, mœurs contemporaines (1879, in-18) ; *la Filleule de la Duchesse* (1880, in-18) ; *la Maîtresse de M. le Ministre* (1881, in-18) ; *les Deux Maîtresses*, en deux séries (1882, 2 vol. in-18) ; *le Krack*, mœurs du jour

(1882, in-18) ; *les Derniers Kerandal*, deux séries (1885, 2 vol. in-18) ; *les Secrets de Paris*, deux séries (1883-1884, 2 vol. in-18) ; *la Veuve aux cent millions*, deux séries (1884, 2 vol. in-18) ; *le Divorce de la Comtesse* (1885, in-18) ; *les Trémor*, deux séries (1886, 2 vol. in-18) ; *Vices du Jour*, trois séries (1887-1889, 3 vol. in-18) ; *la Rose des Halles*, deux séries (1887, 2 vol. in-18) ; *Abandonnée!* deux séries (1888, 2 vol. in-18) ; *les Crimes de l'Amour* (1889, in-18) ; *les Drames de l'Amour* (1889, in-18) ; *la Vierge de la Madeleine* (1890, in-18) ; *Confession d'un gentilhomme* (1891, in-18) ; *Haine et Amour* (1891, in-18) ; *Médecins d'Eaux* (1892, in-18) ; *Mortel Amour* (1895, in-17) ; *le Roi Milliard* (1895, in-18).

METZINGER (Léon-Frédéric-Hubert), général français, né à Dijon le 9 novembre 1842, entra à l'Ecole militaire de Saint-Cyr le 4 novembre 1861, en sortit le 1er octobre 1863, dans l'infanterie, comme sous-lieutenant au 35° de ligne. Il a été promu lieutenant le 21 décembre 1868, capitaine le 12 octobre 1870, chef de bataillon le 26 octobre 1878, lieutenant-colonel le 29 juillet 1885, colonel le 21 octobre 1887 et général de brigade le 28 octobre 1891. En 1867, il fit partie, avec le 35°, de l'expédition envoyée dans les Etats pontificaux pour secourir le pape contre les tentatives de Garibaldi, et resta à Rome, avec le corps d'occupation, jusqu'au début de la guerre franco-prussienne. Rappelé en France, il fut compris, avec le même régiment, dans la brigade Guilhem qui eut une part si brillante aux combats livrés autour de Paris, de septembre 1870 à janvier 1871, et s'y distingua personnellement par sa valeur et son sang-froid. Major au 109° de ligne le 26 octobre 1878, il passa colonel au 3° zouaves en 1883 et fut envoyé au Tonkin, le 12 avril 1885, avec son bataillon, dans le corps expéditionnaire. Chargé d'accompagner à Hué le général en chef qui allait présenter ses lettres de créance au gouvernement annamite, il contribua à déjouer les dangereux guet-apens dirigé contre le général et son escorte dans la capitale de l'Annam. Après sa promotion au grade de général de brigade, il fut appelé à commander la subdivision d'Oran et les troupes de cavalerie stationnées dans la division. Il occupait ce poste, lorsque le ministre de la guerre, le général Mercier, le désigna pour prendre le commandement des troupes de guerre formant la première brigade destinée à opérer à Madagascar. Décoré de la Légion d'honneur, le 24 juin 1871, le général Metzinger a été promu officier le 10 juillet 1885.

MIRBEAU (Octave), publiciste et romancier français, né à Trévières (Calvados), le 16 février 1850, suivit de bonne heure la carrière du journalisme et devint, en 1874, le feuilletoniste dramatique du journal conservateur *l'Ordre*. Sous le régime du 16 mai, il entra dans l'administration comme chef du Cabinet du préfet de l'Ariège et fut ensuite nommé sous-préfet de Saint-Girons. La chute de M. de Broglie le ramena à sa première carrière ; il collabora au *Gaulois* et au *Figaro* : un article violent qu'il donna, en 1882, à ce dernier journal contre les comédiens, à propos de la question de savoir s'ils peuvent être décorés, excita de vives polémiques, des répliques ardentes et valut à l'auteur des provocations en duel. M. Octave Mirbeau essaya alors de se créer un journal indépendant et personnel et fonda tour à tour *Paris-Midi* et *les Grimaces*, brochure hebdomadaire rappelant par le format l'ancienne *Lanterne* de M. Henri Rochefort,

---

MERCIER (G.-L.), magistrat français, mort à Saint-Jeoire (Haute-Savoie), le 16 mars 1893.

MERLIN (Ch.-Aug.), sénateur français, mort à Douai, le 6 avril 1895.

METTERNICH (Richard-Cl.-J.-L.-H., prince DE), diplomate français, mort à Vienne (Autriche), le 1er mars 1895.

MEYER (G.-H. DE), physiologiste allemand, mort le 21 juillet 1892.

MICHELET (Ch.-L.), philosophe allemand, mort à Berlin, le 16 décembre 1893.

MINERVINI (J.), archéologue italien, mort en novembre 1891.

et traitant les questions du jour dans un esprit anti-républicain avec une violence de parti pris. M. Mirbeau eut, à cette occasion, avec le député d'Oran, M. Etienne, un duel dans lequel il fut blessé. Il a appartenu depuis à la rédaction de quelques journaux auxquels il a surtout fourni des articles de critique d'art.

M. Mirbeau a publié un certain nombre de volumes dont quelques-uns rappellent les incidents de sa vie : le Comédien, contenant, avec l'article du Figaro, plusieurs lettres et documents, entre autres la Réponse de M. C. Coquelin de la Comédie-Française (1882, in-18); le Salon de 1885, études (1885, gr. in-8, avec photogravures); Lettres de ma Chaumière, études de mœurs paysannes (1886, in-18); le Calvaire (1886, in-18), présentant sous le jour le plus sombre les armées de la Défense nationale (1886, in-18); l'Abbé Jules (1888, in-18), scènes de dépravation cléricale; la Famille Carmettes (1888, in-8); Sébastien Roch, roman de mœurs (1890, in-18); Contes de la Chaumière (1894, in-32, avec eaux-fortes). — M. Mirbeau a épousé Mme Alice REGNAULT, ancienne actrice du Palais-Royal et des Variétés, qui a publié des articles dans les journaux, notamment dans le Gaulois, sous le pseudonyme, dit-on, de « Mitaine de soie », ainsi que quelques volumes de romans, entre autres Mademoiselle Pomme (1890, in-18).

MIELVACQUE DE LACOUR (Maximin-Michel), député français, né à Meyssac (Corrèze) le 29 mai 1855, fut attaché à la présidence de la Chambre des députés jusqu'en 1886. Ayant donné sa démission, il épousa Mlle Martinez de Campos et vécut quelque temps retiré dans ses terres. Aux élections législatives du 20 août 1893, il se présenta dans la 1re circonscription de Brive, comme républicain radical socialiste, et fut élu, au premier tour, par 8046 voix, contre 6327 données à M. Dubois, député sortant, également radical. Son élection ayant été invalidée, il se représenta dans la même circonscription et fut de nouveau élu par 7329 voix, contre 7085 données à un autre républicain, M. Lachaud.

MIRMAN (Léon), député français, est né à Paris le 28 janvier 1865. Ancien élève de l'Ecole normale supérieure et agrégé des sciences mathématiques, il fut nommé professeur du Cours préparatoire à l'école de Saint-Cyr au lycée de Reims. Signalé par sa collaboration au journal radical socialiste de cette ville, le Franc-Parleur, il fut présenté, comme candidat de cette nuance, aux élections législatives du 20 août 1893 : il réclamait dans sa profession de foi le mandat impératif, la revision de la Constitution, la suppression du Sénat, l'abolition des monopoles des chemins de fer, des mines, etc., l'établissement d'un minimum de salaire et d'un maximum de durée du travail, etc. Il obtint, au premier tour, 5620 voix, contre 6884 données à M. Labori, avocat, républicain, 4498 à M. Langlet, député sortant, radical, et 377 à M. Louvois, socialiste, et fut élu, au scrutin de ballottage, le 3 septembre, par 8819 voix, contre 8519 obtenues par le premier de ses concurrents. M. Mirman fut, à plusieurs reprises, à la Chambre, l'objet de vives discussions par suite de sa situation particulière à l'égard du service militaire. Il avait été exempté, comme universitaire, par son engagement décennal; mais celui-ci se trouvant interrompu par sa démission le jour où il devenait député, il tombait alors sous le coup de la loi militaire, et le ministre de la guerre, le général Mercier, lors des débats relatifs à sa validation, se déclarait disposé à le lui appliquer lorsque le moment de l'appel régulier serait venu (16 décembre 1893). Le moment arrivé (1er no-

vembre 1894), malgré de nouvelles interpellations de l'extrême gauche, M. Mirman fut incorporé dans le 2e régiment de chasseurs, à Vincennes; mais par suite d'une résolution de la Chambre, qui ne tenait pas compte de l'incompatibilité des deux situations, il conservait son mandat de député, tout en étant astreint aux obligations du soldat, et, grâce à l'usage établi de voter pour les absents, son vote était enregistré au Palais Bourbon, pendant que lui-même était présent à la caserne ou aux manœuvres. Plusieurs incidents mirent en relief les conséquences de cette dualité. Le principal fut l'apposition du nom de M. Mirman au bas de la proclamation du comité socialiste du XIIIe arrondissement de Paris en faveur d'un candidat socialiste-révolutionnaire, pour l'élection partielle du 23 décembre 1894. Cette participation à une manifestation politique, absolument interdite aux soldats, valut à M. Mirman, comme punition, quinze jours de prison. Il s'ensuivit une nouvelle interpellation de M. Millerand, qui allégua que la signature du député socialiste au bas du manifeste avait été, comme ses votes à la Chambre, le fait de ses collègues et non le sien. Le général Mercier répondit en défendant énergiquement les rigueurs infligées au « chasseur Mirman », et la Chambre approuva, par 559 voix contre 49, les mesures prises par le ministre « pour le maintien de la discipline dans l'armée » (22 décembre 1894).

MOLÉ-TRUFFIER (Mme). Voy. TRUFFIER (Ch.-J.) *.

MOLINIER (Auguste-Emile-Louis-Marie), archiviste-paléographe français, né à Toulouse le 30 septembre 1851, est l'un des neveux du jurisconsulte Victor Molinier, professeur de droit criminel à Toulouse, mort en 1887. Elève de l'Ecole des chartes de la promotion de 1873, il a été successivement sous-bibliothécaire à la bibliothèque Mazarine, bibliothécaire du palais de Fontainebleau, et conservateur à la bibliothèque Sainte-Geneviève dont il est aujourd'hui conservateur honoraire. Chargé d'un cours de paléographie à l'Ecole normale supérieure, attaché auxiliaire aux travaux de l'Académie des inscriptions et belles-lettres, il a été appelé, après la mort de M. Siméon Luce, à le remplacer comme professeur titulaire de la chaire ayant pour objet l'étude critique de l'histoire de France à l'Ecole des chartes (février 1893).

Outre sa thèse ayant pour sujet : le Catalogue des Actes de Simon et Amaury de Montfort (1874, in-8), on doit à M. Auguste Molinier : Inventaire sommaire de la collection de Joly de Fleury (1881, in-8); Catalogue des manuscrits de la bibliothèque Mazarine (1885-1890, t. I-III, in-8); Chronique normande du XIVe siècle, avec son frère Emile Molinier (1882, in-8); les Obituaires français au moyen âge (1890, in-8), ouvrage couronné par l'Académie des inscriptions et belles-lettres.

MOLINIER (Charles-Louis-Marie-Emile), né à Nantes le 26 avril 1857, frère du précédent, élève de l'Ecole des chartes dans la promotion de 1879, fut attaché au département des Estampes de la Bibliothèque nationale, puis à celui de la Sculpture et des Objets d'art du moyen âge, de la Renaissance et des temps modernes au musée du Louvre, dont il est devenu conservateur et professeur d'histoire des Arts appliqués à l'industrie à l'Ecole de ce musée. Il est membre de la Société nationale des antiquaires de France.

Outre sa thèse d'archiviste, Etude sur la vie d'Arnoul d'Audrehem, maréchal de France (130?-1370), publiée dans les Mémoires de l'Académie des inscriptions et belles-lettres (1885, in-4), M. Emile Molinier a produit un grand nombre d'écrits d'histoire artistique, entre autres : Note sur les origines

---

MIRIBEL (M.-Fr.-J.), général français, mort au château de Châtelard (Drôme), le 12 septembre 1893.

MOLESCHOTT (J.), savant hollandais, mort à Rome, le 19 mai 1893.

de l'émaillerie limousine (1882, in-8); *Dictionnaire des émailleurs depuis le moyen âge jusqu'à la fin du XVIIIᵉ siècle* (1884, in-16); *les Della Robbia*, leur vie et leur œuvre, avec M. J. Cavallucci (1884, in-4, 100 grav.); *les Bronzes de la Renaissance : les Plaquettes*, catalogue raisonné et introduction (1886, 2 vol., in-8, 108 grav.), faisant partie de la Bibliothèque internationale de l'art; *la Céramique italienne au XVᵉ siècle* (1888, avec fig.); *Venise*, ses arts décoratifs, musées et collections (1889, in-4, 207 grav.), dans la Bibliothèque internationale de l'art; *les Arts du métal*, orfèvrerie, bijouterie, ferronnerie, etc., dessins et modèles (1890, gr. in-8, 200 grav.); *l'Émaillerie* (1891, in-8, 71 fig.), dans la Bibliothèque des merveilles.

Un troisième frère, Charles MOLINIER, né à Rennes en 1843, élève de l'Ecole normale supérieure en 1862, agrégé d'histoire, docteur ès lettres, professeur à la Faculté de Besançon, puis à celle de Toulouse, a publié, comme thèse de doctorat : *De Fratre Guillelmo Pelisso veterrimo Inquisitionis historico* (1880), et *l'Inquisition dans le Midi de la France au XIIIᵉ et au XIVᵉ siècles* (1880, in-8), et des articles de revue.

MONOD (Henri-Charles), économiste et administrateur français, né à Paris le 18 mai 1843, fit son droit, s'inscrivit au barreau de la Cour d'appel et fut nommé secrétaire de la Conférence des avocats pour l'année judiciaire 1870-1871, au moment où la guerre franco-prussienne entraînait la chute de l'Empire. Entré dans l'administration départementale, en avril 1871, comme secrétaire général de l'Isère, il fut nommé sous-préfet d'Aix en juin 1876, mis en disponibilité après l'acte du 16 mai 1877, et appelé, le 18 décembre de la même année, à la préfecture du Gers, d'où il passa à celles de l'Ariège, de l'Allier (15 mars 1879), du Calvados (17 novembre 1880) et du Finistère (1886). Il quitta cette carrière au bout de quelques mois, pour venir prendre au ministère de l'Intérieur la direction de l'Assistance et de l'hygiène publiques. Associé libre de l'Académie de médecine, il a été promu commandeur de la Légion d'honneur.

Parmi les écrits économiques de M. H. Monod, nous voyons citer : *l'Administration de l'hygiène publique à l'étranger et en France* (Caen, 1884); *l'Assistance publique en France* (1889); *Statistique des dépenses publiques d'assistance en France pendant l'année 1885* (1889); *les Mesures sanitaires en Angleterre depuis 1875 et leurs résultats* (1891).

MONSSERVIN (Siffrein-Emile), sénateur français, ancien magistrat, né à Cette (Hérault) le 5 janvier 1838, entra dans la magistrature en 1864, comme substitut à Saint-Affrique, passa en la même qualité, la même année, à Lodève, et en 1866 à Perpignan. Procureur impérial à Limoux le 23 mai 1870, il fut successivement nommé procureur de la République à Castelnaudary en 1872, à Perpignan en 1874 et à Rodez en 1875. Devenu conseiller à la Cour de Montpellier en 1886, il fut admis à l'honorariat en 1892. Conseiller général de l'Aveyron pour le canton de Bozouls, il fut élu sénateur, comme candidat républicain, à l'élection partielle du 27 mars 1892, en remplacement de M. Mayran, décédé. Au renouvellement triennal du 7 janvier de l'année suivante, il fut réélu au premier tour et le premier de la liste républicaine par 705 voix sur 798 votants. M. Monsservin a été décoré de la Légion d'honneur.

MONTEBELLO (Adrien-Jean LANNES DE), député français, né à Paris le 9 août 1851. Entré au *Journal des Débats*, sous les auspices de M. Léon Say, son parent, il fut le chef de cabinet de ce dernier,

devenu ministre des finances, puis président du Sénat. Il alla se porter, comme candidat républicain, aux élections législatives du 21 août 1881 contre M. Paul de Cassagnac, dans l'arrondissement de Condom, et obtint, sans être élu, 8 811 voix, contre 11 054 données à son redoutable adversaire ; il se présenta, également sans succès, en 1885, dans le département de Seine-et-Oise. Aux élections générales du 20 août 1893, il se présenta dans la 2ᵉ circonscription de Reims, où il était particulièrement connu comme un des grands propriétaires et viticulteurs de la Champagne, et fut élu, au premier tour, par 10 461 voix contre 8 090 obtenues par M. Monfeuillart, maire de Selles, républicain. M. de Montebello a été décoré de la Légion d'honneur.

MONTEIL (Parfait-Louis), explorateur français, né à Paris, le 18 avril 1855, entra à l'Ecole militaire de Saint-Cyr en 1874, en sortit, en 1876, comme sous-lieutenant dans l'infanterie de marine, et fut envoyé au Sénégal. Promu lieutenant en 1879 et capitaine en 1882, il devint chef du bureau politique de la colonie. En 1884, après avoir déjà rempli diverses missions, il fut chargé d'explorer le haut Sénégal et d'étudier le projet d'un chemin de fer entre Bafoulabé et Bammakou. Il avait sous ses ordres, outre plusieurs ingénieurs civils, le lieutenant Binger, devenu aussi un voyageur célèbre. Il rentra en France et dressa la carte de nos possessions au Sénégal et dans le Soudan, et ce travail lui valut une grande médaille d'or. Il était adjudant-major au 1ᵉʳ régiment d'infanterie de marine à Cherbourg en 1890, lorsqu'il fut chargé d'une importante expédition géographique dans l'Ouest africain. Il s'agissait de remonter le cours du Niger et de la Bénoué et d'atteindre le lac Tchad en traversant les pays qui le séparent de nos possessions sénégalaises. Le capitaine Monteil partit de Bordeaux, le 20 septembre 1890, pour le Sénégal, où il rassembla une escorte d'une vingtaine de personnes et fit ses approvisionnements. Il était accompagné du surveillant militaire M. Badaire. Ayant quitté Kayes le 28 octobre, l'expédition mit près de deux ans à accomplir sa mission, au milieu de populations en partie inconnues ou en partie trop fameuses pour leurs habitudes de brigandage. Elle exécuta la traversée de la boucle du Niger dans sa plus grande largeur et le passage du bassin du Niger dans celui du lac Tchad. Elle arriva à ce dernier par la plus courte, mais la plus difficile des routes, celle d'Argoungou, et suivit, de Whagadougou à Dori, ainsi que de Say à Sokkoto, un itinéraire qu'aucun Européen n'avait osé affronter. De l'avis des géographes étrangers, cette exploration, complétant l'ensemble des découvertes de MM. Binger et Mizon (V. ces noms), fait le plus grand honneur à la France, sans parler des profits que l'on pourra tirer notre œuvre de colonisation. Pendant son absence, le capitaine Monteil avait été promu chef de bataillon le 29 octobre 1891 et fait officier de la Légion d'honneur le 22 juin 1892.

Quelques mois après son retour en France, où le plus brillant accueil lui fut fait de toutes parts, le commandant Monteil se vit chargé d'une mission au Congo français (juin 1893). Cette nouvelle expédition, suivie avec un vif intérêt, pendant ses premières étapes, par la curiosité européenne, se continua dans des conditions très incertaines, et dans un silence qui donna lieu aux interprétations les plus alarmantes. Dans les premiers jours de mars 1895, les journaux annoncèrent à grand bruit qu'au cours de ses opérations sur la Côte-d'Ivoire, la colonne du commandant avait été l'objet d'attaques répétées et pressantes et que lui-même, après avoir

---

MONCREIFF (James, 1ᵉʳ baron), homme politique anglais, mort à Edimbourg, le 28 avril 1895.

MONTAGNAC (E.-L., baron DE), littérateur français, mort au château de Vigne-Molirmont (Ardennes), le 17 mars 1895.

perdu trois cents hommes de son effectif, était sur le point d'être jeté à la mer. Une interpellation fut même portée à la Chambre sur les mesures que le gouvernement comptait prendre en face de ces désastres. Le ministre des colonies, M. Chautemps, dut se borner à démentir des récits inventés dans l'absence de nouvelles. Huit jours plus tard, l'administration communiquait une dépêche du commandant Monteil, qui, à la date du 22 février, poursuivait une reconnaissance vers Satama-Soukourou et Kong, dans le Diamala ; mais en même temps, elle faisait savoir que, modifiant une fois de plus l'orientation de notre politique coloniale dans ces régions, elle mettait fin à la mission, et qu'elle réduisait la colonne en marche vers le nord à deux compagnies, placées sous le commandement du chef de bataillon, M. Condrelier (15 mars 1895). Quand le commandant Monteil reçut, le 18 mars, la dépêche qui le rappelait, il était en effet aux prises avec de sérieuses difficultés, qui ne lui paraissaient pas toutefois de nature à faire abandonner l'entreprise. Ayant à peine à sa disposition trois cents fusils, traînant avec lui un certain nombre de blessés, blessé lui-même, il était entouré des bandes de Samory, fortes de 15 000 hommes ; mais il leur tenait tête avec assez d'avantages pour espérer obtenir contre elles, à l'aide d'un faible renfort, un succès définitif. L'arrivée de l'ex-commandant à Bordeaux, puis à Paris (17-21 mai) et les plaintes dont les journaux se firent l'écho, donnèrent lieu à de nouvelles divergences d'appréciation sur la conduite de cette affaire.

Au cours de cette expédition, arrêtée par l'insuffisance des ressources ou par des conflits d'attributions, M. Monteil, dont le rappel, assurait-on, n'était pas une disgrâce, avait été investi du titre de commandant supérieur de l'Oubanghi, et promu lieutenant-colonel le 9 août 1894. Au mois d'avril de l'année précédente, la Société de géographie de Paris lui avait décerné sa grande médaille d'or. On doit au colonel Monteil un *Vade-mecum de l'officier de marine*, dont la reproduction dans un ouvrage technique plus étendu a donné lieu à un procès à la suite duquel l'auteur fut condamné à des dommages-intérêts (25 février 1893). Il publie en ce moment une importante relation d'une partie de ses voyages : *De Saint-Louis à Tripoli* (mai 1895).

MONTESQUIOU - FEZENSAC (*Philippe*-André-Aimery-Charles, DUC DE), sénateur français, né à Paris, le 26 septembre 1843, est l'arrière-petit-neveu de l'abbé de Montesquiou, ministre de la Restauration, et du général de Montesquiou-Fezensac. Propriétaire dans le département du Gers, il fut élu sénateur du département, le 14 août 1887, contre le docteur Launelongue, candidat républicain, en remplacement du sénateur de droite, M. Batbie, décédé. Il a été réélu au renouvellement triennal du 5 janvier 1891, au premier tour, le premier sur deux, par 422 voix sur 788 votants. On a remarqué pendant la session de 1889, le refus de M. de Montesquiou-Fezensac de faire partie de la Haute-Cour dans le procès du général Boulanger.

MORAËS-BARROS (Prudente J. DE), président des États-Unis du Brésil, né à Itu, dans l'État de Sâo-Paulo, en 1841, étudia le droit à la Faculté de cette dernière ville où, après avoir pris ses diplômes en 1863, il exerça comme avocat et conquit rapidement, comme orateur, une des premières places. En 1866, il fut élu député à l'Assemblée de cet État, y prit une situation importante et s'initia à l'expérience des affaires comme membre de la commission du budget. Il occupait déjà un rang distingué dans le parti libéral de l'Empire, lorsque, dans les derniers jours de l'année 1870, s'organisa au Brésil le nouveau parti républicain. M. de Moraës fut un des premiers à s'y rallier ; réélu, sous les auspices de ce parti, à l'Assemblée de Sâo-Paulo, il en défendit ouvertement les idées et en devint un des chefs reconnus. En 1885, il fut élu, comme candidat républicain, à la chambre de Rio-de-Janeiro, où il travailla avec plus d'éclat encore au triomphe de la cause républicaine. Après la révolution du 15 novembre 1889, qui mit, presque sans secousse, fin à l'Empire, M. Prudente de Moraës fut nommé, le lendemain même, gouverneur de la province de Sâo-Paulo, l'une des plus riches du Brésil. Il occupa cette fonction jusqu'au 15 novembre 1890, et son administration fut signalée par un esprit de modération et de justice contrastant avec le trouble général du pays. Élu sénateur de l'État de Sâo-Paulo au Congrès fédéral chargé d'élaborer la constitution de la République, il fut porté à la présidence de l'assemblée et en exerça les délicates fonctions avec une remarquable impartialité. Après le vote de la constitution et la séparation des deux Chambres provisoires, M. Prudente de Moraës fut de nouveau élu par sa province natale membre du Sénat fédéral, à la présidence duquel il fut également appelé. Porté comme candidat aux premières élections du 24 février 1891, pour la présidence de la République, élections dévolues exceptionnellement au Congrès, il obtint 97 voix contre 123 réunies par le maréchal da Fonseca, qui était alors, de fait, le chef tout-puissant de l'État. Aux secondes élections pour la présidence, faites pour la première fois au suffrage universel, sa candidature s'offrit naturellement et fut présentée au pays par la Convention nationale de Rio, au mois de septembre 1892, puis ratifiée par le suffrage universel du peuple brésilien, le 1er mars 1894 : le docteur Manoel Victorino Pereira, candidat de la même Convention à la vice-présidence, fut également élu. Le nouveau président prit possession du pouvoir le 15 novembre 1894, malgré les velléités de résistance attribuées à son prédécesseur, le général Peixoto (voy. ce nom) *.

MORÉAS (Jean), littérateur français, né à Athènes, le 15 avril 1856, vint de bonne heure à Marseille, où il passa plusieurs années, puis voyagea en Italie, en Suisse, en Allemagne, retourna en Grèce et se fixa enfin à Paris. L'un des premiers adeptes du groupe littéraire des « Décadents », dont M. Mallarmé (Voy. ce nom) * était le chef, il fut un des rédacteurs des divers journaux de la nouvelle école : *le Décadent*, *la Revue indépendante*, *la Vogue*, etc. Il se distingua entre tous, dans ses vers, par la méconnaissance systématique de la prosodie et, dans sa prose, par l'obscurité résultant de l'emploi du plus étrange néologisme. On se plaît à citer de lui des rimes par à peu près :

> Sur la Croix des Quatre-Chemins, les Mystes
> Tracent des pentalphes,
> Et leurs mitres
> Mirent la lune rétrograde ;

des vers de treize à dix-sept syllabes :

> Malignité, toujours de travers sonnée heure, ou qui
> que tu sois ;

enfin, des phrases que l'amoncellement des mots transforme en de véritables énigmes.

M. Jean Moréas a publié en volumes : *les Syrtes*, poésies (1885, in-18) ; *les Cantilènes* (1886, in-18) ; *les Demoiselles Goubert*, mœurs de Paris (1886, in-18), avec M. P. Adam ; *le Thé chez Miranda*, avec le même (1887, in-18) ; *le Pèlerin passionné*, poésies (1890, in-18 ; 3e édit. 1894). Le principal trésor des innovations « symbolistes » de l'auteur.

MORIER (Sir R.-B.-D.), diplomate anglais, mort à Montreux (Suisse), le 17 novembre 1893.

MORLEY (H.), écrivain anglais, mort à Carisbrook, le 14 mai 1894.

MORET (Louis-Joseph-Arthur), député français, est né à Evreux (Aisne), le 10 novembre 1846. Docteur en droit, avocat au Conseil d'État et à la Cour de cassation, il s'occupa particulièrement des questions de brevet et de propriété littéraire et artistique. Il se présenta comme candidat républicain dans la 2ᵉ circonscription de l'arrondissement de Vervins, aux élections générales du 20 août 1893, et fut élu, au premier tour, par 6 565 voix contre 5 995 obtenues par le comte Caffarelli, député sortant, républicain rallié.

MOROUX (Alfred), député français, né au Busson (Indre) en juin 1849. Propriétaire-agriculteur, conseiller général de l'Indre pour le canton de Saint-Benoit-du-Saul depuis 1885, il fut élu député, comme candidat républicain, à l'élection législative partielle du 4 mai 1891, pour le remplacement de M. Benazet, nommé sénateur; il a été réélu aux élections générales du 20 août 1893, au premier tour de scrutin, par 8 550 voix contre 5 901 données à M. de Beauregard, conservateur.

MOUGEOT (Léon-Paul-Gabriel), député français, né à Montigny-le-Roi (Haute-Marne), le 10 novembre 1857. Inscrit au barreau de Langres en 1880, conseiller municipal de cette ville depuis 1884, maire depuis 1888, il se porta comme candidat républicain aux élections législatives du 20 août 1893, et fut élu, au premier tour, par 11 651 voix contre 9 875, données à M. Arnal, avocat, conservateur, et 938 à M. Magnier, ancien magistrat, socialiste.

MUTSUHITO ou **MUTS-HITO**, empereur ou mikado du Japon, né à Kioto, le 3 novembre 1852, est fils de l'empereur Komeï-Tenno, mort en 1867. Il monta sur le trône à cette dernière date et succéda à l'empire comme « Tenno » ou chef de la dynastie régnante, qui fait remonter son origine au VIIᵉ siècle avant l'ère chrétienne. Le siège du gouvernement, qui avait été de tout temps à Kioto, fut transféré, l'année suivante, à Tokio. Les premières années du nouveau règne furent signalées par un grand travail de réformation destiné à européaniser le Japon et s'étendant à toutes les branches de la vie nationale : politique, armée, services administratifs, éducation, mœurs, habitudes et jusqu'au costume du pays. L'envoi de nombreux jeunes gens aux diverses écoles de France, d'Angleterre, d'Allemagne et de l'Amérique du Nord contribua à activer ce mouvement. Les écoles se multiplièrent : écoles élémentaires, moyennes, normales, industrielles, avec les méthodes pédagogiques européennes; grâce aux contributions des administrations locales, l'instruction populaire devint presque gratuite. Une Université fut fondée à Tokio, avec les quatre Facultés de droit, de médecine, de sciences, de lettres, un collège d'ingénieurs, un observatoire météorologique, des sociétés académiques, etc. La presse, qui n'existait pas avant 1871, prit un essor rapide, de nombreux journaux se créèrent, à la faveur d'une liberté dont les abus provoquèrent pourtant, de temps en temps, de sévères répressions. Des milliers d'ouvrages s'imprimèrent chaque année, et, signe caractéristique, les lettres latines remplacèrent, dans la langue écrite, les caractères chinois. D'autre part, des instructeurs militaires et des officiers étrangers furent appelés pour enseigner aux troupes japonaises, entièrement réorganisées, la tactique européenne et le maniement des nouvelles armes. Pendant les dix premières années, l'organisation militaire française fut prise pour modèle; mais en 1879, on entreprit de lui substituer l'organisation allemande, et, l'année suivante, la mission militaire française dut être rappelée. L'armée japonaise comprend dès lors dans les cadres de l'armée active, recrutée par le tirage au sort, de la réserve et de l'armée territoriale, tous les hommes valides de 17 ans à 40, sans compter l'extrême ressource de la levée en masse, fournissent encore des hommes dont la loi prévoit et règle la mobilisation.

En politique, une monarchie constitutionnelle et héréditaire fut élaborée sur le modèle des gouvernements parlementaires de l'Occident. La constitution en fut réglée par décret impérial du 12 octobre 1881, pour entrer seulement en vigueur en février 1889; maintenant le pouvoir suprême au chef de la dynastie, elle établit deux Chambres : celle des pairs, composée, pour un tiers, de membres héréditaires appartenant à la plus haute noblesse, pour un tiers de membres élus dans des conditions restreintes, et pour le dernier tiers, de membres nommés par le mikado; puis la Chambre des représentants élus, dans chaque district, par les électeurs payant un cens déterminé. Le Parlement ainsi constitué fonctionna, pour la première fois, du 24 novembre 1890 au 25 décembre 1891. Le mikado lui témoigna, le jour de sa réunion, une grande confiance, et lui présenta des conseils de réserve et de sagesse qui ne furent pas entendus. Une opposition très vive se manifesta tout d'abord, soit contre les réformes accomplies, soit contre les procédés autoritaires par lesquels elles avaient été préparées et imposées. L'empereur Mutsuhito, entrant dans les vues progressistes de ses ministres, prononça, au bout d'un an, la dissolution de la Chambre des représentants et fit un second appel au pays. Pour obtenir des élections plus favorables, le gouvernement, par les mains de l'énergique ministre de l'intérieur, le comte Shinagawa, crut nécessaire de recourir à tous les moyens d'influence et de pression électorale, de supprimer des journaux, d'arrêter et de poursuivre les principaux chefs de l'opposition, d'exercer, dans les réunions publiques, une action directe qui provoqua sur beaucoup de points des résistances violentes et des luttes ensanglantées. Les nouvelles élections ne lui donnèrent toutefois qu'une majorité très incertaine, et, lors de la réunion de la nouvelle Chambre (2 mai 1892), le ministre de l'intérieur dut se retirer, mais il laissa le pouvoir à un successeur qui se déclara hautement décidé à suivre la même politique. Les luttes parlementaires n'en restèrent pas moins vives, et, après une suite de séances orageuses, aboutirent à une nouvelle dissolution de la Chambre (30 décembre 1893), causant encore des agitations électorales allant jusqu'à l'émeute.

Au milieu des difficultés constitutionnelles qui suivirent, le gouvernement du mikado trouva une brillante diversion dans les affaires extérieures. Des conflits s'étaient élevés entre le Japon et la Chine au sujet de la Corée et du protectorat exercé sur cette province, que les Japonais voulaient entraîner, malgré la résistance de la Chine, dans la voie de transformation où ils étaient eux-mêmes entrés. Les hostilités commencèrent dans les derniers jours du mois de juillet 1894, et la guerre fut officiellement déclarée le 1ᵉʳ août. Des succès rapides et foudroyants, tant sur mer que sur terre, comme ceux de Fan-Sao (25 juillet), de Ping-Yang (15 septembre), de Yalu (16), l'envahissement de la Mandchourie, la

MORRIS (le rév. Francis-Orpen), naturaliste anglais, mort en 1893.

MORTEMART (A.-V. DE ROCHECHOUARY, duc DE), ancien député français, mort à Paris, le 29 avril 1893.

MOSELEY (H.-N.), naturaliste anglais, mort à Pirwood (Angleterre), le 10 novembre 1891.

MUCKE (H.-Ch.-A.), peintre allemand, mort à Dusseldorf, le 17 janvier 1891.

MULLER (Ch.), peintre allemand, mort à Dusseldorf, le 16 août 1893.

prise de Port-Arthur (21 novembre), firent éclater aux yeux de l'Europe la supériorité acquise en une trentaine d'années par l'armée japonaise, et mirent la Chine entière à la merci du vainqueur. Cette suite de victoires aboutit, pour l'empire du Japon, au traité de paix de Simonosaka (15 mai 1895), qui lui donnait, avec une forte indemnité de guerre, de vastes territoires, notamment l'île de Formose, d'importantes places fortes, y compris d'abord Port-Arthur, de grands avantages commerciaux, la suprématie sur la Corée et la prépondérance générale sur les destinées ultérieures de la Chine. L'intervention immédiate de la Russie, de concert avec la France et l'Allemagne, vint apporter à ce traité quelques restrictions, rendre Port-Arthur à la Chine, assurer l'indépendance de la Corée et garantir la protection des intérêts russes dans l'Extrême-Orient.

Le mikado Mutsuhito, marié le 9 février 1869 à la princesse Haruko, fille de feu Tadaka, l'ancien chef de la maison Foudjivara Itchidjo, née à Kioto, le 28 mai 1850, a eu de ce mariage quatre enfants : deux fils et une fille; l'aîné, le prince Yoshihito Harunomiya, né à Tokio, le 30 août 1879, a été déclaré solennellement héritier du trône le 3 novembre 1889.

N

NASSAU (Adolphe-Guillaume-Charles-Auguste-Frédéric, duc DE), grand-duc de Luxembourg, né à Biebrich, le 24 juillet 1817, fils du duc Guillaume de Nassau, succéda à ce dernier, comme prince souverain du duché de Nassau et régna sur cet État allemand jusqu'à son incorporation à la Prusse, à la suite des événements de 1866. Il en fut dépossédé au profit du roi Guillaume par le décret de prise de possession rendu par ce dernier le 3 octobre 1866. Il resta le chef de la maison de Nassau pour la ligne aînée dite des Walram, qui reconnaît pour auteur le comte de Nassau, Walram, mort en 1289. Il avait des droits éventuels au grand-duché de Luxembourg, qui appartenait à la branche cadette ou d'Othon, ayant pour chef le roi de Hollande, Guillaume III, et qui devait revenir à la branche aînée, à défaut d'héritier mâle dans la seconde branche. Le roi Guillaume III n'ayant qu'une fille pour héritière, sa succession pour le grand-duché de Luxembourg revenait donc au duc Adolphe. Aussi, lorsque le roi se trouva dans un état de santé qui le rendait incapable de conserver le gouvernement, la régence déléguée par les États généraux à la reine Emma dut être restreinte au royaume même de Hollande, et le prince Adolphe fut nommé provisoirement régent du grand-duché et appelé à prêter serment à ce titre devant la Chambre le 11 avril 1889. Quelques semaines plus tard, le rétablissement du roi mettait fin à cet état de choses, et les deux régences cessaient à la fois le 3 mai. Le roi Guillaume exerça encore le pouvoir jusqu'au 29 octobre 1890; à cette date, il fut déclaré de nouveau hors d'état de gouverner, et mourut, moins d'un mois après, le 23 novembre. Le prince Adolphe, qui avait encore été investi de la régence pendant ces quelques semaines, prit définitivement le gouvernement du grand-duché, qui compte 211 088 habitants et possède une Chambre élective de 42 membres nommée par les cantons.

Le grand-duc Adolphe, marié une première fois à Elisabeth Michaïlovna, grande-duchesse de Russie, le 31 janvier 1844, morte le 28 janvier 1845 et, en secondes noces, le 23 avril 1851, à Adélaïde, princesse d'Anhalt, a deux enfants du second lit, dont l'aîné, le grand-duc Guillaume-Alexandre, né à Biebrich le 22 avril 1852, et marié, le 21 juin 1893, à Marie-Anne, princesse de Bragance, est l'héritier présomptif du grand-duché.

NADAUD (Gustave), chansonnier français, mort à Paris, le 28 avril 1893.

NANSOUTY (Ch.-M.-E., Champion-Dubois DE), général et météorologiste français, mort à Dax, le 15 mars 1895.

NÈVE (F.-J.-B.-J.), orientaliste belge, mort à Louvain, le 27 mai 1893.

NEVEUX (Th.-A.), sénateur français, mort à Paris, le 23 mai 1893.

NÉRON (Emile), député français, né à la Vera-Cruz (Mexique), le 23 janvier 1850, est le fils d'un négociant français, vice-consul dans cette ville, et appartient par sa mère à la famille du représentant du peuple de 1848, Bancel, mort en 1871. Héritier de domaines importants dans le canton de Monistrol, il se consacra, après sa libération du service militaire, aux exploitations agricoles et à l'amélioration du sort des cultivateurs. Maire de Monistrol, conseiller général de la Haute-Loire pour ce canton, il fut porté, comme candidat républicain de gouvernement, aux élections législatives du 20 août 1893, dans l'arrondissement d'Yssingeaux et élu, au premier tour, par 10 302 voix contre 7 350 données à M. Malartre, député sortant, membre de la droite, et 1 118 à M. Darne, républicain radical.

NICOLAS II (Nicolas-Alexandrovitch), empereur de Russie, né à Saint-Pétersbourg le 18 (6) mai 1868, est le fils aîné de l'empereur Alexandre III, mort le 1er novembre (20 octobre) 1894. Il reçut, sous la direction d'un grand nombre de maîtres spéciaux, une éducation civile et militaire très soignée. Outre les généraux Danilovitch, Obroutchef, marié à une Française, Dragomirof, ami du général Chanzy, il eut comme professeurs : pour le droit général, M. Pobedonovsef; pour la statistique, les finances et l'économie politique, M. de Bunge ; pour l'histoire des Institutions, M. Zampolowski. A l'âge de 16 ans, il fit un premier voyage dans les provinces de l'Empire et adressa un rapport à son père, qui s'en montra enthousiasmé. Il apprit le métier de soldat, à la caserne, dans les camps et aux manœuvres, avec le grade de lieutenant dans un régiment de la garde. Indépendamment des titres de colonel, chef ou propriétaire de divers régiments russes ou étrangers, il reçut celui d'ataman de toutes les troupes cosaques du Don, du Kouban, etc. Le tsarévitch entreprit ensuite un second voyage ayant surtout pour objet l'étude de l'Extrême-Orient; il visita la Cochinchine, où il fut reçu avec de grands honneurs par les autorités françaises, et passa au Japon, où il faillit être victime d'un fanatique qui le frappa et le blessa à la tête. Traversant la mer d'Okosk, il visita le nouveau grand port de guerre de la Russie, Vladivostock, inaugura, au départ de cette ville, un tronçon du chemin de fer transsibérien, remonta l'Amour sur le *Mouravieff*, et se vit

NEWBERRY (J.-S.), explorateur américain, mort le 7 décembre 1892.

NEWTON (Ch.-Th.), archéologue anglais, mort à Westgate-on-Sea, le 30 novembre 1894.

NICOLE (Joseph), architecte français, mort en 1889.

NICOTERA (Giovanni, baron), homme politique italien, mort à Rome, le 13 juin 1894.

l'objet d'ovations officielles et populaires attestées par les arcs de triomphe élevés sur son passage.

Au moment où la mort d'Alexandre III allait l'appeler au trône, le tsarévitch était fiancé, sur le désir formel de son père presque expirant, à la princesse Alix de Hesse, la quatrième fille du grand-duc Louis IV de Hesse mort en mars 1892, et sœur du grand-duc régnant Ernest-Louis. La princesse prit dès lors le nom d'Alexandra lors de sa conversion à l'orthodoxie russe. Après le décès du tsar (1er novembre), le premier manifeste du jeune empereur, signifiant au peuple russe son avènement, annonçait ses fiançailles et déclarait héritier présomptif et tsarévitch son frère, le grand-duc Georges Alexandrovitch (Voyez Russie, Maison impériale), en attendant que son union avec la princesse Alix lui ait donné un fils. Le mariage, suspendant le deuil de la cour, fut célébré solennellement le 26 du même mois.

Nicolas II s'attacha tout d'abord à affirmer, avec son amour de la paix, son adhésion complète aux idées et à la politique de son père, et à écarter tous les prétextes de refroidissement entre la Russie et la France, dont l'entente cordiale était devenue l'objectif du dernier règne. Il devait lui-même chercher bientôt un appui de ce côté pour la protection des intérêts russes dans l'Extrême-Orient. Au mois de mai 1895, grâce à l'alliance avec la France et l'Allemagne, il obtenait le retrait de conditions imposées à la Chine par les Japonais victorieux et qui étaient de nature à compromettre les progrès des Russes en Asie.

À l'intérieur, le nouveau tsar ne s'en montrait pas moins le défenseur jaloux des principes essentiels du gouvernement russe, dans ses réponses à des allocutions officielles, il témoigna de sa volonté de maintenir dans leur intégrité les droits et prérogatives de l'autocratie. D'un autre côté, il montrait son intérêt pour les arts, les sciences et les lettres, en accordant, par un ukase des derniers jours de janvier 1895, sur la proposition du grand-duc Constantin, président de l'Académie des sciences, une subvention annuelle de 50 000 roubles, devant être employée par l'Académie elle-même à secourir les savants et les littérateurs nécessiteux ou leurs veuves et leurs orphelins.

NIVELLE (Jean de), pseudonyme de Charles Canivet. Voy. ce nom.

NOËL (Charles-Ernest), député français, né à Paris le 27 août 1847. Sorti de l'École centrale des arts et manufactures en 1870, il servit dans l'artillerie de la garde mobile de la Seine pendant le siège de Paris. Après avoir été ingénieur aux chemins de fer de Turquie d'Europe, il devint fabricant de produits chimiques à Noyon. Membre de la Chambre de commerce de Beauvais, juge au tribunal de Compiègne, conseiller général du canton de Noyon depuis 1886 et maire de cette ville depuis 1888, il se porta aux élections législatives de 1889 dans l'arrondissement de Compiègne et obtint 9 000 voix

NOAILLES (J.-Ch.-V., duc de), économiste français, mort à Paris, le 7 mars 1895.

NOUGUIER (L.-C.), jurisconsulte, mort à Paris, le 16 décembre 1893.

contre 12 107 données au comte de l'Aigle, qui fut élu. Aux élections générales du 20 août 1893 il se présenta de nouveau, comme républicain progressiste indépendant, et fut élu au premier tour par 10 897 voix contre 10 204 données au député sortant, conservateur.

NUÑEZ (Raphaël), homme politique et littérateur américain, ancien président des États-Unis de Colombie, né à Cartagène (Nouvelle-Grenade) en 1825, suivit d'abord la carrière d'avocat, puis entra dans la politique, tout en menant de front le journalisme et la littérature. En 1861, il fut élu représentant au Congrès pour l'État de Panama. Il remplit les fonctions de ministre des finances de 1855 à 1857, sous la présidence de M. Mallarino et, de 1861 à 1862, sous celle du général Mosquera. Entre ces deux ministères, il avait rédigé les deux journaux de Bogota, el Porvenir et la Democracia, et avait été élu sénateur. En 1863, il commença une série de voyages en Amérique et en Europe. Pendant son séjour à New-York, il fonda le journal el Continental; en Europe, il exerça les fonctions de consul au Havre, puis à Liverpool, et donna une active collaboration à plusieurs revues littéraires.

Rentré en Colombie en 1875, il se présenta comme candidat à la présidence de la République et échoua, mais il réussit à se faire élire gouverneur de l'État de Bolivar. Porté de nouveau candidat à la présidence en 1880, il fut élu alors pour la première fois et fut réélu, aux termes de la Constitution, aux deux élections suivantes de 1882 et 1884. Mais cette dernière réélection donna encore lieu à une insurrection qui fut comprimée et à une révision de la Constitution colombienne. La Confédération des neuf États fut transformée en un grand État centralisé, divisé en neuf départements ; la durée des pouvoirs présidentiels fut portée de deux années à six, et la rééligibilité du président définitivement établie (5 août 1886). M. Nuñez occupa le pouvoir jusqu'au 1er avril 1894, mais sans l'exercer directement dans ses dernières années. L'état de sa santé l'avait forcé à prendre un congé permanent et à se retirer dans sa villa d'el Cabrere, près de Cartagena, en laissant à son vice-président la direction des affaires, sur lesquelles il continuait néanmoins d'exercer une grande influence par lui-même et par son journal el Porvenir. Il eut un rôle prépondérant dans les négociations relatives à la concession du canal de Panama. Il quitta définitivement la vie publique au 1er avril 1894 et eut pour successeur M. Caro, son vice-président, ancien ministre des finances et ancien président du Conseil d'État. — Il mourut six mois après, le 21 septembre 1894.

M. Nuñez s'était fait une place distinguée dans la littérature hispano-américaine comme poëte et comme critique. On cite de lui un volume de Poésies (Versos de Raphaël Nuñez, Bogota, 1885), dont plusieurs pièces ont eu de la célébrité : un recueil d'Essais de Critique sociale (Rouen, 1876), et, sous le titre de Réformes politiques en Colombie, la réunion de ses articles de 1881 à 1894.

NUS (J.-B.-Eug.), auteur dramatique, mort à Cannes, le 18 janvier 1894.

O

OCAGNE (Maurice d'), mathématicien et littérateur français, né à Paris le 25 mars 1862, fils du publiciste M. Mortimer d'Ocagne, secrétaire de la *Revue britannique*, entra à l'École polytechnique en 1880, en sortit, deux ans plus tard, dans les ponts et chaussées et fut attaché, comme ingénieur, au service des travaux hydrauliques de la marine dans les ports de Rochefort et de Cherbourg. Chargé ensuite du service ordinaire du département de Seine-et-Oise, à Pontoise, il fut appelé à celui du nivellement général de la France à Paris. En 1893, il a été nommé répétiteur à l'École polytechnique.

M. Maurice d'Ocagne s'est fait connaître par une suite de travaux d'analyse, de géométrie et de mathématiques appliquées pour lesquels il a été couronné par l'Académie des sciences. On lui doit particulièrement l'invention d'un système d'abaques et de procédés graphiques de calcul dont l'ensemble constitue ce qu'il appelle la « nomographie ». Nous voyons citer de lui : *Coordonnées parallèles et axiales*, méthode de transformation géométrique et procédé nouveau de calcul graphique déduits de la considération des coordonnées parallèles (1885, in-8 avec fig. et pl.). Dans un tout autre ordre, M. Maurice d'Ocagne a produit, sous le pseudonyme de *Pierre Delix*, quelques essais dramatiques : *le Jubilé de la Reine*, monologue en prose (1888, in-18), et surtout *la Candidate*, comédie en un acte (1888, in-18), qui a eu au théâtre Cluny plus d'une centaine de représentations.

ODILON-BARROT. Voy. Barrot (Odilon-) *.

O'RELL (Paul blouet, dit *Max*), publiciste français, né en Bretagne, le 2 mars 1848, fit ses études à Paris, où il fut reçu bachelier ès lettres et bachelier ès sciences en 1865 et suivit d'abord la carrière militaire. Officier de cavalerie en 1869, il prit part à la guerre franco-prussienne et fut fait prisonnier à Sedan. Il servit ensuite contre la Commune, et, ayant été grièvement blessé, obtint sa retraite. Se tournant alors vers le journalisme, il passa en Angleterre comme correspondant de journal et fut nommé, en 1876, professeur en chef de français à l'École Saint-Paul. En 1883, il attira tout à coup l'attention sur lui en publiant, sous le titre *John Bull et son Ile, mœurs contemporaines* (in-12), une suite de croquis de la société anglaise du temps présent. Ce livre, où l'humour britannique semblait se mêler à l'ironie parisienne, eut un succès énorme dans le monde entier et fut traduit dans la plupart des langues européennes et dans plusieurs langues asiatiques.

L'année suivante, M. Max O'Rell abandonna sa chaire de professeur pour se livrer entièrement à la littérature, et publia une série d'études satiriques et humoristiques qui eurent aussi un grand retentissement : *les Filles de John Bull*; *les Chers Voisins* (in-12, 1885); *Oh! les Enfants!* notes d'un professeur (Brat the Boys! Londres, 1885); *l'Ami Macdonald*, souvenirs anecdotiques de l'Écosse (1887, in-18); *Jonathan et son Continent*, tableaux de la société américaine (in-12, 1889), en collaboration avec M. Jack Allyn; *John Bull à l'école*, en collaboration avec M. George Sparkling; *Un Français en Amérique* (1891). M. Max O'Rell a aussi publié plusieurs ouvrages d'enseignement littéraire; entre autres, *l'Éloquence de la Chaire et de la Tribune française* (Oxford, 1883). De 1887 à 1890, il fit de nombreuses conférences en Angleterre et en Amérique ; et en 1891, il entreprit un voyage autour du monde qui dura deux ans et pendant lequel il fit plus de 400 conférences tant aux États-Unis et au Canada qu'en Australie, à la Nouvelle-Zélande et dans le sud de l'Afrique. Toutes les traductions anglaises de ses ouvrages ont été faites par sa femme.

ORSAT (Léon), député français, né à Samoëns (Haute-Savoie), le 27 juin 1849. A peine licencié en droit en 1870, mais déjà signalé par son ardeur politique contre l'Empire, il fut nommé substitut après le 4 Septembre. Il donna sa démission l'année suivante, pour se consacrer au barreau de Bonneville, dont il fut plusieurs fois bâtonnier. A part ses plaidoiries politiques, il se fit remarquer par les services qu'il rendit à l'enseignement populaire comme membre du Conseil académique de Chambéry et du Conseil départemental de l'instruction publique de la Haute-Savoie. Membre du Conseil général pour le canton de Samoëns, il a été élu, comme candidat républicain, député de l'arrondissement de Bonneville, à l'élection partielle du 9 août 1891, en remplacement de M. Ducroz, décédé. Il a été réélu aux élections générales du 20 août 1893, par 9 577 voix, sans concurrent.

OUVRIER (Antoine-Victor), sénateur français, né à Paris le 20 juillet 1840, fut reçu docteur en médecine en 1869 et alla s'établir à Mur-de-Barrez (Aveyron). Signalé par son opposition républicaine à l'Empire, il devint maire de la commune et conseiller général pour le canton et vice-président de l'Assemblée départementale. Il fut porté comme candidat républicain aux élections sénatoriales du 7 janvier 1894 et élu, au premier tour, le second sur trois, par 493 voix sur 798 votants. Le docteur Ouvrier a été décoré de la Légon d'honneur.

P

PARDO-BAZAN (Emilia), femme de lettres et romancière espagnole, née à la Corogne (Galice) en 1852, reçut dans sa famille une éducation et une instruction peu communes; elle apprit de bonne heure le latin, lut les auteurs anciens et cultiva la poésie. Elle n'avait que seize ans quand elle épousa don José Quiroga et alla habiter Madrid. Quoiqu'elle fût dès lors lancée dans la vie mondaine, elle poursuivit ses études, s'occupa de philosophie et de littérature allemande et écrivit de nouveau des vers qui lui valurent des succès académiques. Elle étudia ensuite les littératures française, anglaise, italienne et approfondit l'histoire de la littérature espagnole. Un voyage qu'elle fit à Paris en 1880 la mit en relation avec Victor Hugo. La mort de son père, en 1890, la faisait héritière, comme fille unique, d'un titre de comtesse, qu'elle dédaigna de substituer au nom sous lequel elle avait eu ses premiers succès littéraires.

Mme Emilia Pardo-Bazan est connue également comme critique et comme romancière ; à ce double titre, elle passe pour avoir importé en Espagne les théories et les procédés du naturalisme, sans toutefois les pousser elle-même, dans ses ouvrages, aux exagérations que se permirent, en Espagne, d'autres disciples de la même école. Elle fut aussi, dans son pays, l'un des vulgarisateurs des idées de Darwin. On cite parmi ses ouvrages : *Pascual Lopez*, autobiographie d'une étudiante en médecine, l'un de ses livres les plus remarqués ; *Un Voyage de Fiancés*; *la Question palpitante*; *la Tribuna*; *le Cygne de Vilamorta*; *los Pazos de Ulloa*; *la Madre naturaleza*; *Morrina*; *Una Christiana*, sans compter une *Vie de saint François d'Assises*. Elle a réuni une partie de ses poésies en un volume sous le titre de *Jaime*, nom d'un enfant qu'elle a perdu. Il a été traduit en français deux ouvrages de Mme Pardo-Bazan : *Bucolique*, traduction de L. Garcia Ramon (1887, in-18), et *le Naturalisme*, traduction d'Albert Savine (1886, in-18).

PARIS (Louis-Philippe-Albert d'ORLÉANS, comte DE), ancien chef de la maison royale d'Orléans, mort à Stowe-House, près de Burkingham (Angleterre), le 8 septembre 1894. — Le dernier fait notable du rôle du comte de Paris, comme prétendant et chef de dynastie, a été, dans les derniers jours de janvier 1894, l'abolition presque complète de l'organisation de propagande royaliste et de luttes électorales, créées en vue des élections législatives de 1893, au prix de grands sacrifices pécuniaires. Il supprima les secrétaires spéciaux placés par lui à la tête des comités départementaux, il fit cesser les conférences et réunions publiques faites à ses frais par des hommes regardés comme ses *missi dominici* ; il enleva à la plupart des journaux locaux qui défendaient sa politique les subventions qu'il leur avait longtemps accordées pour les soutenir dans une lutte inégale. Il donna comme prétexte de cette diminution des forces militantes de son parti par la suppression même de son état-major, l'inutilité, au lendemain des élections générales, de conserver le même caractère d'acuité à la lutte contre le gouvernement établi. Le comte de Paris s'est éteint à la suite d'une longue agonie, et toute la presse française et étrangère a rendu de grands hommages à l'honnêteté et à la dignité de sa vie. Par sa mort, le prince Louis-Philippe-Robert, duc d'Orléans (Voy. ORLÉANS et PARIS) devenait pour les monarchistes le chef de la maison de France.

Une dernière publication du comte de Paris avait paru en décembre 1893, sous ce titre: *Une Liberté nécessaire, le droit à l'association* (in-18), traitant des syndicats ouvriers et des abus auxquels ils ont donné lieu.

PAULIAC (N...), sénateur français, né à Saint-Cirques (Lot), le 9 octobre 1843, fit son droit, obtint le diplôme de docteur et alla s'inscrire au barreau de Figeac. Conseiller général pour le canton de Latronquière, il se présenta, comme candidat républicain, à l'élection sénatoriale partielle du 31 mai 1891, pour le nouveau siège attribué au département du Lot à la suite de la mort du général Campenon, sénateur inamovible, et fut élu, au second tour, par 372 voix contre 305 données à M. Relhie, également républicain.

PAULIN-MÉRY (César-Augustin), député français, né à Villeneuve-sur-Tholon (Yonne), le 14 juin 1860. Reçu docteur en médecine en 1888, il exerça à Paris, collabora à divers journaux médicaux, puis à diverses feuilles politiques hebdomadaires : *le Réveil du XIIIe arrondissement, la Rive Gauche, la France revisionniste, le Patriote de l'Yonne*. Il s'associa activement à la Ligue des patriotes dont il présida une section dans le XIIIe arrondissement ; il y fonda la Fédération républicaine revisionniste et fut, dans le parti boulangiste, un des promoteurs de la politique d'action. Il se porta, comme candidat revisionniste et boulangiste, aux élections législatives du 22 septembre 1889 dans la 2e circonscription du XIIIe arrondissement, réclamant hautement la suppression du Sénat, une Constituante, le mandat impératif et le referendum ; il fut élu, le 6 octobre, au scrutin de ballottage, par 5806 voix contre 5784 obtenues par M. Basly, socialiste, député sortant. M. Paulin-Méry fut, à la Chambre, l'un des derniers fidèles politiques du général Boulanger. Aux élections du 20 août 1893, il fut réélu au premier tour, malgré le nombre de ses concurrents, dans sa même circonscription, par 6035 voix contre 2388 données à M. Blatin, ancien député radical, 1580 à M. Guépratte, socialiste broussiste ; 1019 à M. Corties, radical socialiste ; 408 à M. Rattier, ouvrier cambreur, socialiste allemaniste, et 440 à divers candidats.

PAWS (Jules), député français, né à Perpignan, le 14 août 1852. Avocat au barreau de sa ville

PAGET (Lord Cl.-Ed.), amiral anglais, mort à Brighton, le 23 mars 1895.

PAIGNON (J.-P.-E.), jurisconsulte français, mort à Montbron (Charente), vers le 1er septembre 1894.

PALGRAVE (W.-G.), voyageur anglais, mort en 1888.

PAOLI (B.-E., GLUCK dite *Betty*), femme poète allemande, morte à Baden, le 5 juillet 1894.

PARIEU (M.-L.-P.-F., ESQUIROU DE), homme politique français, mort à Paris, le 9 avril 1893.

PARIS (F.-E.), marin français, mort à Paris, le 8 avril 1893.

PARKMANN (Fr.), littérateur américain, mort à Jamaica Plain (Massachusetts), le 8 novembre 1893.

PASSERINI (Louis, comte), érudit italien, mort à Florence, le 13 mars 1877.

natale, conseiller général pour le canton d'Argelès-sur-Mer, il se présenta une première fois, sans succès, comme candidat radical, aux élections législatives du 22 septembre 1889, contre M. Bartissol, député républicain de l'arrondissement de Céret ; à celles du 20 août 1893, il fut élu au premier tour, par 5148 voix, contre 4383 données au même concurrent.

PAZAT (Louis-Childebert), sénateur français, né à Mont-de-Marsan (Landes), le 8 février 1839, s'inscrivit comme avocat au barreau de sa ville natale, devint bâtonnier de l'Ordre et maire de la ville. Conseiller général du canton, depuis 1876, il se présenta, comme candidat républicain, aux diverses élections législatives, contre le candidat bonapartiste, M. Guilloutet, et obtint, à celles du 21 août 1881, 5573 voix contre 7201 obtenues par son adversaire. Porté aux élections sénatoriales du 5 janvier 1888, il fut élu, au second tour, le premier sur trois, par 417 voix sur 708 votants, contre 289 données au premier candidat de la liste monarchique.

PÉDEBIDOU (Adolphe), député français, né à Tournay (Hautes-Pyrénées), le 16 décembre 1854. Reçu docteur en médecine en 1879, il s'établit dans sa ville natale, où son père exerçait la même profession. Il fut, en outre, médecin consultant à Cauterets. Conseiller général du canton de Tournay depuis 1886, président du Comice agricole de l'arrondissement de Tarbes, il était l'un des chefs du parti républicain avancé du département, lorsqu'il se présenta, comme candidat radical, aux élections législatives du 20 août 1893, dans la 1re circonscription de Tarbes ; il obtint, au premier tour, 4241 voix contre 3879 données à M. Cazeaux, ancien député, conservateur rallié ; 2611 à M. Dasque, socialiste, et 2434 à M. Martial Baille, député sortant républicain, et fut élu au scrutin de ballottage, le 3 septembre, par 7889 voix contre 5250 obtenues par son premier concurrent.

PEDRELL (Philippe), musicien espagnol, compositeur et critique, né à Tortose (Catalogne), le 19 février 1841, suivit de bonne heure sa vocation pour la musique qu'il étudia, dit-on, sans maître. Il cultiva le piano, s'exerça à la composition et s'occupa des questions d'histoire et d'esthétique musicales en vue de régénérer la musique lyrique nationale. Il débuta au théâtre par le Dernier Abencerrage (el Ultimo Abencerrajo), dont il fit lui-même le libretto d'après le roman de Chateaubriand, et qui fut joué au Lyceo de Barcelone au mois d'avril 1874. Un second opéra, Quasimodo, fut représenté, en 1875, au même théâtre. Il donna ensuite le Tasse à Ferrare, poème lyrique de M. A. Delauzières-Thémines, représenté à Madrid en 1881 ; Cléopâtre, drame lyrique du même librettiste, et Mazeppa, poème lyrique du même auteur (1881). Mais son œuvre principale paraît être une trilogie lyrique, les Pyrénées, écrite d'après la tragédie catalane de Victor Balaguer, laquelle n'a pas encore été portée à la scène, mais dont la partition pour piano a paru en 1894. On cite, en outre, comme compositions de M. Pedrell : deux recueils de mélodies : Douze Orientales, de Victor Hugo, et Douze Consolations de Théophile Gautier ; des symphonies vocales orchestrées, notamment le Chant

de la montagne (1877), Chanson latine, sur les paroles de M. A. de Quintana ; une Marche triomphale dédiée à Frédéric Mistral et exécutée aux fêtes provençales de Montpellier en 1878 ; une Messe de Gloria, à trois voix et chœurs, avec orgue, harpe et grand orchestre.

M. P. Pedrell s'est fait une notoriété particulière comme théoricien, par ses tentatives de conciliation entre les traditions musicales de l'Espagne et les innovations de Richard Wagner, dont il se déclare le disciple, mais non l'imitateur. Il a surtout exposé son programme d'esthétique musicale sous ce titre : Pour notre musique (Por nuestra musica), 1891, en rattachant la question d'une école lyrique espagnole à sa propre trilogie des Pyrénées. On lui doit d'autres publications didactiques : les Musiciens espagnols anciens et modernes dans leurs livres ou écrits sur la musique (1883 et suiv.), publication bibliographique inachevée ; Dictionnaire technique de musique (1892) ; une collection importante des œuvres religieuses anciennes et modernes de l'Espagne : Hispaniæ schola, musica sacra, etc. Directeur de l'Illustration musicale hispano-américaine, il a collaboré à divers recueils : la Vanguardia, le Diario de Barcelona. M. Pedrell a été nommé, à la fin de 1894, professeur du Conservatoire de Madrid et membre de l'Académie espagnole des Beaux-Arts.

PEIXOTO (Floranio), général brésilien, ex-président des États-Unis du Brésil, né dans la province d'Alagoas en 1842, entra au service comme simple soldat, puis fut admis à l'École militaire, d'où il sortit sous-lieutenant en 1865. Il servit dans la guerre contre le Paraguay et, après avoir conquis rapidement les grades intermédiaires, il fut mis à la tête du neuvième régiment d'infanterie en 1870. Rentré au Brésil, il exerça divers commandements dans l'armée impériale. Lorsque éclata la révolution du 15 novembre 1889, qui emporta la monarchie, il était major général de l'armée. Il fit partie du gouvernement provisoire. Nommé, l'année suivante, ministre de la guerre, il donna sa démission et se fit élire, dans la province d'Alagoas, membre de l'Assemblée Constituante. Lors de l'élection du maréchal da Fonseca à la présidence de la République, le 24 février 1891, le général Peixoto en fut élu vice-président et, en cette qualité, eut la présidence du Sénat. Le maréchal da Fonseca ayant été renversé par le parti constitutionnel après avoir dissous le Congrès le 4 novembre de la même année, le vice-président Peixoto fut immédiatement appelé à le remplacer, en vertu même de la constitution. Il exerça le pouvoir dans des conditions qui firent de sa présidence une véritable dictature. La guerre civile, suscitée par les dernières crises, prit une nouvelle extension et offrit pendant trois années une suite de soulèvements et de répressions sanglantes. Dans son dernier message, le président ne cherche pas à dissimuler les exécutions sommaires et violentes commises par ses ordres ou en son nom ; il les explique seulement par « les circonstances exceptionnelles où se trouvait son gouvernement, aux prises avec des adversaires de toute classe, nationaux ou étrangers, et qui ne permettaient pas toujours aux autorités d'apprécier le degré de culpabilité ou même d'innocence des gens impliqués dans la révolte, compromis ou suspects de la favoriser. » De son côté, le ministre des finances « avouait

PEEL (Sir Robert), homme politique anglais, mort à Londres, le 9 mai 1895.

PELLISSIER (P.-A.), professeur de philosophie français, mort à Auteuil, le 2 juillet 1894.

PENCO (Mme Rosina), cantatrice italienne, morte aux bains de la Porretta, le 17 novembre 1894.

PERRETTI (Mgr L.-C. de), prélat français, mort le 24 février 1892.

PERROT (Jules-Joseph), chorégraphe français, mort à Paris, le 19 août 1892. — Il n'avait pas épousé, comme il est dit par erreur dans ses diverses biographies, Mlle Carlotta Grisi, son élève, pour laquelle il avait écrit le ballet-mélodrame les Zingari, en 1841.

PETER (C.-F.-M.), médecin français, mort à Paris, le 9 juin 1893.

l'état déplorable de la vie économique et financière de la nation, la paralysie de la production et la misère de toutes les classes » (octobre 1894). Sous la pression du sentiment public et des nouveaux mouvements insurrectionnels qui le manifestaient, le général Peixoto dut céder le pouvoir au nouveau président élu, le docteur Prudente G. de Moraes Barros (voyez ce nom)*, le 15 novembre 1894. Mais avant de le lui remettre, il se fit octroyer par la Chambre un vote d'approbation de toute sa conduite, à la majorité de 108 voix contre 12. Depuis, il n'a cessé d'être représenté comme le chef du parti de l'opposition militaire contre son successeur.

PÉTING DE VAULGRENANT (Albert), général français, né à Chenecey-Buillon (Doubs), le 28 janvier 1831, entra à l'Ecole polytechnique le 1er novembre 1850, en sortit sous-lieutenant dans l'artillerie, le 1er octobre 1852, et passa à l'Ecole de Metz. Il a été promu lieutenant le 1er octobre 1854, capitaine le 20 septembre 1859, chef d'escadron le 20 août 1870, lieutenant-colonel le 24 décembre 1874, colonel le 23 novembre 1877, général de brigade le 1er décembre 1883 et général de division le 5 octobre 1889. Il fit de la façon la plus brillante la campagne d'Italie et eut une part glorieuse à la bataille de Solférino, où la conduite de la batterie qu'il commandait fut signalée par les généraux comme ayant fortement contribué à la victoire. Le maréchal de Mac-Mahon occupant le commandement de Lille, l'attacha à sa personne comme officier d'ordonnance et l'emmena avec lui en Algérie lorsqu'il en fut nommé gouverneur général. Il l'appela plus tard à faire partie de sa maison militaire à l'Elysée, lorsqu'il devint président de la République. Le général de Vaulgrenant commandait à Commercy la 39e division d'infanterie lorsqu'il fut mis à la tête du 15e corps d'armée ayant son quartier général à Marseille, le 3 octobre 1893. Chevalier de la Légion d'honneur depuis le 13 août 1859, il a été promu officier le 24 juin 1871 et commandeur le 30 décembre 1890.

PETIT (François-Frédéric), ou Frédéric-Petit, sénateur français, né à Bussy-lès-Daours (Somme), le 3 juin 1836, se fixa à Amiens où il acquit, comme directeur de fabrique, une grande situation. Maire de la ville depuis 1884, conseiller général pour l'un de ses cantons (Sud-Ouest), il se porta, comme candidat républicain, à l'élection sénatoriale partielle du 31 janvier 1880, pour le remplacement de M. Labitte, décédé, et fut élu par 736 voix contre 585 données à M. de Rainneville, ancien sénateur conservateur. Il a été réélu, au renouvellement triennal du 4 janvier 1891, le dernier sur trois, par 888 voix sur 1 557 votants. — Il est mort à Mers (Somme) le 19 avril 1895.

PÉTROT (Albert-Augustin), député français, né à Paris le 3 juin 1857. Avocat à la Cour d'appel de Paris, il fut élu membre du Conseil municipal en 1887 pour le quartier de la Monnaie, fit plusieurs fois partie du bureau de l'Assemblée et fut vice-président du Conseil général de la Seine. Il a été nommé président du conseil de l'Ordre du Grand-Orient de France. Candidat radical socialiste aux élections législatives du 20 août 1893, il obtint, au premier tour, 1 554 voix contre 2 247 données au docteur Després, député sortant, républicain libéral, 1 080 à M. Bernier, revisionniste, 680 à M. Delacour, socialiste, 205 à M. de Nouvion, républicain progressiste, et fut élu au scrutin de ballottage, du 3 septembre, par 2 758 voix, contre 2 667 au docteur Després.

PEYREBRUNE (Mathilde-Georgina-Elisabeth DE Peyrebrune, dite *Georges de*), femme de lettres française, née dans le département de la Dordogne en 1848, devenue Madame Judicis, a publié, sous son nom de famille et en modifiant l'un de ses prénoms, de nombreux romans qui lui ont fait une place parmi les femmes auteurs : *Contes en l'air* (1877, in-18); *Gatienne* (1882, in-18); *les Femmes qui tombent* (1882); *Jean Bernard* (1883, in-18); *Polichinelle et Compagnie* (1883, in-18); *Une Séparation* (1884, in-18); *Mademoiselle de Trémot* (1885, in-18); *les Frères Colombe* (1885, in-18); *les Roses d'Arlette* (1886, in-18); *les Ensevelis* (1887); *Une Décadente* (1888, in-18); *Laquelle?* (1888, in-18); *le Curé d'Anchelles* (1891, in-18); *le Roman d'un Bas-bleu* (1892, in-18), tableau un peu sombre des ennuis et des dangers de la carrière littéraire pour les femmes, etc.

PICARD (Alfred-Maurice), ingénieur et administrateur français, né à Strasbourg le 21 décembre 1844, fit la plus grande partie de ses études à Strasbourg et à Nancy. Entré à l'Ecole polytechnique en 1862, il passa, en novembre 1864, à celle des ponts et chaussées, comme élève ingénieur, fut nommé ingénieur ordinaire le 2 octobre 1867, et parcourut les trois classes de ce grade de 1867 à 1880. Ingénieur en chef de 1880 à 1887, il fut nommé inspecteur général de deuxième classe en 1887 et de première en 1891. A sa sortie de l'Ecole des ponts et chaussées, chargé d'une mission en Orient et spécialement dans l'isthme de Suez, où les travaux du canal étaient en pleine activité, il visita l'Egypte, la Palestine, les côtes de Syrie, Damas, Bolbek, Smyrne et Constantinople. Nommé ingénieur à Metz, à la fin de l'Empire, il eut dans ses attributions le canal de la Sarre et celui des salines de Dieuze alors en construction. Lorsque éclata la guerre de 1870, l'administration militaire l'employa à divers travaux ; il prépara l'inondation des abords de la place, et, avant la bataille de Forbach, établit des ponts de bateaux sur la Sarre. Après la capitulation de Bazaine, M. Picard put s'échapper et se prendre du service à l'armée de la Loire, en qualité d'ingénieur civil ayant rang de chef de bataillon du génie. A la conclusion de la paix, il passa de la résidence de Metz à celle de Nancy et eut à subir de rudes épreuves, comme ancien officier français, pendant l'occupation allemande ; les vainqueurs s'opposant au séjour des officiers sur le territoire envahi, le gouvernement lui confia les fonctions de commandant du génie pour les places de Verdun, Etain et Clermont-en-Argonne. Il déploya une activité prodigieuse : il étudia et construisit, dans un délai de deux mois, malgré les vexations de l'armée allemande et les autres causes de retard, des baraquements-casernes, coûtant un million de francs, et cette rapidité d'exécution lui valut les félicitations du gouvernement et les remerciements officiels du Conseil municipal de Verdun. Rentré à Nancy où il résida jusqu'en 1880, M. Picard eut, entre autres services, celui du canal de la Marne au Rhin et celui du canal de l'Est ; il concourut à l'alimentation d'eau des forts de la région et fit les études du canal de Dombasle à Saint-Dié. Il exécuta des travaux considérables au point de vue technique et scientifique, tels que le réservoir de Paroy, les machines élévatoires de Pierre-la-Treiche, de Valcourt, de Vacon, des relèvements de ponts en pierre sur le canal, la construction d'un souterrain à têtes biaises avec un appareil orthogonal nouveau et d'un pont biais à 45° en maçonnerie, près de Sampigny, enfin divers autres ouvrages dont il a publié plus tard le détail.

En 1880, M. Alfred Picard fut appelé au Ministère

PETTIE (John), peintre écossais, mort à Saint-Léonard's, le 20 février 1893.

PFAU (L.), poète allemand, mort à Stuttgard, le 12 avril 1894.

PHILIPPOTEAUX (A.), homme politique français, mort à Sedan, le 21 février 1895.

PILLOT (G.-M.-L.), magistrat français mort le 12 octobre 1893.

des travaux publics comme directeur du cabinet et du personnel, et resta depuis lors attaché à l'administration centrale. Il fut nommé, en 1881, directeur des routes, de la navigation et des mines ; en 1882, directeur des chemins de fer et, en 1885, directeur général des ponts et chaussées, des mines et des chemins de fer. Conseiller d'Etat en service extraordinaire de 1881 à 1882, il fut conseiller d'Etat en service ordinaire de 1882 à 1886, et nommé, à cette dernière date, président de la section des Travaux publics, de l'Agriculture, du commerce, de l'Industrie et des Postes et Télégraphes. Il a présidé, depuis 1886, avec le Comité consultatif des chemins de fer, les commissions les plus importantes de vérification, de contrôle ou d'initiative qui siègent auprès du Ministre des travaux publics. M. Alfred Picard s'est particolièrement signalé par sa participation aux Expositions universelles : à celle de 1889, il a été président des comités et des jurys des classes ou sections des chemins de fer, des industries mécaniques et de l'électricité, des moyens de transport, de l'histoire du travail et des sciences anthropologiques, membre de la commission supérieure des Congrès, du jury supérieur, et enfin rapporteur général. Nommé, en 1892, vice-président de la commission préparatoire de l'Exposition universelle de 1900, il a été choisi, en 1893, pour commissaire général de cette dernière, et chargé de présider à l'organisation de ce suprême concours international du XIXᵉ siècle. Décoré de la Légion d'honneur en 1873, il a été promu officier le 14 novembre 1881, commandeur le 28 décembre 1885 et fait grand officier le 29 octobre 1889.

On doit à M. Picard un certain nombre de grandes publications embrassant l'histoire des travaux qu'il a dirigés ou personnellement accomplis : *Alimentation du canal de la Marne au Rhin et du canal de l'Est* (1881, in-8 avec atlas), traitant des projets et ouvrages exécutés par l'auteur dans la région ; *les Chemins de fer français* (1883-1884, 6 vol. in-8), étude historique sur la constitution et le régime du réseau et de ses transformations successives, publiée sous les auspices du Ministère des travaux publics ; *Traité des chemins de fer* (1887, 4 vol. gr. in-8), ouvrage doctrinal, embrassant l'économie politique, le commerce, les finances, l'administration, le droit avec des études comparées sur les chemins de fer étrangers ; *Traité des eaux, Droit et Administration* (1890-1894, 4 vol. gr. in-8), comprenant successivement : Eaux fluviales et souterraines, sources, cours d'eau non navigables ni flottables (tom. I-II), Cours d'eau navigables ou flottables, canaux (tom. III), Irrigation, desséchements, alimentation des communes, rivages de la mer, etc. (tom. IV et V) ; *Rapport général sur l'Exposition universelle internationale de 1889 à Paris* (Imp. nat., 1891-1892, 10 vol.), vaste travail encyclopédique, retraçant la genèse et l'histoire de toutes les branches de l'activité humaine depuis l'origine jusqu'à nos jours, et leurs progrès modernes manifestés par l'étude des diverses classes de l'Exposition ; *Monographie de l'Exposition universelle de 1889* (1895, 2 vol. in-8, avec album), ouvrage préparé et entrepris par le célèbre directeur des travaux de la Ville de Paris, Alphand, continué et achevé par M. Picard. Celui-ci a dirigé, en outre, la publication des *Rapports du Jury international sur l'Exposition universelle de 1889* (Imp. nat., 19 vol. gr. in-8) ; on lui doit enfin un certain nombre de *Mémoires* insérés dans divers recueils, notamment dans les *Annales des ponts et chaussées*.

PIERRE (Eugène-Adolphe-Marie), publiciste et administrateur français, né à Paris le 16 novembre 1848, fit ses études au lycée Saint–Louis, fut attaché en 1866 à la présidence du Corps législatif et devint secrétaire-rédacteur de la Chambre en 1875, Chargé du service des travaux législatifs en 1879, il fut nommé, en 1885, secrétaire général de la présidence. Grand-officier ou commandeur de divers ordres étrangers, il a été promu officier de la Légion d'honneur le 23 juillet 1891.

M. Eugène Pierre a collaboré aux principales publications de droit constitutionnel ou parlementaire de M. Jules Poudra, son prédécesseur au secrétariat général de la présidence de la Chambre, mort en 1884, notamment aux suivantes : *Traité pratique de Droit parlementaire* (1879, in-8 ; *supplément*, 1880, in-8) ; *Organisation des Pouvoirs Publics*, recueil des lois constitutionnelles, électorales, etc. (1881, in-18, nouvelle édition, 1889, in-18) ; *Code Manuel du Conseiller général d'arrondissement* (1887, in-18. Il a publié seul : *Histoire des Assemblées politiques en France*, depuis le 5 mai 1789 (1877, tome I, in-8) ; *Lois organiques concernant l'élection des députés, la liberté de la Presse, et le Droit de réunion*, avec notes (1885, in-18) ; *De la Procédure parlementaire*, étude sur le mécanisme intérieur du pouvoir législatif (1887, in-18) ; *Traité de droit politique, électoral et parlementaire* (1893, gr. in-8).

PLISSONNIER (Simon), député français, né à Loisy (Saône-et-Loire) le 12 avril 1847. Sorti le premier de l'Ecole des Arts et Métiers d'Aix, dirigeant à Lyon l'une des plus importantes fabriques françaises d'instruments aratoires, propriétaire et agriculteur, conseiller général de l'Isère pour le canton de Beaurepaire, il se porta comme candidat républicain radical aux élections législatives du 20 août 1893 dans la 2ᵉ circonsption de Vienne, et fut élu, au premier tour, par 7934 voix contre 7725 obtenues par M. Lombard, député sortant, républicain.

POIRRIER (Alfred), sénateur français, né à Esternay (Marne) le 30 novembre 1826, maire de sa ville natale, membre du Conseil général pour le canton, vice-président de ce Conseil, a été, pour la première fois, élu sénateur de la Marne, comme candidat républicain, aux élections du 7 janvier 1894, en remplacement de M. Margaine, décédé ; il obtint, au second tour, 645 voix, contre 178 données à M. Guyot, ancien député. M. Alfred Poirrier, qu'il ne faut pas confondre avec son collègue M. Poirier, sénateur de la Seine (Voy. au *Dictionnaire*), a été décoré de la Légion d'honneur.

PONTALLIÉ (Edouard), député français, né à Nantes le 14 octobre 1855. Propriétaire dans l'Ille-et-Vilaine, maire de Saint-Aubin-du-Cormier, il se présenta comme républicain modéré, dans l'arrondissement de Fougères, aux élections législatives du 20 août 1893 et fut élu, au premier tour, par 9304 voix contre 8254 données à M. Marie Delafosse, député sortant, monarchiste, et 1041 à M. du Montluc, conseiller à la Cour d'appel de Douai, candidat radical.

PLACE (Mgr C.-P.), prélat français, mort à Rennes, le 5 mars 1895.

PLON (Eugène), éditeur français, mort à Paris, le 13 mars 1895.

PODESTI (Francesco), peintre italien, mort à Rome, le 9 février 1895.

PONS-TANDE (L.-B. Pons, dit), ancien représentant français, mort à Mirepoix, le 2 mars 1894.

POOLE (R.-S.), archéologue anglais, mort à Londres, le 10 février 1895.

PORTAELS (J.-F.), peintre belge, mort le 8 février 1895.

POTTER (G.), ouvrier et publiciste anglais, mort à Londres, le 4 juin 1893.

POUCHET (H.-C.-G.), naturaliste français, mort à Paris, le 29 mars 1894.

POUILLET (Louis-Marie-Eugène), avocat et jurisconsulte français, né à Paris le 14 juillet 1835, est le neveu du célèbre auteur du Traité de physique, Claude Pouillet, mort en 1868. Reçu licencié en droit et inscrit au barreau de la Cour d'appel en 1858, il fut, en 1861, premier secrétaire de la Conférence des avocats, prononça, l'année suivante, comme discours de rentrée, l'Éloge de Félix Liouville et obtint pour la première fois le prix qui porte ce nom. Secrétaire de l'avocat Étienne Blanc, il se fit une place importante au Palais, à la fois par ses plaidoiries dans les affaires concernant le droit de propriété industrielle, artistique ou littéraire, et par ses ouvrages relatifs aux différentes parties de la jurisprudence en cette matière. Parmi les procès industriels considérables qu'il a plaidés, nous rappellerons les affaires de la fuchsine, de la teinture en noir d'aniline, du télégraphe Baudot, des aciers Bessemer, du téléphone Édison, de la compagnie d'Assurances générales contre la Mutual Life, etc. Entre autres procès littéraires, il a plaidé pour Mario Uchard dans celui de la Fiammina, pour le directeur de l'Odéon dans celui des Danicheffs, etc. Membre du Conseil de l'ordre de 1880 à 1887 et, depuis 1891, président de l'Association littéraire et artistique internationale et du Conseil judiciaire de la Société des artistes français, M. Eugène Pouillet a été décoré de la Légion d'honneur.

Ses nombreux et importants écrits sont les suivants : Traité théorique et pratique des Dessins de Fabrique (1869, in-18; 2e éd., 1884, in-8); Traité théorique et pratique des Brevets d'invention et de la contrefaçon (1870, in-8; 2e éd., 1879; 3e éd., 1889); Traité des Marques de fabrique et de la concurrence déloyale en tous genres (1875, in-8; 2e éd., 1883); Traité théorique et pratique de la Propriété littéraire et artistique et Du Droit de représentation (1879, in-8). On cite du savant jurisconsulte, dans un tout autre ordre, un recueil de Poésies nouvelles : le Doute, le Baiser, le Chemin des amoureux, la Source, etc., publié sous le pseudonyme de E. Péveril (1872, in-18).

POURTEYROU (Paul), député français, né à Saint-Vincent-du-Connezac (Dordogne) le 30 mars 1846, fit ses classes au lycée de Périgueux, étudia la médecine aux Facultés de Bordeaux et de Paris, fut reçu docteur dans cette dernière et exerça la médecine dans sa commune natale dont il devint maire en 1878. Il est membre ou correspondant de plusieurs sociétés de médecine et de chirurgie. Conseiller général pour le canton de Neuvic, il fut porté, comme républicain modéré, aux élections législatives du 20 août 1893, dans l'arrondissement de Ribérac, et élu au premier tour par 10 421 voix, sans concurrent.

PRÉVOST (Marcel), romancier français, est né à Paris le 1er mai 1862. Fils unique d'un ancien sous-directeur des contributions indirectes à Tonneins, il fit, avec de brillants succès, ses études classiques au collège Saint-Joseph-de-Tivoli à Bordeaux, dirigé par les Jésuites, et entra ensuite au collège Sainte-Geneviève de Paris, tenu par les mêmes Pères, pour se préparer à l'École polytechnique, où il fut reçu en 1882. Il en sortit, comme élève ingénieur des tabacs, passa deux ans à la manufacture du Gros-Caillou à Paris, puis suivit sa carrière d'ingénieur des tabacs dans plusieurs villes de province, Tonneins, Châteauroux et Lille. Il renonça ensuite à ces fonctions pour se livrer exclusivement à la littéra-

ture. A peine sorti du collège, M. Marcel Prévost s'était senti entraîné vers les lettres, et au milieu même de ses études mathématiques, écrivait des nouvelles qui furent accueillies par les journaux du temps : la première, Conscrard Chambergeot, fut publiée par le Clairon, en 1881, sous le pseudonyme de Schlem; elle fut suivie, vers la même époque, de l'Ingénue de mon oncle, des Pommes d'api, du Prince Max, etc. Son premier roman, le Scorpion, publié par le Matin et qui parut aussitôt en volume (1887, in-18), inaugura une série d'études qui furent remarquées pour la finesse, la subtilité des analyses psychologiques et l'élégante sobriété du style. Il a été décoré de la Légion d'honneur au 1er janvier 1894.

M. Marcel Prévost a publié, depuis le Scorpion, les volumes suivants : Chonchette (1888, in-18); Mademoiselle Jauffre (1889, in-18); Cousine Laura, mœurs de théâtre (1890, in-18); la Confession d'un amant (1891, in-18); Lettres de Femmes (1892, in-18); Nouvelles lettres de femmes (in-18, 1891); l'Automne d'une Femme (1893, in-18); les Demi-Vierges (1894, in-18), tableau de l'influence de la vie du « Paris libertin et jouisseur » sur l'éducation et les mœurs des jeunes filles; Notre compagne (1895, in-18). Il s'est essayé dans le genre dramatique en donnant au Théâtre-Libre : l'Abbé Pierre, en un acte, emprunté à son premier roman, le Scorpion, et en tirant de son dernier livre, les Demi-Vierges, une comédie en trois actes et à nombreux personnages destinée au Gymnase (21 mai 1895).

PRUDENT-DERVILLERS. Voy. Dervillers (Prudent) *.

PUAUX (Franck), ministre et théologien protestant français, né à Luneray (Seine-Inférieure) en 1844, fils du pasteur François Puaux, auteur de plusieurs publications d'histoire religieuse, mort le 22 février 1895, suivit la même carrière que son père et se fit connaître par ses recherches sur l'histoire du protestantisme français. Il est devenu directeur de la Revue chrétienne et autres recueils de bibliographie théologique et d'histoire religieuse. Président de la Société des questions d'enseignement primaire, il s'est occupé particulièrement des intérêts scolaires des colonies, et est membre du Conseil supérieur de ces questions, comme délégué de Tahiti. Il a fait partie du Jury des récompenses pour l'instruction primaire à l'Exposition universelle de 1889.

On a de lui les ouvrages suivants : les Précurseurs français de la Tolérance au XVIIe siècle (1881, in-8); les Bassoutos, une mission française au sud de l'Afrique (1881, in-8); Éphémérides de l'année de la Révocation de l'Édit de Nantes (1883, in-18); Études sur la Révocation de l'Édit de Nantes, avec M. A. Sabatier (1886, in-8); Histoire de l'établissement des Protestants français en Suède (1891, in-8); M. Frank Puaux a donné en outre une édition nouvelle avec commentaires et notices de l'ouvrage de Jean Claude : les Plaintes des Protestants cruellement opprimez dans le Royaume de France (1885, in-4). Il a continué l'Agenda Protestant (12e année, 1891 (Lausanne et Paris, 1890, in-18); il a dirigé la publication les Œuvres du Protestantisme français au XIXe siècle, pour l'Exposition universelle de Chicago (1893, in-4, avec gr. et portraits).

PUECH (Denis), sculpteur français, né à Gavernac, commune de Bozouls (Aveyron), le 2 décembre

1854, entra à l'École des Beaux-Arts, fut successivement élève de Jouffroy, de Chapu et de Falguière et obtint le prix de Rome en 1884. Il obtenait la même année une troisième médaille au Salon, où il avait déjà fait, depuis 1875, des envois réguliers de bustes et médaillons aux seules initiales des modèles. Nous citerons parmi ses œuvres exposées : *Mlle E. Damain* (1883), buste terre cuite; *Jeune homme au Poisson*, groupe marbre (1884); *Jeune marin*, statue bronze, monument commémoratif à la marine chilienne; *l'Amiral Patricio Lynch* (1885); *Mlle Rita Sangalli*, buste marbre (1886); *la Seine*, haut relief plâtre (1887); *la Muse d'André Chénier*, statue plâtre (1888); même sujet, en marbre (1889);

la Sirène, groupe marbre; *Mme Constans*, buste plâtre (1890); *M. Constans*, ministre de l'Intérieur, buste bronze; *Étoile du soir*, statue plâtre (1891); *l'Amour*, statue plâtre; *M. Méline*, buste marbre (1892); *la Seine*, bas-relief en marbre; *l'amiral Obry* (1894); *Vision de Saint-Antoine de Padoue*, bas-relief marbre; *M. Chaplain*, buste bronze (1895), sans parler de quelques gravures en médailles. M. Puech a aussi pris part à diverses expositions particulières, notamment à celle de l'Union Artistique. Il a obtenu au Salon une médaille de seconde classe en 1889, une de première en 1890 et la décoration de la Légion d'honneur le 5 janvier 1892

R

RAGOT (Louis-Constant), député français, né à Saint-Aignan-sur-Cher, le 2 décembre 1858. Propriétaire et maire de Saint-Aignan, il se porta aux élections générales du 20 août 1893, comme candidat républicain, dans la 2° circonscription de Blois, que représentait depuis plus de vingt-cinq ans M. Tassin, récemment nommé sénateur, et fut élu au premier tour par 11 033 voix sans concurrent.

RAIBERTI (Flaminius), député français, né à Nice, le 13 avril 1862. Avocat dans sa ville natale, il se porta comme candidat républicain radical dans la 1re circonscription de Nice, à l'élection partielle du 30 mars 1890, à la suite de l'invalidation de M. Bischoffsheim, et fut élu par 5 940 voix contre 5 385 données à M. Borriglione, ancien député de la 2° circonscription, qui avait donné sa démission pour se représenter dans la première. Aux élections générales du 21 août 1890, il fut réélu par 5 504 voix sans concurrent.

RAMEAU (Paul-Dominique Cevrey-), député français, né à Versailles, le 5 août 1836, est le fils de M. Chevrey-Rameau, qui, élu maire de Versailles après le 4 septembre 1870, se signala, pendant toute l'occupation prussienne, par son patriotisme et son courage. Licencié en droit et attaché au ministère des Affaires étrangères dès le mois d'avril 1857, il fut envoyé, comme élève consul, à Shanghaï en octobre 1862, géra le consulat de cette ville en 1863, celui de Canton en 1864 et celui de Yokohama en 1865. Il fut, en novembre 1866, consul général à Turin, en 1868, à Lima, en 1870, à Boston, en 1875, à Glascow, et secrétaire de 1re classe à Berne en 1879. Dans l'intervalle de ces missions, il remplit divers postes dans les directions de la Chancellerie et fut nommé ministre plénipotentiaire de 2° classe en mars 1886. Décoré de la Légion d'honneur le 9 mai 1874, il a été promu officier le 19 janvier 1881. Aux élections législatives du 20 août 1893, M. Chevrey-Rameau se porta, comme candidat républicain, dans la 3° circonscription de Versailles, obtint, au premier tour, 5 500 voix contre 5 650 données à M. Georges Haussmann, député sortant, conservateur rallié, et 1161 à M. Favrais, ouvrier, socialiste, et fut élu, au scrutin de ballottage, le 3 septembre, par 6166 voix contre 5 810 obtenues par M. Haussmann.

RAMEAU (Jean), poète et romancier français, né à Gaas (Landes), en 1859, s'est fait connaître tour à tour par un certain nombre de recueils de vers d'un sentiment élevé et délicat et par des romans

contrastant quelquefois avec ses inspirations poétiques par l'emploi des procédés naturalistes. Après un premier volume de *Poèmes fantastiques*, illustrés avec luxe (1883, in-4), il a donné successivement : *la Vie et la Mort*, poésies (1886, in-18); *Fantasmagories*, histoires rapides (1887, in-18); *le Satyre* (1887, in-18); *la Chanson des Étoiles* (1888, in-18), son œuvre principale de poésie; *Possédée d'amour*, roman (1889, in-18); *la Marguerite de 300 mètres* (1890, in-18, illustré); *Moune*, roman (1890, in-18), couronné par l'Académie française; *Nature*, poésies (1891, gr. in-8 eaux-fortes); *Simple roman* (1891, in-18); *Mademoiselle Azur* (1893, in-18); *la Mascarade* (1893, in-18). M. Jean Rameau a été décoré de la Légion d'honneur en janvier 1894.

RANAVALO Manjaka III, reine de Madagascar, née en 1862, fut mariée en premières noces, sous le nom de Razafindrahety, au prince Ratrimo, qui mourut en 1882. Elle fut appelée au trône, à la mort de la cousine de sa mère Ranavalo II, le 13 juillet 1883, et couronnée le 22 novembre suivant. Conformément à l'usage malgache, elle épousa en secondes noces son premier ministre, frère de son premier mari, Raïnilaïarivony, né en 1826, et placé à la tête des affaires depuis 1864. Son règne est signalé par la continuation des conflits entre la France et Madagascar sous le règne précédent et qui, depuis son avènement, s'aggravèrent et aboutirent à une rupture et à la guerre ouverte. Au commencement de 1883, à la suite de vexations et de violences contre nos nationaux et même d'attentats dont la réparation nous était refusée, le gouvernement français, repoussant des négociations qui, malgré les offres de bons offices de la part de l'Angleterre, étaient sans issue, donna l'ordre à l'amiral Pierre de chasser les Hovas de toute la côte, d'établir une garnison à Mazangaye qui commande la route de Tananarive, et au besoin, de bombarder et d'occuper la ville de Tamatave. Du 15 mai au 11 juin ces ordres étaient exécutés, les Hovas chassés de la côte nord-ouest, Tamatave bombardée et ses forts mis en notre possession. Une partie de la population, les Sakalaves, soutenait notre action contre les Hovas. Sur ces entrefaites, l'amiral Pierre, forcé par la maladie de quitter le commandement, fut remplacé, successivement, par les amiraux Galiber et Miot, et les opérations continuèrent sur divers points de la côte, avec des succès qui furent interrompus par le léger échec d'une colonne franco-sakalave dans une reconnaissance contre Farafate (10 septembre). Les négociations

---

RACINET (A.-C.-A.), dessinateur, mort à Montfort-l'Amaury (Seine-et-Oise), le 29 octobre 1893.

RAINNEVILLE (J.-W., vicomte de), ancien sénateur français, mort à Paris, le 29 janvier 1894.

furent alors reprises, à la demande du gouvernement de la reine, et eurent pour résultat l'établissement, dans des conditions incertaines et suspectes, *du protectorat français sur l'île tout entière et la reconnaissance de notre pleine souveraineté sur la baie de Diego-Suarez.* Le gouvernement hova dut verser une *indemnité de dix millions de francs* pour les dommages causés par les faits de guerre aux particuliers (17 décembre 1885).

Ce traité, expressément reconnu par l'Angleterre cinq ans plus tard (5 août 1890), ne donnait à la France que d'insuffisantes satisfactions et assurait mal l'avenir; nos nationaux, au lieu des droits de propriété réclamés, n'obtenaient que la jouissance de baux emphitéotiques; la baie de Diego-Suarez n'offrait qu'une sécurité incomplète; Ranavalo gardait le titre de reine, non seulement des Hovas, ses seuls sujets, mais de Madagascar même, et semblait encouragée dans ses anciennes prétentions d'étendre son pouvoir sur l'île entière, « sans d'autres limites que l'Océan ». Les conflits, en effet, recommencèrent bientôt et notre protectorat *qui faisait de notre gouvernement le représentant officiel de celui de Madagascar dans toutes les relations extérieures,* nous laissait, dans l'intérieur de l'île, désarmés devant le mauvais vouloir des Hovas contre nos nationaux. Soutenue par l'action occulte de nos concurrents et excitée par les intrigues connues des missionnaires anglais, la reine fut quelque temps encore tenue en respect par l'énergie et l'habileté de notre résident, M. Le Myre de Vilers; mais, après le départ de celui-ci, elle reprit de plus belle un système de vexations qui rendait notre situation intolérable. Cette situation fut mise au grand jour, à la tribune de la Chambre des députés, le 22 janvier 1894, par une interpellation de M. Louis Brunet, qui n'hésitait pas à y montrer la cause dans le traité même de 1885, journellement violé par les Hovas à notre détriment, et après un exposé de nos griefs, fait avec toute la discrétion diplomatique par le président du Conseil, M. Casimir-Perier, la Chambre vota à l'unanimité un ordre du jour par lequel elle se déclarait « résolue à soutenir le gouvernement dans ce qu'il entreprendrait pour maintenir notre situation et nos droits à Madagascar, rétablir l'ordre, protéger nos nationaux et faire respecter le drapeau. »

Quelques mois plus tard, sur les plaintes réitérées de notre dernier résident général, M. Larrouy, le ministère, présidé par M. Ch. Dupuy, résolut d'envoyer à Madagascar, en mission particulière, M. Le Myre de Vilers, pour s'assurer de l'état exact des choses et faire une dernière tentative de conciliation, avant de prendre une résolution définitive. Notre envoyé, parti le 13 septembre, put se rendre à Tananarive le mois suivant et revint, non sans danger, à Tamatave, après l'échec complet de sa mission : aux propositions conciliatrices dont il était porteur, le gouvernement hova répondit par un contre-projet qui n'était rien moins que l'abrogation du traité du 17 décembre 1885 et la négation de tout protectorat effectif. Une nouvelle guerre était inévitable. Après avoir exposé complètement la situation à la Chambre, le 13 novembre 1894, par l'organe du ministre des affaires étrangères, M. Hanotaux, le cabinet demanda un crédit de 65 millions pour l'envoi d'un contingent de 15 000 hommes en vue d'une action méthodique et décisive. Ces conclusions ayant été adoptées avant la fin du même mois, les ministères de la marine et de la guerre commencèrent, non sans des tiraillements rendus publics et avoués, les préparatifs de l'expédition. Pendant ce temps, la reine, par d'ardentes proclamations adressées à son peuple et par des actes de violence contre nous, se montrait décidée à une résistance pour laquelle elle comptait autant sur l'insalubrité du climat que sur le courage de ses sujets. Mais déjà, vers le milieu d'avril 1895, la campagne dont la haute direction était confiée au général Duchesne (Voy. ce nom)*, était ouverte, en attendant son arrivée, par la brigade Metzinger (Voy. ce nom)* et signalée par de premiers succès qui étaient d'heureux auspices pour nos troupes.

RATIER (Antony), sénateur français, né à Buzançais (Indre) le 29 juin 1851, fit son droit à Paris et acquit, dès 1877, une charge d'avoué près le tribunal de 1ʳᵉ instance de la Seine. Porté, comme candidat républicain, à l'élection sénatoriale partielle du 3 juin 1894, pour le remplacement du sénateur de la droite, M. Clément, décédé, contre cinq autres candidats républicains de diverses nuances, il fut élu, au troisième tour, par 350 voix sur 613 votants, contre 246 obtenues par M. Verbeckmæs.

RAVARIN (Fleury) ou FLEURY-RAVARIN, député français, né à Lyon (Vaise) le 21 avril 1861. Docteur en droit de la Faculté de Paris et ancien élève diplômé de l'École libre des sciences politiques, il fut nommé auditeur au Conseil d'État à la suite du concours de 1885 et occupa ces fonctions jusqu'en 1893. Il fut, dans l'intervalle, chef adjoint du cabinet du ministre du Commerce, M. Sigfried, secrétaire du Conseil supérieur de l'Assistance publique, membre de diverses sociétés économiques et rédacteur à la *République française.* Conseiller général du Rhône pour le 5ᵉ canton de Lyon, il se présenta, comme candidat républicain, dans la 6ᵉ circonscription de cette ville, aux élections législatives du 20 août 1893, obtint, au premier tour, 2 140 voix, contre 2 299 données à M. *Guillaumou,* député sortant, républicain, 1 962 à M. *La Selve,* conservateur rallié, et 1 950 à M. *Mouvert,* socialiste, et fut élu, au scrutin de ballottage, le 3 septembre, par 3 256 voix, contre 2 624 obtenues par M. *Guillaumou,* et 1 847 par M. *Monvert.*

RAYMOND (Fulgence), médecin français, né à Saint-Christophe (Indre-et-Loire), le 29 septembre 1842, fit, avec distinction ses études médicales à la Faculté de médecine de Paris, prit le diplôme de docteur en 1876, et fut reçu agrégé en 1880. Nommé chef de clinique en 1877, puis médecin des hôpitaux, il fut en dernier lieu chargé du service des aliénés à la Salpêtrière. A la mort du professeur Charcot (16 août 1893), il fut désigné, en première ligne, par le conseil des professeurs de la Faculté, pour remplacer l'illustre maître dans la chaire des cliniques des maladies nerveuses de cet hôpital et nommé à ce poste important. Il a été chargé de plusieurs missions scientifiques à l'étranger et décoré de la Légion d'honneur.

Le docteur Fulgence Raymond est auteur de travaux très estimés. Outre ses thèses d'agrégation [*Des Dyspepsies,* 1878, gr. in-8, et *De la Puerpéralité,* 1880, in-8], on cite : *Conférences de clinique médicale faites à l'Hôtel-Dieu* (1883, in-8); *Anatomie pathologique du système nerveux, Cours complémentaire,* professé à la Faculté de médecine en 1883-1884 (1885, in-8, avec fig. et pl.); *Étude des maladies du système nerveux en Russie,* rapport au ministre (1888, in-8); *Maladies du système nerveux* : Atrophies musculaires et maladies amyotrophiques (1889, gr. in-8, avec fig.); *Notes sur le traitement de la syphilis en Allemagne et en Autriche* (1891, in-8).

RASPAIL (Camille), homme politique français, mort à Arcueil (Seine), le 24 mai 1893.

RATHIER (Jean), député, mort le 6 janvier 1895. — Il avait été réélu, dans l'arrondissement de Tonnerre, aux élections générales du 20 août 1893.

RAWLINSON (sir H.), archéologue anglais, mort le 6 mars 1895.

REAL (Gabriel), député français, né à Néronde le 29 avril 1843, fit, comme lieutenant des mobiles de la Loire, la campagne de 1871 dans l'armée de l'Est et fut interné en Suisse. Notaire à Néronde depuis 1876, maire de cette ville et conseiller général du canton, il fut élu pour la première fois député de la 2ᵉ circonscription de Roanne à l'élection partielle du 6 décembre 1891, en remplacement de M. Gerbay, décédé; aux élections générales du 20 août 1893, il fut réélu par 7457 voix, contre 3052 données à M. Rochet, socialiste.

REBOULIN (Eugène), député français, né à Apt (Vaucluse) le 5 avril 1852. Depuis 1892 maire de sa ville natale où il est propriétaire d'une importante fabrique de fruits confits, membre de la Chambre de commerce d'Avignon, il se présenta, comme républicain radical, dans l'arrondissement d'Apt, aux élections législatives du 20 août 1893, et obtint, au premier tour, 3255 voix, contre 1366 données au polémiste républicain, M. Lissagaray, et 2912 partagées entre trois autres candidats. Il fut élu, au scrutin de ballottage, le 3 septembre, par 4643 voix, contre 3741 obtenues par M. Lissagaray, et 957 par M. Gallier, boulangiste.

REGISMANSET (Paul), sénateur français, né à Carcassonne le 27 janvier 1849, fit son droit et s'inscrivit d'abord au barreau de Paris, puis alla prendre une charge d'avoué près le tribunal civil de Melun. Il fut à la fois administrateur et rédacteur de l'*Union républicaine* de Fontainebleau. Conseiller municipal et adjoint au maire de cette ville, conseiller général pour le canton de 1881 à 1892, il fut porté candidat républicain aux élections sénatoriales du 4 janvier 1891 et élu, le dernier sur trois, au troisième tour, par 476 voix sur 919 votants, contre 425 données à M. Dethomas, ancien député.

REGNAULT (Alfred), député français, né à Périers (Manche) le 10 juin 1843. Licencié en droit, officier de mobiles pendant la guerre de 1870, maire de la commune de Périers depuis 1875, conseiller général du canton depuis 1881, activement dévoué aux intérêts agricoles du département, il fut porté, par l'union républicaine de la Manche, à une élection législative partielle en 1881, faite au scrutin départemental, et fut élu; mais il échoua, avec toute la liste républicaine, aux élections générales de 1885. A celles du 20 août 1893, il fut élu, au premier tour, par 8504 voix, dans la seconde circonscription de Coutances, sans concurrent.

REGNAULT (Mme Alice). Voy. MIRBEAU (Octave)*.

REILLE (André-Charles-Jean-de-Dieu), député français, né à Paris le 7 octobre 1861, est le fils du baron Reille, député de la 2ᵉ circonscription de Castres. Propriétaire, maire de Saint-Amans-Soult (Tarn), conseiller général depuis 1886 pour le canton d'Anglès, avocat, il se présenta, comme candidat de droite « se ralliant à la République, tout en se réservant de protester contre quelques-unes de ses lois », dans la 2ᵉ circonscription de Castres, à l'élection partielle du 18 mars 1894, en remplacement de M. Abrial, décédé; malgré l'active intervention dans la lutte du député socialiste,

M. Jaurès, il fut élu, au premier tour, par 9669 voix, contre 3227 données à M. Vieu, républicain progressiste, 2945 à M. Caraguel, socialiste, qu en avait obtenu 7289 aux élections générales, et 554 à M. Noireterre, républicain.

RÉMUSAT (Pierre DE), député français, né à Paris le 19 janvier 1864, est le fils de M. Paul de Rémusat, sénateur de la Haute-Garonne, et le petit-fils et l'arrière-petit-fils des deux hommes politiques célèbres de ce nom. Porté pour la première fois, comme candidat républicain, dans l'arrondissement de Muret, à l'élection partielle du 10 avril 1892, pour le remplacement de M. Constant Germain, décédé, il fut élu, au premier tour de scrutin, par 19000 voix, sans concurrent. Aux élections générales du 20 août 1893, il fut réélu, au premier tour, par 14427 voix, contre 4640 données à M. Aubry, radical socialiste.

RESSMANN (Constantin), diplomate italien, né à Trieste en 1822, fit ses études à l'Université de Padoue et quoique appartenant à l'Autriche par son origine, prit part au mouvement insurrectionnel de 1848-1849 contre la domination autrichienne. Poursuivi et condamné à mort par contumace, il put quitter l'Italie et, grâce à sa connaissance de la langue allemande, se réfugier d'abord à Vienne même, d'où il gagna ensuite la France. Il vécut à Paris en donnant des leçons, puis entra dans les bureaux de la légation italienne sous les auspices du chevalier Nigra, ministre plénipotentiaire de Sardaigne. En 1861, il se fit naturaliser Italien, fut attaché, l'année suivante, au Ministère des affaires étrangères et fut envoyé, comme secrétaire de légation, en Chine et au Japon. Nommé secrétaire d'ambassade à Paris, en 1864, il conserva ce poste pendant douze ans et passa, en 1878, à Londres, comme conseiller d'ambassade. Il revint à Paris en 1882, remplir les mêmes fonctions au cours desquelles il reçut, en 1884, le titre de ministre plénipotentiaire. Il eut, dès cette époque, la plus grande influence personnelle sur la conduite des affaires diplomatiques entre la France et l'Italie et géra plusieurs fois l'ambassade par intérim. Au mois de janvier 1892, il fut nommé ambassadeur à Constantinople; mais six mois plus tard, il fut ramené en cette même qualité à Paris, en remplacement du général Menabrea. M. Ressmann retrouva dans ce haut poste toutes les sympathies qu'il s'était acquises dans un rang moins élevé, et sa présence à Paris était considérée comme un élément d'entente entre les deux pays, dans le désaccord croissant de leurs intérêts politiques et économiques. Aussi le rappel subit de M. Ressmann aux premiers jours de l'année 1895, parut-il accentuer la politique anti-française de M. Crispi (6 janvier). M. Ressmann a été fait, à la suite de ce rappel, grand croix de la Légion d'honneur (13 février 1895).

REY (Edouard), sénateur français, né à Grenoble, le 13 juillet 1836, est le frère du député de l'Isère, M. Aristide Rey (Voy. ce nom). Ancien maire de sa ville natale, il fut porté, comme candidat républicain, aux élections sénatoriales du 5 janvier 1888, et élu, au premier tour, le dernier sur trois, par 897 voix sur 1241 votants. Il a été décoré de la Légion d'honneur.

RÉCIPON (Emile), ancien député français, mort à Paris, le 20 février 1895.

REGNARD (Ph.-M.-N.-Nestor), ancien représentant du peuple, mort à Valenciennes, le 17 novembre 1885.

REILLE (G.-Ch.-P., vicomte DE), ancien député français, mort à Paris, le 23 mars 1895.

RÉMY (Jules), naturaliste français, mort le 5 décembre 1893.

RENOUF (E.), peintre français, mort au Havre, le 6 mai 1894.

RESZKÉ (Joséphine DE), cantatrice polonaise, morte à Varsovie, le 22 février 1891.

RHINS (J.-L. DUTREUIL, DE), géographe français. — Assassiné près de Sining-fou, au cours d'une exploration au Thibet, le 5 juin 1894.

RIBOURT (P.-F.), général français, mort à Paris, le 3 février 1895.

RICARD (Henri-Charles-Louis), député français, né à Cézy (Yonne) le 26 août 1849, étudia la médecine à Paris, fut interne des hôpitaux, et s'établit médecin à Beaune, où il remplit plusieurs fonctions médicales officielles et fut pendant douze ans conseiller municipal. Président du comité républicain de l'arrondissement de Beaune, il fut porté comme républicain radical dans la 1re circonscription, à l'élection partielle législative pour le remplacement de M. Victor Prost, décédé, et fut élu le 31 mai 1891. Membre de diverses commissions de la Chambre, il prit part aux discussions relatives au régime des boissons et à celles de la loi sur le classement et le traitement des instituteurs. Aux élections du 20 août 1893 il fut élu, au premier tour de scrutin, par 6 852 voix contre 5 749 données à M. Boulsey-Alex, socialiste revisioniste.

RICHAUD (Léopold), sénateur français, né aux Mées (Basses-Alpes) le 13 novembre 1837, s'inscrivit au barreau de Digne, dont il devint bâtonnier. Conseiller municipal et adjoint au maire de cette ville, conseiller d'arrondissement, puis membre du Conseil général pour le canton des Mées, il a été élu sénateur des Basses-Alpes, comme candidat républicain, le 7 janvier 1894, par 291 voix sur 419 votants. — Il est mort à Digne, le 28 mai 1895.

RINGOT (François-Hubert), sénateur français, né à Marck (Pas-de-Calais) le 7 mars 1838, maire de Saint-Omer, conseiller général pour le canton nord de cette ville, a été porté, comme candidat républicain et sans concurrent, à l'élection sénatoriale partielle du 15 mai 1892, par suite de l'attribution au Pas-de-Calais du siège de sénateur inamovible, M. Lalanne, décédé : il a été élu, au premier tour, par 1 540 voix sur 1 760 votants. M. Ringot est chevalier de la Légion d'honneur.

RIU (Eugène-Marie-Joseph-Daniel-Clélia), général français, député, né à Montpellier le 15 juillet 1832. Entré à l'Ecole des beaux-arts dans la section de sculpture, il s'engagea à dix-neuf ans dans un régiment d'infanterie d'Afrique, gagna les grades de caporal en 1852, de sous-officier en 1853, de sous-lieutenant en 1850, de lieutenant en 1864, et de capitaine le 15 octobre 1869. Pendant la guerre franco-prussienne il servit avec distinction à l'armée de Metz, fut grièvement blessé et fait prisonnier; mais il s'évada et accourut à Paris. Après avoir vécu pendant quelques semaines sous un déguisement, au milieu de l'armée prussienne, auprès d'Etampes, il rejoignit l'armée de la Loire, fit campagne avec elle d'une façon brillante et reçut de nouvelles blessures. Promu successivement chef de bataillon et lieutenant-colonel pendant la Défense nationale, il fut confirmé dans ce dernier grade par la Commission de revision des grades, en récompense de ses remarquables services (16 septembre 1871). Fait colonel le 25 octobre 1870 et général de brigade le 2 juin 1883, il fut mis à la retraite le 23 juin 1895. Dans l'intervalle, il avait été appelé à occuper le commandement militaire du Palais-Bourbon, qu'il ne quitta que pour prendre part à la campagne de Tunisie. Après sa retraite, il se présenta comme républicain radical, dans la 1re circonscription de Blois, obtint, au premier tour, 7878 voix contre 4661 données à M. Gauvain, également radical, et 3550 à M. Ducros, républicain, et fut élu, au scrutin de ballottage, par 9 779 voix contre 5015 données au premier de ses concurrents. Le général Riu, décoré de la Légion d'honneur le 12 décembre 1870, a été promu officier le 18 janvier 1881 et commandeur le 8 juillet 1889. Il est mort à Paris, le 24 janvier 1895.

ROBERT (Henri), avocat français, né à Paris le 4 septembre 1863, licencié en droit, inscrit au barreau de la Cour d'appel le 29 octobre 1885, acquit de bonne heure une très grande notoriété au Palais par la multitude de ses plaidoiries dans les affaires criminelles les plus retentissantes du moment et dont plusieurs sont dignes de prendre place un jour dans l'histoire des « Causes célèbres ». Après avoir assisté le bâtonnier Durier dans l'affaire Chambige (Constantine, novembre 1888), il a défendu successivement : le caporal Géomay (1889) ; Gabrielle Bompard, dans l'affaire Gouffé (décembre 1890) ; l'assassin Vodable (1891) ; les assassins Ribot et Jeantroux (1891) ; le lieutenant Anastay (mars 1892) ; Chaumartin, dans l'affaire Ravachol (avril 1892) ; Béala, devant la Cour de Nantes (mai 1892) ; l'assassin Raps (même année) ; les accusés dans l'affaire des fournitures militaires (1893) et dans celle des fraudes en douanes (1894) ; l'empoisonneur Métrot, qui fut acquitté (1895), etc. Dans ces derniers temps, sans renoncer aux procès d'assises, il a plaidé un assez grand nombre d'affaires civiles, particulièrement de divorce, et a été chargé de plusieurs procès de gens de lettres, tels que MM. Jean Ajalbert, Georges d'Esparbès, Camille de Sainte-Croix, le reporter de Clercq, etc. M. H. Robert est le gendre de M. Emile Level, imprimeur connu, maire du XVIIe arrondissement de Paris.

ROCH (Gustave), député français, né à Aigrefeuille (Loire-Inférieure), le 10 mars 1840. Sergent-major dans un bataillon de mobiles pendant la guerre de 1870-1871, avocat au barreau de Nantes, conseiller général de 1875 à 1881, pour le 4e canton de la ville, conseiller municipal et, depuis 1892, premier adjoint au maire, il prit une part active aux diverses campagnes politiques du parti républicain. Après avoir échoué trois fois aux élections législatives précédentes dans la troisième circonscription de Nantes, il se représenta dans la seconde, comme candidat de l'union républicaine, à celles du 20 août 1893, obtint, au premier tour, 6 466 voix contre 5 548 données à M. Le Cour, député sortant, conservateur, et 1 268 à M. Colombe, socialiste, et fut élu le 3 septembre au scrutin de ballottage par 7 163 voix contre 5 433 conservées par son premier concurrent.

RODAYS (Pierre-Fernand DE), journaliste français, né à Mur-en-Sologne (Loir-et-Cher), le 19 octobre 1845, vint à Paris faire son droit, débuta dans le journalisme littéraire par quelques articles fournis à la Vie Parisienne et devint, sous le pseudonyme de Pierre Jaff, rédacteur en chef d'une feuille concurrente, Paris-Caprice, qui n'eut qu'une existence éphémère. Il alla ensuite en province comme rédacteur en chef du Courrier de Saône-et-Loire; dans les derniers temps de l'empire, il collabora au Peuple Français, sous la direction de Clément Duvernois. Sous le ministère Emile Ollivier, il fut envoyé à Brest, où il fonda le Peuple Breton et, pendant la guerre franco-prussienne, un second journal, organe des départements bretons, la Guerre. Revenu à Paris en 1871, il entra au Figaro, où il fut chargé de la revue des livres et de la chronique des tribunaux. Il y inséra,

---

RICARD (l'abbé Antoine), théologien français, mort à Marseille, le 26 mars 1894.

RINGUIER (Ant.-Al.-E.), ancien député, mort à Paris, le 15 février 1888.

RIVIÈRES (R.-A. Serré DE), général français, mort à Paris, le 18 février 1895.

ROBIOUX (Félix-M.-L.-J. [DE LA TRÉHONNAIS]), historien français, mort à Rennes, le 2 février 1894.

ROCHHOLZ (Ern.-L.), érudit suisse, mort à Aarau (Suisse), en novembre 1892.

ROLLET (M.-P.-J.), médecin français, mort à Lyon en août 1894.

l'année suivante, sous le pseudonyme de *Louis de Coulanges*, une série d'études et d'articles biographiques peu favorables au gouvernement républicain et à ses fonctionnaires; il les réunit en volume sous le titre : *les Préfets de la République* (1872, in-18). Investi de la confiance de M. de Villemessant, après la mort duquel il fut chargé, avec Me Lachaud, de régler les affaires de la succession, il devint, avec MM. Francis Magnard et Périvier, l'un des trois administrateurs du *Figaro*. Après la mort du premier de ces deux collègues, il fut appelé à le remplacer comme rédacteur en chef (22 novembre 1894).

ROHAN-CHABOT (Al.-Ch.-L. *duc de*), auparavant prince de Léon, député. Devenu le chef de la famille par la mort de son père (7 août 1893). Voy. Léon (prince de).

ROLLINAT (Maurice), poète français, né à Châteauroux en 1853, est le fils de François Rollinat, représentant du département de l'Indre à l'Assemblée nationale de 1848, mort en 1867. Les relations de son père et de sa famille avec George Sand l'engagèrent dans la carrière littéraire. Il y débuta par un recueil de poésies, *Dans les Brandes*, poèmes et rondelets (1877, in-18), où se retrouvaient, surtout dans les paysages, le souvenir et l'inspiration de l'illustre romancier. La réputation que ne lui donna pas ce premier volume lui vint, soudaine et bruyante, par la publication d'un second recueil d'un genre différent, *les Névroses* (1883, in-18), dont les sous-titres, « les Ames, les Luxures, les Refuges, les Spectres, les Ténèbres », indiquent suffisamment le caractère macabre et la recherche de l'excentricité. Disciple déclaré d'Edgar Poë et de Beaudelaire, il dépassa ses maîtres et devenait tout d'un coup l'un des chefs de cette école de jeunes poètes qui unissent l'outrance des pensées à la sonorité de la forme. Ce recueil fut vanté un instant comme l'œuvre la plus originale du siècle. Il fut suivi de deux autres, *l'Abîme* (1886, in-18), et *la Nature* (1892, in-18), dont les poésies plus simples et plus naturelles furent beaucoup moins de bruit. M. Rollinat a donné en outre, sous le titre *le Livre de la Nature*, un choix de poésies pour les enfants (1893, in-18).

ROSE (Théodore-François), député français, né à Bailleulval (Pas-de-Calais), le 10 février 1852. Ancien notaire et propriétaire à Beaumetz-les-Loges et conseiller général pour ce canton, il se présenta comme candidat républicain, aux élections législatives du 20 août 1893, dans la première circonscription d'Arras, obtint au premier tour 9 684 voix contre 7 400 données à M. Ledieu, député sortant, républicain, 2 322 à M. Delcourt, ouvrier mineur, et 101 à M. Soulière, publiciste de Paris, ces deux derniers socialistes, et fut élu, au scrutin de ballottage, le 3 septembre, par 10 945 voix contre 8 536 données à M. Ledieu.

ROUANET (Gustave-Armand), député français, né à Oupia (Hérault), le 14 août 1855. Fils d'un proscrit du 2 décembre 1851, il entra au service comme engagé volontaire, et, sous le gouvernement du 16 mai 1877, fut envoyé au bataillon d'Afrique pour cause de propos révolutionnaires. Ancien secrétaire du publiciste Benoît-Malon, il fut initié par lui aux doctrines du socialisme international et collabora, sous sa direction, à la *Revue socialiste*, ainsi qu'à plusieurs autres feuilles périodiques, *l'Emancipation sociale de Narbonne*, *le Cri du Peuple*, *la Petite République*, etc. Il fut élu en 1890, et réélu en 1893 conseiller municipal de Paris pour le quartier de Clignancourt. Aux élections législatives de cette dernière année, il se présenta, comme socialiste, dans la deuxième circonscription du XVIIIe arrondissement et soutint une lutte très vive contre l'abbé Garnier, socialiste chrétien; il obtint au premier tour 6 548 voix contre 3 785 données à l'abbé Garnier, 1 799 à un autre candidat socialiste, M. Lelorrain, et 1 239 à M. Laurans, radical-revisionniste. Il fut élu, le 3 septembre, au scrutin de ballottage, par 7 089 voix, contre 4 385 obtenues par l'abbé Garnier et 1 605 à M. Lelorrain. M. Gustave Rouanet, qui a plusieurs fois abordé la tribune, s'est fait remarquer, dans la séance du 17 décembre 1894, par un véhément discours contre certaines nominations dans la Légion d'honneur, et surtout contre le maintien dans les cadres des membres dont l'indignité a été reconnue. L'ordre du jour qu'il proposa ne fut repoussé que par cinq voix de majorité et contribua à ébranler le ministère Dupuy, qui se retirait deux jours plus tard. Le 12 janvier suivant, il était frappé de la censure et de l'exclusion temporaire pour avoir prononcé à la tribune et refusé de retirer ces paroles : « Je ne crois pas que la Chambre soit en état de faire manifestation de probité politique ». M. Rouanet a publié à part : *les Complicités du Panama*, pages d'histoire sociale contemporaine (1893, in-18).

ROULLEAU (Jules-Pierre), sculpteur français, né à Libourne, le 16 octobre 1855, fit d'abord de la sculpture industrielle, vint à Paris à vingt ans, entra à l'Ecole des Beaux-Arts, fut élève de Cavelier et E. Barrias, et remporta le second grand prix de Rome en 1880. Il avait débuté au salon, en 1878, par l'envoi d'un portrait-buste et d'un médaillon de bronze, et il a exposé depuis un assez grand nombre de bustes et quelques sujets importants, notamment : *Un Luron*, médaillon plâtre (1879) ; *le Grand Carnot*, statue destinée, par souscription nationale, à la ville de Nolay (Côte-d'Or) ; *Hébé*, statuette bronze (1882) ; *Léda*, groupe plâtre (1884) ; *le Docteur G. Nivert*, statuette bronze (1885) ; *Paul Fouquiau et Paul Pujol* (1886) ; *le Violoniste Hermann*, médaillon (1887) ; *Léon Gambetta*, statuette bronze (1888) ; *Léda*, groupe marbre (1890) ; *Jules Roche*, ministre du commerce, buste marbre (1891) ; *Jeanne d'Arc*, groupe plâtre (1892) ; *M. Bouvet-Ladubay*, buste marbre (1894), sans compter les portraits-bustes aux seules initiales. M. Roulleau, qui a collaboré au monument de la *Défense de Paris* et à celui de la *Défense de Saint-Quentin*, a produit en outre le *Tombeau de la princesse Zoé Bibesco*, le buste de *Théodore de Banville*, au jardin du Luxembourg, et une *Statue équestre de Jeanne d'Arc* pour la ville de Chinon (1893). Il a obtenu une seconde médaille au salon en 1882, une médaille d'argent à l'Exposition universelle de 1889 et a été décoré de la Légion d'honneur en 1890. — M. Roulleau est mort à Paris le 30 mars 1895; il avait été chargé de faire, pour la ville de Nolay (Côte-d'Or), un groupe représentant M. Carnot, tombant

---

ROMANES (G.-J.), naturaliste anglais, mort le 23 mai 1894.

ROSCHER (G.), économiste allemand, mort à Leipzig, le 4 juin 1894.

ROSENHAIN (Jacques), compositeur allemand, mort à Bade, le 22 mars 1894.

ROSSI (J.-B. de), archéologue et épigraphiste italien,

mort le 20 septembre 1894, au palais de Castel-Gandolfo, mis à sa disposition par le pape.

ROSSIGNOL (J.-P.), érudit français, mort à Paris, le 29 juin 1893.

ROTOURS (R.-Eug., baron des), député français, mort à Paris, le 27 mars 1895.

ROULLEAUX-DUGAGE (G.-H.), ancien député français, mort en 1887.

dans les bras de la France; cette œuvre était presque achevée.

ROUSSEAU (Rodolphe), avocat et jurisconsulte français, né à Maubeuge (Nord), le 24 mars 1840, s'est fait inscrire au barreau de Paris, le 29 août 1868. Il a été suppléant du juge de paix des III° et X° arrondissements, de 1879 à 1890. Pendant l'Exposition universelle de 1889, il fut vice-président de la commission du Congrès des Sociétés par actions dont il fut nommé ensuite secrétaire général. Au palais, il a plaidé un certain nombre d'affaires importantes pour des sociétés ou des administrations dont il est le conseil, telles que celles des Chemins de fer de l'État, des Téléphones, du Câble Paris-New-York, des Télégraphes sous-marins, du Théâtre de l'Odéon, etc.; mais il s'est surtout fait connaître par toute une série de publications de jurisprudence, dont plusieurs, avec ou sans collaboration, ont des proportions considérables.

Voici les principales: *Du trafic des billets de complaisance d'après la loi civile et la loi pénale* (1874, in-8; 2° édit. augm. 1876, in-8); *Traité théorique et pratique de la correspondance* par lettres missives ou télégrammes, d'après le droit civil ou commercial, etc. (1876, in-8; 2° édit. 1877); *Des Sociétés commerciales françaises et étrangères*, résumé de doctrine et de jurisprudence (1876, 2° édit. in-8); *Code annoté des faillites et banqueroutes*, avec M. H. Defert (1879, in-8; 2° édit. refondue et augmentée, 1889, in-8); *Dictionnaire théorique et pratique de procédure civile, commerciale, criminelle et administrative*, avec M. Laisney et divers collaborateurs (1879-1880, 8 vol. in-8; *Supplément et Table*, 1881-1884, tome IX, nouv. édit. 1886, 9 vol. in-8); *Questions nouvelles sur les sociétés commerciales*, doctrine et jurisprudence (1882, in-8); *Loi sur la procédure en matière de divorce et de séparation de corps* (1886, in-8); *Répertoire alphabétique de la doctrine et de la jurisprudence des dix dernières années en matière de sociétés commerciales* (1889, in-8); *Loi du 1ᵉʳ août 1893 sur les sociétés par actions* (1893, in-8).

ROUX (Jules-Charles), ou **CHARLES-ROUX**, député français, né à Marseille le 14 novembre 1841. L'un des plus importants fabricants de savon dans sa ville natale, membre du tribunal de commerce, administrateur de la Banque de France et du Canal de Suez, membre du Jury de l'Exposition universelle de 1889, fut porté candidat républicain et libre-échangiste aux élections générales de 1889 dans la 3° circonscription de Marseille, et fut élu au scrutin de ballottage par 6885 voix contre 4559 données à M. Le Mée de la Salle; il fut réélu le 20 août 1893, au premier tour, par 6711 voix sans concurrent. M. Charles-Roux, président de la Société de Géographie de Marseille et de diverses sociétés artistiques des Bouches-du-Rhône, auteur de publications industrielles et économiques sur l'industrie de la région, est membre de plusieurs ordres étrangers et a été décoré de la Légion d'honneur.

ROUX (Pierre-Paul-Emile), médecin et savant bactériologiste français, né à Confolens (Charente), le 17 décembre 1853, fit ses études au collège de sa ville natale, dont son père était principal, puis aux collèges d'Aurillac et du Puy. Il prit ses premières inscriptions de médecine à l'Ecole préparatoire de Clermont-Ferrand, vint ensuite à Paris, où il fut aide de clinique à l'Hôtel-Dieu et préparateur du docteur Duclaux, chargé d'un cours de chimie biologique à la Sorbonne. Au moment de prendre le diplôme de docteur en médecine, il devint prépa-

rateur de M. Pasteur, qui l'associa à ses recherches et à ses célèbres découvertes sur la maladie charbonneuse et sur la rage. C'est dans les laboratoires de cet illustre maître et de son institut, dont il est devenu plus tard chef de service, que les découvertes personnelles du docteur Roux ont pris naissance. La principale est celle de la toxine diphtérique qui ramène les complications mortelles de l'angine croupale à un empoisonnement. Cette découverte, combinée avec les recherches des docteurs Behring et Lœffler sur les propriétés du sérum des animaux immunisés contre le tétanos et la diphtérie, conduisit à traiter cette dernière chez les animaux et chez les enfants par les sérums antitoxiques. L'application de cette méthode, laborieusement expérimentée par M. Roux et son collaborateur, M. Yersin, fut révélée par l'inventeur au congrès international de Buda-Pesth, et causa dans le monde savant une sensation profonde. Mise en pratique dans les hôpitaux d'enfants à Paris, en 1894, elle produisit immédiatement un abaissement dans la mortalité des cas de croup, de près de 60 pour 100. L'effet sur le public fut immense; de généreuses souscriptions permirent, avec les subventions de l'État, d'organiser, à l'Institut Pasteur, un grand service spécial pour la production du précieux liquide dont l'inoculation n'était pas seulement un agent curatif, mais un préservatif contre la plus terrible des maladies de l'enfance. Des établissements similaires furent créés en France et à l'étranger, pour la propagation de la sérumthérapie. La reconnaissance publique n'a point fait défaut à l'inventeur; nous n'en rappellerons que deux marques: le 27 octobre 1894, l'Académie des sciences morales et politiques, sur le rapport de M. Levasseur, lui décerna le prix Audiffred, de 12000 francs, « pour son dévouement à la science qui l'a conduit à la découverte du traitement curatif de la diphtérie »; quelques semaines plus tard, le docteur Roux, officier de la Légion d'honneur, pour ses premiers travaux, depuis le 31 décembre 1892, était promu au grade de commandeur par un décret portant la mention suivante: « Services exceptionnels rendus à la science et à l'humanité » (16 décembre 1894).

Le célèbre savant, qui n'a publié séparément que sa thèse de doctorat en médecine *sur la Rage*, a consigné dans les *Annales de l'Institut Pasteur* le résumé de ses travaux personnels, sous forme de *Notes* ou *Mémoires* qui s'élèvent au chiffre de vingt-quatre, et entre lesquelles nous citerons des études sur *la Vaccination charbonneuse des lapins*, en collaboration avec M. Chamberland, sur *l'Immunité de la septicémie* et *l'Immunité contre le charbon*, avec le même, sur *la Diphtérie*, avec le D° Yersin.

ROUZAUD (Henry), député français, né à Axat (Aude) le 14 novembre 1855. Docteur ès sciences, maître de conférences à la Faculté des Sciences de Montpellier, il se fit connaître par des travaux scientifiques, particulièrement relatifs aux applications de la science à l'agriculture et à la viticulture. Conseiller municipal de Montpellier, il fut porté comme républicain opportuniste et protectionniste, aux élections générales du 20 août 1893, dans la première circonscription de Narbonne, et élu, au premier tour, par 4290 voix, contre 4092 données au docteur Ferroul, député sortant, candidat socialiste. On cite, de M. Rouzaud, une publication de luxe: *Les fêtes du VI° Centenaire de l'Université de Montpellier* (Montpellier et Paris, in-4 avec gravures).

ROYBET (Ferdinand), peintre français, né à Uzès (Gard), le 20 avril 1840, étudia la peinture à l'Ecole des Beaux-Arts de Lyon, où il eut pour maître M. Vibert. Il vint ensuite à Paris et se mit à travailler au Louvre, en étudiant surtout les grands peintres Véronèse, Tintoret, Rubens. En 1871, il alla visiter les musées de Hollande et se pénétra plus particulièrement de la manière de Rembrandt et de Hals. Il avait débuté au Salon de 1865 par deux peintures de genre qui furent remarquées : *Musicienne* et *Intérieur de cuisine*, et deux eaux-fortes : *En retard pour la fête* et *Farceuses*. Il exposa ensuite *Un Fou sous Henri III* (1866), qui eut un succès retentissant et fut acquis par la princesse Mathilde ; *Un Duo* (1867) ; *les Joueurs de tric-trac* (1868). Malgré les éloges de la critique qui le plaçait déjà à côté des maîtres vénitiens, espagnols et hollandais, M. Roybet ne reparut au Salon qu'après une interruption de vingt-quatre ans. Il

exposa, en 1892, deux portraits aux seules initiales, et en 1893 deux œuvres magistrales signalées par l'éclat du coloris, le nombre et le mouvement des personnages, l'intensité de la vie : *Charles le Téméraire à Nesle* et *Propos galants* ; elles valurent à l'auteur la médaille d'honneur du Salon. On a aussi beaucoup remarqué son envoi au Salon de 1894, *la Main chaude* et à celui de 1895 *la Sarabande*. Il avait obtenu une médaille en 1866 et la décoration de la Légion d'honneur en 1892.

RUSSIE (empereur actuel de). Voy. Nicolas II. *

S

SAINT (Charles), député français, né à Beauval (Somme), le 13 septembre 1826, est le dernier survivant de quatre frères qui ont fondé, sous la raison sociale de Saint frères, l'important établissement de filature et tissage de chanvre, de lin et de jute, ayant son usine centrale dans la commune de Flixécourt (Somme), six succursales dans le département et de nombreuses agences en France et à l'étranger. Oncle du conseiller général du canton de Picquigny, membre de la Commission permanente des valeurs de douane, de la Chambre de commerce d'Amiens, etc., il fut porté, comme candidat républicain modéré, à l'élection législative partielle du 18 mars 1894, en remplacement de M. Dusevel, décédé, et élu par 7069 voix contre 5161 données à M. Blin de Bourdon, ancien député conservateur, et 724 à M. Olive Beaumont, propriétaire, républicain. Membre du Jury aux Expositions universelles de Paris, en 1878 et 1880, M. Charles Saint, dont les ateliers, pourvus de toutes les institutions philanthropiques modernes, occupent aujourd'hui (1895) plus de 7000 ouvriers, a été nommé fait chevalier de la Légion d'honneur en novembre 1883, à la suite de l'Exposition d'Amsterdam, et promu officier à la suite de celle de Chicago, le 2 avril 1894.

SAINT-GENEST, pseudonyme de M. Bucheron. Voy. ce nom.

SAINT-HERMIDAD, pseudonyme de M. Thisted. Voy. ce nom.

SALEZA (Albert), artiste lyrique français, né à Bruges (Basses-Pyrénées), le 18 octobre 1865. Fils d'un fabricant de cordes à sandales, travaillait chez son père et se préparait à lui succéder quand il rencontra par hasard un amateur de musique qui reconnut les qualités supérieures de sa voix et l'engagea à cultiver le chant. Il vint à Paris, entra au Conservatoire en 1886, remporta en 1888 le premier prix de chant et le second prix d'opéra. Il débuta au mois de novembre à l'Opéra-Comique, dans le rôle de Mylio du *Roi d'Ys*. Il passa, l'année suivante, à Nice où il eut, pendant les deux saisons de 1890 et de 1891, de grands succès dans un répertoire très varié, jouant les principaux rôles dans *Faust*, *Rigoletto*, *Carmen*, *Roméo*, etc. Il créa, dans cette ville, les rôles d'Énée dans *la Prise de Troie* et de Henri

de Richemond dans *Richard III*. Il fut appelé de Nice à l'Opéra de Paris pour créer le rôle de Matho dans *Salammbô* et soutint vaillamment le poids de cette œuvre laborieuse. Il chanta ensuite sur la même scène le principal rôle de *Sigurd*, ceux de Rodrigue dans *le Cid* et de Siegmund dans *la Valkyrie* ; il créa *Djelma* et reprit avec éclat le rôle de Roméo dans le chef-d'œuvre de Gounod. C'est à M. Saleza que le maître Verdi, donnant à l'Opéra de Paris son dernier ouvrage, *Othello*, remanié pour cette scène, confia l'interprétation du principal rôle (12 octobre 1894). Cet artiste s'est fait en outre applaudir en province et à l'étranger.

SAMARY (Donnat-Emile-Paul), député français, né à Cette (Hérault), le 7 février 1848. Sorti de l'École centrale en 1871, il alla s'établir ingénieur-architecte, dans sa ville natale, puis il passa en Algérie et fut, de 1875 à 1881, ingénieur-architecte de la ville d'Alger, puis des palais et hôtels du gouvernement général de l'Algérie. Membre du Conseil général du département d'Alger et du Conseil supérieur de l'Algérie, il se présenta, comme candidat radical révisionniste, dans la 1re circonscription d'Alger, aux élections générales du 20 août 1893, obtint, au premier tour, 2898 voix, contre 3410 données à M. Letellier, député sortant, républicain, 1242 à M. Broussais, également républicain, et 645 à M. Delamarre, ingénieur, candidat radical, et fut élu, au scrutin de ballottage, le 3 septembre, par 5089 voix, contre 4572 obtenues par M. Letellier. M. Samary a été décoré de la Légion d'honneur.

SAUMANDE (Gabriel-Georges), député français, né à Cubzac (Dordogne), le 21 janvier 1851. Avoué à Périgueux et, depuis 1887, maire de cette ville, il se présenta aux élections législatives du 20 août 1893, comme républicain, dans la première circonscription de Périgueux, et fut élu au premier tour par 6803 voix contre 6699 obtenues par M. Maréchal, député sortant, de la droite.

SAUVANET (Charles-Pierre), député français, est né à Huriel (Allier), le 27 novembre 1817. Maire de sa ville natale, conseiller d'arrondissement et l'un des fondateurs du journal radical *la Voix du Peuple*, de Montluçon, il fut porté comme candidat de l'Union républicaine socialiste aux élections géné-

---

RUBIO (Louis), peintre italien, mort en 1880.

RUELLENS (Ch.), érudit belge, mort le 4 décembre 1890.

SACHER-MASOCH (Léopold), littérateur allemand, mort à Lindenheim, le 9 mars 1895.

SAINTIN (J.-E.), peintre français, mort à Paris, le 15 juillet 1894.

SAINT-PIERRE (L.-L.-M.-M., vicomte DE), sénateur français, mort à Paris, le 29 décembre 1890.

SALMSON (Hugo-Fred.), peintre suédois, mort à Stockholm, en octobre 1894.

SAPORTA (L.-Ch.-J.-G, marquis DE), botaniste français, mort à Aix, le 28 janvier 1895.

SAUNIÈRE (Paul), romancier français, mort le 21 novembre 1894.

rales de 1893 et élu, au scrutin de ballottage, par 6 449 voix contre 5 431 obtenues par M. Dumas, candidat radical et député sortant.

SAUZET (Marc), député français, est né à Tournon (Ardèche), le 18 février 1852. Docteur en droit et avocat à la Cour d'appel, il se fit recevoir agrégé et fut attaché avec ce titre, en 1881, à la Faculté de droit de Lyon et, en 1891, à celle de Paris. Il fut le collaborateur assidu de recueils spéciaux de droit, notamment de la *Revue critique de Législation et de Jurisprudence* où il publia d'importantes études, tirées ensuite à part : *Sur la Responsabilité des patrons, le Livret et les Assurances des ouvriers, la Personnalité civile des Syndicats, la Juridiction des Conseils des Prud'hommes*, etc. (1883-1891). Aux élections législatives de 1893, M. Marc Sauzet se porta, comme candidat républicain dans la 1re circonscription de l'arrondissement de Tournon, obtint au premier tour 6876 voix sur 11 756 suffrages exprimés, et fut élu, au scrutin de ballottage, par 9 722 voix contre 9 466 obtenues par le marquis de la Tourette, conseiller général et candidat conservateur.

SAVARY (Alexis-Barthélemy), sénateur français, né à Quimperlé le 29 mai 1851, se destina à la carrière d'ingénieur civil et fut élève de l'Ecole des arts et métiers d'Angers ; il créa dans sa ville natale d'importants ateliers de construction de machines agricoles et de matériel de chemins de fer. Maire de Quimperlé depuis 1886, et membre de la Chambre de commerce, il s'est présenté pour la première fois, comme candidat républicain, aux élections sénatoriales, le 7 janvier 1894, et fut élu au premier tour, le quatrième sur cinq, par 664 voix sur 1 228 votants. M. Savary a été décoré de la Légion d'honneur à la suite de l'Exposition universelle de 1878.

SÉAILLES (J.-R.-Gabriel), philosophe et professeur français, né à Paris en 1852, entra à l'Ecole normale en 1872, fut reçu agrégé de philosophie et professa cette classe au lycée Charlemagne. En 1884, il obtint le diplôme de docteur ès lettres avec deux thèses remarquées, l'une sur la Morale Cartésienne (*Quid de ethica Cartesius senserit*), l'autre sur une question d'esthétique : *Essai sur le Génie dans l'Art* (1884, in-8). Cette dernière fut couronnée par l'Académie française. Nommé maître de conférences à la Sorbonne, M. Séailles s'y est fait une place distinguée parmi les représentants de l'enseignement philosophique supérieur. Après ses thèses, nous avons à citer de lui : *Alfred Dehodencq*, histoire d'un coloriste (1885, in-18) ; *Léonard de Vinci*, l'artiste et le savant, essai de biographie psychologique (1892, in-8), couronné par l'Académie française ;

Renan, autre essai de biographie psychologique (1894, in-8). Il a donné avec M. Paul Janet : *Histoire de la Philosophie, les Problèmes et les Ecoles* (1887, in-8), et fourni de nombreuses études à la *Revue philosophique* et à d'autres recueils.

SEMBAT (Marcel), député français, né le 19 octobre 1862. Licencié en droit, il se tourna vers le journalisme et se fit remarquer par l'ardeur de ses polémiques contre les républicains opportunistes. Il fut choisi pour directeur politique de *la Petite République française*, lorsqu'elle devint l'un des organes du parti radical socialiste, et s'y fit l'interprète des plus ardentes revendications du prolétariat contre la bourgeoisie. Aux élections législatives du 20 août 1893, il se présenta comme révolutionnaire socialiste dans la 1re circonscription du XVIIIe arrondissement de Paris, obtint, au premier tour, 1 556 voix contre 4 935 partagées entre six concurrents, dont deux radicaux, un républicain catholique, trois socialistes représentant chacune des écoles broussiste, guesdiste et allemaniste ; il fut élu au scrutin de ballottage, le 5 septembre, par 2 631 voix contre 1 569 à M. Lamquet, adjoint de l'arrondissement, 1 210 à M. Victor Dalle, socialiste broussiste, et 877 à M. O. Monprofit, radical.

SILHOL (François-Joseph-Louis-Emile-Alfred), sénateur français, né à Saint-Ambroix (Gard), le 12 octobre 1829, grand propriétaire et industriel, devint administrateur de la Compagnie des houilles de Bessèges. Membre du Conseil général pour le canton de Bessèges depuis 1880, et président de cette assemblée depuis 1892, il fut élu député du Gard, le 4 septembre 1871, comme candidat républicain, par 8 988 voix contre 7 075 données au candidat légitiste. Ecarté de la Chambre des députés depuis 1885, il s'est présenté, comme républicain modéré, aux élections sénatoriales pour le renouvellement triennal du 7 janvier 1894 et a été élu le premier sur trois et au premier tour, par 436 voix sur 842 votants, contre 392 données à M. Bonnefoy Sibour, ancien député, candidat radical.

SIMON (Amaury-Joseph), député français, né à Redon (Ille-et-Vilaine), le 27 mai 1842. Ancien capitaine des mobiles de l'Ille-et-Vilaine appelés à Paris pendant le siège, établi comme négociant à Saint-Nicolas-de-Redon, dans la Loire-Inférieure, maire de cette commune et conseiller général pour le canton, membre de la Chambre de commerce de Rennes, il se porta candidat dans la 2e circonscription de Saint-Nazaire aux élections législatives de 1889 et échoua, avec 7 900 voix, contre M. de Lareinty fils, candidat monarchiste, qui en obtint 8 133. Présenté de nouveau comme républicain rallié aux élections

SAXE (A.-J.-A.), industriel français, mort à Paris, le 8 février 1894.

SCACCHI (A.), géologue italien, mort en novembre 1893.

SCHACK (A.-F., comte DE), littérateur allemand, mort à Rome, le 16 avril 1894.

SCHAFF (Philippe), théologien américain, d'origine suisse, mort à New-York, le 20 octobre 1893.

SCHEELER (J.-A.-U.), littérateur belge, mort à Ixelles-Bruxelles, le 16 novembre 1890.

SCHLŒZER (K. DE), diplomate allemand, mort à Berlin, le 13 juin 1894.

SCHNITZLER (Jean), médecin autrichien, mort le 2 mai 1893.

SCHŒLCHER (V.), ancien représentant français, mort à Houilles (Seine-et-Oise), le 26 décembre 1893.

SCHULZ (Albert), érudit allemand, mort à Magdebourg, le 11 juin 1893.

SCHWARTZ (M.-S.), femme de lettres suédoise, morte à Stockholm, le 16 mai 1894.

SECRÉTAN (Ch.), philosophe suisse, mort à Lausanne, le 20 janvier 1895.

SEELEY (J.-R.), historien anglais, mort à Cambridge, le 14 janvier 1895.

SÉGALAS (Anaïs MÉNARD, dame), femme poète française, morte le 31 août 1893.

SELBORNE (Roundell-PALMER), homme politique anglais, mort à Londres, le 5 mai 1895.

SEPTENVILLE (Ch.-E. LANGLOIS, baron DE), littérateur français, mort à Amiens, le 1er octobre 1894.

SEMPER (Ch.), naturaliste allemand, mort le 30 mai 1893.

SILVY (G.-E.-A.), administrateur français, mort à Brienon-sur-Armançon, le 9 avril 1894.

SIMON (Léon), médecin français, mort à Fontainebleau, le 15 septembre 1894.

SIMONIN (E.), médecin français, mort en 1884.

SIMONNET (F.-U.-M.), ancien député français, mort le 5 octobre 1894.

du 20 août 1893, il fut élu, au premier tour, par 8 435 voix contre 7 657 voix données au député sortant.

SIROT-MALLEZ (Pierre-Hector), député français, né à Valenciennes, le 14 mai 1835. Industriel et agriculteur, il se porta pour la première fois, comme candidat républicain, aux élections législatives du 20 août 1893, dans la 3ᵉ circonscription de Valenciennes et fut élu, au premier tour, par 8 898 voix contre 5 723 obtenues par M. Theilier de Poncheville, député sortant, conservateur rallié.

SONNERY-MARTIN (Louis), député français, né à Tarare (Rhône), le 5 janvier 1841. Manufacturier, ancien président de la Chambre de commerce de sa ville natale et conseiller général pour le canton, il se présenta, comme républicain libéral, dans la 2ᵉ circonscription de Villefranche, obtint au premier tour 6 607 voix contre 5 096 données à M. Lachize, député sortant, socialiste, 4 895 à M. Lassalle, républicain, et 1 005 à M. Désigaud, socialiste, et fut élu au scrutin de ballottage, le 3 septembre, par 7 881 voix contre 6 111 à M. Lachize, et 2 345 à M. Chaffanjon, candidat du second tour, républicain.

SPENCER (John Poyntz, lord), homme politique anglais, né à Spencer-House le 27 octobre 1835, est le fils du quatrième comte de Spencer, fit ses études au Trinity College de Cambridge, où il prit ses grades en 1857. Dès la même année, il représenta à la Chambre des communes la section sud du comté de Northampton. En 1868, il fut nommé lord-lieutenant d'Irlande, fit son entrée officielle à Dublin, le 16 janvier 1869, et conserva ce poste jusqu'à la chute du ministère Gladstone en 1874. Au retour des libéraux au pouvoir, en 1880, il entra dans le nouveau cabinet Gladstone, et fut président du Conseil. Le comte Cowper ayant donné, le 4 mai 1882, sa démission de lord-lieutenant d'Irlande, lord Spencer fut de nouveau nommé à ce poste. Le soir même de son entrée au château de Dublin, lord Frederick Cavendish, secrétaire en chef, et M. Thomas Burke, sous-secrétaire, furent poignardés au Phœnix Park près du château. Lord Spencer eut alors à mettre en vigueur la fameuse Loi sur les crimes. En 1883, il renonça à la présidence du Conseil tout en restant membre du cabinet; il la reprit quand M. Gladstone revint encore au pouvoir en février 1886. Ses études, pendant cette longue période d'administration, le conduisirent à adopter les idées du « home rule » et ses services furent très précieux au ministère dans les longues luttes parlementaires auxquelles le bill du « home rule » donna lieu. Lorsque M. Gladstone se retira définitivement de la vie publique, en 1894, M. Rosebery, chargé de le remplacer comme premier ministre, conserva lord Spencer dans le nouveau cabinet, comme premier lord de l'Amirauté (5 mars 1894).

STRINDBERG (Auguste), romancier et auteur dramatique suédois, né à Stockholm en 1849, fit ses études au lycée de cette ville et passa en 1867 ses examens d'admission à l'Université. L'insuffisance de ses ressources le força de renoncer en suivre les cours. Il put cependant faire, tant à Stockholm qu'à Upsal, des études irrégulières, en exerçant les professions d'instituteur adjoint, de précepteur chez un médecin, de figurant de théâtre, d'employé de télégraphe, de sous-bibliothécaire. Il essaya même de la peinture et songea à se faire photographe. Enfin, il résolut de se consacrer sans réserve à la littérature et aborda successivement la poésie, le journalisme, la satire sociale, le roman et le théâtre, portant dans ces divers genres le sentiment âpre de ses luttes et de ses misères, et s'absorbant chaque jour davantage dans les théories pessimistes en harmonie avec son talent original et personnel. Des chagrins domestiques lui inspirèrent particulièrement une misogynie, ou comme disent plusieurs de ses critiques, une « gynécophobie » allant jusqu'à l'obsession qui s'inspirent ses principaux ouvrages. Dans l'intervalle, il quitta Stockholm avec sa famille et voyagea en Danemark, en Allemagne, où il fut le disciple du philosophe pessimiste Nietzsche, en France, en Suisse, en Italie, préparant ou écrivant partout des romans et des pièces sous l'influence des mœurs ou des événements dont il était le témoin. M. Strindberg ne rentra qu'une fois dans son pays, en 1885, pour répondre à une accusation d'outrage à la religion, relevée par le tribunal de Stockholm, dans un de ses volumes de nouvelles (*Mariés*). Il jouissait déjà d'une telle popularité littéraire, que les poursuites dirigées contre lui tournèrent à un véritable triomphe.

Les ouvrages de M. Strindberg, parmi lesquels nous ne mentionnerons que pour mémoire les poésies (*A Rome*, en l'honneur du sculpteur danois Thorwaldsen, 1870; *Nuits d'un somnambule*, 1885), se composent surtout de romans et de pièces de théâtre. Parmi les premiers, tour à tour satiriques, philosophiques et autobiographiques, nous citerons : *la Chambre rouge* (Stockholm, 1879), le premier livre qui attira l'attention publique sur l'auteur, ainsi intitulé du nom de chambre d'un café de Stockholm fournissant le cadre d'une revue satirique de la société suédoise, des institutions, des mœurs, des classes et des citoyens en vue; *l'Approche du printemps*, recueil de nouvelles (Ibid., 1880); *Aventures et destinées suédoises* (Ibid., 1881); *le Nouveau Règne* (Ibid., 1882); *Mariés*, recueil de douze nouvelles « histoires de ménages », dont nous avons mentionné plus haut le retentissement judiciaire; *Utopies dans la réalité*, nouvelles (Ibid., 1885); *le Fils de la servante* (Ibid., 1886, 3 vol.), la plus importante des études autobiographiques de l'auteur, ayant pour titre dans la traduction allemande « les Antécédents d'un Fou »; *les Gens de Hemsoë*, conte (Ibid., 1887); *Vie populaire aux îles de Stockholm* (Skaarkaelslif) (Ibid., 1888); *Tschandala* (Ibid., 1889); *Au bord de la mer*, (Ibid., 1892), considéré comme le chef-d'œuvre du romancier pour le récit et la description, ainsi que pour l'analyse autobiographique. Les divers romans de M. Strindberg ont été traduits en allemand dès leur apparition. Un petit nombre, comme *Mariés*, l'ont été en français dans les mêmes termes de l'auteur (Lausanne, 1885, in-18). On annonce une édition française, aussi préparée par lui-même, d'un dernier ouvrage, *le Plaidoyer d'un Fou*.

L'œuvre dramatique de M. Strindberg, non moins féconde, offre les quatre ouvrages principaux suivants : *Père*, tragédie en trois actes (Helsingborg, 1888), mise en scène hardie de ce principe que « l'amour entre les sexes est un combat » et qui aboutit à l'anéantissement violent du mari, devenu fou ou traité comme tel; *Mademoiselle Julie*, tragédie en prose (Ibid., 1888), tableau naturaliste des influences

---

physiologiques qui dominent les sentiments moraux et mettent l'instinct charnel au-dessus des devoirs de la famille et des conventions sociales : l'auteur lui a donné une préface-programme que l'on a comparée à la préface du *Cromwell* de Victor Hugo; *Camarades*, drame (Ibid., 1888), développement en sens inverse de la thèse de *Père*, donnant pour dénouement à la lutte des sexes l'expulsion de la femme légitime ; *Créanciers*, tragi-comédie (Copenhague, 1889), tendant à démontrer que la femme est un demi-homme, un homme né avant terme, que le mari complète en s'épuisant lui-même et qui, ensuite, renie sa dette envers lui et lui fait durement expier sa libéralité imprudente : c'est la plus haute expression du pessimisme misogyne de l'auteur. Ses autres pièces, inspirées des mêmes idées et des mêmes sentiments, ne sont guère que des dialogues d'une scène ou deux, telles que *le Secret*

de la *Corporation* (1880), *la Femme du chevalier Bengt* (1880), *Maître Olof*, *le Lien*, *On ne joue pas avec le feu* (1892), etc. Les principales pièces de M. Strindberg ont été jouées à Paris sur le Théâtre-Libre, et par la Société de l'Œuvre (1893-1895), avec un succès de curiosité ou d'engouement. Plusieurs ont été alors traduites en français, notamment *Père*, par l'auteur lui même, avec une *Préface* de M. Zola (1888, in-18), et *Mademoiselle Julie*, par M. Ch. de Casenove (1893, in-18). On cite encore de cet écrivain des études historiques publiées en français : *Notices sur les Relations de la Suède avec la Chine et les pays tartares depuis le milieu du XVIIe siècle* (1884, gr. in-8) et *Relations de la France avec la Suède jusqu'à nos jours* (1891, in-8). — Entre autres études sur l'œuvre de Strindberg, nous citerons l'*Introduction* de M. Georges Loiseau à l'édition française de *Mademoiselle Julie*.

T

TARDIF (Alfred), député français, né à Chambon (Creuse), le 30 avril 1837. Maire de sa ville natale en 1872, il fut nommé en novembre 1880 sous-préfet de Bagnères, puis d'Avranches, donna sa démission en 1891, rentra dans ses propriétés de la Creuse et redevint maire de Chambon. Aux élections législatives du 20 août 1893, il se présenta, comme candidat républicain indépendant, dans l'arrondissement de Boussac et fut élu, au premier tour, par 4316 voix contre 3336 données à M. Cousset, député sortant, radical, et 424 à M. Berniguet, candidat socialiste. M. Alfred Tardif est chevalier de la Légion d'honneur.

TAULIER (Georges-Joseph-Alfred), sénateur français, né à Carpentras (Vaucluse), le 27 février 1840, docteur en médecine, suivit d'abord la carrière de médecin de marine, fit, depuis 1870, diverses campagnes dans l'Atlantique, à Terre-Neuve, au Tonkin, dans les mers de Chine, donna sa démission en 1877, et s'établit à Avignon, où il devint médecin en chef des hôpitaux. Il se présenta comme candidat radical à l'élection sénatoriale partielle du 1er avril 1894 pour le remplacement de M. Gent, décédé, qui, trois mois plus tôt, avait été élu à l'unanimité, et dont la succession était disputée par au moins six candidats. Il passa au troisième tour avec 282 voix sur 437 votants contre 151 données à M. J. Gaillard, ancien député, républicain. Le docteur Taulier a été décoré de la Légion d'honneur.

THÉZARD (Léopold), jurisconsulte français, sénateur, né à Dissay-sur-Vienne (Vienne), le 22 juin 1840, s'est voué de bonne heure à l'enseignement du droit et, après avoir pris le grade de docteur, fut reçu agrégé des Facultés, en 1865, et, la même année, chargé de cours à la Faculté de droit de Douai. Attaché l'année suivante à la Faculté de Poitiers, il y devint professeur titulaire de Code civil en 1871, et dix ans plus tard, doyen de la Faculté. Élu conseiller municipal de Poitiers en 1874, maire de cette ville de 1881 à 1888 et pour la seconde fois depuis le mois d'octobre 1893, il fut porté, comme candidat républicain, aux élections sénato-

riales du 4 janvier 1891 et fut élu au premier tour, le premier sur trois, par 378 voix sur 714 votants. M. Thézard, membre des deux gauches républicaine et démocratique, prend une part active et importante aux travaux du Sénat.

Collaborateur assidu de la *Revue critique de Législation et de Jurisprudence* et autres recueils de science juridique, il y a inséré de nombreuses études d'histoire ou de doctrine : il a en outre publié les ouvrages suivants : *Répétitions écrites sur le Droit romain* (1864, in-8; 4e éd. refondue et augm, 1884, in-18); *De l'Influence des Travaux de Pothier et du chancelier d'Aguesseau sur le Droit civil moderne* (1864, in-8); *Du Nantissement des Privilèges et Hypothèques et De l'Expropriation forcée* (1880, in-8); *Des Dons et legs faits à des successibles au cas de Réserve légale* (1884, in-8). On cite aussi de M. Thézard une traduction annotée des *Satires* de Perse (1890, in-18).

THONION (Bernard), député français, né à Albertville, en Savoie, le 17 décembre 1830. Fils d'un ancien officier des armées de la Révolution et de l'Empire, il vint faire ses études médicales en France, et après avoir été interne et chef de clinique à Grenoble, se fit recevoir docteur à Paris, en 1858. Partisan déclaré de la réunion de la Savoie à notre pays, il se fixa comme médecin à Annecy, devenu le chef-lieu d'un département français. Il se signala également par ses travaux scientifiques, qui lui valurent des médailles du Comité d'hygiène et de l'Académie de médecine, et par son dévouement aux institutions libérales et démocratiques de la contrée. Il fut élu, comme candidat républicain, député de l'arrondissement d'Annecy à l'élection partielle du 10 janvier 1892, en remplacement de M. Brunier, décédé, par 8632 voix sur 13320 votants, et il a été réélu aux élections générales du 20 août 1893 au premier tour par 10691 contre 103 données à M. Levron, avocat, républicain libéral.

THONNARD-DUTEMPLE (Louis), député français, né à Loudun (Vienne), le 4 novembre 1848. Ancien sous-officier de la garde impériale, propriétaire-agriculteur, il a établi dans la commune de Beuxes,

---

TALBOT (Eug.), professeur français, mort au Pouliguen (Loire-Inférieure), le 20 septembre 1894.

TCHAIKOVSKI (Pierre), compositeur russe, mort à Saint-Pétersbourg, le 5 novembre 1893.

THEED (W.), sculpteur anglais, mort à Londres, le 11 septembre 1891.

THIERRY (Edouard), littérateur et administrateur français, mort à Paris, le 27 novembre 1894.

THOMAS (Mgr L.-B.-Ch.), prélat français, mort à Rouen, le 9 mars 1894.

dont il est maire, d'importants haras de chevaux de pur sang, et a obtenu de nombreuses récompenses. Président de la Société agricole de l'arrondissement de Loudun, conseiller général pour ce canton, il se présenta, comme candidat républicain protectionniste, aux élections législatives du 20 août 1893, dans l'arrondissement de Loudun, obtint au premier tour 3158 voix contre 3549 données à M. de Soubeyran, député sortant, monarchiste, et 2800 à M. Ridouard, républicain, et fut élu, au scrutin de ballottage, le 3 septembre, par 5080 voix, contre 4809 obtenues par M. de Soubeyran, représentant de l'arrondissement de Loudun depuis 1865. M. Thonnard-Dutemple a été décoré de la Légion d'honneur.

THOULOUSE (Émile), député français, né à Toulouse, le 8 décembre 1859. Docteur en droit, maire de l'Isle-en-Jourdain, membre et président du Conseil général du Gers, il se porta pour la première fois, comme candidat républicain, aux élections législatives du 20 août 1893 et fut élu au premier tour par 5236 voix contre 4145 données à M. Fauré, député sortant, conservateur.

TIPHAINE (Alfred), député français, né à Saint-Pierre (Ile de la Réunion), le 20 juin 1856. Propriétaire, maire de Monnaie, conseiller général pour le canton de Vouvray et président du Conseil, président du Comice agricole de l'arrondissement de Tours, il fut élu comme candidat républicain à l'élection partielle du 19 avril 1891, dans la 2e circonscription de Tours, en remplacement de M. Albert Pesson, décédé. Il se représenta, comme républicain-progressiste, aux élections générales du 20 août 1893, obtint, au premier tour, 7801 voix contre 7807, données à M. Moisand, candidat de droite républicaine, et 5094 à M. Martinet, radical socialiste, et fut élu, le 3 septembre, au scrutin de ballottage, par 9420 voix, contre 8760 à son principal concurrent.

TIRMAN (Louis), sénateur français, né à Mézières le 29 juillet 1837, entra dans l'administration républicaine après le 4 septembre 1870, comme secrétaire général et préfet intérimaire des Ardennes, dont il fut nommé préfet titulaire le 6 avril 1871. Révoqué au 24 mai 1873 par le gouvernement de l'Ordre moral, il fut rappelé dans l'administration le 24 mars 1876, comme préfet du Puy-de-Dôme. Il fut l'objet d'une seconde révocation après l'acte du 16 mai 1877 et réintégré de nouveau après le retour des républicains au pouvoir, comme préfet des Bouches-du-Rhône, le 29 décembre 1877. Deux ans plus tard, il fut nommé conseiller d'État. Au mois de novembre 1881, il succéda à M. Albert Grévy dans la haute situation de gouverneur général de l'Algérie et l'occupa pendant dix ans. A plusieurs reprises, il eut à défendre son administration et surtout son budget devant les Chambres et prit part aux discussions parlementaires sur les questions algériennes en qualité de commissaire du gouvernement. Au mois d'avril 1891, il quitta ce poste où il eut M. Cambon pour successeur. Propriétaire dans le département des Ardennes, membre du Conseil général pour le canton d'Attigny et président de cette assemblée, M. Tirman fut élu, pour la première fois, sénateur des Ardennes à l'élection partielle du 18 décembre 1892, en remplacement de M. Neveux, décédé. Il obtint 478 voix sur 856 votants, contre 344 données à M. Comeau, député,

candidat radical. Il fut réélu aux élections triennales du 7 janvier 1894, le second sur trois de la liste républicaine, par 652 voix sur 851 votants. Pendant son séjour en Algérie, il a été successivement promu officier de la Légion d'honneur le 29 décembre 1881, commandeur le 9 juillet 1883, grand officier le 20 juillet 1885 et grand-croix le 18 avril 1891.

TOUSSAINT (Edmond), député français, né à Lunéville le 16 juillet 1849. Après avoir fait la campagne de 1870-1871 dans les mobiles de la Seine, il servit, comme volontaire, sous la Commune. Employé de commerce, il se mêla de la façon la plus active au mouvement politique des groupes de la Libre-pensée, fonda et rédigea, avec M. Place et les femmes révolutionnaires les plus en vue, les journaux la Pensée libre et l'Excommunié. Il fut délégué aux divers congrès révolutionnaires des groupes fédérés, leur fit adopter le drapeau rouge, et adhéra particulièrement au parti ouvrier socialiste-révolutionnaire, dont il accepta le programme, avec mandat impératif, comme candidat aux élections législatives du 20 août 1893 dans la 3e circonscription du XIe arrondissement de Paris. Il obtint, au premier tour, 3490 voix, contre 5102 données à M. Henry Mathé, député sortant, radical, 2068 à M. Susini, socialiste blanquiste, 618 à M. Salles, employé, socialiste, 564 à M. Rateau, revisionniste, et fut élu au scrutin de ballottage, le 3 septembre, par 5554 voix, contre 5159 obtenues par M. Mathé.

TRANNOY (Gustave), député français, né à Paris le 6 février 1837. Avocat au barreau de Péronne, et adjoint au maire de cette ville, il se présenta, comme candidat républicain, aux élections législatives du 20 août 1893, dans la 1re circonscription de Péronne, et fut élu, au premier tour, par 6192 voix, contre 4455 données à M. Louis Cadot, ancien député, républicain.

TRÉVENEUC (Robert-Chrestien comte DE), député français, né à Tréveneuc le 3 novembre 1860. Capitaine breveté de cavalerie et auteur de quelques travaux sur l'organisation des armées étrangères, il se porta, comme candidat conservateur, aux élections législatives du 20 août 1893, dans la 1re circonscription de Guingamp, et fut élu, au premier tour de scrutin, par 5835 voix, sans concurrent.

TROUILLOT (Georges-Marie-Denis-Gabriel), député français, né à Champagnole (Jura) le 7 mai 1851. Avocat à Lons-le-Saulnier, bâtonnier de l'ordre, conseiller municipal, l'un des fondateurs de l'Union républicaine du Jura et collaborateur de divers journaux républicains de la région, il se porta, comme candidat républicain, aux élections législatives de 1889 et fut élu, au scrutin de ballottage, par 12550 voix, contre 9950 données au général Chomereau, conservateur. Il prit part, dans cette législature, à plusieurs discussions économiques et financières. De nouveau candidat républicain aux élections du 20 août 1893, il fut réélu, au premier tour, par 12493 voix, contre 9397 obtenues par M. E. Lamy, ancien député, républicain.

TRUFFIER (Charles-Jules), artiste dramatique et littérateur français, né à Paris en 1856, entra au Conservatoire, où il eut pour professeur Louis Monrose, obtint, en 1873, un accessit de comédie et

---

TIRARD (P.-E.), homme politique français, ancien ministre, mort le 4 novembre 1893.

TOCHÉ (Raoul), journaliste et auteur dramatique, français. — S'est suicidé à Chantilly, le 17 janvier 1895. — Son dernier succès avait été la Rieuse, en trois actes, avec M. Ernest Blum, aux Variétés (22 novembre 1894). Il avait été décoré de la Légion d'honneur le 14 juillet précédent.

TORRENS (W.-T. Mac-Cullagh), homme politique irlandais, mort le 26 avril 1894.

TRANNIN (A.), député français, mort à Douai, le 29 octobre 1894.

TROLLOPE (Ed.), prélat anglais, mort le 10 décembre 1893.

fut aussitôt engagé au théâtre de l'Odéon. Il y débuta dans *Cendrillon*, de Théodore Barrière, et y joua ensuite les rôles de Baptiste dans *la Demoiselle à marier*, de Jacquot dans *le Fou raisonnable*, du comte de Feria dans *Un drame sous Philippe II* de M. de Porto-Riche (1er avril 1875). Admis, le 1er juin de la même année, comme pensionnaire à la Comédie-Française, dont il est devenu sociétaire en 1888, il n'a cessé d'appartenir à notre première scène, où il a rempli d'une façon brillante l'emploi de jeune comique dans le répertoire ancien et moderne. Il a joué Thomas, puis M. Purgon du *Malade imaginaire*, Alain de *l'Ecole des Femmes*, le maître de danse du *Bourgeois gentilhomme*, Bahys de *l'Amour médecin*, Pasquin du *Jeu de l'Amour et du Hasard*, Tibia des *Caprices de Marianne*, Lubin de *la Surprise de l'amour*, l'abbé Chazeuil d'*Adrienne Lecouvreur*, Landry du *Chandelier*, Raymond du *Monde où l'on s'ennuie*, de Naton d'*Un Père prodigue*, Giboyer des *Effrontés*, etc. On a remarqué parmi ses créations : Clavarou de *Daniel Rochat*, Merkens des *Corbeaux*, Saturnin de *la Duchesse Martin*, Bernabé de *Monsieur Scapin*, Jean de Carillac de *Francillon*, Clovis de Montgivray de la *Bûcheronne*, Gaston de *Camille*, de Ph. Gille, Saint-Médard de *l'Article 231*.

M. Jules Truffier s'est fait en outre connaître comme poète par la publication de plusieurs recueils : *Sous les Frises* : Anniversaires, Fantaisies, Peines et Joies (1879, in-18); *Trilles galants pour nos gracieuses Camarades*, avec M. L. Cressonnois (1880, in-18); *les Statues*, contes en vers (1885, in-18); *Dimanches et fêtes* (1886, in-32), et autres fantaisies et à-propos poétiques. Il a écrit, seul ou en collaboration, plusieurs pièces, entre autres : *Saute, marquis!* opéra comique en un acte, musique de M. J. Cressonnois (Opéra-Comique, 1883); *la Phèdre de Pradon*, à-propos en un acte (1885); *le Privilège de Gargantua*, comédie en un acte, avec M. Grandvallet (1886); *le Papillon*, comédie en un acte et en vers, avec M. P. Bilhaud. On lui doit une édition de *la Surprise de l'Amour* de Marivaux, annotée et conforme à la représentation originale.

M. Jules Truffier a épousé Mlle Zoé-Caroline-Marie MOLÉ, artiste de l'Opéra-Comique, qui, née vers 1860, a été élève de Ponchard au Conservatoire, a obtenu en 1880 le premier prix d'opéra-comique et a été aussitôt engagée au théâtre national consacré à ce genre. Elle y débuta dans le rôle de Brigitte du *Domino noir*, et y resta attachée. Sous le nom de Mme Molé-Truffier, elle y a joué depuis, avec une grande sûreté de méthode, beaucoup de grâce et de finesse, une suite de rôles, entre autres : la Muse dans *les Contes d'Hoffmann*, Agathe dans *Attendez-moi sous l'orme*, Rose dans *Lakmé*, Violette dans *Joli Gilles*, Moncontour dans *le Roi l'a dit*, Babet dans *le Nouveau Seigneur*, Michaela dans *Carmen*, Lisette dans *l'Amour médecin*, Lisette dans *les Folies amoureuses*, Colombine dans *le Dîner de Pierrot*, Madame Rose dans *Madame Rose*, Madelon dans une reprise des *Deux Avares*, etc.

TURGIS (Hippolyte-*Eugène*), sénateur français, né à Hermanville-sur-Mer (Calvados) le 9 décembre 1828. Ancien interne en médecine et en chirurgie des hôpitaux de Paris, médecin en chef de l'hôpital de Falaise, adjoint au maire, puis maire de Falaise, membre du Conseil général pour le canton Sud de cette ville et président de cette assemblée, il a été élu, pour la première fois, sénateur du Calvados, comme candidat républicain, à l'élection partielle du 11 mars 1891 en remplacement du vicomte de Saint-Pierre, décédé, et réélu au renouvellement triennal du 7 janvier 1894, le second sur trois, par 996 voix sur 1144 votants. Correspondant national de la Société de chirurgie, le docteur Turgis a été décoré de la Légion d'honneur.

TWAIN (Mark), pseudonyme de CLEMENS (Samuel-Langhorne). Voy. ce nom.

U

UZÈS (Marie-Adrienne-*Anne*-Victurnienne-Clémentine DE ROCHECHOUART-MORTEMART, duchesse D'), née à Paris en 1848, fut mariée, le 11 mai 1867, à Amable-Antoine-Jacques-Emmanuel de Crussol, duc d'Uzès, fils du duc d'Uzès, membre de la Chambre des députés sous Louis-Philippe et du Corps législatif sous l'Empire, élu lui-même représentant à l'Assemblée nationale le 8 février 1871 (voy. au *Dictionnaire*, édit. 1-5). Siégeant parmi les membres de l'extrême-droite, le duc lutta jusqu'à la fin contre l'établissement de la République, en repoussant l'amendement Wallon et les lois constitutionnelles, et mourut le 28 novembre 1878. Restée veuve, la duchesse d'Uzès conserva les sentiments d'attachement de son mari et de son beau-père à la cause monarchique et mit à son service l'immense fortune dont elle jouissait. Elle fut surtout signalée à l'attention publique, dans les jours de l'agitation boulangiste (1888-1890) par les sacrifices pécuniaires qu'elle s'imposa pour soutenir les candidatures du général qui semblait appelé à détruire le régime républicain. C'est, en grande partie, à ses libéralités que, sans en connaître le chiffre, l'opinion et la presse rapportaient alors la provenance des sommes énormes dépensées par les chefs du boulangisme en frais de propagande électorale ou en préparatifs de coup d'État. On devait apprendre plus tard dans quelle mesure elle y avait participé. Au cours d'une des dernières discussions soulevées par M. de Cassagnac, du 25 au 28 février 1895, sur cette période agitée, mais obscure, de notre histoire, un document précis, produit par le journal *le Temps*, mit en lumière la contribution de la duchesse aux ressources financières du parti. Dans une entrevue à Coblentz avec le comte de Paris, elle avait persuadé au prince que le mouvement boulangiste pouvait être très utile au rétablissement de la monarchie, et elle l'avait décidé à une « action parallèle » dont elle était prête à fournir, pour sa part, les voies et moyens. Spontanément, elle offrait et faisait accepter trois millions, que le comte de Paris ne voulut recevoir qu'en s'engageant, pour lui et ses héritiers, à la rembourser s'il montait sur le trône de la maison de France. L'offre et l'acceptation furent consignées dans un acte authentique reçu par un notaire de Londres, et les trois millions furent versés pour servir, avec quatre autres millions sacrifiés par le comte de

TURCAN (Jean), sculpteur français, mort à Paris, le 5 janvier 1895. — Quelques semaines avant sa mort, une tombola avait été organisée en sa faveur par Mme Adam, puis la situation de ses enfants fut assurée par l'Etat et par la Société des artistes français.

TYNDALL (John), physicien anglais, mort à Londres, le 5 décembre 1893.

Paris, à préparer, par la réussite du boulangisme, le triomphe de la cause monarchique. Par une dépêche du 27 février, la duchesse d'Uzès, interrogée sur l'authenticité du document produit, confirma l'exactitude des informations du *Temps*.

Une notoriété d'un autre ordre s'est attachée, surtout dans ces derniers temps, au nom de la duchesse d'Uzès. Connue dans le monde artistique sous le pseudonyme de *Manuela*, elle a pris part, comme sculpteur et élève de Bounassieux, aux expositions du Salon par les envois suivants : *Vision de Saint-Hubert*, destinée au Sacré-Cœur de Montmartre, modèle plâtre (1887), reproduit en marbre au Salon de 1892 ; *Galathée*, couplets de la coupe, statue marbre (même année) ; *le Réveil*, buste bronze (1888) ; *Statue pour un tombeau*, marbre (1889) ; *Diane*, statuette marbre (1891) ; *Ophélie*, statuette marbre, *l'abbé de Galard*, buste bronze (1893), et plusieurs portraits-bustes aux seules initiales. Elle a obtenu une mention honorable en 1887. La duchesse d'Uzès a présenté au Salon de 1895 *le Monument d'Emile Augier*, exécuté à la suite d'un concours, pour la ville de Valence, immense groupe auquel le jury refusa l'entrée du Palais de l'Industrie, sous le prétexte de ses trop vastes dimensions, mais que l'auteur fut autorisée à exposer sur le terre-plein extérieur des Champs-Elysées. Cette œuvre et ces circonstances découvrirent au public la personnalité artistique de la duchesse d'Uzès.

Le fils aîné de la duchesse, *Jacques*-Marie-Géraud DE CRUSSOL duc D'UZÈS, né à Paris le 10 novembre 1868, s'est acquis une notoriété personnelle par ses tentatives d'exploration sur le continent africain. Après quelques années d'une jeunesse orageuse, il prit la résolution d'aller contribuer en Afrique au mouvement de l'expansion coloniale française et s'embarqua le 26 avril 1892, avec son ami le lieutenant Julien, un médecin et quelques Européens. Il se mit en tête d'une cinquantaine d'Arabes, anciens tirailleurs, et de plus de cinq cents porteurs, s'engagea sur le territoire du Congo belge, fut forcé de rentrer sur le territoire français et se dirigea sur Brazzaville, avec le projet de se frayer une route vers les grands lacs. Eclairé sur l'impossibilité de l'itinéraire qu'il s'était tracé, il se rendit dans le Haut-Oubanghi, où le dernier chargé d'affaires français à la station des Ahiras avait été massacré avec son escorte par les Boubous, sans qu'on pût châtier les auteurs de cette agression. Le duc d'Uzès accepta l'offre qui lui fut faite de rétablir notre influence compromise, en poursuivant la tribu coupable. Les Boubous, malgré une vaillante résistance, furent battus, et le jeune duc prit personnellement une part brillante aux divers combats. Mais l'expédition, dans son retour aux Ahiras, fut éprouvée par une meurtrière dysenterie. Le duc d'Uzès, atteint lui-même, se dirigea vers Brazzaville, puis prit en toute hâte la route de Loango pour gagner la côte, et succomba à la maladie, à Cabinda, avant de pouvoir s'embarquer, le 20 juin 1893. Le corps du jeune et vaillant explorateur fut ramené en France. Mme la duchesse d'Uzès a publié, l'année suivante : *le Voyage de mon fils au Congo*, illustré par M. Riou (1894, in-8, avec portrait, planches et grav.).

V

VACHERIE (Henri-Jean-Baptiste-Mathieu), député français, né à Rançon (Haute-Vienne), le 25 juin 1847. Aide-major auxiliaire à l'armée de la Loire pendant la guerre franco-prussienne, et reçu docteur en médecine en 1872, il vint s'établir dans sa ville natale, dont il fut élu maire en 1878. Conseiller général depuis 1886 pour le canton de Château-Ponsac, il se présenta, comme républicain radical, aux élections législatives du 22 septembre 1889 et fut élu, au scrutin de ballottage, par 9281 voix contre 7305 données à M. Tardy, bonapartiste. A celles du 20 août 1893, il fut réélu, au premier tour, par 8487 voix contre 7563 données à M. Gabiat, républicain modéré.

VALLÉ (Ernest), député français, né à Avize (Marne), le 19 septembre 1845. Avocat à la Cour d'appel de Paris, il fut secrétaire de M. Leblond, sénateur de la Marne, et de M. Cresson, bâtonnier de l'ordre des avocats, et prit lui-même une place importante au Palais. Conseiller général pour le canton d'Avize, il fut porté, comme candidat républicain, aux élections générales de 1889, dans l'arrondissement d'Epernay et fut élu, au premier tour, par 12291 voix contre 8804 obtenues par M. Nérondet, candidat revisionniste-boulangiste. Il se fit remarquer par une active participation aux travaux de la Chambre et fut nommé rapporteur général de la Commission d'enquête sur les affaires de Panama. Il a été réélu, le 20 août 1893, au premier tour, dans la même circonscription, par 9483 voix contre 6026 données à M. Moussy, candidat ouvrier, socialiste, et 1139 à M. Namur, vigneron, socialiste.

VANDAL (Albert), historien français, né à Paris en 1853, s'est fait de bonne heure un nom dans le monde des lettres par des travaux attestant de sérieuses recherches et qui lui ont valu les plus hautes récompenses académiques. On cite de lui : *En Karriole à travers la Suède et la Norvège* (1876, in-18 av. grav.) ; *Louis XV et Elisabeth de Russie*, étude sur les relations de la France et de la Russie au XVIIIe siècle, d'après les archives du Ministère des affaires étrangères (1882, in-8), couronné par l'Académie française ; *le Pacha Bonneval* (1885, in-8) ; *Une Ambassade française en Orient sous Louis XV* : la mission du marquis de Villeneuve, 1728-1741 (1887, gr. in-8) et surtout *Napoléon et Alexandre Ier*. L'Alliance russe sous le Premier Empire (1891-1893, 2 vol. in-8, comprenant : (tome I) *De Tilsitt à Erfurt*, et (tome II) *le Second mariage de Napoléon*, déclin de l'Alliance), publication à laquelle l'Académie française a décerné en 1893 et maintenu en 1894 le grand prix Gobert en la qualifiant « d'excellent ouvrage d'un jeune écrivain célèbre avant l'âge ».

VAN DICK (Ernest), artiste lyrique belge, né à Anvers en 1861, fils d'un industriel, fut élevé chez les Jésuites et, se tournant vers le journalisme, écrivit d'abord dans le journal *l'Escaut* de sa ville natale. Venu à Paris en 1882, il entra à la rédaction de *la Patrie*. Il se livrait en même temps avec ardeur à l'étude du chant. Distingué par le directeur de concerts, M. Lamoureux, il interpréta sous ses auspices des fragments de Wagner. En 1887, il créa, sur la scène de l'Eden, l'opéra de *Lohengrin*

VACQUERIE (Aug.), littérateur français, mort à Paris, le 19 février 1895.

VAN BENEDEN (P.-J.), naturaliste belge, mort à Louvain, le 8 janvier 1894.

et obtint comme ténor, un succès qui le fit engager au théâtre de Bayreuth pour y chanter les œuvres du maître. Il apprit assez d'allemand en six mois, à Carlsruhe, pour pouvoir débuter en 1888 dans *Parsifal*. Il fut ensuite engagé à Vienne où il chanta successivement dans *Roméo*, *Faust*, *Manon Lescaut*, puis passa à Londres, et retourna à Bayreuth, où il se fit une place parmi les interprètes les plus distingués de la musique wagnérienne. Aussi, quand l'Opéra de Paris résolut de mettre *Lohengrin* sur notre grande scène nationale, M. Van Dick fut chargé d'y tenir le rôle du chevalier au cygne, et sa voix sonore et vibrante lui valut un succès peu contesté. Depuis il est retourné en Allemagne. M. Van Dick a épousé la fille du célèbre violoniste, M. Servois.

VARIGNY (Charles Crosnier de), diplomate et littérateur français, né à Versailles en 1829, entra dans la carrière diplomatique et fut nommé en 1856 chancelier à Honolulu et en 1863 gérant du consulat. A cette même date, le roi Kamehameha V, appelé à succéder à son frère sur le trône, invita le consul français à entrer au service du gouvernement hawaïen ; M. de Varigny accepta ses offres, avec l'autorisation du gouvernement français, fut ministre des finances de 1863 à 1865, puis ministre des affaires étrangères et premier ministre. Il rendit, dans ces situations, d'importants services au royaume hawaïen, par les relations qu'il lui fit nouer avec l'Europe.

On cite de M. de Varigny, outre de nombreux articles dans la *Revue des Deux Mondes*, les volumes suivants : *Quatorze ans aux îles Sandwich* (1874, in-18 avec carte) ; *Dépenses de deux guerres* : Angleterre, 1795-1815, Etats-Unis, 1861-1865 (1872, in-8) ; *Ella Wilson*, *Parley Pratt*, *Kiana* (1878, in-18), roman et nouvelles de mœurs tropicales ; *l'Océan Pacifique*, les derniers cannibales, îles et terres océaniennes (1888, in-18), couronné par l'Académie française ; *Voyage du matelot Jean-Paul en Australie*, suivi de plusieurs autres récits (1890, in-18) ; *les Grandes fortunes aux Etats-Unis et en Angleterre* (1889, in-18) ; *Nouvelle Géographie moderne des cinq parties du monde* (1890-1892, 5 vol. in-4, avec cartes et gravures) ; *les Ruines d'Uxmal* (1891, in-18) ; *la Femme aux Etats-Unis* (1893, in-18).

Son fils, Henry Crosnier de Varigny, médecin et naturaliste, né aux îles Havaï en 1855, se fit recevoir docteur ès sciences et docteur en médecine (1884) et fut lauréat de la Faculté de Paris. Fixé dans cette ville, mais n'exerçant pas, il est auteur de diverses publications de médecine et de vulgarisation scientifique : *Recherches expérimentales sur l'excitabilité électrique des circonvolutions cérébrales*, etc., thèse (1884, in-8) ; *Recherches expérimentales sur la contraction musculaire chez les Invertébrés*, thèse (1886, in-8) ; *Charles Darwin* (1889, in-18) ; *Curiosités de l'histoire naturelle* : les plantes, les animaux, l'homme (1892, in-18). On lui doit la révision du *Dictionnaire abrégé des sciences physiques et naturelles* de Thévenin (1889, in-18), de nombreuses traductions de l'anglais et de l'allemand : *les Fonctions du cerveau* et *la Localisation des maladies cérébrales*, du docteur David Ferrier ; *l'Evolution mentale chez les animaux*, de G. J. Romanes ; *Vie et Correspondance de Ch. Darwin* ; *Problèmes de morale et de sociologie*, d'Herbert Spencer ; *l'Ame de l'enfant*, de Preyer, etc., et de nombreux articles dans divers recueils.

VAUGHAN (Herbert), prélat anglais, né à Gloucester, le 15 avril 1832, fit ses premières études au collège Stonyhurst, dans le Lancashire, puis à Rome. De retour en Angleterre, il fonda le collège des Missions étrangères de Saint-Joseph et vers la fin de

1871, accompagna dans l'Etat du Maryland les premiers prêtres que cette institution envoyait remplir une mission spéciale près des populations de couleur des Etats-Unis. A la mort de l'évêque de Salfort, il fut appelé à le remplacer et fut consacré, en 1872, par l'archevêque de Westminster, le cardinal Manning. Après la mort de ce dernier, il fut nommé à cet archidiocèse et créé cardinal de l'ordre des prêtres, le 16 janvier 1893. Après l'assassinat du président de la République française, M. Carnot, le cardinal Vaughan a adressé à toutes les églises de son diocèse une lettre pastorale très remarquée, exprimant, avec l'horreur que lui inspirait cet attentat, une profonde sympathie pour la nation française. Au mois de mai 1891, il est venu prendre solennellement part aux fêtes de la ville d'Orléans en l'honneur de Jeanne d'Arc, en témoignant de l'union qui doit succéder entre les Anglais et les Français à des haines séculaires. Le cardinal Vaughan qui s'est acquis une grande réputation comme orateur et qui a publié beaucoup de lettres pastorales et de brochures, dirige deux journaux : *les Tablettes* (the Tablet) et *la Revue de Dublin*.

VAULGRENANT (Peting de). Voy. Peting de Vaulgrenant *.

VAUX (Pierre-Armand), député français, né à Longpierre (Saône-et-Loire), le 22 février 1848, est le fils d'un instituteur condamné, après le 2 décembre 1851, aux travaux forcés à perpétuité comme incendiaire. Pénétré dès l'enfance de la pensée de réhabiliter et de venger son père, il alla, dès l'âge de treize ans, le rejoindre à Cayenne et partagea, pendant quinze ans sa déportation. De retour en France, après la mort de son père, il s'établit cafetier à Labergement-les-Seurre (Côte-d'Or). Aux élections législatives de 1893, choisi comme candidat du parti ouvrier-socialiste dans la première circonscription de Dijon, il obtint, au premier tour, 4607 voix sur 13704 votants et fut élu, au second tour, par 7395 contre 4505 données à M. Gaffarel et 1183 à M. Martin, candidats républicains. Au mois d'août 1894, M. Pierre Vaux fut déclaré par le comité ouvrier de Dijon déchu de son mandat, comme n'ayant pas tenu ses engagements, et sa démission signée par lui en blanc, au moment de l'élection, fut adressée au président de la Chambre. Cette exécution politique, en vertu du mandat impératif, n'eut pas de suite.

VERLET (Raoul-Charles), sculpteur français, né à Angoulême (Charente), étudia la sculpture, comme élève de MM. Cavelier, May et Barrias, débuta au Salon de 1880 par un buste aux seules initiales du modèle et continua par des envois de même nature jusqu'à celui de 1883, où il donna les bustes marbre de MM. *Bugeaud* et *A. Sazerac de Forge*. Il exposa ensuite les bustes bronze *Laroche-Joubert* et *Edgar Laroche-Joubert* (1884) ; *le Docteur Bouillaud*, statue plâtre, et *Tombeau*, pierre, avec cette épigraphe de Victor Hugo : « Oh ! être couchés côte à côte, dans le même tombeau, la main dans la main » (1885) ; *le Capitaine Buillès*, médaillon bronze (1886) ; *la Douleur d'Orphée*, statue plâtre (1887) ; *Mater Salvatoris*, pierre, pour Notre-Dame de Louviers ; *Danseuse*, statuette marbre (1891) ; *Résurrection*, bas-relief, marbre, pour un tombeau au Père-Lachaise ; *Tête d'enfant* (1892) ; *Piété filiale*, groupe marbre pour un tombeau à Angoulême (1893) ; *Jacques Nozal*, buste marbre (1894). M. Raoul Verlet a aussi pris part à des expositions particulières, notamment à celle de l'Union artistique, à laquelle il a donné en 1895 une *Salammbô*, statue marbre. Il a obtenu une médaille de 2e classe en 1887, le prix du Salon la même année, une médaille d'or à l'Expo-

VASCHALDE (J.), député français, mort le 17 janvier 1893.

VEITCH (John), philosophe anglais, mort à Glasgow, le 5 septembre 1894.

sition universelle de 1889 et la décoration de la Légion d'honneur en 1893.

VICHOT (Louis-Antoine), député français, né à Besançon, le 30 juillet 1825. Propriétaire, conseiller municipal de Morlaix (Finistère), il se présenta comme républicain et protectionniste dans la 1re circonscription de cette ville, aux élections législatives du 20 août 1893, obtint, au premier tour, 4457 voix contre 4253 données à M. Swiney et 2609 à M. Jaouan, député sortant, l'un et l'autre républicains, et fut élu au scrutin de ballottage par 7129 voix, contre 4875, données à l'abbé Patureau, conservateur, dont la candidature s'était produite au second tour.

VIELLARD (Armand), député français, né à Méziré (Haut-Rhin), le 22 septembre 1842, est le fils de l'industriel alsacien, élu député du Haut-Rhin, contre le candidat officiel, aux dernières élections de l'Empire (1869), mentionné par erreur comme ayant voté pour la guerre, devenu sénateur pour le territoire de Belfort en 1876, mort le 2 octobre 1886. Directeur des forges et manufactures de Morvillars, maire de cette commune, ayant fait, comme capitaine de la garde nationale de Belfort, la campagne de 1870-1871, M. Armand Viellard, membre ou fondateur de diverses sociétés pour la protection des intérêts alsaciens-lorrains, administrateur du canal de Suez, etc., se porta comme candidat conservateur, avec M. Keller, aux élections législatives de 1885, faites au scrutin de liste, dans le territoire de Belfort, dit le Haut-Rhin, qui nommait alors deux députés, et fut élu au premier tour par 7737 voix, sur 15238 votants. Aux élections de 1889, le territoire de Belfort ne nommant plus qu'un député, il se représenta et échoua avec 6304 voix contre le candidat républicain opportuniste, M. Grisez, qui fut élu par 7308. De nouveau candidat, comme républicain rallié aux élections du 20 août 1893, il fut élu, au premier tour, par 8497 voix contre 7259 données au député sortant, candidat radical.

VIGNÉ (Paul), littérateur français, député, né à Montpellier, le 8 septembre 1859. Ancien médecin de marine, il se fit connaître comme homme de lettres sous le nom de *Vigné d'Octon*, par la publication de nombreux romans et par une active collaboration au *Temps*, au *Figaro*, à la *Revue bleue*, à l'*Illustration*, etc. Il se présenta comme républicain socialiste et revisionniste, aux élections du 20 août 1893, dans l'arrondissement de Lodève, obtint au premier tour, 4390 voix contre 5144 données à M. Paul Leroy-Beaulieu, membre de l'Institut, républicain libéral, et 2481 à M. Hugounenq, maire de Lodève, républicain, et fut élu, au scrutin de ballottage, par 7263 voix contre 6302 obtenues par le premier de ses concurrents. M. Paul Vigné qui s'était déclaré, dans sa profession de foi, l'adversaire absolu de l'expansion coloniale, a combattu très vivement à la Chambre, dans la séance du 22 novembre 1894, l'expédition de Madagascar, et a pris part à diverses interpellations sur la conduite de nos affaires en Afrique. — Les journaux avaient annoncé faussement sa mort dans la ville de Nice, à la date du 26 septembre 1894.

Parmi les romans de M. Vigné d'Octon, la plupart relatifs à ses voyages d'outre-mer, et signalés par un mélange de fantaisie et de réalisme, nous citerons : *Chair Noire*, avec préface de Léon Cladel (1888, in-18); *Au pays des Fétiches* (1891, in-18), l'*Éternelle Blessée* (1891, in-18), *Fauves Amours* (1891, in-18), *La Terre de mort*, Soudan et Dahomey (1892, gr. in-18), *Le Roman d'un timide* (même année, in-18), *Les Angoisses du docteur Combalas*

(1893, in-18); *Les Amours de Nine* (1893, in-18), etc. Il s'est associé, comme représentant de la littérature symboliste, aux tentatives récentes pour la propagation en France des œuvres des auteurs dramatiques scandinaves.

VIGNES (Louis), marin français, né le 8 juin 1831, entra au service en 1846, fut nommé aspirant le 1er août 1848, enseigne de vaisseau le 2 décembre 1852, et fut promu lieutenant de vaisseau le 3 octobre 1860, capitaine de frégate le 12 mars 1870, capitaine de vaisseau le 9 novembre 1876, contre-amiral le 3 décembre 1883 et vice-amiral le 17 mai 1890. Il fit les campagnes de la Baltique, de Crimée et du Mexique. Pendant le siège de Paris, il remplit les fonctions de chef d'état-major du vice-amiral La Roncière, commandant la division des marins, et se distingua particulièrement au Bourget. Après la paix, il fit deux fois le tour du monde, puis servit en Cochinchine et fut chef d'état-major du vice-amiral Garnaud, pendant la campagne de Tunisie. M. Barbey, sénateur, ministre de la marine dans le cabinet Tirard (1889-1890), le prit pour chef d'État-major général et directeur du personnel. Après avoir commandé la division navale du nord de l'Atlantique et l'escadre de réserve de la Méditerranée occidentale et du Levant, à Toulon, il fut nommé commandant en chef de l'escadre de la même section maritime, et remplit les fonctions de préfet maritime de Toulon, au moment de l'arrivée de l'escadre russe dans les eaux françaises, aux premiers jours d'octobre 1893. Pourvu du même commandement en chef, membre du Conseil supérieur de la marine et du Comité des inspecteurs généraux, l'amiral Vignes a été promu officier de la Légion d'honneur, le 26 septembre 1866, commandeur le 6 juillet 1881 et grand officier le 29 décembre 1893.

VILLARD (Ferdinand), sénateur français, né à Saint-Christophe (Creuse), le 5 octobre 1842, reçu docteur en médecine en 1872, médecin à Guéret, maire de cette ville, membre du Conseil général pour le canton de Pontanon, il a été élu pour la première fois sénateur de la Creuse, au renouvellement triennal du 7 janvier 1894, comme candidat républicain, au troisième tour de scrutin, le premier sur trois, par 328 voix sur 643 votants; l'élection était disputée par quatorze concurrents.

VILLE (Pierre-Alphonse), député français, est né à Saint-Pierre-le-Moutier (Nièvre), le 20 septembre 1839. Négociant et, depuis 1871, conseiller municipal de la ville de Moulins dont il devint maire en 1884, il a été élu pour la première fois, le 3 septembre 1893, comme candidat républicain, député de la deuxième circonscription de Moulins au second tour de scrutin, par 7684 voix contre 6790 obtenues par M. de Las Cases, conservateur.

VILLEGONTIER (Comte DE LA). Voy. LA VILLEGONTIER.

VILLIERS (Émile), député français, né à Brest, le 31 juillet 1851), est le fils de l'ancien député du Finistère, mort en 1885. Pendant la guerre de 1870-1871, il s'engagea dans la légion des volontaires de l'Ouest. Ayant achevé ses études de droit, il fut chef de cabinet des préfets de la Loire et des Bouches-du-Rhône, puis conseiller de préfecture, et donna sa démission de ces dernières fonctions, lors de la retraite du maréchal de Mac-Mahon. Élu conseiller général du Finistère pour le canton de Daoulas en 1892, il fut invalidé et réélu, la même année, avec une plus forte majorité. Aux élections législatives du 20 août 1890, il se porta comme candidat de la droite dans la deuxième circonscription de Brest, pour remplacer M. Boucher, député conservateur, qui ne se représentait pas, et fut élu au premier tour par 7 479 voix, contre 4 460 obtenues par M. Maissin, ingénieur, candidat républicain.

VILLIERS (Charles Pelham), homme politique anglais, né le 10 janvier 1802, fit ses études au collège Saint-John, à Cambridge, et fut inscrit au barreau de Lincoln en 1827. Juge d'instruction à la Chancellerie et membre de la commission de la Loi des pauvres, député-lieutenant pour le comté de Herts, il fut nommé membre de la Chambre des communes pour Wolverhampton, en 1835. Partisan du gouvernement libéral, il fut nommé, en 1853, juge-avocat général et président du bureau de la Loi des pauvres, et fit partie, en 1859, du second ministère de lord Palmerston. Sans s'inféoder à aucun parti, M. Villiers fut un des chefs les plus influents de l'opposition à la Loi des céréales. Il contribua activement à l'établissement de la taxe postale uniforme à un penny. Il fit adopter, en 1865, la proposition connue sous le nom d'« Union chargeability Bill », comme complément à la Loi des pauvres. Il s'est séparé de M. Gladstone et de son parti sur la question du « home rule ». Le 6 juin 1879 une statue lui fut élevée dans le Wolverhampton, et inaugurée, au milieu d'un grand concours de population, par le comte Granville, les membres du Parlement, sir Robert Peel et Staveley Hill, qui rappelèrent ses nombreux services. Aux deux dernières élections, M. Villiers fut renommé sans concurrent pour le même district. On a célébré, le 3 janvier 1895, le soixantième anniversaire de son entrée à la Chambre des communes.

VINET (Louis-Charles), sénateur français, né à Garancières-en-Beauce (Eure-et-Loir), le 9 janvier 1840, propriétaire et agriculteur, connu par ses travaux agronomiques et par son zèle pour la protection des intérêts agricoles, fut élu sénateur d'Eure-et-Loir, comme candidat républicain, à l'élection partielle du 14 octobre 1888, en remplacement de M. Dreux, décédé, par 481 voix, contre 217 données au marquis d'Argent, conservateur. Il a été réélu, au renouvellement triennal du 7 janvier 1894, par 617 voix sur 733 votants.

VINOLS DE MONTFLEURY (Jules-Gabriel, baron DE), ancien représentant du peuple, né à Craponne (Haute-Loire), le 30 juin 1820, entra à l'Ecole de Saint-Cyr en 1838, mais quitta la carrière militaire, pour raison de santé, dès l'année suivante. Après avoir étudié la peinture dans l'atelier de Paul Delaroche en 1840 et 1841, il fit de l'administration de l'enregistrement pendant dix ans. Conseiller général de la Haute-Loire depuis 1868, il fut élu représentant à l'Assemblée nationale le 8 février 1871, le quatrième sur cinq, par 21 600 voix. Il siégea à l'extrême droite, appuyant toutes les propositions de lois favorables à la religion et à la monarchie, et fut un des 32 représentants signataires de la protestation du 6 mars 1872 contre le transfert à Rome de la capitale du royaume d'Italie. Particulièrement dévoué aux intérêts artistiques, il eut l'initiative de plusieurs améliorations du service des musées, et se signala par son insistance à réclamer des mesures pour la conservation des ruines du palais des Tuileries en attendant sa reconstruction. Il ne se représenta pas aux élections législatives du 20 février 1876, et se retira de la vie publique.

Membre et président de la Société académique du Puy, le baron de Vinols a publié : Mémoires politiques d'un membre de l'Assemblée Nationale et Constituante de 1871 (Le Puy, 1885, in-8).

VIVAL (Jacques-Louis), député français, né à Figeac, le 24 août 1847. Officier des mobiles du Lot, il fit la campagne de la Loire, en 1870-1871, puis s'inscrivit comme avocat au barreau de Figeac, et succéda à son père, comme avoué au tribunal de cette ville. Il s'occupa en outre avec succès d'agriculture et contribua à la reconstitution des vignobles de la région. Maire de Figeac, conseiller général pour un des cantons de cette ville et vice-président du Conseil, il se porta, comme républicain modéré, aux élections législatives de 1889, dans cet arrondissement, et fut élu par 11 252 voix contre 10 328 obtenues par M. Rozières, ancien député revisionniste; il a été réélu, le 20 août 1893, au premier tour, par 10 592 voix contre 6 597 données à M. Delpou, républicain, 3 180 au marquis de Saint-Jean de Lentilhac, monarchiste, et 778 à M. Lacambre, candidat socialiste.

VIVIANI (René), député français, né à Sidi-bel-Abbès (Algérie), le 8 novembre 1863. Fils d'un conseiller général du département d'Oran, il fit son droit à la Faculté de Paris, s'inscrivit d'abord au barreau d'Alger, puis revint dans la métropole, fut nommé secrétaire de la Conférence des avocats et devint secrétaire de M. Millerand. Il entra à la rédaction de la Petite République française, devenue journal radical socialiste. Il se signala lors par ses plaidoiries en faveur de grévistes poursuivis devant les divers tribunaux de province et protesta contre la répression. A Paris, des troubles du quartier Latin, dans de tels termes, que le ministre de la justice demanda contre lui des mesures disciplinaires de la part du Conseil de l'ordre des avocats. Il fut choisi pour avocat-conseil du Syndicat général des ouvriers et employés de chemins de fer. Porté, comme candidat socialiste, aux élections législatives du 20 août 1893, dans la 1re circonscription du 5e arrondissement de Paris, il obtint, au premier tour, 3 248 voix, contre 3 574 données à M. Sauton, conseiller municipal radical, 791 à M. Champion, libéral indépendant, et 376 à M. Stroobant, socialiste broussiste, et fut élu, au scrutin de ballottage, le 3 septembre, par 3 874 voix contre 2 682 obtenues par M. Sauton. M. Viviani, qui soutint à plusieurs reprises les revendications socialistes à la Chambre, continua de prendre part à l'agitation gréviste dans les départements et de plaider dans les procès politiques. Au mois de mars 1894, la façon dont il qualifia devant le tribunal correctionnel d'Albi les poursuites du maire de cette ville contre un client, le fit condamner à la peine disciplinaire d'un mois de suspension, peine maintenue par la chambre des appels correctionnels de Toulouse, malgré la défense présentée par Me Cartier, le doyen du barreau de Paris, en faveur de son jeune collègue.

VOGELI (Félix), député français, né à Douai, le 14 septembre 1852. Sorti de l'Ecole d'Alfort en 1856, nommé vétérinaire d'un régiment de cavalerie, il fut mis à la disposition du gouvernement brésilien pour la création de l'enseignement vétérinaire à Rio-de-Janeiro, et, après diverses missions dans les provinces, fut chargé d'un cours à l'Ecole militaire de cette capitale. Rentré en France, il publia la traduction de deux grands ouvrages du célèbre naturaliste Agassiz et de sa femme : Voyage au Brésil (1869, in-8 avec cartes et grav.) et De l'Espèce et de la classification en zoologie (1869, in-8). Collaborateur du Journal du Commerce, pour la partie économique, et rédacteur en chef du journal républicain le Réveil du Dauphiné, de 1878 à 1879, il fut, à cette dernière date, nommé percepteur à Paris, au quartier de l'Elysée. Conseiller général de l'Isère pour le canton de Clelles depuis 1877, il se porta, comme républicain radical, aux élections législatives de 1893 et fut élu, au premier tour, par 7 021 voix contre 6 292 à M. Dumolard, candidat républicain.

VOLLAND (François-Adrien), sénateur français, né à Nancy, le 1er août 1838, s'inscrivit au barreau de Nancy dont il devint bâtonnier, prit une part active à la lutte de l'opposition libérale contre l'Empire, fut un des signataires du fameux « programme de Nancy » en faveur de la décentralisation et un des fondateurs du *Progrès de l'Est*. Maire de Nancy, de 1879 à 1888, membre du Conseil général pour le canton Sud de la ville, et vice-président de cette assemblée, il fut élu, pour la première fois, sénateur de Meurthe-et-Moselle, comme candidat républicain en remplacement de M. Berlet, décédé, à l'élection partielle du 24 octobre 1886, par 704 voix contre 241 données à M. de Ludre. Il fut réélu au renouvellement triennal du 5 janvier 1888, au premier tour, par 692 voix sur 947 votants. M. Volland a été décoré de la Légion d'honneur.

VUILLOD (Jean), député français, né à Lons-le-Saulnier, le 2 juin 1850. Engagé volontaire depuis un an, lorsque éclata la guerre de 1870 il entra, sur sa demande, dans un des régiments de cuirassiers envoyés à la frontière et prit part à la fameuse charge de Reichshoffen, où il fut blessé par un éclat d'obus. Après la paix, tour à tour chef de bureau à la préfecture du Jura et négociant en vins à Saint-Claude, il fut élu conseiller général du Jura pour ce canton. Chargé d'une mission scientifique en Nouvelle-Calédonie, il rédigea, outre deux rapports officiels, un petit volume intitulé *la Nouvelle Calédonie et ses productions*. On raconte en outre que, doué d'une force physique extraordinaire, M. Vuillod a, par suite d'un pari, tenu pendant deux mois, au théâtre des Folies-Bergère, l'emploi d'homme-canon, et les journaux illustrés ont donné son portrait dans le costume de cet emploi, à propos de son avènement à la vie politique. Il s'est présenté, en effet, comme candidat radical, aux élections législatives du 20 août 1893, obtint, au premier tour, 4841 voix sur 9931 votants, et fut élu, au scrutin de ballottage du 3 septembre, par 6395 voix, contre 5574 données à M. Reverchon, ancien représentant à l'Assemblée nationale, candidat républicain.

W

WALTER (Albert-Joseph), député français, né à Saint-Denis (Seine), le 20 juin 1852. D'origine alsacienne, il exerçait, dans sa ville natale, la profession de dessinateur mécanicien, et s'était fait remarquer par ses opinions radicales, lorsqu'il fut élu, au mois de mai 1884, membre de ce Conseil municipal que ses actes révolutionnaires firent dissoudre, en 1886, par décret du président de la République, sur la proposition de M. de Freycinet, président du Conseil des ministres. En 1892, il devint maire et eut toute une suite de démêlés avec le gouvernement à propos des arrêtés et mesures qu'il prit pour faire cesser dans la commune toutes les manifestations extérieures du culte et neutraliser le cimetière, par la suppression de la croix du caveau servant aux sépultures provisoires. Il se présenta aux élections législatives du 20 août 1893, comme socialiste révolutionnaire dans la 2e circonscription de Saint-Denis, obtint, au premier tour, seulement 3102 voix sur plus de 17000 suffrages exprimés et partagés entre sept candidats, et fut élu, au scrutin de ballottage, le 3 septembre, par 6606 voix contre 4983 données à M. Lourdelet, républicain progressiste, et 4529 à M. Revest, député sortant, boulangiste.

WEBSTER (Augusta Davies, dame), femme poète anglaise, née à Londres, vers 1830, est la fille de l'amiral G. Davies. Elle reçut une éducation savante et étudia la langue grecque et les littératures classiques. Elle publia d'abord, sous le pseudonyme de *Cecil Home*, un premier volume, *Blanche Lisle* et autres poèmes (1860). Après son mariage avec M. Thomas Webster, agrégé du Collège de la Trinité, Cambridge, elle publia encore plusieurs ouvrages sous le même nom de plume: *les Gardiens de Lebley*, roman ; *Lilian Gray*, poème (1864) ; puis elle donna les suivants sous son nom de dame: *Études dramatiques* (Dramatic studies, 1866) ; *Une Femme vendue*, et autres poèmes (A Woman sold), 1867) ; *Portraits* (1870) ; *Un Jour de bon augure*, drame (1872) ; *le Luth de Yu-Pe-Ya*, conte chinois en vers anglais (1874) ; *Déguisements*, drame ; *Opinions d'une maîtresse de Maison*, recueil d'articles publiés dans *l'Examiner* dont elle fut collaboratrice régulière, de 1876 à 1878 (1879) ; *Un Livre de Rimes* (A Book of Rhyme 1881) ; *En un jour*, drame (1882) ; *Daffodil* (Daffodil and the Croäxaxicans, 1884) ; *la Sentence*, drame (1887).

Mme Webster, qui en 1879 fut élue membre du bureau ou la direction des Écoles de Londres et réélue en 1885, a aussi traduit en vers anglais le *Prométhée enchaîné*, d'Eschyle ; *la Médée* d'Euripide (1868). Elle a été considérée par la critique anglaise comme la première femme poète de son pays depuis Mrs Browning. — Elle est morte à Kew, près de Londres, le 5 septembre 1894.

WEIL-MALLEZ (Émile), député français, né à Valenciennes, le 1er janvier 1833. Capitaine à l'armée du Nord pendant la guerre franco-prussienne, il prit part aux batailles de Bapaume et de Saint-Quentin. Directeur d'un important établissement d'impressions sur tissus, à Marly, près de Valenciennes, maire de cette commune, conseiller général pour un des cantons du chef-lieu, vice-président de la Chambre de commerce de cette ville, il se porta comme candidat républicain aux élections législatives du 20 août 1893 dans la 1re circonscription de Valenciennes, et fut élu, au premier tour, par 6354 voix, contre 4930 à M. Renard, député sortant, conservateur rallié. M. Weil-Mallez a été décoré de la Légion d'honneur en 1885.

WELSCHINGER (Henri), littérateur et administrateur français, né à Müttersholtz (Bas-Rhin), le 2 février 1846, fut attaché, sous l'Assemblée nationale, aux commissions d'enquête parlementaire et devint en 1876 chef du service de l'expédition des lois et procès-verbaux auprès du nouveau Sénat.

VOGT (Charles), naturaliste allemand, mort à Genève le 4 mai 1895.

VUATRIN (E.-A.), jurisconsulte français, mort le 28 août 1893.

WADDINGTON (W.-H.), diplomate français, ancien sénateur, mort à Paris, le 15 janvier 1894. — Il avait échoué au renouvellement sénatorial du 7 du même mois dans le département de l'Aisne. Le savant numismate laissait une très importante collection de monnaies dont une grande partie se rapportait à l'histoire ancienne de l'Asie Mineure.

WALTER (John), publiciste anglais, mort à Bearwood, le 4 novembre 1894.

Chevalier de la Légion d'honneur depuis 1874, il a été promu officier le 10 janvier 1894.

M. H. Welschinger s'est fait connaître par un assez grand nombre de petits poèmes et d'essais littéraires comme les suivants : *André Chénier*, poème (1877, in-8) : *Charlotte Corday*, poème (1870, in-8) ; *le Phare*, poème, (1880, in-18) ; *le Théâtre de la Révolution* 1789-1799, avec documents inédits (1880, in-18), couronné par l'Académie française ; *Itanzo* (1881, in-18) ; *les Bijoux de Mme Du Barry*, documents inédits (1881, in-32, avec eaux-fortes) ; *la Censure sous le Premier Empire*, avec documents inédits (1882, in-8), couronné par l'Académie française ; *les Almanachs de la Révolution* (1884, in-18) ; *la Fille de l'orfèvre*, comédie en vers, avec Octave Lacroix (Odéon, 1884) ; *le Duc d'Enghien*, 1772-1804 (1888, gr. in-8) ; *le Divorce de Napoléon* (1889, in-18) ; *le Roman de Dumouriez*, d'après des documents inédits (1890, in-18) ; *le Maréchal Ney*, 1815 (1893, gr. in-8, 2 portraits).

WIGNACOURT (Adrien-Marie-Ghislain, comte DE), député français, né à Saint-Marceau (Ardennes), le 23 octobre 1845, entra à l'École militaire de Saint-Cyr en 1865 et en sortit, en 1867, comme sous-lieutenant au 3e régiment de hussards. Il épousa peu après la fille du prince Etienne de Beauvau. Il avait donné sa démission lorsque éclata la guerre de 1870, mais après nos premières défaites, il rentra dans l'armée avec son grade, fit toute la campagne de l'armée de la Loire et prit part à la bataille de l'alay et aux combats livrés entre Orléans et le Mans. Il quitta de nouveau le service actif après la guerre. Conseiller général du département des Ardennes pour le canton de Flize depuis 1880, il se présenta, comme républicain rallié, aux élections législatives de 1889, dans l'arrondissement de Mézières, et réunit, sans être élu, 7394 voix. Il se porta de nouveau à celles de 1893, obtint, au premier tour, 5344 voix sur environ 19000 votants, et fut élu au scrutin de ballottage, par 7785 voix, contre 6480 données au candidat socialiste, M. J.-B. Clement, ancien membre de la Commune, et 5750 à M. Gontaut, candidat radical.

WILHELMINE (Hélène-Pauline-Marie), reine mineure des Pays-Bas. Voy. HOLLANDE (famille royale)*.

WOODS (Henry), peintre anglais, né à Warrington (Lancashire), le 25 avril 1847, entra à l'Ecole des Arts de sa ville natale à l'âge de neuf ans, vint à Londres en 1864 et fut admis à l'école d'enseignement des Arts de Lexington, où il resta trois ans. Il commença à donner des dessins aux journaux illustrés, tout en composant ses tableaux, et fut un des premiers dessinateurs attachés au *Graphic*, lors de la fondation de ce journal. Il débuta aux expositions de l'Académie royale par l'envoi d'un petit paysage, puis donna des œuvres plus importantes, inspirées par les bords de la Tamise : *Retour à la maison* [Going Home] ; *Fenaison* [Haymakers], etc. En 1876, il se rendit à Venise, se joignit au groupe de peintres qui mirent à la mode les sujets empruntés à la Venise moderne, et reproduisit la vie ordinaire de cette ville dans les tableaux suivants : *Un Bac vénitien* [A Venitian Ferry] ; *Marchands ambulants* [Street Trading] ; *Gondolier et jeune fille* [A Gondolier's Courtship] ; *la Cour du duché* [the ducal Courtyard] et *Préparatifs pour la Festa* [Preparing for the Festa]. Plus tard, il donna dans un autre genre : *Marchandant un Vieux Maître* [Bargaining for an Old Master] ; *Préparatifs de première communion* ; *Il mio Traghetto* ; *le Charme de Cupidon* [Cupid's Spell] ; *le Choix d'un costume d'été* [Choosing a Summer Gown] ; *les Moulins de Savassa* ; *la Promessa Sposa* ; *A l'Ombre de la Scuola San Rocco* (1890). Il a obtenu une médaille de bronze à l'Exposition universelle de 1889. Nommé associé à l'Académie royale de Londres, en 1882, M. Woods a été reçu membre titulaire en 1893.

Z

ZURLINDEN (Emile-Auguste-François-Thomas), général français, ministre, né à Colmar (Haut-Rhin), le 3 juin 1837, entra à l'Ecole polytechnique le 1er novembre 1856 et en sortit sous-lieutenant dans l'artillerie, le 1er octobre 1858. Il fut promu lieutenant le 1er octobre 1860, capitaine le 12 août 1860, chef d'escadron le 16 septembre 1871, lieutenant-colonel le 28 avril 1877, colonel le 3 novembre 1880, général de brigade le 24 octobre 1886 et général de division le 26 octobre 1890. Comme capitaine, il servit, en 1870, en qualité d'aide de camp du général de Berckheim. Fait prisonnier sous les murs de Metz, il fut envoyé à Wiesbaden et laissé libre sur parole, mais, au bout de quelques jours, il déclara aux autorités militaires qu'il retirait sa parole et fut enfermé dans la forteresse de Spandau, d'où, malgré les précautions minutieuses prises, il réussit à s'évader et vint à Paris se mettre au service du gouvernement de la Défense nationale. Colonel, il fut nommé commandant en second de l'Ecole polytechnique en 1881 ; général de division, il eut le commandement de la deuxième division d'infanterie du 1er corps d'armée à Arras. Le général Zurlinden venait d'être mis à la tête du 4e corps d'armée, au Mans, lorsqu'il fut appelé par M. Ribot à prendre le portefeuille de la guerre dans le premier cabinet du nouveau président de la République, M. Félix Faure. Décoré de la Légion d'honneur le 5 septembre 1870, il a été promu officier le 9 juillet 1883 et commandeur le 30 décembre 1892.

WINTHROP (R.-C.), homme politique américain, mort le 16 novembre 1894.

WOLF (Rodolphe), astronome suisse, mort le 25 décembre 1893.

WURZBACH (Constant), poète allemand, mort en août 1893.

YATES (Ed.-H.), romancier anglais, mort à Londres, le 20 mai 1894.

YVON (Adolphe), peintre français, mort à Paris, le 11 septembre 1893.

ZACCONE (Pierre), romancier français, mort le 21 avril 1895.

ZACHARIÆ VON LINGENTHAL (Ch.-E.), jurisconsulte allemand, mort le 3 juin 1894.

ZINI (L.), historien italien, mort en novembre 1894.

30940. — Imprimerie LAHURE, rue de Fleurus 9, à Paris.

www.ingramcontent.com/pod-product-compliance
Lightning Source LLC
Chambersburg PA
CBHW052052270326
41931CB00012B/2719